Aurelius Augustinus
Bekenntnisse

Aurelius Augustinus
Bekenntnisse

1.Aufl.
Taschenbuch – Literatur - Klassiker
Herausgeber Frank Weber, Marburg
Bibliografische Information der Deutschen Nationalbibliothek:
Die Deutsche Nationalbibliothek verzeichnet diese Publikation in der Deutschen
Nationalbibliografie; detaillierte bibliografische Daten sind im Internet abrufbar über
http://dnb.dnb.de
© 2021 Aurelius Augustinus
Deutsch: O. F. Lachmann
ISBN: 9789783754324431
Herstellung und Verlag: BoD – Books on Demand, Norderstedt

Inhalt

Erstes Buch

Erstes Kapitel

Groß bist du, o Herr, und deines Lobes ist kein Ende; groß ist die Fülle deiner Kraft, und deine Weisheit ist unermeßlich. Und loben will dich der Mensch, ein so geringer Teil deiner Schöpfung; der Mensch, der sich unter der Last der Sterblichkeit beugt, dem Zeugnis seiner Sünde, einem Zeugnis, daß du den Hoffärtigen widerstehest; und doch will dich loben der Mensch, ein so geringer Teil deiner Schöpfung. Du schaffest, daß er mit Freuden dich preise, denn zu deinem Eigentum erschufst du uns, und ruhelos ist unser Herz, bis es ruhet in dir. Kläre mich auf, o Herr, und laß mich erkennen, ob wir dich zuerst anrufen oder dich preisen; ob wir dich eher erfassen als anrufen sollen? Doch wer ruft dich an, solange du ihm unbekannt bist? Könnte dich, der dich nicht erkennt, statt des einen ein anderes Wesen anrufen? Oder wirst du zuvor angerufen, auf daß du erkannt werdest? Wie sollen sie aber anrufen, an den sie nicht glauben? Wie sollen sie aber glauben an den, der ihnen nicht geprediget worden? Loben werden den Herrn, die ihn suchen. So ihn aber suchen, werden ihn finden, und die ihn finden, werden ihn loben. Ich will dich suchen, o Herr, im Gebet, und ich werde dich anrufen im Glauben: denn du bist uns verkündigen worden. Mein Glaube, den du mir gegeben, o Herr, ruft dich an, mein Glaube, den du mir einhauchtest durch die Menschwerdung deines Sohnes durch die Vermittlung deines Predigers.

Zweites Kapitel

Wie aber soll ich anrufen ihn, meinen Gott und Herrn? Denn zu mir hinein rufe ich ihn ja, wenn ich ihn anrufe. Wie heißt die Stätte, dahin mein Gott komme zu mir, wohin der Gott komme zu mir, der Himmel und Erde gemacht hat? So ist also, Herr mein Gott, etwas in mir, das dich zu fassen vermag? Fassen dich denn Himmel und Erde, die du gemacht hast und in deren Bereich du mich geschaffen? Oder faßt dich deshalb alles, weil ohne dich nicht wäre, was ist? Da nun auch ich bin, was bitte ich dich denn, in mich zu kommen, der ich nicht wäre, wenn du nicht wärst in mir? Denn noch bin ich nicht im Reiche des Todes, und doch bist du dort. Denn bettete ich mich auch in die Hölle, siehe, so bist du auch da. Ein Nichts wäre ich, mein Gott, wäre überhaupt nicht vorhanden, wenn du nicht wärest in mir. Oder ich wäre vielmehr nicht, wenn ich nicht wäre in dir, von dem alles, durch den alles, in dem alles ist. Ja, so ist es, so ist es, o Herr. Wenn ich dich anrufe, wohin rufe ich dich, da ich ja bin in dir? Von wannen sollst du kommen zu mir? Wohin sollte ich wohl gehen über Erde und Himmel hinaus, daß von da käme zu mir mein Gott, der da gesprochen: Bin ich es nicht, der Himmel und Erde füllet?

Drittes Kapitel

Fassen dich also Himmel und Erde, weil du sie erfüllst? Oder erfüllst du sie doch nur teilweise, da sie dich nicht völlig fassen? Und wohin ergießest du den Überfluß, wenn Himmel und Erde von dir erfüllt sind? Oder bedarfst du keines Gefäßes, das dich als Ganzes enthält, der du alles fassest? Denn alle Gefäße, die du erfüllst, erfüllst du, indem du sie zusammenhältst. Denn nicht die Gefäße, die dich beschließen, geben dir feste Selbständigkeit; denn wenn sie auch zerbrochen würden, wirst du doch nicht ausgeschüttet. Und wenn du (im heiligen Geiste) über uns ausgegossen wirst, so liegst du nicht darnieder, sondern richtest uns auf; du wirst nicht zerstreut, sondern sammelst uns. Aber der du alles erfüllst, erfüllst du alles in deiner Gesamtheit? Oder, weil nicht jegliches dich in deiner Gesamtheit zu fassen vermag, umfaßt es nur einen Teil deines Wesens und umfaßt alles zugleich denselben Teil deines Seins? Oder umfassen die einzelnen Kreaturen einzelne Teile, die größeren größere und die kleineren kleinere? Ist demnach ein Teil von dir größer oder kleiner als der anderes Oder bist du überall eine Ganzheit und faßt dich nichts in deiner Gesamtheit?

Viertes Kapitel

Mein Gott, was bist du also? Was frag' ich erst? Was anders denn als der Herr mein Gott? Denn wer ist Herr neben dem wahrhaftigen Herrn und wer Gott außer dir, unserem Gott? Höchster, Bester, Mächtigster Allmächtigster, Barmherzigster und doch Gerechtester, Verborgenster und doch Allgegenwärtiger, Schönster und Stärkster, feststehend und doch nicht zu fassen, unwandelbar und doch alles wandelnd, nie neu, nie alt, der du alles erneuerst, die Stolzen aber gibst du anheim der Vergänglichkeit, ohne daß sie es fassen; immer wirkend, immer ruhig, sammelnd und doch nie bedürfend, tragend, erfüllend und schützend, schaffend, ernährend und vollendend, suchend, da doch nichts dir ermangelt. Du liebst, doch ohne Leidenschaft, du eiferst, doch mit ruhiger Milde, deine Rede ist schmerzlos, du zürnst und bist doch ruhig, wandelbar sind deine Werke, unwandelbar dein Ratschluß, du nimmst auf, was du findest, und hast es doch niemals verloren, nie arm, freust du dich des Gewinns, nie habsüchtig, forderst du Zinsen. Es wird dir geliehen, auf daß du zum Schuldner werdest und doch, wer hat etwas, das nicht wäre dein Eigentum? Schulden zahlst du, die du nie schuldig bist; du erlässest uns unsere Schuld und verlierst trotzdem nichts. Was aber habe ich mit all dem vorgebracht, mein Gott, mein Leben, meine heilige Wonne? Oder wie redet einer, wenn er redet von dir? Wehe denen, die von dir schweigen, denn auch die Stummen werden dich bekennen.

Fünftes Kapitel

Wer wird mir verleihen, zu ruhen in dir? Wer mir beistehen, daß du kommst in mein Herz und es ganz erfüllst, daß ich vergesse all mein Elend und dich nur, mein einziges Gut, umfasse? Was bist du mir? Habe Erbarmen mit mir, daß ich mich unterfange, von dir zu reden. Was bin ich dir, daß du Liebe von mir forderst und dein Zorn mir droht und unermeßliches Elend, wenn ich es nicht täte? Ist es denn ein geringes Elend, wenn ich dich nicht liebe? Wehe mir! Sage mir, o mein Herr und mein Gott, um deiner erbarmenden Liebe willen, was du mir bist. Sprich zu meiner Seele: Ich bin deine Hilfe. So sprich, auf daß ich dich hören kann. Siehe meines Herzens Ohr lauschend vor dir; erschließe es, o Herr, und sprich zu meiner Seele: Ich bin deine Hilfe. Betend will ich folgen dieser Stimme und dich ergreifen. Verbirg dein Angesicht nicht vor mir, ich will sterben, damit ich (ewig) lebe und dich schaue von Angesicht zu Angesicht. Eng ist das Haus meiner Seele, erweitere es, daß es werde deine Wohnung. Hinfällig ist es, darum erneuere es. Flecken sind darin enthalten, welche dein Auge beleidigen, gern bekenne ich es, aber wer wird es reinigen? Oder wem anders als dir kann ich zurufen: Mache mich rein von verborgenen Fehlern und bewahre deinen Knecht vor fremder Missetat. Ich glaube, darum rede ich, Herr, du weißt es ja. Habe ich dir nicht, mein Gott, mein Vergehen bekannt, und hast du mir nicht vergeben meines Herzens Ruchlosigkeit? Nicht rechten will ich mit dir, der du bist die lautere Wahrheit, und ich will mich nicht selbst täuschen, daß nicht meine Sünde sich selbst belüge. Nicht rechten will ich mit dir, denn so du willst Sünde zurechnen, o Herr, Herr, wer will bestehen?

Sechstes Kapitel

Aber laß mich dennoch reden zu dir, dem barmherzigen Gott, mich, der ich Staub und Asche bin. Laß mich dennoch reden, denn siehe, deine Barmherzigkeit ist es, zu der ich rede, nicht ein Mensch, der meiner spottet. Auch du spottest vielleicht meiner, aber du wirst dich mir zuwenden und dich meiner erbarmen. Was ist es denn aber, das ich reden will, mein Herr und mein Gott, als daß ich nicht weiß, von wannen ich hierhergekommen? Soll ich sagen in dieses sterbliche Leben oder in dieses lebendige Sterben? Es empfingen mich die Tröstungen deiner Barmherzigkeit, wie ich es erfahren habe von meinem irdischen Vater, aus welchem du mich, und von meiner irdischen Mutter, in welche du mich in der Zeit gebildet hast, denn ich kann mich ja dessen nicht selbst erinnern. Dann empfingen mich die Tröstungen der Muttermilch. Doch nicht meine Mutter oder meine Ammen füllten sich aus eigener Kraft die Brüste, sondern du spendetest mir durch ihre Vermittlung die Nahrung meiner frühesten Kindheit, gemäß deiner Einrichtung und deines Reichtums dem tiefen Sein der Dinge angeschaffen. Du verliehst mir auch die Eigenschaft, nicht mehr zu verlangen, als was du mir gabst, und denen, die mich nährten, den Willen, mir zu geben, was du ihnen gabst. Denn gemäß dem von dir angeordneten Liebestriebe gaben sie mir gern von dem Überflusse, den du ihnen verliehen. Denn das Gute, das sie mir erwiesen, tat ihnen selbst wohl; aber nicht aus ihnen stammte es, sondern nur durch sie kam es mir zu. Denn von dir allein kommt ja, mein Gott, alles Gute, und alles Heil strömt mir zu von meinem Gott. Später freilich erkannte ich dies erst als du mich mahnend riefst zu dir, durch alles das, was du innerlich und äußerlich mitteilst, denn damals verstand ich nur die Muttermilch zu saugen und in behaglichem Genusse der Ruhe zu pflegen und bei leiblichem Schmerze zu weinen; weiter aber nichts. Dann begann ich zu lächeln, zuerst im Schlafe, dann aber auch im Wachen. So ist es mir wenigstens erzählt worden, und ich habe es geglaubt, weil wir dasselbe auch bei anderen Kindern wahrnehmen, denn meine Erinnerung reicht nicht daran. Doch siehe, allmählich empfand ich, wo ich war, und wollte meine Wünsche denen kundtun, die sie erfüllen sollten;

doch nicht vermochte ich es, weil jene in meinem Innern wohnten, diese aber außer mir, und mit keinem ihrer Sinne vermochten sie es, in die Tiefe meiner Seele zu dringen. Daher strampelte und schrie ich in einer meinen Wünschen, deren nur wenige waren und nur solche, die meiner Fähigkeit entsprachen, nicht ganz gleichenden Weise. Denn ganz entsprechend waren sie nicht. Und ward mir nicht gewillfahrt, weil man entweder meine Wünsche nicht verstehen konnte oder ihre Erfüllung spärlich war, so ward ich zornig auf die Großen, die mir nicht untertan, und die Freien, die mir nicht zu Diensten waren, und suchte mich an ihnen durch Geschrei zu rächen. Daß solches der Kinder Art ist, habe ich kennengelernt an denen, deren Bekanntschaft ich machte, und daß ich nicht ebenso war, haben sie mich in ihrer Unwissenheit besser als meine Ernährer, die es doch wußten, gelehrt. Aber siehe, meine Kindheit ist längst geschieden, und ich lebe noch. Du aber, o Herr, der du lebst von Ewigkeit zu Ewigkeit und in dem nichts stirbt, denn vor dem Anfang der Zeiten und vor allem, was Vorzeit genannt werden kann, bist du, Gott und Herr, bist du deiner gesamten Schöpfung, und auf festem Grunde ruhen in dir der Urgrund aller an sich unbeständigen Dinge und alles Wandelbaren unwandelbarer Ursprung; in dir leben die ewigen Ideen alles Vernunftlosen und Zeitlichen; so sage mir, o Gott, mir, der dich anfleht in heißem Gebet, sage es in göttlichem Erbarmen, ob meine Kindheit einem schon vergangenen Leben gefolgt sei oder ob jenes dasselbe ist, welches ich im Mutterleibe zubrachte? Denn auch darüber ist mir einiges erzählt worden; auch habe ich mit eigenen Augen schwangere Frauen gesehen. Doch was war ich noch vor jener Zeit, meine Wonne, mein Gott; war ich überhaupt irgendwo oder irgendwer? Denn ich habe niemanden, der mir es sagen könnte, weder Vater noch Mutter vermochten es, weder anderer Erfahrung noch meine eigene Erinnerung (klärten mich darüber auf). Verlachst du etwa solche Frage und befiehlst, daß ich dich nach meinem besten Wissen lobe und dir mein Bekenntnis ablege? So will ich dir denn bekennen, du Herr des Himmels und der Erden, und will dich preisen im Danke für meinen Ursprung und meine Kindheit, deren ich mich nicht mehr erinnere. Du hast dem Menschen die Fähigkeit verliehen, von anderen auf sich zu schließen und in betreff der eigenen Person auch dem Zeugnis der Frauen fest zu vertrauen. Denn schon damals war und lebte ich, und schon an der Grenze meiner Kindheit suchte ich Zeichen, um anderen meine Empfindungen deutlich zu machen. Woher aber kommt ein solch beseeltes Wesen, wenn nicht von dir, o Herr? Gibt es irgend jemand, der die Kunst besäße, sich selbst zu erschaffen? Oder quillt anderswo irgendeine Quelle, aus welcher Sein und Leben in uns fließt, denn bei dir, Herr, der du uns geschaffen hast, bei dem es keinen Gegensatz zwischen ewigem und zeitlichem Leben gibt, denn beider Herr bist du selbst. Denn der Höchste bist du und unveränderlich; in dir vergeht nicht der heutige Tag, und dennoch vergeht er in dir, weil du alles (auch die Zeiten) umfaßtest. Denn nicht würden sie auf geordneten Bahnen dahinziehen, wenn du sie nicht zusammenhieltest. Denn da deine Jahre kein Ende nehmen, sind deine Jahre wie der heutige Tag, und wie viele unserer und unserer Väter Tage sind schon vorübergezogen durch dein ewiges Heute und erhielten von ihm das Gepräge und waren, wie sie waren, und werden noch vorüberziehen und ihr Gepräge empfangen und sein, wie sie waren. Du aber bleibst, wie du bist, und alles Morgende und was darüber hinausgellt und alles Gestrige und noch weiter Zurückgehende wirst du machen zum Heute und hast das schon in der Ewigkeit deiner Gegenwart gewirkt Was kümmert es mich, wenn es jemand nicht begreifen sollte? Möge auch er sich freuen, der spricht: »Was ist das?« Auch er freue sich, und möge er dich lieber finden, indem er dich nicht findet, als daß er dich nicht finde, indem er (hochmütig) dich gefunden zu haben wähnt.

Siebentes Kapitel

Erhöre mich, o Gott! Wehe über uns sündige Menschen! So spricht der Mensch, und du erbarmst dich seiner, weil du ihn, aber nicht die Sünde in ihm geschaffen hast. Wer erinnert mich wieder an die Sünden meiner Kindheit? Denn vor dir ist niemand sündenrein, auch das Kind nicht, das nur einen Tag auf der Welt gelebt hat. Wer erinnert mich (an meine Sünden, die ich damals begangen)? Jedes beliebige Kindlein, an dem ich das sehe, was meinem Gedächtnis entflohen? Wie sündigte ich also damals? Etwa, weil ich schreiend nach der Mutterbrust verlangte? Denn täte ich jetzt dasselbe, wenn auch nicht nach der Mutterbrust, so doch nach einer meinem Alter entsprechenden Speise gierig verlangend, würde mich da nicht mit vollem Rechte spottender Tadel treffen? Damals tat ich also Tadelnswertes; aber da ich den Tadel nicht verstehen konnte, war es gegen Herkommen und Vernunft, mich zu tadeln. Zwar legen wir derartiges, wenn wir älter werden, ab und entfernen es. Denn nie sah ich einen Verständigen, der beim Sondern des Guten vom Schlechten auch das Gute mit preisgibt. Oder galt es seinerzeit auch für gut, mit Tränen das zu begehren, was mir, wäre es mir gewährt worden, zum Schaden gereicht hätte? Oder denen zu zürnen, die mir nicht untergeben waren, freien und älteren Leuten, oder den Eltern und vielen, die bei größerer Einsicht unserem Eigenwillen nicht willig Folge leisteten, ihnen mit Schlagen und Stoßen möglichst zu schaden, weil sie dem kindlichen Eigensinn ohne Schaden für uns nicht gehorchen konnten? So ist nur die Schwäche der kindlichen Glied maßen unschuldig, nicht die Kindesseele. Mit eigenen Augen beobachtete ich ein zorniges Kind; noch konnte es nicht sprechen und doch sah es bleich mit feindseligbitterem Blick auf seinen Milchbruder. Doch das weiß jeder. Mutter und Ammen sagen, daß sich das gäbe und durch irgendwelche Mittel verlöre. Ist es aber etwa auch Unschuld an der Quelle, die reichlich, ja überreichlich eine Fülle von Milch hervorströmen läßt, den der

Hilfe so bedürftigen Bruder nicht zu dulden, der doch nur durch dies eine Nahrungsmittel sein Leben fristen kann? Doch man erträgt es in blinder Zärtlichkeit, nicht als ob es geringfügig oder von gar keiner Bedeutung wäre, sondern weil es sich mit den Jahren verlieren wird. Fände man dasselbe freilich bei einem älteren Menschen, so würde man es nicht mit dem Gleichmute ertragen wie in diesem Falle. Du, mein Gott und Herr, der du dem Kinde Leben und Leib gabst, den du, wie wir sehen, ausstattetest mit den Sinnen, den du aus Gliedern zusammenfügtest und mit Schönheit schmücktest und dem du alle Triebe eines lebenden Wesens zur Erhaltung seines unversehrten Daseins eingepflanzt hast, dein Wille gebeut mir, dich dafür zu preisen und dir zu danken und deinem Namen, du Höchster, zu lobsingen, weil du bist der allmächtige und gütige Gott, auch wenn du nur das geschaffen, was niemand anders schaffen kann denn du allein, dem alles Dasein sein Sein verdankt, du Schönster, der du alles schön geschaffen rund alles ordnest nach deinem Gesetz. Dieses Alter also, o Herr, von dessen Durchleben ich keine Ahnung habe, das ich nur nach anderer Glaubwürdigkeit und andern Kindern gefolgert habe, mag ich, obgleich diese Schlüsse vollen Glauben verdienen, kaum zu dem Leben rechnen, das ich in dieser Zeitlichkeit lebe. Denn der dunkle Schleier der Vergessenheit ruht darüber, gerade wie über jenem Leben, das ich verbracht in meiner Mutter Leibe. Doch wenn ich aus sündlichem Samen gezeuget und meine Mutter mich in Sünden empfangen hat, wo, mein Herr und Gott, o sage es mir, ich flehe dich an, wo oder wann war dein Knecht sündlos? Doch lassen wir jene Zeit, ist mir ja von ihr in meiner Erinnerung keine Spur zurückgeblieben.

Erstes Buch – Achtes Kapitel

Bin ich nicht aus der Kindheit auf dem Wege zu meinem jetzigen Lebensalter in das Knabenalter gelangt, oder besser gesagt: kam es nicht in mich und folgte meiner Kindheit Doch jene ist nicht vergangen; wohin sollte sie auch gehen: Und doch war sie nicht mehr. Denn nicht mehr war ich ein unmündig Kind, sondern ein Knabe, der Sprache wohl kundig. Ich erinnere mich noch daran, und woher ich die Sprache lernte, erfuhrt ich nachher. Denn es unterrichteten mich nicht Erwachsene, indem sie mir nach einem bestimmten klar durchdachten Lehrplane Worte mitteilten, wie bald nachher die Buchstaben, sondern ich erlernte es selbst kraft des Geistes, den du, mein Gott, mir gegeben, wenn ich mit Seufzen und allerlei Tönen und Gebärden die Gefühle, die mein Herz empfand, ausdrücken wollte, damit man meinem Willen nachkäme; und ich war nicht imstande, alles, was ich wollte, zu äußern, und sprach mir zuvor still innerlich die Worte vor im Gedächtnis; benannte man irgendeinen Gegenstand und wandte man sich bei dem Worte danach, so bemerkte ich es und behielt es bei nur, daß das Ding von ihnen benannt werde, welches sie aussprachen, wenn sie es zeigen wollten. Daß man aber dies damit bezweckte, erhellte aus der Bewegung des Körpers, gleichsam die Universalnatur-sprache für alle Völker; durch das Mienen- und Augenspiel und die Tätigkeit der übrigen Glieder und durch den Klang der Stimme, welcher anzeigt, was die Seele wünscht und begehrt, was sie verwirft und meidet. So begriff ich allmählich die Worte in ihrer mannigfaltigen Bedeutung, in ihrer verschiedenen Stellung und bei ihrem häufigen Gebrauche, welche Dinge die Worte bezeichneten, und sprach durch sie, da meine Mutter sich bereits an diese Ausdrucksweise gewöhnt hatte, meine Wünsche aus. So bin ich mit denen, unter welchen ich lebte, in eine Gemeinschaft hinsichtlich der Bezeichnung der Willensäußerungen getreten und schritt weiter hinein in die Stürme des gesellschaftlichen Lebens, doch noch abhängig von der Autorität der Eltern und vom Willen Erwachsener.

Neuntes Kapitel

Gott, mein Gott, welche Not erfuhr ich da und welchen Spott! Da mir in den Knabenjahren als Richtschnur für das Leben empfohlen wurde, denen zu gehorchen, die mich ermahnten, daß ich zur Zeit vorwärtskäme, und mich auszeichnete durch rhetorische Kunstfertigkeit, welche Ehre bei den Menschen nur trügerische Reichtümer verschafft. Dann wurde ich zur Schule geschickt, Wissenschaften zu erlernen, deren Nutzen ich Beklagenswerter nicht einsah, obwohl ich, war ich träge im Lernen, geschlagen wurde. So hieß es den Eltern gut, und viele vor uns, die ihr Leben also hinbrachten, hatten dornenvolle Pfade vorgebaut, welche wir Söhne Adams wandeln mulßten unter verdoppelter Mühe und Qual. Wir fanden aber Menschen, o Herr, die dich anriefen, und von ihnen lernten wir nach unserem Vermögen, daß du ein mächtiges Wesen seiest, das uns erhören und helfen könne, wem auch unseren menschlichen Sinnen verborgen. Denn schon da ich noch ein Knabe war, begann ich zu dir zu beten, du, meine Hilfe und Zuflucht, und im Gebet zu dir brach ich die Bande, die meine Zunge fesselten, und flehte zu dir, noch klein zwar, doch mit großer Innigkeit, daß ich in der Schule doch keine Schläge bekäme, und da du mich nicht erhörtest, was mir zum Heile war, spotteten die Erwachsenen, ja selbst meine Eltern, die doch nur mein Bestes wollten, über die Schläge, die ich bekam und die mir damals ein großes und schweres Leid zu sein schienen.

Hat jemand, o Herr, einen solch starken Geist, mit so überschwenglich großer Liebe dir anhängend, gibt es, sage ich, irgend jemand – denn eine gewisse Stumpfheit bewirkt dies auch –, der so erhaben gestimmt, mit solcher Frömmigkeit an dir hinge, daß er die größten und verschiedenartigsten Foltern, von denen verschont zu werden alle Welt ängstlich fleht, so gering achtete, daß er diejenigen verlacht, welche sich davor ängstigen und zittern, wie unsere Eltern die Marterwerkzeuge verlachten, mit denen wir Knaben von den Lehrern geschlagen wurden? Denn nicht weniger fürchteten wir uns davor noch flehten wir weniger zu dir, sie von uns abzuwenden, und doch sündigten wir dadurch, daß wir uns weniger mit Schreiben und Lesen und Denkübungen beschäftigten, als es von uns gefordert wurde. Gedächtnis und Anlagen fehlten uns keineswegs, o Herr, du hattest uns selbst davon für unser Alter hinreichend verliehen; aber das Vergnügen am Spiel war es, und es wurde an uns von solchen gestraft, die selbst dergleichen trieben. Aber die Spielereien der Erwachsenen nennt man Geschäfte; Knaben aber, welche sie trieben, wurden von den Erwachsenen gestraft, und niemand erbarmt sich der Knaben, noch jener, noch beider. Würde wohl ein gerechter Schiedsrichter es billigen, daß ich geschlagen wurde, weil ich als Knabe oft Ball spielte und durch solches Spiel am schnellen Erlernen der Wissenschaften behindert wurde, mit denen ich späterhin noch häßlicher spielen sollte; oder handelte der selbst irgendwie anders, welcher mich schlug und der mehr vom Neid und von Galle gequält wurde, wenn er in irgendwelchem geringfügigem Wortgefecht von einem gelehrten Rivalen überwunden wurde, als wenn ich im Ballspiel von einem Mitspieler übertroffen wurde?

Zehntes Kapitel

Und doch sündigte ich, mein Herr und mein Gott, du Ordner und Schöpfer des Alls, aber der Sünde Ordner allein. Ich sündigte, mein Herr und mein Gott, weil ich zuwiderhandelte den Geboten der Eltern und jener Lehrer. Denn späterhin konnte ich von den Wissenschaften, die ich nach dem Willen und der Absicht der Meinigen erlernen sollte, einen guten Gebrauch machen. Nicht in der Absicht, Besseres (als das Dargebotene) zu erwählen, war ich ungehorsam, sondern aus

Liebe zu Spielereien und aus Begierde nach stolzen Siegen in Wettspielen, um durch erdichtete Märlein meine Ohren zu reizen, daß sie immer lüsterner wurden und nur dieselbe Neugierde immer mehr und mehr aus den auf die Schauspiele und Spiele der Alten gehefteten Augen leuchtete; die Veranstalter solcher Spiele genießen so hohe Ehre, daß fast alle Eltern für ihre Kleinen ein gleiches Los wünschen, und dennoch lassen sie es gern zu, daß ihre Kinder gezüchtigt werden, wenn sie sich durch solche Schauspiele vom Lernen abhalten lassen, wodurch sie es einmal dahin bringen sollen, selbst solche Spiele zu geben. Siehe, o Herr, solches mit Erbarmen und befreie uns, die wir dich schon anrufen; befreie auch die, welche dich noch nicht anrufen, auf daß sie dich anrufen und du sie befreiest.

Elftes Kapitel

Schon als Knabe hatte ich Kunde von dem ewigen Leben, uns verheißen durch die Erniedrigung unseres Herrn und Heilandes, der herabstieg zu unserem Hochmute, und ich ward mit dem Zeichen seines Kreuzes bezeichnet und mit seinem Salm geweiht schon von dem Leibe meiner Mutter an, deren ganze Hoffnung du warst. Du sahst, o Herr, wie ich, noch ein Knabe, eines Tages plötzlich von heftig brennendem Magenkrampfe ergriffen wurde und fast dem Tode nahekam. Du Sahst, mein Gott, denn du warst schon damals mein Hort und Hüter, mit welcher Bewegung des Herzens, mit welchem Glauben ich die Taufe deines Gesalbten, meines Herrn und Gottes, von der Frömmigkeit meiner Mutter und der Mutter unser aller, deiner Kirche, verlangte. Und meine leibliche Mutter, mächtig erschüttert, weil sie auch mein ewiges Seelenheil als ein teures Pfand unter dem Herzen trug, das im Glauben an dich zu heiliger Reinheit gelangt war, würde eilend dafür gesorgt haben, daß ich in die heiligen Sakramente eingeweiht und durch sie gereinigt würde in deinem Bekenntnis, Herr Jesu, zur Vergebung der Sünden, wenn ich nicht sogleich genesen wäre. Es wurde daher meine Entsühnung durch die Taufe verschoben, gleich als müsse ich mich noch beflecken, solange ich am Leben bliebe, weg nach der Taufe die Schuld sündiger Befleckung noch größer und gefahrvoller würde. So war damals schon ich, die Mutter und das ganze Haus gläubig, ausgenommen den Vater, der, obwohl er ein Heide war, doch nicht das Recht der frommen Mutterliebe zugunsten seines Vaterrechts umstieß, um mich am Glauben an Christum zu hindern. Denn mit ängstlichem Eifer schärfte mir meine Mutter ein, daß du, mein Herr und mein Gott, in noch viel höherem Grade mein Vater wärest als jener, und du standest ihr bei, daß sie den Gatten (im Glauben) überwand, dem sie, als die bessere, untertan war, weil sie dadurch dir und deinem Gebote gehorchte.

Ich bitte dich, mein Gott, laß mich wissen, wenn es dein Wille ist, daß ich es wisse, welcher Art die Absicht war, der zufolge meine Taufe damals verschoben wurde, ob dadurch zu meinem Besten der Sünde Zügel gelockert wurden oder nicht? Weshalb hören wir auch jetzt noch von dieser und jener Seite: Laß ihn nur machen, er ist ja noch nicht getauft, und doch sagen wir zum Wohle des Körpers nicht: der Wunden noch mehr, er ist ja noch nicht geheilt. Wirt es nicht viel besser gewesen, ich wäre schnell geheilt worden und man hätte mit mir durch die Meinen und meine eigene Sorge so verfahren, daß das wiedergewonnene Heil meiner Seele sicher unter deinem Schutz gewesen wäre, den du mir verliehen hättest? Wohl wäre es besser gewesen. Aber wie viele und wie mächtige Fluten der Versuchung auf mich eindringen würden, wußte meine Mutter schon, und lieber wollte sie den natürlichen Menschen vor der Wiedergeburt als das (durch die Taufe wiederhergestellte) Ebenbild Gottes preisgeben.

Zwölftes Kapitel

Selbst in meinen Knabenjahren, wo man für mich weniger ab im Jünglingsalter fürchtete, liebte ich die Wissenschaften nicht, und ich haßte, zu ihrem Studium mit Gewalt gedrängt zu werden. Und doch wurde ich dazu gedrängt; wohl mir, daß es geschah, und doch handelte ich nicht gut. Denn ich würde nichts gelernt haben, wenn ich nicht dazu gezwungen worden wäre. Niemand aber handelt wider seinen Willen sittlich gut, auch dann nicht, wenn sein Tun gut ist. Und auch die, welche mich (zum Lernen) zwangen, handelten nicht gut; von dir allein kam mir das Gute, o mein Gott! Denn jene achteten nicht darauf, daß ich das durch ihren Zwang Gelernte nur zur Sättigung unersättlicher Begierde nach reicher Armut und schmachvollem Ruhme anwenden würde. Du aber, von dem die Haare unseres Hauptes gezählt sind, wandeltest den Irrtum derer, die mich zum Lernen zwangen, zu meinem Nutzen; meine Trägheit aber im Lernen ließest du mir werden zur Züchtigung, die ich wohl verdiente, ein noch so kleiner Knabe und doch ein schon so großer Sünder. So erwiesest du mir Gutes durch die, welche mir Übles taten, und vergaltest mir selbst in gerechter Weise meine eigene Sünde. Denn solches ist dein Gebot, und so geschieht es, daß jeder zuchtlose Geist sich selbst gereiche zur Strafe.

Dreizehntes Kapitel

Wie es aber eigentlich kam, daß mir die griechische Literatur verhaßt war, ist mir selbst nicht ganz klar. Denn die lateinische Literatur gewann ich lieb, freilich nicht, wie sie die Elementarlehrer, sondern die sogenannten Grammatiker lehrten; denn jener Elementarunterricht war mir nicht weniger lästig und peinlich als alles Griechische. Woher jedoch stammte dies, wenn nicht aus der Sünde und der Eitelkeit des Lebens, wodurch ich Fleisch war und ein Wind, der dahinfährt und nicht wiederkommt? Denn jene Anfangsgründe, durch welche es mir möglich wurde und ist, durch welche ich es innehabe, sowohl Geschriebenes lesen als auch selbst alles nach Willen schreiben zu können, waren weit besser, weil sie zuverlässiger waren als jene, vermittels deren ich gezwungen wurde, die Irrfahrten eines Äneas meinem Gedächtnisse einzuprägen, während ich meine eigenen Irrfahrten vergaß, und den Tod der Dido zu beweinen, weil sie, von Liebesgram übermannt, sich selbst den Tod gab, während ich, Tiefunglücklicher, es tränenlosen Auges ertrug, daß ich vertieft in diese, von dir, Gott mein Leben, abstarb.

Denn was ist wohl mitleidswürdiger als ein Leidender, der selbst kein Mitleid mit sich hat und doch den Tod einer Dido beweint, den sie aus Liebe zu Äneas findet, nicht aber seinen Tod, welchen er stirbt aus Lieblosigkeit gegen dich, o Gott, du Licht meines Herzens, du Lebensbrot und Kraft, die befruchtet mein Gemüt und den Sproß meines Denkens. Ich liebte dich nicht, und meine Seele, dir vermählt, handelte ehebrecherisch, und »recht so, brav!« ertönte es dem Ungetreuen von allen Seiten zu. Denn die Freundschaft dieser Welt ist ja der Abfall von dir, und Beifall rufen sie, daß sich der Mensch schäme, wenn er anders geartet ist. Und nicht diesem galten meine Tränen, sondern der Dido, »daß geschieden sie sei, mit dem Stahl ihr Ende erreichend«, verließ dich und folgte deinen geringsten Geschöpfen, Staub zum Staube zurückkehrend. Und wenn ich verhindert wurde, dieses zu lesen, so war mir's schmerzlich, das nicht lesen zu dürfen, was mir Schmerz erregte. Solche Torheit galt für edlere und fruchtbarere Wissenschaft als Lesen und Schreiben.

Doch nun rufe mir in meine Seele, o Gott, und deine Wahrheit sage: So ist es nicht, jener erste Unterricht ist bei weitem besser, denn ich bin viel bereiter dazu, die Irrfahrten des Äneas zu vergessen und alles andere Derartige als Schreiben und Lesen. Vorhänge sind vor den Türen der Gelehrtenschulen; sie bedeuten aber nicht sowohl ein ehrfurchtgebietendes Geheimnis als vielmehr eine Fülle des Irrtums. Und nicht mögen gegen mich diejenigen ein Geschrei erheben, die ich nicht fürchte, wenn ich dir bekenne, was meine Seele will, o mein Gott, und Ruhe finde ich im Verwerfen der bösen Wege, daß ich seine guten Wege lieben lerne. Auftreten mögen auch nicht wider mich die Verkäufer oder Käufer der weltlichen Literatur; denn wende ich mich mit der Frage an sie, ob Äneas wirklich einst nach Karthago gekommen sei, wie der Dichter sagt, dann werden die Ungelehrteren sich mit ihrer Unwissenheit entschuldigen, die Gelehrteren aber werden es sogar verneinen. Wenn ich aber frage, mit welchen Buchstaben Äneas geschrieben wird, dann werden wir alle, welche dies gelernt haben, die richtige Antwort geben nach dem Übereinkommen und Gutbefinden, durch welche die Menschen jene Zeichen unter sich festgesetzt haben. Ebenso, gesetzt ich früge, was von beiden wohl zum größeren Nachteil für das Leben vergessen würde, Lesen und Schreiben oder jene poetischen Erfindungen, weiß wohl jeder die Antwort, der sich nicht gänzlich vergessen hat. ich fehlte also, da ich als Knabe jene unnützen Dinge diesen nützlichen eifrig vorzog oder vielmehr diese haßte, jene aber liebte. Nun aber war mir das eins und eins ist zwei, zwei und zwei ist vier ein Lied von gar verhaßtem Klang und das angenehmste Schauspiel für meine Eitelkeit das hölzerne Pferd von Bewaffneten, der Brand Trojas und der Schatten Creusas.

Vierzehntes Kapitel

Warum haßte ich denn aber die griechische Literatur, die doch solches besang? Denn auch Homer verstand es, das Gewebe solcher Märlein, und ist in seiner Eitelkeit so süß und doch mir Knaben so bitter. Ich glaube, auch den griechischen Knaben wäre es mit Vergilius also ergangen, wenn man sie zwänge, ihn auf solche Art verstehen zu lernen wie mich jenen. Natürlich vergällte die Schwierigkeit, eine gänzlich fremde Sprache zu erlernen, mir alle Schönheiten der griechischen Mythen. Ich verstand die Worte nicht und wurde dennoch mit harten

Drohungen und Strafen gewaltsam dazu angetrieben, sie zu erlernen. Freilich kannte ich als Kind einst die lateinische Sprache noch nicht und doch lernte ich sie mit Aufmerksamkeit ohne jegliche Furcht und Qual unter den Liebkosungen meiner Ammen, unter den Scherzen derer, die mir zulachten, und unter fröhlichen Spielen. So lernte ich jene ohne die peinliche Belästigung von Drängen, wenn mich mein Herz dazu antrieb, Empfangenes wiederzugeben, was ich nicht imstande gewesen wäre, wenn ich nicht schon die Kenntnis einiger Worte gehabt hätte, nicht von Lehrern, sondern von Sprechenden, für deren Ohr ich meine Gedanken kundgab. Hieraus geht deutlich hervor, daß die freie Wißbegierde eine größere Macht besitzt zum Erlernen als furchteinflößender Zwang. Aber dieser hemmt nach deinem Gesetz den Strom jener Wißbegierde, o Gott, nach deinem Gesetz von der Rute der Lehrer bis zu den Versuchungen der Märtyrer; heilsame Bitterkeit mischt sich nach deinem gewaltigen Willen bei, welche uns wieder zurück-ruft zu dir von der verderblichen Lust, durch welche wir uns von dir entfernt haben.

Fünfzehntes Kapitel

Erhöre, o Gott, mein Gebet, daß meine Seele nicht müde werde unter deiner Zucht und daß ich nicht lasch werde im Bekenntnis deines unendlichen Erbarmers, durch welches du mich von allen Irrwegen abgebracht hast, daß du mir süßer wirst als alle Verführungen, denen ich folgte, daß ich dich hebe mit allen Kräften und deine Hand erfasse mit ganzem Herzen und du mich entreißest aller Versuchung bis ans Ende. Denn dir, o Herr, mein König und mein Gott, deinem Dienste sei gewidmet, was ich als Knabe Nützliches erlernte, was ich spreche, schreibe, lese und zähle; wenn ich Eitles erlernte, züchtigtest und vergabst du mir meine sündhafte Lust an solcherlei Eitelkeiten. Und ich lernte durch sie wohl viel nützliche Worte, die aber auch ohne eitle Dinge erlernt werden können, und das ist der sichere Weg, auf dem die Knaben wandeln sollten.

Sechzehntes Kapitel

Aber wehe dir, Strom menschlicher Gewohnheit! Wer kann dir widerstehen? Wann wirst du endlich versiegen? Wie lange wirst du noch die Söhne Evas hinaustreiben in das große, furchtbare Meer, welches kaum die durchsegeln, welche das Kreuzesschiff der Kirche besteigen? Las ich nicht zur Zeit (da ich noch von dir fortgerissen wurde) von einem Donnerer und Ehebrecher Jupiter? Zwar vermochte er keines von beidem, sondern es wurde erdichtet, daß man sich auf seine Autorität berufen könne, um einen wahren Ehebruch nachzuahmen, wobei der falsche Donnerer den Kuppler machte. Wer aber von den Lehrern, die da in ihren Mänteln umherstolzieren, kann es ruhig mit anhören, wenn ein Mensch, der Staub ist, ausruft: »Dies fabelte Homer und übertrug Menschliches auf die Götter; wollte er doch lieber Göttliches auf uns übertragen!« Mit mehr Recht sagt man aber wohl, er ersann dieses zwar, aber so, daß er den lasterhaften Menschen Göttliches beilegte, damit ihre Laster nicht für Laster geachtet würden und damit jeder, der solche verübte, nicht Missetäter, sondern die Götter im Himmel nachzuahmen schiene. Und doch werden die Menschenkinder in dich, du Höllenfluß, hineingeworfen mit dem Lohne, wofür sie dies lernen sollen, und Großes – so glaubt man – steht auf dem Spiele, wenn dafür öffentlich auf dem Forum dargestellt wird, angesichts der Gesetze, die dem Dichter obendrein noch festen Gehalt bestimmen außer den Honoraren, wenn du die Steine zu erschüttern suchst, prahlst und mit rauschendem Wortschwall sprichst: Hier ist die Quelle, da man reden lernt; hier erwirbt man die Beredsamkeit, um Leute zu beschwatzen, hier lernt man die Kunst, die unumgänglich nötig ist, Meinungen auseinanderzusetzen. Wir würden so nichts von den Worten: goldener Regen, Schoß, Trug, Tempel des Himmels und was da noch für andere derartige Ausdrücke sind, die dort vorkommen, verstehen, wenn nicht Terenz einen jungen Taugenichts einführte, der sich den Jupiter zum Vorbild der Unzucht nimmt, indem er ein Wandgemälde beschaut, welches Jupiter darstellt, »wie er der Danae einst einen Goldregen in den Schoß habe fallen lassen und so das Weib überlistete«. Und nun siehe hin, wie er sich selbst gleichsam unter der Anleitung des Gottes zur Wollust reizt: »Welch ein Gott, der mit seinem Donner des Himmels Zinnen erschüttert. Und ich schwaches Menschlein sollte es nicht tun? Ich hab's getan, und zwar mit Freuden.« Keineswegs lernte man durch solche Schändlichkeit derartige Worte mit größerer Leichtigkeit, nur wurde man dadurch um so vertrauter mit der Schändlichkeit. Nicht die Worte klage ich an, die nur erwählten köstlichen Gefäßen gleichen, sondern den Wein (in solchen Gefäßen), der uns auf Irrwege führte und uns von trunkenen Lehrern aus ihnen gereicht wurde; tranken wir nicht, dann drohte uns Züchtigung, und an einen nüchternen Richter uns zu wenden, blieb uns versagt. Und doch, o Gott, vor dessen Angesicht ich mich sicher dessen erinnere, habe ich solches gern gelernt und habe o ich Elender! daran Freude gefunden und wurde demzufolge ein Knabe genannt, der zu schönen Hoffnungen berechtige.

Siebzehntes Kapitel

Laß mich, o Gott, auch darüber sprechen, mit wie törichtem Treiben sich mein Geist, deine Gabe, abarbeitete. Mir wurde eine Aufgabe gestellt, die mein Gemüt nicht wenig durch die Verheißung von Lob oder Schmach und durch die Furcht vor Schlägen in Unruhe versetzte. Sie bestand nämlich darin, daß ich die Worte der Juno, die in zornigem Schmerze trauert, daß sie den König der Teukrer nicht von Italien fernzuhalten vermag, vortragen sollte, Worte, die ich doch natürlich die Juno nie hatte sprechen hören; wir wurden genötigt, irrenden Fußes den Spuren des fabelnden Dichters zu folgen und in ungebundener Rede vorzutragen, was der Dichter in Versen ausgesprochen; dessen Vortrag errang das höchste Lob, der die Affekte des Zornes und des Schmerzes der Stellung der von ihm dargestellten Person möglichst entsprechend wiedergab in Sätzen, die den Gedanken auch in ihrer äußeren Form möglichst angepaßt waren. Warum aber erntete ich, o Gott, der du wahrlich mein Leben bist, bei meinem Vortrage von vielen Altersgenossen und Mitschülern Beifall? War das nicht eitel Rauch und Wind? Dein Lob, o Herr, dein Lob in den heiligen Schriften hätte den schwachen Keim in meinem Herzen erstarken lassen sollen, und nicht wäre er geworden ein Raub eitler Nichtswürdigkeiten, nicht eine schmähliche Beute der gefiederten Kreatur. Aber freilich, auf gar mannigfache Weise opfern wir den abtrünnigen Engeln.

Achtzehntes Kapitel

Wie aber ist es zu verwundern, daß mich die Eitelkeit so in ihre Gewalt bekam und mich von dir, mein Gott, so entfernte, da mir Menschen zu Vorbildern gesetzt wurden, die vor Scham vergehen wollten, wenn in der Erzählung ihrer an und für sich keineswegs bösen Handlungen ungebräuchliche oder fehlerhafte Ausdrücke vorkamen, die sich aber rühmten und mit Lob überschüttet wurden, wenn sie ihre Bubenstreiche fehlerfrei mit wohlgesetzten Worten ausführlich und mit Ausschmückungen erzählten? Du siehst dies, Herr, und du schweigst in deiner Langmut, der du barmherzig, Der auch wahrhaftig bist. Doch wirst du immer schweigen, o Herr? Und jetzt ziehst du empor zu dir aus dem grausigen Abgrunde den Geist, der dich sucht und den nach deiner Erquickung dürstet und sein Herz hält dir vor Ich habe gesucht einst dein Antlitz, und nun suche ich dein Antlitz wieder, o Herr. Denn fern von deinem Angesichte zu leben, das heißt in finsterer Leidenschaft dahinwandeln, denn nicht mit dem Fuße oder räumlich entfernen wir uns von dir oder kehren zu dir zurück. Oder suchte jener dein jüngerer Sohn Pferde, Wagen oder Segel, oder floh er mit sichtbarem Fittich, oder legte er eilenden Fußes den Weg zurück, daß er im fernen Lande als Verschwender lebe und das Gute verprasse, das du dem Dahinziehenden mitgegeben hattest? Ein liebevoller Vater warst du ihm, der du gabst, ein liebevollerer noch, da er mühselig und beladen heimkehrte. So ist ein Leben in üppiger Lust ein Wandel in Finsternis und Fernsein von dir. Siehe, o Herr, und siehe es nach deiner Gewohnheit mit Langmut an, wie sorgfältig die Menschenkinder die Gesetze der Buchstaben und Silben, die ihnen von den früheren Redenden überliefert sind, beobachten und dagegen die von dir empfangenen dauernden Gesetze des ewigen Heils vernachlässigen, so daß der, welcher jene alten Lautgesetze weiß und lehrt, größeres Mißfallen bei den Menschen erregt, wenn er gegen die grammatische Regel ohne Aspiration der ersten Silbe omo anstatt homo sagen würde, als wenn er deinen Geboten zuwider selbst ein Mensch, seinesgleichen haßte. Gerade als ob er von irgendeinem Feinde Verderblicheres erfahren könnte als von seinem Hasse selbst, der ihn gegen denselben aufreizt, oder als wenn einer, indem er einen anderen verfolgt, diesem einen schwereren Schaden zuzufügen imstande wäre, als er seinem Herzen durch solche Feindschaft zufügt! Gewiß ist das sprachliche Wissen nicht innerlicher als der ins Herz geschriebene Gewissensvorwurf: man tue dem andern, was man selbst nicht leiden möge. Wie bist du so geheimnisvoll, der du schweigend wohnst in der Höhe, o Gott, du allein Erhabener, der du nach einem unermüdlich wirkenden Gesetze zur Strafe Blindheit ausgießest über unerlaubte Begierden. Wenn ein Mensch den Ruhm der Beredsamkeit sucht und dasteht vor einem menschlichen Richter, umgeben von einer Menschenmenge, seinen Feind mit wildem Haß verfolgend, dann hütet er sich mit der größten Sorgfalt vor Sprachfehlern wie: »Inter hominibus«; aber ohne Scheu vertilgt er in seiner Raserei den Menschen aus dem Kreise der Menschen.

Neunzehntes Kapitel

An der Schwelle der Schule, wo solche Sitten heimisch waren, lag ich als elender Knabe; eines solchen Kampfplatzes Ringkunst war es, wo ich mich mehr davor fürchtete, einen Sprachfehler zu machen, als ich mich hütete, wenn ich es dennoch tat, diejenigen, welche es nicht taten, zu beneiden. Ich sage es und bekenne es dir, mein Gott, worin ich von denen gelobt wurde, welchen zu gefallen uns damals gerade so viel galt als ein gottgefälliges Leben. Denn ich sah nicht den Abgrund der Schande, in welchen ich von deinen Augen verstoßen wurde, denn wer konnte in deinen Augen schändlicher sein als ich, da ich auch sogar solchen mißfiel durch unzählige Betrügereien und Lügen, meinen Erziehern und Eltern gegenüber durch Spielsucht, durch die Begierde Possen zu sehen und in spielsüchtiger Unruhe nachzuahmen? Auch den Keller und den Tisch meiner Eltern bestahl ich, teils aus Naschsucht, teils um den Knaben ihre Rollen im Spiel, an dem sie sich gleicherweise wie ich ergötzten, mir sie aber gleichwohl verkauften, abzumarkten. Auch in diesem Spiel erschlich ich mir, von eitler Begier zu glänzen verblendet, oft durch Betrug den Sieg. Was aber wollte ich selbst so wenig dulden und tadelte ich so roh, wenn ich andere dabei ertappte, als eben das, was ich anderen tat, und wenn ich selbst darüber ertappt wurde, lieber tobte als mich gefügt hätte? Ist das die kindliche Unschuld? Nein, o Herr, sie ist es gewiß nicht. Das ist, was aus dem Knabenalter auf das höhere folgende Alter übergeht, nur daß es sich anstatt der Erzieher und Lehrer, der Nüsse und Kugeln und Sperlinge jetzt um Präfekten und Könige, Gold, Landgüter und Sklaven handelt, wie auch anstatt der Ruten schwerere Strafen eintreten. In der Kleinheit der Kinder hast du, unser König, uns ein Symbol der Demut gegeben, wenn du sprachst: Solcher ist das Himmelreich!

Zwanzigstes Kapitel

Doch Dank sei dir, o Herr unser Gott, dargebracht, dem erhabensten und besten Schöpfer und Regierer des Weltalls, wenn du auch nur gewollt hättest, daß ich solch ein Knabe geworden wäre. Denn schon damals lebte ich und empfand und mir lag mein unversehrtes Dasein am Herzen, eine Spur der geheimnisvollen Einheit mit dir, der ich mein Dasein verdankte. Mit meinem inneren Sinne behütete ich die Unverletztheit meiner äußeren Sinne und freute mich an der Wahrheit selbst bei kleinen Gedanken über kleine Dinge. Ich wollte mich nicht täuschen lassen, mein Gedächtnis war frisch, mit Beredsamkeit war ich ausgestattet, Freundschaft war mir angenehm, ich floh den Schmerz, die Haltlosigkeit, die Unwissenheit. Was ist all einem solchen Wesen nicht bewundernswert und des Lobes würdigt Aber alles dies hat mir Gott geschenkt, nicht ich selbst habe es mir verliehen, und es ist gut, und alles dies bin ich. Gut ist also mein Schöpfer, und er selbst ist mein Gut und ihn preise ich mit Frohlocken für all das Gute, wodurch ich auch als Knabe wirklich war. Denn das war meine Sünde, daß ich nicht in ihm, sondern in seiner Kreatur in mir und den anderen Vergnügen Herrlichkeit und Wahrheit suchte, und so stürzte ich mich in Schmerz, Verwirrung und Irrtum. Dank dir, du meine Wonne, meine Ehre, mein Vertrauen, o mein Gott! Dank dir für deine Gaben! Bewahre sie mir aber auch! Denn so wirst du mich bewahren und sie werden zunehmen, und was du mir gabst, wird vollendet werden, ich selbst werde mit dir sein, denn auch das Dasein hast du mir gegeben.

Zweites Buch

Erstes Kapitel

Gedenken will ich meiner Befleckungen und des Verderbens meiner Seele im Fleisch, nicht weil ich sie liebe, sondern daß ich dich liebe, mein Gott. Liebe zu deiner Liebe ist es, die mich noch einmal die schändlichen Wege durchwandern läßt im Geiste mit der Bitterkeit der neu auflebenden Erinnerung, auf daß du mir süß werdest, o Süßigkeit, die nicht trügt, o Wonne, die zu Glück und Frieden führt, und wenn ich mich sammle von der Zerstreuung, von der ich stückweise zerrissen wurde, da ich von dir, dem Einen, abgewandt, mich in die Vielheit verlor. Da ich ein Jüngling war, flammte auch in mir die Begierde, mich zu sättigen in höllischen Genüssen, und so gab ich mich in wechselnden und lichtscheuen Liebesgenüssen der Verwilderung preis. Und mein Leib verzehrte sich und ich verfiel vor deinen Augen, während ich mir gefiel und den Menschen zu gefallen strebte.

Zweites Kapitel

Liebe und Gegenliebe, sie nur erfreuten mich. Doch blieb ich nicht auf dem lichten Pfade der Freundschaft, der von Seele zu Seele führt, sondern böse Dünste entstiegen dem Schlamme meiner Fleischeslust und dem Sprudel meiner Jugend und umwölkten und umnachteten mein Herz, daß es nicht mehr scheiden konnte die heitere Klarheit der Liebe von dem Düster der Sinnenlust. Beides wogte und wallte wirr durcheinander, riß meine ohnmächtige Jugend durch die Abgründe der Lust und tauchte sie hinein in den Sündenpfuhl. Da entbrannte dein Zorn über mir und ich erkannte es nicht. Das Klirren der Kette, die mich an die Sterblichkeit fesselt zur Strafe für meinen Hochmut, machte mich taub (für deine Stimme), und weiter und weiter ging ich von dir, und du ließest mich gewähren; ich trieb mich umher, vergeudete meine Kräfte und schwächte mich und wallte mich in meinen Ausschweifungen und du schwiegst. Du meine Freude, wie spät wurdest du mir zuteil! Du schwiegst damals und ich entfernte mich immer weiter und weiter von dir, immer mehr und mehr in jene unfruchtbare Saat, die nur Schmerzen gebiert in stolzer Verworfenheit und friedloser Erschöpfung.

O, wer meinem Elende ein Maß gesetzt und die flüchtige Schönheit des steten Wechsels mir zu Nutzen gewandelt und ihren Reizen ein Ziel gesteckt hätte, daß die stürmischen Fluten meiner Jugend, da sie nicht ruhen konnten, gebrandet wären am Ufer der Ehe, die sich genügen läßt mit dem Zweck der Fortpflanzung, wie dein Gesetz, o Herr, es vorschreibt, der du Kinder des Todes schaffst und deine linde Hand aufzulegen vermagst zur Linderung der Dornen, die ausgeschlossen sind von deinem Paradiese. Denn deine Allmacht ist nicht fern von uns, wenn wir auch fern sind von dir. Wachsamer hätte ich gewißlich dann dein Wort, das aus deiner Wolke hervorging, beachtet: Es werden solche leibliche Trübsal haben. Ich verschonte aber eurer gern; und: Es ist dem Menschen gut, daß er kein Weib berühre, und: Wer ledig ist, der sorget, was dem Herrn angehöret, wie er dem Herrn gefalle. Wer aber freier, der sorget, was der Welt angehört, wie er dem Weibe gefalle. Hätte ich wachsamer solchen Worten gelauscht, der Sinnenlust abgestorben um des Himmelreichs willen, seliger hätte ich geharrt, von deiner himmlischen Liebe umfangen zu werden.

Aber ich Elender brauste auf, willenlos fortgerissen von den Wogen (die in meinem Innern stürmten), verließ ich dich und übertrat alles, was dein Gesetz verordnet, und entrann deiner Geißel nicht; wer von den Sterblichen könnte auch dies? Denn immer warst du mir nahe in gnädigem Zorn und sprengtest bittersten Wermut auf alle meine unerlaubten Freuden, auf daß ich Vergnügen aufsuchte ohne Schmerz, und hätte es in meinem Vermögen gestanden, wahrlich, nichts hätte ich gefunden als nur dich allein, o Herr, dich, der du Schmerz in dein Gebot legtest, der du verwandest, um zu heilen, und tötest, auf daß wir dir nicht absterben. Wo war ich und wie weit verbannt von den Ursonnen deines Hauses in jenem sechzehnten Jahre meines leiblichen Lebens, da der Wahnsinn der Wollust die Herrschaft über mich gewann und ich ihr beide Hände bot, ihr, die 'sich frech zur Schande der Menschen alles erlauben darf und die doch deine Gesetze verbieten. Die Meinigen sorgten nicht dafür, mich, den Strauchelnden, aufzuhalten und zu verheiraten; sie waren nur darauf bedacht, daß ich möglichst gut und möglichst überzeugend reden lernte.

Drittes Kapitel

In jenem Jahre nun erfolgte eine Unterbrechung meiner Studien durch meine Rückreise von Madaura, der Nachbarstadt, in welcher ich den ersten Unterricht in den Wissenschaften und der Beredsamkeit empfing. Es wurden Vorbereitungen zu einem längeren Aufenthalte in Karthago getroffen, mehr durch die Hoffart meines Vaters als durch seinen Reichtum veranlaßt, da er ein ziemlich unbemittelter Bürger von Thagaste war. Warum erzähle ich dies? Nicht dir, o mein Gott; aber vor deinem Angesichte erzähle ich es meinem Geschlechte, dem Geschlechte der Menschen, wie klein auch der Leserkreis dieser meiner Schrift sein möge. Und zu welchem Zweck erzähle ich es? Damit ich und jeder Leser bedenke, aus welchen Tiefen man zu dir rufen muß. Denn was ist näher als dein Ohr, wenn ein Herz sein Bekenntnis ablegt und das Leben aus dem Glauben ist? Denn wer pries nicht damals meinen menschlichen Vater, daß er über sein Vermögen auf seinen Sohn verwandte, so viel zu der weiten Studienreise nötig war. Denn viele reichere Bürger machten keinen solchen Aufwand für ihre Kinder, währenddessen mein Vater sich nicht darum kümmerte, wie ich dir entgegenreifte oder wie es mit meiner Reinheit stünde, wenn ich nur redegewandt oder vielmehr abgewandt von deinem

Dienst war, o Gott, du einzig wahrer und guter Herr deines Ackers, das ist meines Herzens.

Als ich aber in jenem sechzehnten Jahre häuslichen Mangels wegen müßig ging und so Schulferien habe und bei meinen Eltern lebte, da entwuchsen meinem Haupte die Dornen der Wollust und niemand raufte sie aus. Ja, als mein Vater einst im Bade mich, den kräftig heranreifenden Jüngling, sah mit seiner ungestümen Jugendkraft, teilte er es voll Freude der Mutter mit, als frohlocke er schon über die künftigen Enkel, in dem Freudenrausche, in welchem diese Welt dich, ihren Schöpfer, vergaß und das Geschöpf statt deiner liebte, berauscht von dem unsichtbaren Weine seines verkehrten und zur Tiefe gewandten Willens. Aber in meiner Brust hattest du schon deinen Tempel (aufzurichten) begonnen und den Grund je zu deinem Heiligtum gelegt; jener aber (der Vater) war seit kurzem erst Katechumen geworden. Daher lebte sie in heiliger Furcht und Zittern, und ob ich gleich noch kein Christ (noch nicht getauft) war, fürchtete sie doch Öl, die Irrwege, welche ich wandelte und die dir den Rücken zukehren und nicht das Angesicht.

Wehe mir! Und ich wage zu sagen, du hättest geschwiegen, mein Gott, da ich mich noch weiter von dir entfernte? Schwiegst du denn damals wirklich so ganz? Und die Worte, die du durch den Gesang meiner Mutter, die im Glauben an dir hing, so oft an mein Ohr tönen ließest, wessen waren sie, wenn nicht dein? Doch keines davon drang mir in das Herz, daß ich danach gehandelt hätte. Mit dem besten Willen ermahnte sie mich oft, wie ich mich noch erinnern kann, heimlich mit tiefem Grame, daß ich nicht der Wollust verfiele und vor allem nicht die Ehe eines andern entweihte. Aber weibisch erschienen mir solche Ermahnungen, denen ich ohne Erröten nicht zu gehorchen vermochte. Von dir kamen sie und ich wußte es nicht und glaubte, du schwiegest und nur jene (meine Mutter) rede, durch welche zu mir sprachst, und du wurdest in ihr von mir, ihrem Sohne, verachtet, dem Sohne deiner Magd, deinem Knechte. Aber ich wußte es nicht, und mit solcher Blindheit geschlagen eilte ich jählings vorwärts, so daß ich mich vor meinen Altersgenossen schämte, wenn ich minder schändlich gelebt hatte als sie, weil ich sie mit ihren Vergehen prahlen und um so mehr Rühmens davon machen hörte, je schändlicher sie waren: so verführte mich nicht nur die Lust an dar Tat, sondern auch die Lust gelobt zu werden. Was ist tadelnswerter als das Laster? Um nicht getadelt zu werden, wurde ich noch lasterhafter, und wo ich es den Verworfenen nicht gleichtun konnte, gab ich vor, die Untat begangen zu haben, damit ich nicht desto verächtlicher erschiene, je unschuldiger ich war, und um nicht für desto geringer zu gelten, je reiner ich war.

Wehe, mit welchen Spießgesellen ich mich auf den Straßen Babds umhertrieb und mich in ihrem Kote wälzte wie in köstlichen Spezereien und Salben. Und in ihrer Mitte trat mich der unsichtbare Feind mit Füßen (in den Kot), daß ich desto fester an ihm hinge, und verführte mich, weil ich verführbar war. Auch meine leibliche Mutter, die zwar aus der Mitte Babels schon eilend geflohen war, in den übrigen Straßen aber langsamer ging, sorgte, so sehr sie mich auch zur Keuschheit ermahnte, doch nicht dafür, das, was sie durch ihren Gatten von mir gehört und schon als verderblich und für die Zukunft als gefährlich erkannt hatte, in die Schranken der ehelichen Liebe zu bannen, wenn es nicht bis auf die letzte Lebensspur vernichtet werden konnte. Sie sorgte dafür nicht, aus Furcht, die Ehefessel könnte meine Hoffnungen vereiteln, nicht jene Hoffnung, welche meine Mutter für das Jenseits auf dich setzte, sondern die Hoffnung der wissenschaftlichen Ausbildung, deren Besitz meine Eltern allzusehr für mich 'wünschten, der Vater, weil er über dich fast gar nichts, über mich nur Eitles dachte, die Mutter, weil sie glaubte, daß jene gewöhnlichen wissenschaftlichen Studien nicht nur nichts schadeten, sondern vielmehr von einigem Nutzen sein könnten, zu dir zu gelangen. Denn solches ist meine Vermutung, wenn ich, soweit ich vermag, über den Charakter meiner Eltern nachdenke. Auch im Spiel ließ man mir die Zügel mehr schießen als das rechte Maß der Strenge erlaubt, so daß ich mich in mancherlei Gelüste verlor, und überall herrschte Finsternis, die mir, mein Gott, die heitere Klarheit deiner Wahrheit verschloß, und wie aus fettem Erdreich sproßte meine Ungerechtigkeit auf.

Viertes Kapitel

Gewiß straft, o Herr, dein Gesetz den Diebstahl und das Gesetz, das geschrieben stehet im Menschenherzen, das selbst die Sünde nicht tilgt. Denn gibt es wohl einen Dieb, der einen andern mit Gleichmut duldet? Nicht einmal der Reiche, der Überfluß hat, duldet den durch Mangel zum Diebstahl getriebenen Dieb. Und ich war willens, einen Diebstahl zu begehen, und beging ihn weder durch die Not noch durch den Mangel dazu getrieben, sondern durch den Ekel vor der Gerechtigkeit und die Gier nach Ungerechtigkeit. Denn ich stahl, was ich im Überfluß besaß und weit besser; und nicht der Genuß an der Sache selbst, sondern am Diebstahl und an der Sünde war es, den ich begehrte. In der Nähe unseres Weinberges stand ein Birnbaum, mit Früchten beladen, die jedoch weder durch ihr Aussehen noch ihren Geschmack reizen konnten. Diese abzuschütteln und fortzutragen, begaben wir ruchlosen Jünglinge uns in später Nachtstunde, bis zu der wir in Spiel-häusern nach schändlichem Brauche das Spiel herausgezogen hatten, dorthin und trugen große Massen hinweg, nicht um sie zum Mahle zu genießen, sondern um sie den Schweinen vorzuwerfen, nachdem wir ein wenig davon gekostet hatten nur um nach unserem Geiste Unerlaubtes zu tun. Siehe mein Herz an, o mein Gott, siehe mein Herz an, denn du hast dich seiner erbarmt, da es in der Tiefe des Abgrundes schmachtete. Und was es dort suchte, das sage dir jetzt mein Herz, daß ich um nichts böse war, ohne irgend etwas dadurch erreichen zu wollen; boshaft war ich, nur um boshaft zu sein. Schändlich war es und ich liebte es, ich liebte das Verderben, ich liebte meinen Abfall (von dir), nicht das Objekt meines Abfalls, sondern meinen Abfall selbst: schändliche Seele, die sich, von deiner Himmelsfeste trennend, selbst verbannt, die nicht etwas durch Schande, nein die Schande selbst begeht.

Fünftes Kapitel

Schöne Körper gewähren einen reizenden Anblick, ebenso wie Gold, Silber und alles Derartige, und für das Gefühl übt fleischliche Sympathie einen starken Reiz aus; gleichermaßen haben alle übrigen Sinne eine ihnen entsprechende Eigentümlichkeit der Körper. Auch zeitliche Ehre, Herrschergewalt und Oberhoheit und der aus ihnen entspringende Trieb nach Freiheit haben ihren Reiz: doch dürfen wir, wollen wir dies alles erlangen, nicht weichen von dir, o Herr, und uns nicht entfernen von deinem Gesetz. Auch unser Menschenleben hat einen bestechenden Reiz durch eine gewisse Art von Anmut und Harmonie mit allem irdischen Schönen. Süß ist auch die Freundschaft der Menschen durch das teure Band, das viele Seelen vereint. Sünde aber wird alles dieses und ähnliches, wenn wir in zügelloser Hinneigung zu diesen Gütern, obgleich sie sehr gering sind (im Verhältnis zu denen, die du uns schenkst), die besseren und höchsten im Stich lassen, ja dich selbst, o Herr unser Gott, und deine Wahrheit und dein Gesetz. Wohl macht auch dies Geringe uns Freude, aber nicht wie du, mein Gott, der alles gemacht hat; denn die Gerechten freuen sich des Herrn und er selbst ist die Wonne derer, die geraden Herzens sind. Fragt man nun nach der Ursache eines Verbrechens, so findet man keinen Glauben, wenn nicht die Begierde nach jenen Gütern, welche wir die niedrigsten nannten, als Grund nachgewiesen werden kann oder die Furcht, sie einzubüßen. Wohl sind sie schön und reizend, aber im Vergleich zu jenen höheren und seligmachenden Gütern sind sie wertlos und verwerflich. Es beging einer einen Mord. Weshalb? Er liebte des Ermordeten Weib oder Gut, oder er wollte rauben, um davon zu leben, oder er fürchtete, von dem

Ermordeten derartiges einzubüßen, oder Rachgier erfüllte ihn. Beging er etwa den Mord ohne Ursache und aus bloßer Freude am Mord? Das klingt unglaublich. Wird doch selbst bei jenem Wahnsinnigen und beispiellos grausamen Menschen als Ursache seiner nutzlosen Bosheit und Grausamkeit das Wort von ihm angeführt: »Nicht soll mir in Untätigkeit Hand und Herz erschlaffen.« Was war aber der wirkliche Grund? Daß er durch die Übung im Verbrechen nach Eroberung der Stadt Ehrenstellen, Gewalt, Reichtümer erlangte und von der Furcht vor den Gesetzen aus seiner mißlichen Lage, da sein Vermögen zerrüttet und sein Gewissen mit Verbrechen belastet war, befreit würde. Selbst ein Catilina liebte nicht seine Verbrechen, sondern anderes, demzufolge er sie beging.

Sechstes Kapitel

Was liebte ich denn nun aber an dir, meinem Diebstahl, ich Elender, und jener nächtlichen Schandtat im sechzehnten Jahre meines Lebens? Du warst nicht schön, weil du eben ein Diebstahl warst, oder warst du denn überhaupt etwas, daß ich zu dir rede? Schön waren jene Früchte, die wir stahlen, weil du sie geschaffen, du Schönster von allen, du Schöpfer des Alls, gütiger Gott, du mein höchstes, du allein wahres Gut. Schön waren jene Früchte, aber nicht sie waren es, die meine elende Seele begehrte, denn bessere hatte ich in Menge; jene pflückte ich nur, um zu stehlen. Denn das abgepflückte Obst warf ich hinweg, und die Speise, die mich ergötzte, war einzig und allein die Sünde. Aß ich auch etwas davon, so wurde es mir doch nur durch die Sünde gewürzt. Und nun, mein Herr und mein Gott, frage ich dich, welche Freude mir der Diebstahl gewährte; er hat nichts Schönes, nichts Reizendes, wie es von Mäßigung und Klugheit ganz und gar zu schweigen in der Einsicht, dem Erinnerungsvermögen, den Sinnen und der Lebensfreudigkeit liegt, r nichts Reizvolles, wie es der Glanz der Gestirne hat, welche das Himmelszelt zieren, nicht wie die Erde und das

Meer, voll zeugenden Lebens, wo Entstehen und Vergehen in ewigem Wechsel begriffen sind kurz meine Tat hatte nicht einmal jenen mangelhaften, nachäffenden Reiz, wie ihn Sünden haben, die uns täuschen (indem sie sich als Tugenden darstellen).So ahmt der Stolz die Erhabenheit nach, während du doch, o Gott, allein über alles erhaben bist; so sucht die Ehrsucht nur Ehre und Ruhm, während du doch vor allen allein zu verehren bist und zu preisen in Ewigkeit; so will die Strenge der Mächtigen gefürchtet werden; ist es denn nicht Gott, dem allein Furcht gebührt? Was kann deiner Macht entzogen und entrissen werden? Wann, wo oder von wem wäre dies wohl möglich? Die Liebkosungen der Mutwilligen wollen gefallen; doch nichts ist liebenswürdiger als deine Huld, und keine Liebe ist heilsamer als die Liebe zu deiner Wahrheit, die vor allem schön und lichtvoll ist. Die Neugierde strebt wißbegierig zu erscheinen, während du doch allwissend bist. Selbst die Unwissenheit und Torheit hüllen sich in den Deckmantel schlichter Einfalt und Unschuld, und doch gleicht dir niemand an Unschuld und Unsträflichkeit, denn die Taten der Bösen strafen sich selbst; die Trägheit will für Seelenruhe gelten, doch gesicherte Ruhe ist allein bei dem Herrn. Die Üppigkeit möchte gern Genüge und Fülle heißen, du aber bist allein (wahre) Fülle und unergründliche Quelle unvergänglicher Wonne. Die Verschwendung heuchelt Freigebigkeit zu sein, du aber bist der freigebigste, reichlichste Spender aller Güter; die Habsucht will Edles besitzen du besitzt alles. Die Scheelsucht streitet über den Vorzug, doch wer ist vorzüglicher als du? Die Furcht schaudert vor ungewöhnlichen und plötzlich hereinbrechenden Ereig-nissen, die über das, was uns lieb, hereinbrechen, und macht ängstlich für ihre Sicherheit; doch was ist dir ungewöhnlich, was Unvermutet? Wer will von dir scheiden, was du liebst? Oder wo gibt es wahre Sicherheit, wenn nicht bei dir? Die Trauer verzehrt sich, wenn sie verloren, was die Wollust erfreute, weil sie wollte, daß ihr nichts genommen würde, wie dir nichts genommen werden kann. So bricht die Seele den Bund der Treue, wenn sie sich von dir abwendet und nicht suchet in dir, was sie rein und klar nur findet, wenn sie zurückkehrt zu dir. Verkehrt ahmen dich alle nach, die sich von dir entfernen und stehen auf wider dich. Allein indem sie dich so nachahmen, zeigen sie doch, daß du der Schöpfer der gesamten Natur bist und daß es ein Ding der Unmöglichkeit ist, sich völlig von dir zu scheiden. Was also liebte ich an jenem Diebstahle, Und worin ahmte ich meinen Herrn nach, wenn auch nur in frevelhafter und verkehrter Weise? War es die Lust, dem Gesetz zuwiderzuhandeln, wenigstens durch Trug, weil ich mit meinem menschlichen Vermögen die dem Gebundenen mangelnde Freiheit durch strafloses Tun strafbarer Handlungen nicht nachahmen und so ein Zerrbild deiner Allmacht geben konnte? Es ist jener Knecht, der seinen Hemd verließ, um dem Schatten zu folgen. O Verderbnis, o Schauer des Lebens und Tiefe des Todes! Konnte ich wirklich Gelüst nach Unerlaubtem tragen, nur weil es Unerlaubtes war?

Siebentes Kapitel

Wie aber soll ich es dem Herrn vergelten, daß mein Gedächtnis solches noch einmal im Geiste an sich vorübergehen läßt und daß meine Seele nicht davor zurückbleibt? Lieben will ich dich, o Herr, und dir Dank sagen und deinen Namen bekennen, da du so viele schändliche Missetaten mir verziehen hast. Deiner Gnade verdanke ich es und deiner Barmherzigkeit, daß du meine Sünde dahinschmelzen ließest wie Eis. Deiner Gnade verdanke ich auch, was ich an Bösem zu tun unterließ; denn was konnte ich nicht tun, ich, der den Herrn liebte, selbst wo es zwecklos war? Und nun kann ich bekennen, daß mir alles vergeben ist, wo ich aus freien Stücken handelte und wo ich's nicht tat weil du mich leitetest. Welcher Mensch, der seine Schwachheit bedenkt wagt es, seine Reinheit und Unschuld als seiner eigenen Kraft entsprossen sich beizulegen, um ein Recht zu haben, dich weniger zu lieben; als ob er deiner

Barmherzigkeit weniger bedürfte, mit der du allen, die sich zu dir bekehren, ihre Sünden vergibst. Denn wer von dir gerufen deiner Stimme folgt und das, was er in meinen Erinnerungen und Bekenntnissen liest, vermieden hat zu tun, der möge mich nicht verlachen, daß mich von meiner Krankheit der Arzt heilte, welcher ihn vor Krankheit oder besser gesagt vor schwerer Krankheit bewahrte. Deshalb sollte er dich geradeso, ja noch mehr lieben, weil er r mich aus meinem tiefen Sündenschlafe erweckt sieht durch denselbigen, der ihn selbst davor bewahrte.

Achtes Kapitel

Was hatte ich nun, einst elend, für Frucht von dem, dessen ich mich jetzt in der Erinnerung schäme: hauptsächlich von jenem Diebstahle, bei dem ich nur den Diebstahl an sich liebte? Nichts anderes (als eben den Diebstahl), da er selbst nichts war und ich durch ihn nur noch elender wurde. Und doch hätte ich es für mich allein nicht getan, insoweit erinnere ich mich meiner damaligen gemütlichen Verfassung; allein hätte ich es gewißlich nicht getan. So liebte ich dabei auch die Gesellschaft meiner Mitschuldigen, also doch noch etwas anderes als den Diebstahl, im Grunde genommen aber doch nichts anderes, weil auch jene ein Nichts. Was aber hat denn ein wahres Sein? Wer soll mich darüber belehren, wenn nicht du, welcher mein Herz erleuchtet und zerstreut seine Schatten' Was ist es, was mir in den Sinn kam, zu erforschen, zu untersuchen und zu betrachten? Wenn ich an jenen entwendeten Früchten damals Gefallen gefunden und sie zu genießen begehrt hätte, dann konnte ich es auch allein tun, wenn ich jene Sünde begehen wollte, nur um meiner Lust zu frönen, und hätte nicht nötig gehabt, durch Reizung meiner Mitschuldigen den Kitzel meiner Lust zu entzünden. Aber weil ich an jenen Früchten kein Vergnügen fand, so fand ich an der Tat selbst den Reiz, welcher durch die Gesellschaft meiner Mitschuldigen erhöht wurde.

Neuntes Kapitel

Was war nun jenes Streben meines Herzens? Gewiß war es überaus schändlich, und mir war's wehe, daß ich es hatte. Doch was war es eigentlich? Wer durchschaut die Missetat? Ein Hohnlachen war's, das hervorging aus einem Kitzel des Herzens, weil wir die betrogen, welche uns solcher Missetat nicht für fähig hielten und sie von Grund ihres Herzens verdammten. Weshalb ergötzte es mich deshalb mehr, als wenn ich es allein getan hätte? Etwa weil niemand leicht allein lacht? Gewiß tut dies niemand so leicht, aber doch befällt einzelne Menschen, welche allein sind und niemand anderes gegenwärtig ist, zuweilen ein Lachen, wenn ihnen etwas allzu Lächerliches in den Sinn kommt oder vor die Seele tritt. Aber ich hätte es ganz allein nicht getan, gewiß nicht Siehe, mein Gott, offen liegt vor dir die lebendige Erinnerung meiner Seele. Allein hätte ich jenen Diebstahl nicht verübt, bei welchem mich nicht nach dem Objekt, sondern nach dem Diebstahle selbst gelüstete, der, allein begangen, mich ganz und gar nicht ergötzt haben würde. O Freundschaft, die doch nur Feindschaft ist, unerforschbare Verführung des Geistes; Begierde, die zum Spaß und Scherz zu schaden sucht; Lust nach fremdem Schaden, nicht entsprungen aus Gewinnsucht, nicht hervorgegangen aus Rachgier, sondern aus den Worten: »Kommt, laßt uns gehen, laßt uns etwas verüben«, und man schämt sich der Unverschämtheit nicht, Folge zu leisten.

Zehntes Kapitel

Wer löst diesen verworrensten und verwickeltsten Knoten? Doch hinweg, ich mag ihn nicht fest ins Auge fassen, ich will ihn nicht sehen. Dich nur will ich sehen, die Gerechtigkeit und Unschuld, schön und herrlich in erhobener Klarheit und von einer Sättigung ohne Ende. Groß ist die Ruhe bei dir und ein Leben ohne Trübsal. Wer eingeht zu dir, geht ein zu seines

Herrn Freude, keine Furcht macht ihn erzittern, und am besten wird ihm sein bei dem Besten. Von dir bin ich gewichen und in die Irre gegangen, mein Gott, auf Abwegen, allzu fern von deiner Feste in meiner Jugend, und wurde zu einer Stätte des Darbens.

Drittes Buch

Erstes Kapitel

Nach Karthago kam ich und von allen Seiten umtoste mich das ekle Gewirr schändlicher Liebeshändel. Noch liebte ich nicht, doch suchte ich Liebe, und aus einem tieferen und besseren Liebesbedürfnis zürnte ich mir, daß Ich wenig liebesbedürftig war. Im Drange nach Liebe suchte ich den Gegenstand meiner Liebe und haßte die Sicherheit und den Weg ohne Fallstricke. Du selbst, o mein Gott, hattest mir eingepflanzt in das Herz einen Hunger, der du selbst bist die Speise des Herzens; dieser Hunger aber war nicht lebendig in mir, sondern ich war ohne Sehnsucht nach unvergänglicher Speise, doch nicht, weil ich etwa erfüllt war von ihr, sondern je leerer ich war, desto mehr widerstand sie mir. Deshalb siechte meine Seele, und in ihrem Elend warf sie sich hinaus in die Außenwelt, gierend nach sinnlicher Reizung. Wohl würde auch das Sinnliche nicht geliebt werden, wenn es nicht beseelt wäre; aber Lieben und Geliebtwerden, es war mir am köstlichsten, wenn ich auch den Körper der Geliebten genießen konnte. So trübte ich den Quell der Freundschaft mit dem eklen Schlamme der Sinnenlust, ihren reinen Glanz verdunkelte ich durch höllische Lüste, und so abscheulich und ehrlos ich war, so wollte ich doch im Übermaß der Eitelkeit für fein und gebildet gelten. So stürzte ich mich hinein in die Liebe, die mich fesseln sollte. Du aber, o mein Gott und mein Erbarmer, wie hast du mir in deiner Güte diese Süßigkeit vergällt! Denn ich wurde geliebt, und insgeheim verstrickte ich mich in die Fesseln des Genusses und ließ mich mit schmerzbringenden Banden umgarnen, um dann gepeitscht zu werden von den glühenden Eisenruten der steten Eifersucht, des Argwohns, der Furcht, des Zorns und das Zwistes.

Zweites Kapitel

Auch die Schauspiele rissen mich hin, weil sie erfüllt waren von Bildern meines eigenen Elends und neuen Zunder boten für mein brennendes Herz. Wie kommt es doch, daß der Mensch den Schmerz sucht beim Anblick von tragischen Szenen, Schmerzen, die er doch selbst nicht erleiden möchte? Und doch will er im Zuschauen Schmerz erleiden, und der Schmerz selbst ist es, der ihm Wonne schafft. Was ist dies anders als klägliche Torheit? Und um so mehr wird jemand von ihnen erregt, je weniger er von solchen Leidenschaften frei ist. Leidet er sie selbst, so pflegt er sie Leid, leidet er sie mit anderen, so pflegt er sie Mitleid zu nennen. Was aber bezweckt ein solches Mitleid bei szenischen Dichtungen? Der Hörer wird nicht zur Hilfe herbeigerufen, nur zum Scherz wird er eingeladen, und das ist der beste Schauspieler, der den größten Schmerz zu erregen weiß. Und gelangweilt und verdrossen geht er hinweg, wenn jene menschlichen Leiden, die entweder weit hinter uns liegen oder ganz und gar erdichtet sind, so dargestellt werden, daß der Zuschauer keine schmerzliche Regung empfindet; wird dagegen sein Mitgefühl in hohem Grade erregt, so bleibt er in Spannung und freut sich unter Tränen. So kann also auch der Schmerz gebebt werden, während doch jeder Mensch die Freude sucht. Und wenn auch das Leiden an und für sich keinem gefällt, so gefällt ihm doch das Mitleid. Weil dies aber ohne Schmerz unmöglich ist, so werden vielleicht nur um deswillen die Schmerzen geliebt. Das aber hat in jenem Quell der Freundschaft seine Begründung. Doch wohin eilt dieser Quell, wohin fließt er? Warum verläuft er sich in einen wilden Pechstrom, der kochend heraufsteigen läßt die entsetzliche Glut aufwallender scheußlicher Gelüste, in welche er sich verwandelt und verkehrt, abgelenkt und hinabgestürzt von himmlischer Klarheit durch den eigenen sündigen Gang? Soll aber darum das Mitleid verworfen werden? Keineswegs, denn nur so kann der Schmerz zuweilen geliebt werden. Aber hüte dich, meine Seele, vor der Unreinigkeit, unter dem Schutz meines Gottes, des Gottes unserer Väter, des Preiswürdigen, in alle Ewigkeit Erhabenen, ja hüte dich vor Unreinigkeit. Auch jetzt bin ich nicht mitleidslos; damals aber im Theater freute ich mich mit den Liebenden, wenn sie die Frucht ihrer Schande genossen, obgleich sie es nur spielweise im Theater aufführten. Wenn sie einander verloren, so trauerte ich mit ihnen, als sei ich wahrhaft mitleidig, und doch erfreute mich beides. Ich aber nahm einen größeren Anteil an dein, der in der Schande seine Freude fand, als widerführe ihm Hartes durch den Abbruch verderblicher Lust und die Einbuße elenden Glückes. Das aber ist das wahrhaftige Mitleid, in welchem der Schmerz keinen Genuß findet. Denn obgleich durch die Pflicht der Nächstenliebe Mitleid an und für sich geboten ist, so wünscht der von aufrichtigem Mitgefühl Beseelte doch Leber keine Ursachen, solchen Schmerz zu empfinden. Denn gäbe es ein böswilliges Wohlwollen, was freilich unmöglich, dann könnte auch der, welcher wahrhaft aufrichtiges Mitleid hegt, wünschen, es gäbe Leidende nur zu dem Zwecke, Mitleid empfinden zu können. So kann also ein Schmerz wohl gebilligt, nie aber darf er geliebt werden. Denn du, mein Herr und mein Gott, bist es, der die Seelen liebt, und zwar weit reiner denn du, dessen Mitleid ein unvergängliches ist, weil du voll keinem Schmerze verwundet wirst. Und wer ist hierzu tüchtig.

Aber ich Unseliger liebte den Schmerz und suchte nach einem Gegenstände für meinen Schmerz, da mir die Darstellung eines Schauspielers bei fremdem erlesenem, unwahrem und vorgegaukeltem Schmerze am besten gefiel und mich um so mächtiger anzog, je mehr er mir Tränen entlockte. Was Wunder, wenn ich unglückliches Lamm, voll der Herde abirrend und deiner Flut mich entziehend, durch häßlich, Räude entstellt ward. Daher stimmt meine Liebe zum Schmerz, doch nicht solchen Schmerzen, die mich tiefer durchdringen, war es doch keineswegs mein Wunsch, das Geschehene selbst zu erleiden, nur oberflächlich wollte ich von der gehörten Dichtung berührt werden. Und doch folgte, wie bei denen, die sich mit den Nägeln zerkratzen, brennende Geschwulst, Fäulnis und ekler Eiter. Das war mein Leben, o mein Gott; war denn das aber überhaupt ein Leben?

Drittes Kapitel

Doch ob meinem Haupte umschwebte mich dein treues göttliches Erbarmen von fern. Wie verfaulte ich in großen Sünden und ging nach frevelhaftem Fürwitz, der mich, da ich dich verließ, in trügerische Tiefen führte und zum Gehorsam gegen dämonische Mächte verleitete, die mich überlisteten und denen ich als Opfer meine Schandtaten darbrachte und all dies diente mir zur Züchtigung Sogar bei der Feier des dir geweihten Dienstes innerhalb der Mauern deiner Kirche vermaß ich mich, fleischliche Lüste zu liegen und mich um Fruchte des Todes zu bewerben. Deshalb schlugst du mich mit schweren Strafen; doch ich erkannte nicht die Größe meiner Schuld, du mein erhabener Erbarmer, du mein Gott, der meine Zuflucht vor den bösen Feinden, unter denen ich mich vermessenen Hauptes umhertrieb, um mich weit von dir zu entfernen deine Wege waren nicht die meinigen, und ich Lebte die flüchtige Freiheit.

Auch jene wissenschaftlichen Studien, die man für ehrenvoll hielt, hatten ihr Anziehendes für mich, besonders im Hinblick auf Rechtshändel, damit ich mich in ihnen je trügerischer, um so lobenswerter auszeichnete. So groß ist die Blindheit der Menschheit, daß sie sich sogar ihrer Blindheit rühmt. Schon glänzte ich in der Rednerschule und stolze Freude erfüllte mich darob, und meine Hoffart nahm zu, wenn auch mehr Maß haltend du weißt es, o Herr! und zugleich fern von solchen Verwüstungen, welche anrichteten jene »Wüstlinge« dies ist ihr Name, ominös und teuflisch gilt er gleichsam als Kennzeichen feiner Bildung. Unter ihnen lebte ich in schamloser Scham, weil ich noch nicht ihre Verderbtheit erreicht hatte; mit ihnen verkehrte ich und freute mich über ihre Freundschaft, und doch schreckte ich zurück vor ihren Taten, vor ihren wüsten Streichen. womit sie frech der Einfalt Unerfahrener nachstellten, die sie irrezuführen suchten und mit denen sie in teuflischer Schadenfreude ihr frevelhaftes Spiel trieben. Nichts ist den Taten der teuflischen Mächte ähnlicher, und mit vollem Rechte heißen sie »Wüstlinge«, selbst gänzlich verdorben und verkehrt durch die trug vollen Mächte, die sie unbemerkt verhöhnen und verführen, heben sie es, nun auch andere auf gleiche Art zu verhöhnen und zu verführen.

Viertes Kapitel

Im Umgange mit solchen Menschen beschäftigte ich mich, der damals noch Unmündige, mit den Schriften der Beredsamkeit, in der ich mich auszuzeichnen strebte, in verwerflicher und eitler Absicht zur Frönung menschlicher Eitelkeit; in der herkömmlichen Folge geriet ich auf die Schrift eines gewissen Cicero, dessen Sprache, nicht dessen Geist wohl alle bewundern. Dieses Buch enthielt eine Ermahnung zur Philosophie und war »Hortensius« betitelt. Dieses Buch wandelte meinen Sinn, kehrte, o Herr, mein Gebet zu dir und gab meinen Wünschen und meinem Sehnen eine andere Wendung. Plötzlich sank zusammen all meine eitle Hoffnung, und mit unglaublichem Herzensdrang ersehnte ich unsterbliche Weisheit und ich machte mich auf, zu dir zurückzukehren. Denn nicht um die Sprache zu verfeinern nahm ich dies Buch vor, wie es das Geld, welches die Mutter dafür ausgab der Vater war nämlich zwei Jahre vorher gestorben für den nun neunzehnjährigen Jüngling bezweckte, nein, nicht deshalb benutzte ich jenes Buch, nicht der Stil, sondern der Inhalt war es, welcher mich gewann.

Von welch glühender Sehnsucht ward ich nun erfaßt, o mein Gott, wie entbrannte ich, mich über den Staub der Erde zu erheben und aufzuschweben zu dir, und ich wußte nichts von deinem Ratschluß! Bei dir ist die Weisheit. Die Liebe zur Weisheit heißt nun in griechischer Sprache Philosophie, und jene Schrift feuerte mich dazu an. Menschen aber gibt es, die uns durch die Philosophie verführen, indem sie ihre Irrlehren mit einem großen, lockenden und ehrenvollen Namen färben und schmücken, und fast alle früheren und zeitgenössischen Philosophen werden in dem Buche aufgeführt und charakterisiert. Dies bestätigt deines Geistes heilsame Mahnung, die du aussprachst durch deinen frommen und getreuen Knecht: Sehet zu, daß euch niemand beraube durch die Philosophie und lose Verführung, nach der Menschen Lehre und nach der Welt Satzungen und nicht nach Christo; denn in ihm wohnt die ganze Fülle der Gottheit leibhaftig. Damals, du weißt es, Licht meines Herzens, freute ich mich besonders, da die apostolischen Worte mir noch nicht bekannt waren, über jene Mahnung, weil ich nicht diese oder jene philosophische Richtung, sondern die Weisheit selbst, in welcher Form sie mir auch entgegentrat, liebte, sie aufsuchte, verfolgte und fest und innig umschloß. Mächtig ergriffen ward ich durch jene Schrift, entzündet und entflammt war ich, nur dies stieß mich trotz solcher hohen Begeisterung zurück, daß der Name Christi nicht darin enthalten war. Denn nach deiner Barmherzigkeit, o Herr, hatte mein Herz in zarter Kindheit mit der Muttermilch den Namen meines Erlösers eingesogen und unvergeßlich festgehalten, und was diesen Namen nicht enthielt, so gelehrt, so fein und wahr es auch immer sein mochte, es konnte mich nicht mit ganzer Seele erfassen.

Fünftes Kapitel

Daher beschloß ich, mich an die heilige Schrift zu wenden, um ihr Wesen und ihren Wert zu ergründen. Und siehe, ich erblicke in ihr, was nicht erforscht von den Hoffärtigen, nicht enthüllt ist den Unmündigen, sondern was niedrig beim Eingang, erhaben beim Fortgang und verschleiert ist von Geheimnissen; ich aber war nicht also beschaffen, daß ich hätte in die Tiefe eindringen oder den Nacken hätte beugen können, um ihrer Spur zu folgen. Denn ich fühlte damals nicht, als ich die Schrift las, wie ich jetzt rede; die Schrift schien mir unwürdig, mit der ciceronianischen Würde nur überhaupt verglichen zu werden. Meine Aufgeblasenheit scheute ihr Maßhalten und mein Scharf blick drang nicht ein in ihre Tiefen. Und doch war sie derart, daß sie mit den Kleinen wachsen sollte; ich aber verschmähte dieser Kleinen einer zu sein, und geschwollen von Stolz, dünkte ich mich groß zu sein.

Sechstes Kapitel

Ich geriet deshalb unter Menschen voll wahnsinniger Überhebung, voll Fleischeslust und Geschwätzigkeit, in deren Munde Schlingen des Teufels waren und ein Vogelleim, bereitet aus einer Mischung toter Buchstaben deines Namens und des Herrn Jesu Christi und unseres Trösters, des heiligen Geistes. Diese Namen wichen nicht von ihren Lippen; aber es war nur leerer Schall und Wortgeklingel, und ihr Herz war ohne die Wahrheit. Und doch war »Wahrheit« und immer wieder Wahrheit ihr Losungswort und viel sprachen sie nur von ihr aber Wahrheit war nicht in ihnen. Lügen sprachen sie nicht nur von dir, der du wahrhaftig die Wahrheit bist, auch von den Elementen dieser Welt, deiner Schöpfung, über welche ich auch die wahren Ansichten der Philosophie verlassen mußte, aus Liebe zu dir, mein höchster und bester Vater, Schönheit alles Schönen. O Wahrheit, Wahrheit, wie sehnte sich damals mein Geist in seinen innersten Tiefen nach dir, wenn jene mir mit Wort und Schrift ohne Aufhören von dir redeten. Lockspeisen waren es nur, die mir, da ich nach dir Hunger hatte, statt deiner Sonne und Mond reichten, deine schönen Werke, doch deine

Werke nur, nicht du selbst noch deine erstgeschaffenen. Denn vor jenen körperlichen Geschöpfen, wie herrlich sie auch am Himmel erglänzen, waren deine geistigen. Ich aber hungerte und dürstete auch nach jenen erstgeschaffenen Werken nicht, sondern nach dir allein, der du die Wahrheit bist, bei welchem keine Veränderung ist noch Wechsel des Lichts und der Finsternis. Hirngespinste wurden mir in jenen Lockspeisen dargeboten; besser noch wäre es gewesen, jene Sonne zu begehren, die wenigstens vor unseren Augen wirklich scheint, als jene Truggebilde, die unsere Seelen durch das Auge berücken. Und doch genoß ich damals, dieweil ich dich meinte, nicht gierig davon, da du nicht schmecktest in meinem Munde, wie du wirklich bist; du warst nicht in jenen Truggebilden begriffen, keine Nahrung gewährten sie mir, sie erschöpften mich nur mehr und mehr. So ist die Speise, die wir im Traume genießen, der Speise, die wir im Wachen zu uns nehmen, ganz ähnlich, und doch werden die Schlafenden nicht davon gesättigt sie schlafen eben. jene Gebilde aber waren dir, wie du mir jetzt geoffenbart bist, ganz und gar unähnlich; denn es waren sinnliche Vorstellungen, schöne Bildungen auf Grund jener wahren Körper, die wir mit leiblichen Augen sehen und die viel zuverlässiger sind, sie mögen nun hier auf der Erde sich befinden oder am Himmel. Wir erblicken sie ebenso wie die Tiere und die Vögel, und sie haben größere Wirklichkeit, als wenn wir sie uns denken. Und wiederum denken wir sie uns mit größerer Wirklichkeit, als wenn wir aus ihnen andere größere, ja unendliche Wesen uns ableiten, die überhaupt nicht sind. Mit solchen nichtssagenden hohlen Begriffen ward ich damals abgespeist und doch nicht gespeist. Du aber, meine Liebe, für die ich schwach bin, damit ich stark sei, hast deinem Wesen nach nichts mit jenen Körpern gemein, die wir sehen, obgleich sie am Himmel sind, noch mit denen, die wir dort nicht sehen, weil du sie geschaffen hast, noch zählst du sie zu deinen höchsten Schöpfungen. Wie weit entfernt bist du nun gar von jenen meinen Hirngespinsten, jenen Scheingebilden, die gar nichts sind. Eine größere Gewißheit bilden die Vorstellungen von Körpern, welche sind, und gewisser noch als diese sind die Körper selbst, an denen jedoch dein Wesen unteilhaft ist; selbst die Seele bist du nicht, die das Leben des Körpers ist, wenn auch dies Leben der Körper besser ist als der Körper selbst. Du aber bist das Leben der Seelen, das Leben der Leben; du lebst dich selbst in steter Gleichheit Leben auch meiner Seele.

Wo warst du nur damals und wie weit entfernt? Weit hinweg war ich gegangen von dir; die Trebern, damit ich die Säue nährte, waren mir selbst versagt. Wie weit besser waren da noch die Märlein der Grammatiker und Dichter als jene Schlingen, Verse und Dichtungen, die dahinschwebende Medea, sie war gewißlich nicht so schädlich wie jene Elemente, die wegen de, fünf Höhlen der Finsternis fünf verschiedene Farben haben und gar nicht sind und den, der daran glaubt, zugrunde richten. jene Verse und Dichtungen wurden mir Mittel zu echter Geistesnahrung. Wenn ich auch vortrug, Medea sei durch die Luft geflogen, ich hielt es doch nicht für wahr und glaubte es nicht, auch wenn andere es vortrugen; jenes aber habe ich wirklich geglaubt. Wehe! Wehe mir, auf welchen Stufen ward ich hinabgeführt in die Tiefe der Hölle! Denn ich rang und sehnte mich nach der Wahrheit, als ich dich, meinen Gott, ich bekenne es dir, der du barmherzig warst mit mir, auch als ich dich noch nicht bekannte, als ich dich, mein Gott, suchte, nicht mit der Erkenntnis des Geistes, damit du mich über das Tier erheben wolltest, sondern aus fleischlichem Sinn. Du aber warst tiefer als mein Innerstes und höher als in ein Höchstes. Ich traf auf jenes wilde törichte Weib, jenes salomonische Rätsel, das da sitzet in der Tür ihres Hauses auf dem Stuhl und spricht: Das verborgene Boot ist niedlich und die verstohlenen Wasser sind süße. Diese hat mich verführt, da sie mich fand draußen mit dem Auge meines Fleisches, wie ich wiederkäute, was ich mit jenem verschlang.

Siebentes Kapitel

Denn ich kannte das andere nicht, was wirklich ist, und beinahe aberwitzig reizte es mich, törichten Betrügern beizupflichten, wenn sie mich fragten, woher das Böse stamme, ob Gott durch körperliche Gestalt begrenzt werde, ob er Haare und Nägel habe, ob man solche für gerecht halten könne, die Vielweiberei getrieben, Menschen getötet und Tiere geopfert hätten. Dadurch ward ich Unkundiger verwirrt, und da ich mich von der Wahrheit entfernte, rühmte ich mich, ihr näher zu treten, weil ich nicht wußte, daß das Böse nur eine Schmälerung des Guten ist, bis es zuletzt gar nicht mehr ist. Wie hätte ich dies erkennen können, ich, dessen Sehen mit leiblichen Augen nur auf den Körper, mit den Augen des Geistes nur auf Trugbilder gerichtet war? Ich wußte nicht, daß Gott ein Geist sei, der keine Glieder besitze von räumlicher Ausdehnung und keinen festen Stoff an sich habe, weil ein Teil des Stoffes kleiner ist als das Ganze und weil, gesetzt er wäre unbegrenzt, der Teil doch durch einen begrenzten Raum beschränkt, kleiner ist als das Unendliche und nicht überall ein Ganzes wie der Geist, wie Gott. Und wer der Gottähnliche in uns sei, demzufolge die Schrift uns »zum Bilde Gottes« geschaffen nennt, das war mir gänzlich unbekannt.

Unverstanden blieb auch die wahre innere Gerechtigkeit, die nicht nach dem Gesetz der Gewohnheit richtet, sondern nach dem untrüglichen Gesetz des allmächtigen Gottes, nach welchem sich bilden sollen die Sitten der Länder und Zeiten, wie es deren Eigentümlichkeit angemessen ist, während das göttliche Gesetz selbst überall und stets dasselbe ist und nicht nach Ort und Zeit sich wandelt; nach ihm sind Abraham, Isaak, Jakob, Moses, David und alle jene gerecht, welche Gott selbst gerechtfertigt hat. Und von den Unkundigen werden sie für ungerecht gehalten, weil diese richten nach einem menschlichen Tage und alle Sitten des Menschengeschlechts nur einseitig nach ihrer Sitte beurteilen. Ist das aber nicht gerade so, wie wenn jemand, der von Waffen nichts versteht und von ihrer

Benutzung nichts weiß, sein Haupt mit der Beinschiene bedecken und mit dem Helme den Fuß rüsten Will und der murrt, weil sich nichts anpassen will, oder wenn für einen Nachmittag Gerichts und Handelsferien festgesetzt sind und er dann unzufrieden wäre, daß er nachmittags nichts feilbieten könne, da es doch vormittags erlaubt gewesen; oder darüber, daß er in einem Hause irgendeinen Sklaven etwas verrichten sieht, was der Mundschenk nicht verrichten darf, oder wenn irgend etwas hinter dem Stalle geschieht, was bei Tisch nicht schicklich ist, und er darüber zürnen wollte, daß nicht allen dasselbe zuerteilt und erlaubt sei, obgleich es ein und dasselbe Haus und ein und dasselbe Gesinde ist? Solch Geistes Kinder sind diejenigen, welche unwillig sind, wenn sie vernehmen, daß in jenem Zeitalter den Gerechten von Gott etwas erlaubt gewesen sei, was jetzt denen, die gerecht sein wollen, nicht mehr gestattet ist, und daß Gott diesen und jenen verschiedene Gesetze gab nach den Zeitumständen, während sie beide derselben Gerechtigkeit dienten, wenn sie sahen, wie bei denselben Menschen an demselben Tage in demselben Hause dies dem einen Gliede und jenes dem andern schicklich ist und anders schon lange erlaubt war, was nach einer Stunde nicht mehr erlaubt ist, daß irgend etwas in einem Winkel erlaubt oder geboten sei, was in einem andern mit Recht verboten oder gestraft wird. Ist denn die Gerechtigkeit wandelbar und ausständig? O nein, nur die Zeiten, über weiche die Gerechtigkeit thront, sie fließen nicht in gleichem Strome dahin ' denn es sind Zeiten. Die Menschen freilich, deren Erdenleben nur eine kurze Spanne Zeit umfaßt, sie vermögen die Zustände früherer Jahrhunderte und anderer Völker, die sie nicht erlebt haben, mit den von ihnen durchlebten nicht in Einklang zu bringen in ihrem Sinn, ob sie auch an jedem Körper, Tage oder Gesuche zu erforschen wissen, was jedem Gliede schicklich sei, sowie jedem Augenblick und jedem Mitglied des Hauses, diesem fügen sie sich, an jenem nehmen sie Anstoß.

Dies wußte ich damals weder noch erkannte ich es. Überall trat es mir entgegen und ich sah es nicht. Ich trug Gedichte vor und durfte das Versmaß nicht nach Belieben feststellen, sondern mußte in einer den jeweiligen Umständen angemessenen Weise verfahren und konnte auch, wenn es das selbe Versmaß war, nicht immer denselben Versfuß setzen. Die Kunst selbst, die mir als Richtschnur diente, enthielt nicht nur diese oder jene Versart, sondern alle zugleich. Und doch sah ich nicht ein, daß die göttliche Gerechtigkeit, der gute und fromme Menschen untertan waren, in weit herrlicherer und erhabenerer Weise alle Vorschriften enthält und keinerlei Schwankung zeigt und doch zu verschiedenen Zeiten nicht alles zugleich, sondern nur das ihnen Zukommende zuerteilt und befiehlt. Ich Blinder tadelte die frommen Väter, nicht bloß, weil sie so, wie Gott ihnen befahl und eingab, die Gegenwart anwendeten, sondern auch, wenn sie so weissagten, wie Gott ihnen die Zukunft enthüllte.

Achtes Kapitel

Hat man es wohl je für ein Unrecht gehalten, Gott zu lieben von ganzem Herzen, von ganzer Seele und von ganzem Gemüt und den Nächsten als sich selbst? Darum sind Schandtaten, die wider die Natur sind, immer und überall zu verabscheuen und zu bestrafen als solche' die denen Sodoms gleichkommen. Begingen alle Völker solche, so würden sie nach dem göttlichen Gesetze derselben Strafe verfallen, da sie nicht dazu geschaffen sind, um auf solche Weise Mißbrauch zu üben. Die Gemeinschaft, welche wir mit Gott haben sollen, wird verletzt, wenn die Natur, deren Schöpfer er ist, durch widernatürliche Lust befleckt wird. Die Vergehen aber, insofern sie sich nur auf die Sitten der Menschen erstrecken, sind nach der Verschiedenheit der Sitten zu meiden, damit der Brauch, welchen Gemeinde oder Volk durch Gewohnheit oder Gesetz festigte, durch keine Zügellosigkeit eines Bürgers oder Fremden verletzt wird. Denn schändlich ist jedes Glied, das nicht mit seinem Ganzen übereinstimmt. Wenn aber Gott gegen Sitte und Brauch einiger Menschen etwas verordnet, so ist sein Gebot, auch wenn es dort noch nie geschehen ist, doch zu vollführen, doch zu erneuern, wenn es bisher unterlassen, und einzuführen, wenn es bisher noch nicht eingeführt war. Wenn schon ein König die Macht hat, in dem Staate, über den er herrscht, Befehle zu erteilen, die vorher weder ein anderer noch er selbst erteilt hat, und es nicht gegen das Staatsrecht ist, Gehorsam zu leisten, im Gegenteil eine Verweigerung des Gehorsams Rechtsverletzung wäre denn Gehorsam gegen den König ist der Kardinalpunkt des bürgerlichen Rechtes , um wie viel mehr gebührt Gott, dem König der gesamten Schöpfung, zweifellos Gehorsam allen seinen Befehlen gegenüber. Denn wie bei den Mächten der menschlichen Gesellschaft die größere Macht Gehorsam von der kleineren verlangt, so verlangt Gott von allen Gehorsam.

Ebenso ist es bei den Freveltaten, deren Ausgangspunkt Schadenfreude ist; sei es, daß man dem andern Schmach oder Unrecht zuzufügen sucht, oder beides, wo Rachsucht vorhanden, wie der Feind dem Feinde; oder um sich der andern Hab und Gut anzueignen wie der Räuber, wenn er den Wanderer beraubt, oder auch um ein Übel abzuwenden wie einer, der Furcht empfindet; oder wenn Neid die Triebfeder ist, wie der Unglückliche aus diesem Grunde dem Glücklichen zu schaden sucht; oder bei glücklichem Fortgang einer Sache aus Furcht und Ärger über den Wetteifer eines anderen; oder auch aus reinem Vergnügen an fremdem Leid wie der Zuschauer gegenüber den Gladiatoren bei den Fechterspielen oder wie der Schöker und andere hämische Leute. Dies sind die haupt-sächlichsten Sünden, die hervorgehen aus der Fleischeslust und der Augenlust und hoffärtigem Leben, entweder aus einem oder aus zweien oder auch aus allen zugleich; so wird gesündigt wider drei und sieben derlei Gebote, wider deinen Psalter mit den zehn Seiten, gegen dein Gesetz, du höchster und herrlichster Gott! Können wir dich denn alle durch Freveltaten beleidigen, der du doch nicht verletzt wirst, oder welche

Verbrechen können wir gegen dich verüben, dem zu schaden unmöglich? Du aber strafst die Sünden der Menschen, weil sie im Sündigen gegen dich auch gegen ihre eigenen Seelen sündigen und ihre Bosheit sich selbst belügt durch Verderben und Verkehrung ihrer Natur, welche du geschaffen und geordnet hast, oder durch unmäßigen Gebrauch des Erlaubten oder durch entflammte Lust nach dem Unerlaubten, das wider die Natur ist, oder sie laden Schuld auf sich, wenn sie mit Herz und Worten gegen dich wüten und wider den Stachel löcken. Oder sie durchbrechen die Schranke der menschlichen Gesellschaftssatzungen und freuen sich in ihrer Frechheit an Sonderverbänden und Trennungen, je nachdem sie etwas ergötzt oder ihren Ärger erregt. Das entspringt daraus, wenn dich die Menschen verlassen, O Quelle alles Lebens, der du bist alleiniger und wahrer Schöpfer und Regierer des Weltalls, und wenn sie in selbstsüchtigem Hochmute einzelnes heben, das trüglich ist. Und in kindlich demütiger Liebe können wir zurückkehren zu dir; du reinigst uns von bösen Lüsten und schenkst deine Gnade denen, die ihre Sünde reuig bekennen, und erhörst das Seufzen der Gefangenen und erlösest uns von den Banden, die wir uns selbst geschmiedet, wenn wir nicht mehr gegen dich falsche Freiheitsgelüste hegen und ablassen von der Gier, mehr zu besitzen, die uns Gefahr schafft, alles einzubüßen, wenn wir unser Eigentum mehr lieben, denn dich, Gut aller Güter.

Neuntes Kapitel

Unter den Freveltaten aber und Verbrechen und so vielen anderen Unbilden sind auch noch die Sünden der in der Heiligung Fortschreitenden, die von gerecht Urteilenden nach dem Maße der erreichten Vollkommenheit getadelt und nach der Hoffnung auf gute Frucht wie die luftgrünende Saat gelobt werden. Auch sieht gar manches einer Sünde und einem Verbrechen ähnlich und ist es doch gar nicht, weil es weder dich, den Herrn unsern Gott, verletzt noch die menschliche Gesellschaft. So wird z. B. etwas zu Nutz und Frommen des Lebens in günstiger Zeit erworben, und ist es ungewiß, ob es nicht mir aus Habsucht geschieht, oder es wird manches von der dazu verordneten Macht in der Absicht, Besserung zu bewirken, bestraft, und ist unsicher, ob es nicht nur aus Schadenfreude geschah. Vieles, was die Menschen verworfen, ist doch nach deinem Zeugnisse gebilligt; über vieles aber dagegen, was die Menschen lobenswert finden, hast du dein Verdammungsurteil ausgesprochen. Denn oft ist das Äußere einer Tat ganz anders als Sinn und Absicht des Handelnden und die den Menschen in ihrer Eigentümlichkeit verborgenen Zeitumstände. Wenn du aber irgend etwas völlig Ungewohntes oder Unerwartetes gebietest, auch wenn du es einstmals verboten hättest, so müßte doch jedenfalls dein Befehl befolgt werden, selbst wenn du die Ursache deines Gebotes zur Zeit noch verborgen hieltest und es gegen gesellschaftlichen Brauch der Menschen wäre, wenn jene menschliche Gesellschaft gerecht ist, welche dir dient Glücklich sind die, welche wissen, was du ihnen befahlst, denn alles, was deine Diener tun, geschieht entweder zum Heile der Gegenwart oder auf die Zukunft hin.

Zehntes Kapitel

In meiner Unkenntnis der Dinge verlachte ich deine heiligen Knechte und deine Propheten. Aber da ich sie verlachte, was tat ich anders, als daß ich selbst ward ein Sport vor dir? Allmählich kam ich so weit in den Torheiten der Manichäer, daß ich glaubte, die Feige mitsamt ihrem mütterlichen Bäume vergieße milchweiße Tränen, wenn man sie pflücke. Wenn jedoch ein Auserwählter eine solche durch fremdes, nicht durch eigenes Vergehen abgepflückte Feige gegessen hätte, so würde er, wenn er sie verdaue, Engel, ja sogar Teilchen Gottes aushauchen, während er bete oder wenn es ihn aufstoße. Diese Teilchen des höchsten und wahren Gottes wären so hatte man mir gesagt an

jene Frucht gebunden geblieben, wenn sie nicht die Auserwählten mit ihren Zähnen und ihrem Magen befreit hätten. Und
ich Elender glaubte, man müsse den Früchten der Erde mehr
Barmherzigkeit zollen als den Menschen, um derentwillen sie
erschaffen; denn wenn ein Nichtmanichäer hungernd nach
Speise begehrte, so wäre der Bissen gleichsam verdammt
gewesen, den man ihm gereicht hätte.

Elftes Kapitel

Und du sandtest deine Hand von der Höhe und errettetest
meine Seele aus der Tiefe der Hölle, da für mich meine Mutter
in treuem Glauben zu dir weinte, mehr Wohl, als eine Mutter
sonst den leiblichen Tod ihres Kindes beweint. Denn sie sah, daß
ich tot war kraft des Glaubens und Geistes, den sie von dir hatte,
und du hast sie erhört, o Herr! ja, du erhörtest sie und
verachtetest nicht ihre Tränen, damit ihr Auge die Erde netzte,
denn sie flehte zu dir; du hast sie erhört. Denn woher kam ihr
sonst jener tröstliche Traum, der sie aufrichtete, so daß sie mir
wieder gestattete, bei ihr zu leben und mit ihr den Tisch zu
teilen, was sie mir verweigert hatte in tiefer Abscheu vor den
Lästerungen meines Irrtums? Sie träumte, ich stände auf einem
hölzernen Richtscheit; da trete zu ihr ein Jüngling von
glänzender Erscheinung, heiter und fröhlich, während sie
traurig und schier vorn Gram erdrückt war; der fragte sie,
warum sie denn so traurig sei, und nach der Ursache ihrer
täglichen Tränen, nicht aus Neugierde, sondern, wie
gewöhnlich bei solchen Erscheinungen, um seine Belehrung
daranzuknüpfen. Und als sie ihm nun antwortete, mein
Verderben beklage sie, da gebot er ihr, sich zu beruhigen, und
ermahnte sie aufzuachten und aufzusehen, denn wo sie wäre,
da sei auch ich. Und da sie nun aufblickte, da sah sie mich neben
sich stehen auf demselbigen Richtscheit. Woher kam dieser
Traum, wenn nicht von dir, der du dein Ohr neigtest zu ihrem
Herzen? O du Allmächtiger, Gütiger, der du für einen jeden von

uns also sorgst, als hättest du nur für ihn allein zu sorgen, und dich aller so annimmst wie jedes einzelnen.

Da sie mir nun ihr Gesicht erzählt hatte und ich es gewaltsam dahin zu deuten mich unterfing, daß sie vielmehr nicht daran verzweifeln möchte, das zu vergessen, was ich war, da sagte sie rasch ohne alles Bedenken: »Mitnichten, denn es ist mir nicht verkündet worden: 'Wo jener, da auch du', sondern: 'Wo du, da auch jener.'« Dir, o Herr, bekenne ich soweit meine Erinnerung mich zurückgehen läßt , was ich auch sonst nicht verschwieg, daß ich mehr durch die Antwort, welche du mir durch die sorgende Mutter gabst, bewegt wurde, weil sie durch meine falsche, so naheliegende Auslegung nicht in Verwirrung gebracht wurde und so schnell das Richtige erkannte, was ich, bevor sie es aussprach, wahrlich nicht erkannt hatte, als durch den Traum, durch den dem frommen Weibe die erst viel später eintretende Freude zum Trost in ihrem gegenwärtigen Kummer vorausgesagt wurde. Denn neun lange Jahre folgten nun dieser Zeit, in welcher ich in der Tiefe des Sündenschlammes in der Nacht des Wahnes mich umherwand und der ich, sooft ich mich erheben wollte, doch nur um so heftiger hineingestoßen wurde. Währenddessen jedoch hörte jene züchtige fromme und weise Witwe wie du sie liebst nicht auf, in all ihren Gebeten zu dir klagend zu flehen um mein Heil. Schon war ihre Hoffnung lebendiger, doch ward sie trotzdem nicht lässiger in ihrem Weinen und Seufzen. Und es kam ihr Gebet vor dich, aber noch ließest du mich wälzen in jener Finsternis und von ihr eingehüllt werden.

Zwölftes Kapitel

Noch eine andere Antwort gabst du meiner Mutter, deren ich mich erinnere. Denn vieles übergehe ich, deshalb einerseits, weil ich zu dem eile, was mir dringender erscheint, es dir zu gestehen, andererseits, weil ich vieles vergaß. jene andere Antwort gabst du ihr durch einen deiner Priester, einen frommen Bischof, in deinem Dienst erwachsen und in deiner Schrift wohlerfahren. Als ihn nun jenes Weib bat, mich einer Unterredung zu würdigen, um meine Irrtümer zu zerstreuen, mich vom Bösen abzubringen, das Gute aber mir beizubringen so tat sie es, wenn sie glaubte, einen geeigneten Mann gefunden zu haben , da verweigerte er es ihr und tat klug daran, wie ich später erst erkannte. Denn er antwortete ihr, daß ich noch keiner Belehrung zugänglich sei, weil ich noch allzusehr von jener neuen Irrlehre erfüllt sei und viele Unerfahrene schon mit verfänglichen Fragen beunruhigt hätte, wie sie ihm ja selbst anvertraut habe. »Laß ihn dort«, so sagte er, »und bete für ihn zum Herrn; er selbst wird durch Lesen schon finden, was sein Irrtum ist und wie groß seine Gottlosigkeit.« Dabei erzählte er, wie er, als er noch ein kleiner Knabe war, von seiner verführten Mutter den Manichäern übergeben worden sei, fast alle ihre Schriften gelesen und sogar oftmals abgeschrieben habe; wie er dann selbst ohne jemandes Überlegung und Überführung erkannt habe, wie verderblich jene Sekte sei und wie er sich von ihr losgemacht habe. Als sie nach diesen seinen Worten sich noch nicht beruhigen wollte, sondern unter strömenden Tränen ihn inständig bat, mich zu sehen und mit mir zu sprechen, da rief er in scheinbarem Unwillen: »Gehe, denn so wahr du lebst, es ist nicht möglich, daß ein Sohn solcher Tränen verlorengehe.« Und oft sagte mir meine Mutter, wenn wir in unserem Gespräch darauf kamen, das Wort habe sie ergriffen, als sei es vom Himmel gekommen.

Viertes Buch

Erstes Kapitel

In jenem Zeitraume von neun Jahren, vom neunzehnten Jahre meines Lebens ab bis zum achtundzwanzigsten, ward ich irregeführt und führte andere irre, betrogen und betrügend durch mancherlei Mittel und Wege, öffentlich durch die Künste, welche man freie nennt, und heimlich durch den falschen Trugnamen: Religion. Dort war ich stolz, hier abergläubisch, nichtig aber in allem. Dort suchte ich den eitlen Ruhm vor dem Volke bis zu theatralischem Beifalle, Preisgedichten und welken Heukronen, Schauspielpossen bis zur Zügellosigkeit der Lüste; hier strebte ich mich wieder von diesem Unrat zu reinigen, indem ich denen, welche Auserwählte und Heilige genannt wurden, Speise darbrachte, um daraus in der Werkstatt ihres Magens Engel und Götter zuzubereiten, mittels deren wir befreit würden. ich hing solchen an und trieb es mit meinen Freunden, die durch mich und mit mir in die Irre geführt waren. Mögen mich die Hochmütigen verlachen und alle, die von dir, o mein Gott, noch nicht zu ihrem Heile gebeugt und niedergeworfen sind; ich aber will dir meine Freveltaten zu deinem Lobe bekennen. Laß mich, ich flehe dich an, laß mich meine Irrwege, die ich vordem gewandelt bin, jetzt in meiner Erinnerung noch einmal verfolgen und dir bringen das Opfer jubelnden Dankes. Denn was bin ich mir selbst ohne dich, als mein Führer in das Verderben, oder was bin ich, selbst wenn es mir wohlgeht, wenn ich nicht trinke deine Milch oder nicht dich genieße, eine Speise, die nicht vergänglich ist? Wie ist doch ein jeglicher Mensch geartet, insofern er ein Mensch ist? Mögen uns verlachen, die da haben die Stärke und die Gewalt; wir aber, wir, die Armen und Elenden, rühmen deinen Namen.

Zweites Kapitel

In jenem Jahre lehrte ich auch die Redekünste und bot, von meiner Lehrbegierde gefesselt, die überwindende Geschwätzigkeit feil. Doch wünschte ich mir, du weißt es, o Herr, nur gute Schüler, was man so gute nennt, und ohne Trug lehrte ich ihnen Trugkünste, nicht um damit gegen einen Unschuldigen auftreten zu können, wohl aber zugunsten der Schuldigen. Und du, o Gott, sahest von ferne meinen auf schlüpfrigem Wege dahingleitenden und unter großem Rauche schwach dahinglimmenden Glauben, den ich bei meinem Unter-richte ihnen, die das Eitle so heb und die Lüge so gern hatten, als ihr Genosse darbot. In jener Zeit hatte ich auch ein Weib bei mir, zwar nicht in gesetzlicher Ehe von mir erkannt, sondern eine unstete Brunst war es, die sie leichtsinnig ausgeschürt hatte. Aber doch nur sie allein war es, zu der ich hielt und ihr treu blieb. An ihr aber und mir bewies sich deutlich, was doch für ein Unterschied ist zwischen dem Bund der Ehe, der geschlossen wird, um Kinder zu zeugen, und einem Übereinkommen in sündlicher Liebe, wo Kinder geboren werden wider Wunsch und das geborene Kind uns gleichsam erst zur elterlichen Liebe zwingt.

Auch erinnere ich mich, daß mich ein Zeichendeuter, als ich einen dichterischen Zweikampf eingehen wollte, fragen ließ, was ich ihm geben würde, wenn er mir den Sieg verschaffte; mit Abscheu vor jenen schändlichen Zaubereien erwiderte ich aber: »Und wenn der goldene Siegeskranz Unsterblichkeit verliehe, so wollte ich dennoch nicht, daß für meinen Sieg auch nur eine Fliege getötet würde.« Jener wollte nämlich bei seinen Opfern Tiere töten, und mir schien es, als ob er dadurch mir die bösen Geister geneigt machen wollte. Aber auch diese Sünde verwarf ich nicht mit der Reinheit, die aus dir stammt, o Gott meines Herzens, denn ich verstand dich ja noch nicht zu lieben, da ich statt deiner nur gleißende Scheinbilder zu erkennen vermochte Eine Seele aber, die sich sehnt nach solcherlei Trugbildern, ist sie dir gegenüber nicht untreu und setzt ihr Vertrauen auf Trug und treibt sie nicht Winde auf die Weide? Wollte ich auch nicht, daß man für mich den bösen Geistern opfern sollte, so opferte ich mich doch ihnen selbst durch jenen Aberglauben. Denn was ist Winde weiden anderes als jene bösen Geister weiden, das heißt ihnen durch Verirrungen zur Lust und zum Hohn werden?

Drittes Kapitel

Daher ließ ich nicht ab, jene Betrüger, die man Astrologen nennt, zu befragen, gleich als ob sie keine Opfer gebracht hätten und an keinen Geist Gebete richteten, daß er ihnen seine Kraft aus der Höhe sende, Dinge, welche die wahre christliche Frömmigkeit ihrem Wesen nach streng verwirft. Gut ist es, dir, o Herr, zu bekennen und zu sagen: Herr, sei mir gnädig, heile meine Seele, denn ich habe an dir gesündigt; nicht aber deine Nachsicht zu sündiger Schrankenlosigkeit zu mißbrauchen, sondern eingedenk zu sein deines göttlichen Wortes: Siehe zu, du bist gesund geworden, sündige hinfort nicht, daß dir nicht Ärgeres widerfahre. Dieses unser Heil, das uns gesunden macht, unterfangen jene sich zu vernichten, wenn sie sprechen: Vom Himmel herab ist dir, o Herz, unvermeidliche Ursache zum Sündigen gekommen, oder: Mars und Saturn haben es getan. Als wenn der Mensch, dieses Gewächs aus Fleisch, Blut und stolzer Verwesung, ohne Schuld wäre, der Schöpfer und Lenker des Himmels und der Gestirne aber zu beschuldigen sei. Und wer ist es, wenn nicht unser Gott, unsere Wonne, die Quelle der Gerechtigkeit, der du einem jeglichen vergiltst nach seinen Werken und ein zerstoßenes und demütiges Herz nicht verachtest.

Zu jener Zeit lebte ein scharfsinniger, in der Heilkunde wohlerfahrener und berühmter Mann, der in Vertretung des Konsuls den Siegeskranz der Beredsamkeit meinem siechen Haupte aufsetzte, freilich nicht, als sei er der Arzt. Denn du allein bist der Arzt jener Krankheit, der du den Stolzen widerstehest und gibst Gnade den Demütigen. Warst du mir aber nicht auch nahe in jenem Greise, oder ließest du ab, meiner Seele beizustehen? Denn da ich ihm vertrauter wurde und an seinen Lippen hing – denn seine Rede war einfach, ohne jedweden Schmuck, zog aber gewaltig an durch den geistvollen, belebenden Inhalt –, da erkannte er aus meinem Gespräch, daß ich mich auf das Studium der Bücher über Sterndeuterei gelegt habe, und mit väterlichem Wohlwollen ermahnte er mich, sie wegzuwerfen und Zeit und Mühe, die nützlicheren Dingen gebührten, nicht auf solche Nichtigkeiten zu wenden. Dabei erwähnte er, daß auch er sie in seiner Jugend erlernt habe in der Absicht, sie zu seinem Gewerbe zu machen und dadurch seinen Lebensunterhalt zu verdienen, und da er Hippokrates verstanden habe, so hätte er wohl am Ende auch jene Schriften verstehen können; doch habe er sie nur darum aufgegeben und sich dem Studium der Heilkunde zugewandt, weil er sie in ihrer ganzen trügerischen Nichtigkeit erkannt und als ehrlicher Mann es verschmäht habe, sich durch Täuschung seiner Mitmenschen sein Brot zu erwerben. »Du aber«, so fuhr er fort, »hältst dich an die Redekunst, um dir deinen Unterhalt zu verschaffen; diese Betrügereien aber treibst du nur aus Liebhaberei und nicht aus Sorge um das tägliche Brot. Um so mehr mußt du mir aber Glauben schenken, mir, der ich sie gründlich zu erlernen bemüht war, weil ich allein durch sie mein Leben zu fristen beabsichtigte.« Als ich ihn nun fragte, woher es denn käme, daß so viele Prophezeiungen doch in Erfüllung gingen, da antwortete er mir, daß es die Macht des Zufalls sei, der durch die ganze Welt hin verbreitet sei. Wenn jemand sich Rat holt bei einem Dichter, der etwas ganz anderes, dem Gegenstand der Anfrage ganz und gar nicht Entsprechendes besingt und bezweckt und sich dann oft ein zu der Angelegenheit wunderbar stimmender Vers darböte, so sei es nicht zu verwundern, wenn aus der menschlichen Seele durch eine höhere Anregung, so daß sie selbst nicht wisse, was in ihr geschehe, nicht durch Kunst, sondern durch Zufall etwas ausgesprochen würde, was mit der Lage und dem Tun des Fragenden übereinstimmt. Dies ließest du nur von ihm oder durch ihn mir zukommen. Und was ich selbst später durch eigene Forschung kennenlernen sollte, dafür bahntest du in meinem Geiste den Weg zur Entwicklung an. Doch damals vermochte weder er noch mein teurer Freund Nebridius, ein braver und kluger Jüngling, der sich über jene ganze Deuterei lustig machte, mich dazu zu bewegen, daß ich davon Abstand genommen hätte. genossen bei mir ein allzu großes Ansehen; auch gesuchten sicheren Beweis noch nicht gefunden, woher Gewißheit erhellte, daß das von dem Befragten Gesagte durch Zufall oder durch das Geschick eingetroffen sei, nicht aber durch die Kunst derer, die in den Gestirnen forschten.

Viertes Kapitel

In jenem Jahre, wo ich in meiner Vaterstadt zu lehren begonnen hatte, hatte ich mir auch einen Freund erworben, der mir durch die gleiche Richtung seiner Studien sehr lieb war und gleich mir in der Blüte der Jugend stand. Er war mit mir als Knabe aufgewachsen, mein Schul- und Spielkamerad war er gewesen. Dessenungeachtet war unser Verhältnis doch nicht so ausge-bildet, wie es die wahre Freundschaft verlangt, die nur die wahre sein kann, wenn du die dir anhangenden Seelen vereinst in der Liebe, die in unseren Herzen durch den heiligen Geist ausgegossen ist, der uns verliehen. Dennoch aber war sie so süß, seit sie uns durch glühenden Eifer in gleichem Studium gleichsam zusammengeschweißt hatte. Vom wahren Glauben hinweg, der in dem Jüngling noch nicht feste Wurzeln geschlagen hatte, von dem er noch nicht ganz durchdrungen war, verführte ich ihn abseits zu jenen abergläubischen und verderblichen Irrlehren, um welcher willen meine Mutter mich beweinte. Schon irrte er mit mir im Geiste und meine Seele konnte nicht ohne ihn leben. Aber siehe, du, mein Gott, der du verfolgst, die dich fliehen, du Gott, des die Rache ist und der du zugleich bist der Quell der Barmherzigkeit, der du uns bekehrest zu dir auf oft wundervolle Weise, siehe, du nahmst ihn hinweg aus diesem Leben, da unsere Freundschaft kaum ein Jahr gewährt hatte, sie, die mir so süß war über alle Wonnen meines Lebens.

Wer kann deine großen Taten aufzählen, die er an sich allein nur erfahren? Was tatest du damals, mein Gott, und wie unergründlich ist die Tiefe deiner Gerichte? Lange lag er im Fieber, ohne Bewußtsein, schon im Todesschweiß. Und da man die Hoffnung aufgab, so ward er getauft, bewußtlos wie er war, ohne daß ich mich darum bekümmerte, der ich voraussetzte, daß das. was er von mir empfangen, sein Leben eher zu erhalten vermöchte, als was ohne sein Wissen an ihm geschah. Ganz anders aber ist es gekommen, er erholte sich und ward gesund. Sobald ich aber mit ihm sprechen konnte, ob er in den Spott über die Taufe, die er bewußtlos empfangen hatte, von deren Empfang er aber unterrichtet war, mit einstimmen würde, da entsetzte er sich vor mir wie vor einem Feinde und ermahnte mich mit wundersam heftigem Freimut, solcher Reden mich zu enthalten, wenn ich sein Freund sein wolle. Wohl war ich betroffen und in Verwirrung gebracht, aber ich hielt meine Gemütsbewegung zurück, auf daß er baldigst genese, um mit Wiedererlangung seiner Kräfte geeignet zu sein zur Besprechung dessen, was ich im Sinne hatte. Da aber entrissest du ihn meiner Torheit, auf daß er bewahrt bliebe bei dir zu meinem Troste. Nach wenigen Tagen wiederholte sich das Fieber und er verschied, da ich gerade abwesend war.

Welch ein Schmerz aber war es, der mein Herz umnachtete, und überall starrte mir nur Tod entgegen. Die Heimat ward mir zur Qual und das Vaterhaus zu unsagbarem Leid; was ich mit ihm gemeinschaftlich genossen, das wandelte sich ohne ihn zu unendlicher Qual. Überall suchten ihn meine Augen, aber ich fand ihn nicht; ich haßte alles, weil ich ihn nicht hatte, weil ich mir nicht sagen konnte: »Siehe, er kommt!« wie so oft, wenn er eine Zeitlang abwesend war. Ich selbst stand vor mir wie vor einem großen Rätsel, und ich fragte meine Seele: »Was betrübst du dich, meine Seele, und bist so unruhig in mit? « Doch die Antwort, sie blieb aus. Und wenn ich sprach: »Harre auf Gott!«, da gab sie mit vollem Rechte mir kein Gehör, denn der teure Freund, den sie verloren, war wahrhaftiger und besser als das Trugbild, darauf sie harren sollte. Süß nur war mir die Träne, die ich dem Freunde ins Grab nachweinte; sie vertrat mir ihn als Erquickung meiner Seele.

Fünftes Kapitel

Nun aber, o Herr, ist auch das vorüber, und die Zeit hat den Schmerz der Wunde gemildert. Darf ich vernehmen von dir, der du die Wahrheit bist, darf ich nähern das Ohr meines Herzens deinem Munde, auf daß du mir kündest, warum die Träne, die wir im Unglück weinen, so süß ist? Oder hast du, obwohl du allgegenwärtig bist, unser Elend weit von dir getan? Du bleibst ewig in deinem Frieden, wir aber werden umhergetrieben in mancherlei Anfechtung. Und doch wäre unser Hoffen ein Nichts, wenn wir nicht vor dich kommen dürften mit unseren Klagen. Wie wird doch das Seufzen, Weinen, Stöhnen und Klagen gepflückt als eine süße Frucht von der Bitterkeit des Lebens? Ist es unser Hoffen auf deine Erhörung, die uns erquickt? Wohl ist dies die Absicht unserer Bitte, welche die Sehnsucht nach Erfüllung in sich birgt. Aber lag denn das in dem Schmerze und der Trauer um das Verlorene, die damals auf mir lastete? Nein, denn mein Hoffen ging nicht darauf, ihn wieder lebendig zu sehen, noch wollten meine Tränen das, sondern ich grämte mich eben nur und weinte. In Trauer verloren war ich und hatte verloren meine Freude. Ist denn das Weinen an und für sich etwas Bitteres und wird es nur süß, wenn wir es mit dem Schauder vergleichen, den wir vor dem Tode dessen haben, an dem wir unsere Freude hatten und den wir nun verabscheuen?

Sechstes Kapitel

Was aber soll das? jetzt ist es nicht Zeit, zu fragen, sondern dir zu bekennen! Elend war ich und elend ist jedes Herz, das gefesselt ist durch Bande sterblicher Liebe. Von Schmerz wird es zerrissen bei seinem Verluste und fühlt dann das Elend erst, in dem es doch schon schmachtete, bevor es den Verlust erlitt. Das war mein damaliger Seelenzustand, da ich so bitterlich weinte und im Scholle der Bitterkeit mich barg. So war ich zwar elend, aber dennoch liebte ich das elende Leben mehr als den Freund. Denn obwohl mir eine Änderung erwünscht gewesen wäre, so wollte ich mich. trotz alledem von ihm ebensowenig trennen als von jenem. Schwerlich hätte ich das für ihn getan, was von Orestes und Pylades erzählt wird wenn es anders wahr ist –, welche füreinander oder zusammen den Tod erleiden wollten, weil jedem der Tod ein geringeres Übel war als ein Leben ohne Gemeinschaft. Aber ein mir selbst unbewußtes Gefühl trat allzu mächtig diesem entgegen: der tiefste Ekel vor dem Leben und Todesfurcht wohnten nebeneinander in meiner Seele. ich glaube, je mehr ich den Freund liebte, desto mehr haßte und fürchtete ich den Tod, der ihn mir entrissen hatte, als meinen bittersten Feind, und ich vermeinte, er würde mir plötzlich alle Menschen hinwegnehmen, da er es vermocht hatte, jenen hinwegzunehmen. So war ich, dessen erinnere ich mich. Siehe mein Herz, o Gott, siehe mein Inneres, wie es in meiner Erinnerung vorhanden! Du, meine Hoffnung, reinigst mich von der Unreinigkeit solcher Leidenschaften, läßt meine Augen zu dir sehen und ziehst meinen Fuß aus dem Netze. ja, ich wunderte mich, daß die übrigen Sterblichen noch fortlebten, da der eine, den ich wie einen Unsterblichen geliebt hatte, dahingeschieden war; am meisten freilich wunderte ich mich, daß ich, der ihm ein zweites Ich war, noch lebte, da er starb. Schön nannte mir jemand seinen Freund »die Hälfte seiner Seele«. Auch ich empfand, wie meine und seine Seele nur eine einzige Seele gewesen war in zwei Körpern; deshalb war mir das Leben jammervoll, weil ich nicht leben wollte als ein halber Mensch, und darum fürchtete ich mich auch zu sterben, auf daß der, den ich so sehr geliebt, nicht ganz sterbe.

Siebentes Kapitel

O über den Wahnsinn, der die Menschen nicht menschlich zu lieben weiß! O über den törichten Menschen, der das Menschliche nicht mit Maß zu ertragen weiß! Ein solcher aber war ich. Ich war immer in Aufruhr, stöhnte, weinte, war in Aufregung und fand weder Frieden noch Rat. Ein zerrissenes, blutendes Herz trug ich in mir, das nicht ruhen wollte in mir, und nirgends fand ich doch eine Stätte, da ich es hätte zur Ruhe betten können. Weder im lieblichen Haine noch bei Spiel und Sang, nicht im duftenden Saal noch beim Gelage, nicht in den Freuden der Nacht in der Wollust noch in Büchern und Gedichten fand es Ruhe. Alles schreckte mich ab, selbst da, Licht; alles, was nicht war, was er war, fand ich widrig und hassenswert, nur die Seufzer und Tränen, nur sie allein gewährten mir eine kurze Rast: Wohin meine Seele sich wandte, da lastete auf mir die gewaltige Bürde des Elends. O Herr, zu dir hätte ich die Seele erheben sollen, dir hätte ich aufbürden sollen mein Leid; aber ich wollte es nicht noch vermochte ich es, um so weniger, als ich dich nicht mir als fest und unwandelbar dachte, denn nicht du, sondern ein Leeres Trugbild, ein Irrtum war mein Gott. Wenn ich es nun versuchte, hier meine Seele zur Ruhe zu betten, da zerrann es ins Leere und wiederum stürzte es sich auf mich, und ich war mir zuletzt selber ein unglück-seliger Ort, da ich weder bleiben noch den ich verlassen konnte. Wohin aber sollte mein Herz denn fliehen vor dem eigenen Herzen, wohin sollte ich vor mir selbst flüchten, wohin mußte ich mir nicht folgen? Und doch floh ich aus meiner Heimat; denn meine Augen suchten ihn dort weniger, wo sie ihn nicht schon zu sehen gewohnt waren. So kam ich von Thagaste wieder nach Karthago.

Achtes Kapitel

Nicht leer sind die Zeitwogen, nicht wirkungslos wälzen sie sich dahin durch unsere Sinne, wunderbar Großes wirken sie an der Seele. Siehe, sie kamen und gingen von Tag zu Tag, und im Kommen und Gehen pflanzten sie mir neue Gestalten und neue Erinnerungen ein und stellten mich allmählich durch die früher gewohnten Vergnügungen wieder her. Denn mein Schmerz wich, und es folgten nun zwar nicht andere Schmerzen, aber doch die Ursachen zu anderen Schmerzen gingen daraus hervor. Denn jener Schmerz hatte mich so leicht und so tief durchdrungen, weil ich meine Seele gegründet hatte auf Sand, da ich einen Sterblichen liebte, als stürbe er nimmer. Am meisten tröstete und ermunterte mich der Trost meiner Freunde, mit denen ich liebte, was ich statt deiner liebte: der Manichäer große Fabel und lange Lüge nämlich, durch deren treulosen Reiz mein Geist in lüsternem Verlangen verderbt wurde; denn jene Irrlehre erstarb nicht mit dem Tode des Freundes. Vieles andere gab es da, was mein Herz von neuem fesselte: Gespräche und Scherze, gegenseitige wohlwollende Hingebung, gemeinschaftliches Lesen von Büchern angenehmen Inhalts, Tändeleien und gegenseitige Höflichkeit, bisweilige Meinungsverschiedenheit ohne Haß, wie es der Mensch wohl selbst mit sich tut und eine Würze der meist herrschenden Übereinstimmung durch höchst seltene Verschiedenheit der Ansichten; gegenseitige Belehrung, gegenseitiges Lernen, die Abwesenden ungern vermissen, die Kommenden mit Freude empfangen. Derartige Äußerungen gehen aus dem Herzen der einander Befreundeten durch Vermittlung des Mienenspiels, der Sprache, der Blicke und tausend freundliche Gebärden und schmelzen die Gemüter wie durch Zündstoff zusammen und schaffen aus vielen ein einziges.

Neuntes Kapitel

Das liebt man an den Freunden, und so sehr liebt man es, daß unser Gewissen sich Vorwürfe macht, wenn es den Wiederliebenden nicht liebt und den Liebenden nicht wiederliebt, ohne von ihm irgend etwas mehr zu verlangen als nur Zeichen seines Wohlwollens. Hierauf gründet sich jene Trauer, wenn ein Freund stirbt, und die finstere Nacht der Schmerzen und das blutende Herz, wenn die Süßigkeit sich in Bitterkeit gewandelt hat und der Tod der Lebenden durch den Verlust des Lebens der Sterbenden. Selig, wer dich liebt und den Freund in dir und den Freund um derentwillen. Der allein verliert keinen teuren Freund, dem sie alle teuer sind in dem, der nie verlorengeht. Das aber ist unser Gott, der Gott, der Himmel und Erde geschaffen hat und sie erfüllt, weil er ihnen das Dasein gab, indem er sie erfüllte Dich kann nur der verlieren, der dich verläßt, und wer dich verläßt, wohin geht er, wohin flieht er denn als nur von dir, dem Liebevollen, zu dir, dem Zornigen? Wo stößt der Fliehende nicht auf dein Gesetz in seiner Strafe? Und dein Gesetz ist die Wahrheit und die Wahrheit bist du!

Zehntes Kapitel

Herr Gott Zebaoth, bekehre uns zu dir, lasse dein Angesicht leuchten, so genesen wir. Denn wohin auch die Seele des Menschen sich wenden mag, anderswo als in dir wird sie von Schmerz durchbohrt, auch wenn sie an schönen Dingen hängt, die außer dir und ganz äußerlich sind. Auch diese wären nicht, wenn sie nicht wären von dir; sie entstehen und vergehen, und im Entstehen ist ihres Daseins Beginn begriffen; sie wachsen, um der Vollendung entgegenzugehen, sie altern in ihrer Vollendung lind vergehen; nicht alles altert, aber alles vergeht. Wenn sie also entstehen und der Vollkommenheit ihres Seins entgegenstreben, so eilen sie, je schneller sie in ihrem Sein wachsen, ihrem Nichtsein entgegen; das ist ihre Bestimmung. Und das hast du ihnen gegeben, weil sie nur Teile der Dinge sind, die nicht alle zugleich sind; denn erst durch ihr Dahinschwinden und die Aufeinanderfolge ihres Seins bilden sie alle zusammen das Ganze, dessen Teile sie sind. So wird auch unsere Rede erst durch tönende, aufeinanderfolgende Laute gebildet. Denn die Rede wird zu keinem Ganzen, wenn nicht das einzelne Wort verklungen, wenn es seinen Teil hat hören lassen, damit nun ein anderes ihm folge. Auch deshalb lobe dich meine Seele, dich, den Schöpfer des Alls; nicht mehr möge sie sich hängen daran mit der Glut sündiger Liebe. Es geht fort und fort dahin, wohin es seit seinem Entstehen ging, dein Nichtsein entgegen, und sie zerfleischen die Seele mit verderblichem Begehren, weil sie in dem nur sein will und zu ruhen begehrt, was sie liebt. Aber in ihnen ist keine bleibende Stätte, weil sie keiner Bestand haben, weil sie unstet sind. Wer aber vermag ihnen zu folgen mit fleischlichem Sinn, oder wer ergreift sie Selbst, wenn sie gegenwärtig sind. Denn träge ist des Fleisches Sinn, weil es fleischlich ist; seine eigene Natur setzt ihm eine Schranke. Er genügt zu etwas anderem, wozu er geschaffen ist; nicht aber genügt er, daß er das Vorübereilende festhalte von dem verhängten Anfang bis zu dem Ende, das ihm verhängt ist. Nur in deinem Worte, das sie schuf, vernehmen sie die Stimme: Von dort bis hierhin und nicht weiter!

Elftes Kapitel

Sei nicht eitel, meine Seele, und laß dir nicht betäuben das Ohr deines Herzens durch das Getümmel deiner Eitelkeit. Höre mich, du: das Wort selbst ruft dir zu zurückzukehren, und bei ihm ist der Ort lauterer Ruhe; er die Liebe nicht verlassen wird, es sei denn, sie verließe sich selbst. Siehe, jenes vergehet, damit anderes an seine Stelle trete und das irdische Ganze aus all seinen Teilen sich zusammensetze. Entferne ich mich irgendwohin? so sagt Gottes Wort. Da gründe deine bleibende

Heimat; vertraue alles an dem Worte, was du von ihm hast, meine Seele, endlich der Täuschungen müde. Der Wahrheit vertraue an, was du hast von der Wahrheit, und du wirst nichts verlieren, und was vermorscht, es wird wieder grünen und all deine Gebrechen werden geheilt werden, und was dir zerronnen, es wird wieder Gestalt gewinnen, erneut und mit dir verbunden werden, und es wird dich nicht niederschlagen, wo es herabströmt, sondern es wird mit dir bestehen und bleiben beim ewig bestehenden und bleibenden Gott.

Warum, verkehrte Seele, folgst du deinem Fleische? Sollte doch vielmehr dieses bekehrt werden und dir folgen. Was du vermöge der Seele empfindest, es ist nur ein Teil des Ganzen; doch das Ganze hassest du nicht, davon du Teile genommen, und doch erfreuen sie dich. Wären aber die Sinne deines Fleisches fähig, das Ganze zu fassen, und wäre es nicht selbst in einem Teil des Alls gemäß deiner Strafe auf ein bestimmtes Maß beschränkt, so würdest du wünschen, daß alles Gegenwärtige vorüberginge, damit du ein größeres Gefallen am Ganzen haben könntest. Denn auch das, was wir reden, hörst du durch denselben Sinn des Fleisches, und du willst nicht, daß die einzelnen Silben bleiben, sondern daß sie vorübereilen, daß andere folgen und du das Ganze hörst. So geht stets alles vorüber in seinen Teilen, woraus etwas besteht, und alle, woraus es besteht, sind nicht ein Ganzes, sondern eben nur Teile; das Ganze aber erfreut mehr als seine Teile, könnten sie auf einmal als ein Ganzes empfunden werden. Aber weit besser als alles dies ist der Schöpfer des Alls, unser Gott selbst, er vergeht nicht, denn nach ihm ist nichts.

Zwölftes Kapitel

Wenn irdische Wesen dein Gefallen erregen, so lobe Gott in ihnen und liebe ihren Schöpfer, auf daß du nicht mißfällig werdest in dem, das dir gefällt. Gefallen dir Seelen, so liebe sie in Gott, weil sie selbst wandelbar sind, auf ihn aber sich gründend Bestand gewinnen. Sonst würden sie da hingehen und vergehen. in ihm nur empfinde Liebe zu ihnen und raffe mit dir zu ihm, soviel du vermagst, und sprich zu ihnen: Lasset uns ihn lieben, ihn lasset uns lieben, er selbst schuf ja dies alles und ist nicht fern. Er schuf nicht und ging dann von dannen, nein, aus ihm ist es in ihm. Siehe, wo er ist, da ist die Wahrheit. In des Herzens Tiefen, da wohnet er; aber das Herz, es irrte hinweg von ihm. ihr Übertreter, gehet in euer Herz und hanget an dem, der euch schuf Stehet zu ihm und ihr werdet bestehen, ruhet in ihm und Friede wird mit euch sein. Wo gehet ihr hin in die Finsternisse? Wo gehet ihr hin? Das Gute, das ihr liebt, ist von ihm; aber nur soweit es ihm geweiht ist, ist es gut und angenehm, mit Recht aber wird es bitter, sofern wir es mit Unrecht lieben, was von ihm ist, indem wir seiner dabei vergessen. Was sollen wir auch fort und fort wandeln auf steilem und dornenvollem Pfade? Da ist der Friede gewißlich nicht, wo ihr ihn sucht. Suchet, soviel ihr könnt; aber wo ihr sucht, da ist er nicht. Ihr sucht die Seligkeit auf dem Gefilde des Todes, dort aber ist sie nicht. Wie könnte da seliges Leben sein, wo nicht einmal Leben ist?

»Und er selbst, unser Leben stieg herab und trug unsern Tod und tötete ihn durch die Fülle seines Lebens. Und mit Donnerstimme ruft er uns zu, daß wir von hier zu ihm zurückkehren in jenes geheimnisvolle Heiligtum, aus dem er hervorging zu uns eingehend zuerst in den jungfräulichen Leib, wo sich mit ihm der Mensch, das sterbliche Fleisch, vermählte, auf daß er nicht ewig sterblich bleibe, und von da ging er hervor wie ein Bräutigam aus seiner Kammer und freuet sich wie ein Held zu laufen seinen Weg. Er säumte nicht, sondern rief eilends mit Worten und Taten, mit Tod und Leben, mit Höllenfahrt und Himmelfahrt, ja er rief, daß wir zu ihm zurückkehrten. Er ist unseren Augen entrückt, auf daß wir in uns gingen und ihn fänden. Er ging hinweg, und siehe, hier ist er. Nicht wollte er weilen bei uns lange Zeit, und doch hat er uns nicht verlassen. Er ist dahin gegangen, von wo er nie weggegangen, weil die Welt durch ihn gemacht ist. Er war in dieser Welt und kam in die Welt, die Sünder selig zu machen. Ihm bekennt meine Seele ihre Missetat, und er heilt sie von all ihrer Krankheit; ihr Menschenkinder, wie lange wollt ihr beschwerten Herzens bleiben? Wollt ihr nicht, da das Leben herabstieg, hinaufsteigen? Aber wohin wollt ihr euch noch erheben, da ihr in der Höhe seid und euer Haupt bis an den Himmel erhebet? Steiget herab, auf daß ihr euch erhebet; steiget hinauf zu Gott. Denn gefallen seid ihr, die ihr euch gegen ihn erhobt.« Dies verkünde ihnen, damit sie weinen im Tal der Tränen, und so raffe sie mit dir zu Gott hin, denn aus seinem Geiste redest du zu ihnen, wenn du redest entflammt vom Feuer heiliger Liebe.

Dreizehntes Kapitel

Damals kannte ich das nicht und liebte nur das niedere Schöne; ich wandelte dein Abgrund entgegen und sprach zu meinen Freunden: Sollen wir nicht nur das Schöne lieben? Aber was ist denn schön und was ist Schönheit? Was zieht uns zu dem, was befreundet uns dem, das wir lieben: Wenn es nicht Ansehen und Schönheit besäße, nimmer würden wir uns von ihm fesseln lassen. Und ich bemerkte wohl, wie das Schöne eine Harmonie des Ganzen sei, das Schickliche aber die Harmonie der Teile, wie ein Teil des Körpers sich dem ganzen Körper anfüge oder die Ferse dem Fuße u. a. m. Diese Betrachtung erfüllte mich ganz und gar und ich schrieb über »Das Schöne und Schickliche«, einige Bücher, ich glaube zwei oder drei waren es. Du weißt es, o Gott, denn mir ist es entfallen. Ich besitze sie nicht mehr, sie kamen mir abhanden, ich weiß es nicht, wie.

Vierzehntes Kapitel

Was bewog mich aber, o Herr mein Gott, jene Bücher dem Hierius zu widmen, einem Redner aus Rom, den ich nicht persönlich kannte, den ich aber wegen des Ruhmes seiner Gelehrsamkeit verehrte und von dem ich einige Äußerungen gehört hatte, die mir gefallen hatten? Aber noch mehr erregte es mein Gefallen, weil er anderen gefiel und weil sie ihn lobten und staunten, daß er, von Geburt ein Syrer und früher mit der griechischen Beredsamkeit vertraut, später sich auch als ausgezeichneter lateinischer Redner erwiesen hatte und in allem, was zum Studium der Weltweisheit gehört, außerordentlich bewandert war. Er wurde gepriesen und sogar in seiner Abwesenheit verehrt. Kommt aber erst diese Liebe von dem Munde dessen, der ihn lobt, in des Hörers Herz? O nein, denn nur von der Liebe des einen entbrennt auch die des ändern. Gelobt wird der Gelobte erst, wenn die Überzeugung vorhanden ist, daß derjenige, welcher ihn preist, nicht mit einem Herzen voll Trug ihn lobt, sondern mit wahrer Liebe im Herzen. So liebte auch ich damals die Menschen nach dem Urteil der Menschen und nicht nach dem deinigen, mein Gott, darin niemand Täuschung erfährt. Warum jedoch wurde er nicht gepriesen wie ein Wagenlenker oder ein Tierkämpfer, weit und breit im Volke bekannt, sondern ganz anders und bedeutender ward er gelobt; und so wollte auch ich gelobt werden. Nicht wie ein Schauspieler wollte ich gepriesen und geliebt werden, obgleich ich selbst diese lobte und ihnen Anerkennung zollte. Lieber wollte ich unbekannt bleiben, als so bekannt sein; lieber wollte ich gehaßt sein, als so gebebt zu werden. Woher aber stammen diese verschiedenen Maße für verschiedene Arten der Liebe in ein und derselben Seele? Wie kommt es doch, daß ich an einem andern etwas liebe, was ich, wenn ich es nicht schon haßte, an mir selbst verabscheuen und verwerfen würde, da wir doch beide Menschen sind? Wenn einer ein gutes Pferd liebt, ohne daß er selbst es sein möchte, auch wenn es wirklich möglich wäre, so läßt sich doch dasselbe nicht von dem Schauspieler sagen, da er unser Mitmensch ist. Liebe ich also an einem Menschen, was ich zu sein verabscheue, obgleich ich auch Mensch bin? Eine dunkle, rätselhafte Tiefe ist der Mensch, dessen Haare auf dem Haupt du, Herr, gezählt hast, die sich ohne deinen Willen nicht vermindern, und doch sind seine Haare leichter zu zählen als seine Leidenschaften und seines Herzens Regungen.

Dieser Redner Hierius aber war von der Art, daß ich ihm gleichen wollte, da ich ihn so verehrte; in meinem Hochmute irrte ich und ließ mich von dem Winde umhertreiben und wurde doch wunderbar von dir geleitet. Woher aber weiß ich und woher bekenne ich dir mit Gewißheit, ich jenen wegen der Liebe derer, die ihn priesen, mehr liebte als wegen der Dinge selbst, um derentwillen sie ihn priesen? Weil ich, wenn man ihn nicht gelobt, sondern getadelt und dann ganz dasselbe von ihnen, aber mit einem Anflug von Tadel und Verachtung erzählt hätte, ich mich nicht für ihn begeistert und erwärmt haben würde. Und doch wäre weder der Sachverhalt noch der Mann selbst ein anderer gewesen sondern nur die Gesinnung des Erzählers. Siehe, wie liegt doch die Seele so schwach darnieder, solange sie nicht haftet an der Säule der Wahrheit Wenn der unstete Wind die Meinungen aus der Brust derer weht, die sie ausdenken, so wird sie hier umhergetrieben im Wirbeltanz also wird ihr Licht verdunkelt und die Wahrheit nicht erkannt, und siehe, doch ist sie vor uns. Ein Großes dünkte es mir zu sein, wenn meine Schrift und mein Studium jenem Manne bekannt würden. Hätte er es gebilligt, so hätte mich um so mehr Begeisterung für ihn ergriffen, wenn er sie gemißbilligt hätte, so wäre mein eitles Herz, das noch keinen Halt an dir hatte, verwundet worden. Und doch habe ich meine Abhandlung »Über das Schöne und Schickliche«, die ich dein Hierius widmete, gern im Geiste durchdacht und durchsonnen und habe Sie bewundert, obwohl niemand da war, der sie mit mir gepriesen hätte

Fünfzehntes Kapitel

Aber noch erkannte ich nicht das Wesentliche dieses großen Gegenstandes in deiner Schöpferkunst, o Allmächtiger der du allen Bewunderungswürdiges schaffst, und mein Geist durchforschte die einzelnen körperlichen Formen, und ich versuchte zu bestimmen, zu unterscheiden Lind mir Beispielen zu belegen, was schön an sich Lind was durch Harmonie mit anderm schicklich sei. Hierauf wandte ich mich zur Erforschung des Wesens der Seele, über meine falsche Ansicht über das Geistige ließ mich die Wahrheit nicht sehen. Die Kraft der Wahrheit trat mir vor das Angesicht, ich aber wandte den schwankenden Verstand von dein Wesenlosen auf die Umrisse, Farben und schwellende Größen. Und weil ich im Geiste solcherlei nicht sehen konnte, so glaubte ich meinen Geist überhaupt nicht sehen zu können. Da ich aber in der Tugend den Frieden liebte, im Laster aber den Zwiespalt haßte, so gab ich für jene die Einheit, für dieses den Zwiespalt als charakteristisches Merkmal an. In jener Einheit schien mir der Geist der Vernunft, das Wesen der Wahrheit und des höchsten Gutes zu liegen; in diesem Zwiespalte des vernunftlosen Lebens wähnte ich Elender, liege irgendwelche Substanz und Wesen des höchsten Bösen, das nicht bloß Substanz, sondern auch Leben in sich enthalte, jedoch nicht von dir erschaffen sei, o mein Gott, von dem doch alles ist. Und doch nannte ich jenes eine Monade, in welchem noch kein Geschlecht sich für sich geltend machte, diese aber eine Dyade, den Haß bei den Verbrechern, die Lust am Laster; ich wußte nicht, was ich redete. Ich hatte noch nicht erkannt, daß das Böse kein selbständiges Wesen noch unser Geist das höchste unwandelbare Gut sei.

Denn so wie Gewalttaten entstehen, wenn die Geistesbewegung sündlich ist, in welcher ein heftiger Trieb und diese Bewegung sich anmaßend und wüst gebärdet, Schandtaten aber, wenn die Leidenschaft der Seele maßlos ist, welche fleischliche Lüste gierig genießt, so beflecken Irrtümer und falsche Meinungen das

Leben, wenn die Vernunft selbst verderbt ist. So war die meinige, da ich nicht wußte, daß sie durch ein anderes Licht erleuchtet werden müßte, um an der Wahrheit teilzuhaben, weil sie nicht die wesentliche Wahrheit selbst ist. Denn du erleuchtest meine Leuchte, Herr, der Herr mein Gott macht meiner Finsternis Licht, und aus deiner Fülle haben wir alle genommen; du bist das wahrhafte Licht, welches alle Menschen erleuchtet, die in diese Welt kommen, denn bei dir ist keine Veränderung noch Wechsel des Lichts und der Finsternis. Zu dir strebte ich empor und ward hinweggestoßen von dir, auf daß ich den Tod kostete, weil du den Hoffärtigen widerstehest. Und was gibt es Hoffärtigeres, als in unfaßlicher Torheit zu behaupten, an Wesen dir gleich zu sein? Denn da ich wandelbar war und, wie dies schon daraus hervorgeht, daß ich weise zu werden wünschte, um besser zu werden, so wollte ich doch lieber dich für wandelbar halten als glauben, daß ich nicht sei, was du bist. So ward ich zurückgestoßen, und du widerstandest meinem stolzen Nacken, und ich träumte von körperlichen Gestalten und klagte, selbst Fleisch, das Fleisch an – ein Wind, der dahinfährt und kam nicht wieder zu dir. Und ich ging in der Irre und irrte in dem, das nicht ist, weder in dir, noch in mir, noch in den Körpern, noch in dem von deiner Wahrheit ins Leben Gerufenen, sondern das von meiner eitlen Spekulation nach Eindrücken der Körper gebildet wurde. Und ich sprach zu den Kleinen, deinen Gläubigen, meinen Mitbürgern, von welchen ich in meiner Unwissenheit hinweggeirrt war in albernem Geschwätz: »Warum irrt die Seele, die Gott schuf?« Aber ich wollte nicht, daß man mir darauf sagte: »Warum irrt also Gott? » ich behauptete deshalb lieber, dein unwandelbares Wesen wäre gezwungen, ehe ich bekannte, daß mein wandelbares Wesen freiwillig abgewichen sei und nun zur Strafe irre.

Sechs- oder siebenundzwanzig Jahre war ich ungefähr alt, als ich jene Schrift verfaßte und mich mit jenen sündlichen Trugvorstellungen beschäftigte, die meines Herzens Ohr betäubten; wollte ich, o süße Wahrheit, auf deine innere Melodie horchen, nachsinnend über das Schöne und Schickliche, begehrte ich festzustehen und dich zu hören und mich zu freuen hoch über des Bräutigams Stimme, da vermochte ich es nicht; durch die Stimmen meines Irrtums ward ich fortgerissen in die Außenwelt und durch das Gericht meines Stolzes fiel ich in den Abgrund. Du ließest mich nicht hören Freude und Wonne, daß die Gebeine fröhlich wurden, die noch nicht zerschlagen waren.

Sechzehntes Kapitel

Welchen Gewinn brachte es mir, als ich, ungefähr zwanzig Jahre alt, eine aristotelische Schrift, »Die zehn Kategorien« betitelt, Unter die Hände bekam – nach ihnen lechzte ich förmlich, als ob sie Göttliches und Wunderbares enthielten, hatten sie mir doch meine Lehrer in der Rhetorik zu Karthago und andere, die in dem Ruf der Gelehrsamkeit standen, mit vollen Backen, die, ich möchte sagen, voll Hochmut geschwollen waren, angepriesen, ich sie allein las und ich verstand? Ich besprach sie mit denen, welche bekannten, daß sie dieselben kaum unter der Anleitung der gelehrtesten Lehrer verstanden hätten, obgleich diese nicht nur durch mündlichen Vortrag, sondern auch durch viele Zeichnungen verstanden zu werden suchten – auch sie konnten mir nichts anderes sagen, als was ich allein für mich herausgelesen und verstanden hatte. Deutlich genug schienen sie mir zu sprechen von dem Wesen der Dinge sowie dem Wesen der Menschen und seines Wesens Eigenschaften, wie z. B. von der Gestalt des Menschen, voll seiner Natur, voll der Anzahl seiner Füße, von seinen Blutsverwandten, von seinem Wohnorte, der Zeit seiner Geburt, ob er sitze oder stehe, ob er beschuht, ob er gewappnet sei, von seinem Tun und Leiden und sollst noch in diesen zehn Kategorien enthalten ist, voll dem ich einzelne Beispiele anführte, oder in der Kategorie »Substanz« selbst Unzähliges sich findet.

Welchen Nutzen mir das, da es mir doch nur schadete? Denn auch dich, o mein Gott, den wunderbar Einen und Unveränderlichen, wollte ich, von dem Glauben befangen, daß jene zehn Kategorien das All umfaßten, so auffassen, als wärest du deiner Größe und Schönheit unterworfen und sie wären an dir gleichsam Eigenschaften als eines Subjektes, wie am Körper, der du doch selbst die Größe und Schönheit bist. Ein Körper könnte, auch ohne groß und schön zu sein, ein Körper sein. Falsch war es, was ich von dir dachte, nicht Wahrheit, ein Trugbild meines Elends, kein festes, auf dich gegründetes Bild deiner Seligkeit. Nach deinem Befehl geschah es an mir: Dornen und Disteln sollte der Acker mir tragen und im Schweiße meines Angesichts sollte ich mein Brot essen.

Was half es mir, daß ich alle Bücher der sogenannten freien Künste las, soweit ich sie erlangen konnte, ein schändlicher Sklave böser Leidenschaften, daß ich sie für mich las und sie verstand? Ich erfreute mich all ihnen und wußte nicht, woher das stamme, was etwa wahr und zuverlässig an ihnen war. Ich wandte dem Licht den Rücken und das Angesicht dem Erleuchteten zu, daher mein Angesicht, damit ich das Erleuchtete sah, nicht erleuchtet wurde. Was ich in der Kunst der Beredsamkeit und der Kunst des Vortrags über Maß, Musik und Zahlen ohne große Mühe und Anleitung von seiten anderer verstand, du weißt es, o Herr mein Gott, weil die schnelle Auffassungskraft meines Geistes und sein Scharfblick dein Geschenk ist; aber ich dankte dir nicht dafür. Deshalb gereichen sie mir auch nicht zum Heile, sondern vielmehr zum Verderben, weil ich nur darauf bedacht war, einen solch guten Teil meines Vermögens in meiner Gewalt zu haben, und ich berührte meine Kraft nicht zu deiner Ehre, sondern ich zog von dir in ein fernes Land, daß ich sie in buhlerischen Lüsten vergeudete. Was aber half mir so mein Vermögen, da ich es nicht gut verwandte, denn ich bemerkte nicht, daß jene Künste selbst von Fleißigen und Geistreichen nur mit großer Anstrengung erlernt wurden, wenn ich ihnen dieselben nicht erklärte, und das war unter ihnen der

Trefflichste, welcher meiner Auslegung nicht gar zu langsam zu folgen vermochte.

Welchen Gewinn aber brachte mir das, da ich glaubte, daß du, o Herr mein Gott, der du die Wahrheit bist, seiest ein unermeßlich großer leuchtender Körper, und ich wäre ein Teilchen davon? Welch große Verkehrtheit! Ich erröte nicht, dir deine Barmherzigkeit an mir zu bekennen und dich anzurufen, ich, der ich damals nicht errötete, meine Lästerungen vor den Menschen auszukramen und wider dich zu bellen. Was nützte mir damals mein Geist, der spielend jene Lehren bewältigte und ohne menschliche Lehrer jene vielfach verknoteten Schriften auflöste, während ich die Lehre deiner heiligen Liebe entstellte und in gotteslästerlicher Schande umherirrte? Oder schadete deinen Kindern der langsame Geist, da sie von dir sich nicht weit entfernten, um im Nest deiner Kirche flügge zu werden und um die Fittiche der Liebe durch die Nahrung des gesunden Glaubens erstarken zu lassen? O Herr, mein Gott, unter dem Schatten deiner Flügel rühme ich mich! Schirme und trage uns. Du willst uns tragen im Mutterschoß und willst uns tragen, bis daß wir grau werden. Denn unsere Kraft ist nur deine Kraft, wenn du sie bist; ist sie unser, so ist sie Unkraft. Bei dir lebt immer unser Gut; weil wir von ihm uns abkehrten, sind wir verkehret worden. Wiederkehren wollen wir nun, o Herr, damit wir nicht verkehret werden, weil bei dir unser Gut lebt ohne alle Gefährde, denn du bist es selbst. Und wir fürchten nicht, daß wir einst nicht haben, dahin wir zurückkehren können, weil wir von dort abfielen, denn uns, auch wenn wir fern sind, stürzt nicht ein unser Haus – deine Ewigkeit.

Fünftes Buch

Erstes Kapitel

Empfange das Opfer meiner Bekenntnisse aus der Hand meines Mundes und heile alle meine Gebeine, und sie müssen sagen: Herr, wer ist deinesgleichen? Denn wer vor dir bekennt, der lehrt dich nicht, wes Geistes Kind er ist, denn deinem Auge ist auch ein verschlossenes Herz offen, und der Menschen Härte drängt nicht zurück deine Hand, sondern du schmilzest sie, wenn du willst, sei es nun als Erbarmer oder als rächender Richter, und es bleibt nichts vor deiner Hitze verborgen. Aber meine Seele lobe dich, daß sie dich liebe; sie bekenne sich zu deinem Erbarmen, daß sie dich lobe. Nicht weicht noch schweigt vor deinem Lobe das All deiner Schöpfung; nicht des Menschen Geist, der durch sein Bekenntnis sich wendet zu dir, nicht die Tiere noch die Körper hören auf dich zu preisen durch den Mund der sie betrachtenden Menschen, auf daß unsere Seele sich erhebe aus ihrer Laßheit zu dir, gestützt von deiner Schöpfung, und sich hinaufringe zu dir, der du solches wundervoll schufest. Das aber ist Erquickung und wahre Stärke.

Zweites Kapitel

Mögen gehen und fliehen vor dir die Friedlosen und Ungerechten, du siehest sie und durchdringst den Nebel. Und siehe, da ist alles schön um sie, und sie allein sind häßlich. Welchen Schaden brachten sie dir, oder womit haben sie dein Reich, das von den Himmeln bis zu den niedrigsten Geschöpfen gerecht bleibt und unverletzt, verunehrt? Wohin eilten sie denn flüchtigen Fußes, da sie flohen vor deinem Angesicht? Oder wo ist die Stätte, da du sie nicht findest? Aber sie flohen hinweg damit sie dich, den Sehenden, nicht sähen und verblendet sich wider dich empörten, weil du nichts verläßt von dem, was du geschaffen hast; an dir sollen die Ungerechten sich stoßen und mit Recht geplagt werden, wenn sie sich deiner Milde entziehen, deiner Rechten Widerstand leisten und ihrer eigenen Härte verfallen. Vielleicht wissen sie nicht, daß du, den kein Raum beschließt, allenthalben bist und allen gegenwärtig, auch denen, die sich weit von dir entfernen. Mögen sie sich wenden und dich suchen, denn nicht hast du, wie sie ihren Schöpfer verließen, dein Geschöpf verlassen. Sie mögen sich wenden und dich aufsuchen, und siehe, du bist in ihren Herzen, in den Herzen deiner Bekenner, die sich in deine Arme werfen und an deiner treuen Brust sich ausweinen nach ihren mühseligen Wegen, und leutselig trocknest du ihre Tränen. Und reichlich fließt die Träne und sie freuen sich unter Tränen, weil du, Herr, nicht bist ein Mensch, Fleisch und Blut, weil du, o Herr, ihr Schöpfer, sie erquickst und tröstest. Und ich, wo war ich, da ich dich suchte? Du warst vor mir, ich aber war von mir selbst hinweggewichen und fand mich nicht, wieviel weniger dich!

Drittes Kapitel

Reden will ich vor dem Angesichte meines Gottes von jener Zeit, da ich neunundzwanzig Jahre alt war. Da kam nach Karthago ein Bischof der Manichäer, Faustinus mit Namen, eine gewaltige Schlinge des Satans; viele fingen sich darin, durch die Lobsprüche seiner süßen Rede betört, und obgleich ich dieselbe lobte, so unterschied ich sie doch von der Wahrheit der Dinge selbst, die ich zu lernen eifrig begehrte, und deshalb achtete ich nicht auf das Gefäß der Rede, sondern auf den Inhalt dessen, was mir als wissenschaftliche Nahrung jener gerühmte Faustus darbot. Denn ihm ging der Ruf voraus, daß er ein in ehrlicher Wissenschaft vielerfahrener Mann sei und in den freien Künsten außerordentlich unterrichtet. Und da ich ziemlich viel mich mit Philosophie beschäftigt und mein Gedächtnis einiges davon behalten hatte, so verglich ich manches mit den Ammen-märchen und Hirngespinsten der Manichäer, und mir er-schienen jene Aussprüche der Wahrheit viel näher zu kommen, die soviel haben mögen einsehen, daß sie konnten die Welt ermessen, obgleich sie den Herrn derselben nicht gefunden haben. Denn du, Herr, bist groß und siehest auch das Niedrige und kennst den Stolzen von ferne, und du bist nahe bei denen, die gebrochenen Herzens sind. Du läßt dich nicht von den Stolzen finden, wenn sie auch in ihrem Fürwitz die Steine und den Sand zählen und den Sternenhimmel messen und nach den Bahnen der Gestirne spüren.

Denn mit ihrem Verstande und dem Geist, den du ihnen gegeben, erforschen sie vieles und sie fanden vieles; viele Jahre zuvor wissen sie die Mond- und Sonnenfinsternisse zu verkünden, an welchem Tage und zu welcher Stunde sie statt-finden, welchen Umfang sie haben werden; ihre Berechnung täuscht sie nicht, und wie sie vorher verkündeten, so geschah es; auf Grund ihrer Forschungen stellen sie darin feste Regeln auf, die man noch heute anwendet, und aus ihnen erkundet man, in weichem Jahre, Monate, Tage, zu welcher Stunde und um wieviel sich Mond oder Sonne verfinstern werde, und es geschieht nach ihrem Wort. Und die Menschen wundern sich darüber und die Unkundigen entsetzen sich, die Kundigen aber frohlocken und brüsten sich, und in ruchlosem Stolze entfernen sie sich und entziehen sich deinem Lichte, sehen lange vorher der Sonne Verfinsterung, aber die ihrige sehen sie nicht. Denn sie fragen nicht mit frommen Sinne, woher sie ihren Geist haben, durch den sie dies erforschet. Und wenn sie endlich erforschen, daß du sie geschaffen, so geben sie sich nicht dir zu eigen, auf daß du erhältst, was du geschaffen, und wie sie selbst sich machen zu ihren Götzen, so sterben sie dir ab und trotzen dir mit Hochfahren wie die Vögel unter dem Himmel und mit ihrem Fürwitz wie die Fische im Meere, mit dem sie auf den ver-borgensten Pfaden des Meeres umherschweifen, und mit ihren Lüsten wie die Tiere des Feldes, damit du Gott, ein fressend Feuer, ihrer Toten Sorgen verzehrst und sie wiedergeboren werden lässest zur Unsterblichkeit.

Aber sie kennen nicht den Heilsweg, dein Wort, durch das du schufst, was sie zählen, und sie, welche zählen, und den

Verstand, womit sie zählen, aber deiner Weisheit ist keine Zahl. Er selbst aber, der Eingeborene, ist uns gemacht zur Weisheit, zur Gerechtigkeit und Heiligung, er ward unter uns gezählt und gab dem Kaiser, was des Kaisers ist. Den Weg lernen sie nicht kennen, auf welchem sie von ihrer selbstgewählten Höhe hinabsteigen zu ihm und durch ihn hinaufsteigen zu ihm. Den Weg lernen sie nicht kennen und halten sich für leuchtend und erhaben wie die Sterne, und siehe, sie stürzten zur Erde und ihr unverständiges Herz ist verfinstert. Vieles Wahre wissen sie von der Schöpfung zu sagen; aber die Wahrheit der Schöpfung, ihren Ursprung suchen sie nicht mit frommem Herzen, und deshalb finden sie ihn auch nicht, oder wenn sie ihn finden und Gott erkennen, so preisen sie ihn nicht als Gott und danken sie ihm nicht, sondern sie sind in ihrem Dichten eitel geworden und hielten sich für weise und legen sich zu, was dein ist. Deshalb suchen sie auch in ihrer verkehrten Blindheit dir zuzuschreiben, was das ihre ist, häufen Lügen auf dich, der du die Wahrheit bist, und haben verwandelt die Herrlichkeit des unvergänglichen Gottes in ein Bild gleich dem vergänglichen Menschen und den Vögeln und den vierfüßigen und kriechenden Tieren und verwandeln deine Wahrheit in Lügen und haben geehrt und gedient deinem Geschöpfe mehr denn dem Schöpfer.

Vieles aber, was sie vorhersagten von der Schöpfung, behielt ich, und die wissenschaftliche Begründung ihrer Aussagen leuchtete mir ein durch Berechnung und Ordnung in der Zeit und durch die sichtbaren Zeugnisse der Gestirne, und ich verglich es mit den Aussprüchen des Manichäers, welcher gerade darüber viel wahnwitziges Zeug zusammenschrieb; doch entbehrte er so jeglicher wissenschaftlicher Begründung in bezug auf Sonnenwende, Sonnen- und Mondfinsternisse, wie denn in diesen Schriften auch nichts von Weltweisheit stand. Hier mußte ich blindlings glauben, meine Kenntnisse, die auf Berechnungen und Augenschein fußten, halfen mir nichts, denn alles verhielt sich da ganz anders.

Viertes Kapitel

Gefällt dir schon der, welcher solches weiß, o Herr und Gott der Wahrheit? Unglücklich ist wahrlich der Mensch, der solches alles kennt und dich nicht kennt, selig aber, wer dich kennt, wenn er auch jenes nicht kennt. Und wenn er auch dich und jenes kennt, so ist er um jener Kenntnisse willen doch nicht glückseliger, sondern allein du bist, der ihn beseligt, wenn er weiß, daß ein Gott ist, und wenn er dich als seinen Gott preiset, dir danket und nicht eitel in seinem Dichten wird. Denn wie der besser daran ist, welcher weiß, daß er einen Baum besitzt, und für den Nutzen, den er ihm bringt, Dank abstattet, ob er gleich nicht weiß, wieviel Fuß er hoch ist oder welches sein Umfang ist, als jener, welcher ihn ausmißt und alle seine Zweige zählt, während er ihn weder besitzt noch seinen Schöpfer kennt oder liebt, so hat unzweifelhaft der Gläubige den besseren Teil, dem die Welt mit all ihren Schätzen ist, der nichts innehat und doch alles hat, weil er den umfängt, dem alles dient, wenn er auch den Kreislauf des Wagens nicht kennt; besser ist ihm als dem, der den Himmel mißt, die Sterne zählt, die Elemente wägt und dich dabei vernachlässigt, der da alles geordnet hat nach Maß, Zahl und Gewicht.

Fünftes Kapitel

Wer verlangte aber von dem Manichäer, daß er auch über solche Sachen schreibe, welche zur Aneignung der Frömmigkeit ganz und gar nicht nötig waren. Denn du sprachst zum Menschen:» Siehe, die Furcht des Herrn, das ist die Weisheit.‚(In dieser freilich konnte er unerfahren sein, auch wenn er jene Dinge völlig verstanden hätte; weil er sie aber nicht verstand, sie aber trotzdem in bodenloser Frechheit zu lehren wagte, so war ihm Gottesfurcht völlig fremd, denn Eitelkeit ist es, mit solcherlei weltlichen Kenntnissen zu prahlen, Frömmigkeit aber, dir zu bekennen. Von ihr eilte er hinweg zu solcherlei Dingen, und die, welche wirklich etwas davon verstanden, konnten ihn vermöge seiner Unwissenheit in Dingen, über welche er so viel schwatzte, mit Leichtigkeit überführen und erkennen, wie es mit seiner Kenntnis von tiefer verborgen liegenden Dingen beschaffen sei, ob er gleich eine große Meinung von sich hatte und die Leute zu überreden suchte, der heilige Geist, der Tröster und Mehrer deiner Gläubigen, sei in seiner Fülle persönlich in ihm erschienen. Wenn er daher über falschen Behauptungen betreffs des Himmels, der Gestirne, der Sonne, des Mondes und seiner Berechnungen betroffen wurde, so bewies dies, obgleich Astronomie ja nicht mit zur Religionslehre gehört, doch genugsam sein gotteslästerliches Streben, denn nicht nur das ihm Unbekannte, sondern auch wissentlich Gefälschte trug er in wahnsinnig eitler Ehrsucht also vor, als ob ihm diese Kenntnisse von einem Wesen göttlichen Ursprungs zukämen.

Wenn ich einen christlichen Mitbruder über weltliche Dinge eine Ansicht aussprechen höre, die Unkenntnis der Tatsachen und Irrtümer verrät, so habe ich doch Geduld mit ihm, denn ich weiß, daß ihm seine Unkenntnis betreffs der Lage und Beschaffenheit der sinnlichen Natur keinen Schaden bringt, sofern er nur von dir, dem Herrn und Schöpfer aller Dinge, nichts Unwürdiges glaubt. Schaden brächte es ihm ja nie, wenn er glaubte, daß solches in den Bereich der Lehre von der Gottseligkeit gehöre, und er es wagte, hartnäckig zu behaupten, wovon er doch nichts versteht. Aber auch solche Schwachheit in der Kindheit des Glaubens wird von der Liebe als einer Mutter ertragen, bis der neue Mensch werde ein vollkommener Mann, der sich nicht mehr wägen und wiegen läßt von allerlei Wind der Lehre. Wer aber sollte nicht bei dem, der als Lehrer, als Stifter, Führer und Meister der von ihm Irregeführten also aufzutreten wagte, daß seine Anhänger meinten, sie folgten nicht einem Menschen, sondern deinem heiligen Geiste selbst, solchen Wahnsinn auch von nachweislich falschen Lehren vorbringt, für abscheulich und verwerflich erachten? Dennoch aber war ich noch nicht zu völlig klarer Gewißheit durchgedrungen, ob nicht vielleicht der Wechsel von Tag- und Nachtdauer der Wechsel von Tag und Nacht selbst, die Finsternisse und was ich noch derartiges in anderen Büchern gelesen hatte, auch nach seiner Weise erklärt werden könnte. Falls dies nun möglich gewesen wäre, so würde ich zwar in Ungewißheit geraten sein, ob sich die Sache so verhalte oder nicht, den Ausschlag aber für mich hätte schließlich doch das Ansehen Marius' und seiner vermeintlichen Heiligkeit gegeben.

Sechstes Kapitel

Fast neun Jahre hindurch, in denen ich sie mit unstetem Geiste hörte, erwartete ich mit zu lange hingehaltener Sehnsucht, daß jener Faustus kommen sollte, auf den mich die anderen vertrösteten, so oft sie meinen Fragen nicht gewachsen waren, indem sie mir versicherten, im persönlichen Verkehr werde er mir das alles und noch viel höhere Fragen aufs beste entwickeln. Als er nun kam, fand ich in ihm einen liebenswürdigen, artigen Mann, der die Lehren jener mir noch viel einnehmender vorschwatzte. Was aber fragte mein Durst nach prächtigen Bechern, was half mir der artigste Mundschenk? Von solchen Sachen waren meine Ohren schon gesättigt, auch schienen sie uns dadurch nicht besser zu werden, weil sie besser gesagt wurden und dadurch nicht an Wahrhaftigkeit zu gewinnen, weil sie in gewandter Weise aufgetischt wurden, noch schien mir ein Geist deshalb weise, weil sein Minenspiel entsprechend und seine Rede eine würdevolle war. Jene aber, welche mich auf ihn vertröstet hatten, vermochten den Sachverhalt gar nicht zu beurteilen, und nur deshalb erschien er ihnen klug und weise, weil er sie durch seine Beredsamkeit ergötzte. Ich lernte aber auch noch eine andere Art von Menschen kennen, welche die Wahrheit verdächtigen und der Wahrheit nicht trauen wollten, sobald sie mit reichem Schmuck vorgetragen wurde. Mich aber hattest du, mein Gott, schon gelehrt auf wunderbare und ver-borgene Weise.

Und nur darum glaube ich es, weil du es mich gelehrt hast, denn aus diesem Grunde ist es wahr, und keinen andern Lehrer der Wahrheit gibt es denn dich, woher er auch kommen möge. Schon hatte ich von dir gelernt, nicht deshalb etwas für wahr zu halten, weil es beredt vorgetragen werde, und nicht deshalb etwas für falsch, weil die Sprache eine schwer-fällige sei, und wiederum nicht deshalb etwas für wahr, weil es kunstlos gesagt werde, noch deshalb für falsch, weil die Rede glänzend sei; sondern mit Wahrheit und Torheit verhalte es sich wie mit gesunden und ungesunden Speisen, die beide in geschmückten und schmucklosen Worten wie in einfachen und feinen Gefäßen aufgetragen werden können.

So ward meine Begierde, mit der ich jenen Mann so lange er-wartet hatte, zwar gestillt durch das einnehmende und lebhafte Wesen und durch seine Gewandtheit im Ausdruck, der den Ein-druck des völlig Ungezwungenen machte. Viele unterstützte ich in ihren Lobsprüchen; aber unangenehm war es mir, daß ich in dem Hörerkreise nichts gegen ihn vorbringen und ihm meine dringenden Fragen nicht zur Beantwortung vorlegen durfte im vertraulichen Austausch der Gedanken. Als ich dies vermochte und sein Gehör in Anspruch nehmen konnte mit meinen Freunden zu einer Zeit, da es nicht unschicklich war, mit ihm zu disputieren, und ich einiges vorbrachte, das mich am meisten bewegte, fand ich in ihm einen Mann, der in den freien Künsten unbewandert war, die Grammatik ausgenommen, die er auch nicht über das Maß des Gewöhnlichen verstand. Er hatte einige Reden Ciceros gelesen, sehr wenig Schriften von Seneca und einige Dichter und das, was in seiner Sekte in gut stilisiertem Latein geschrieben war, und weil er Gelegenheit hatte, täglich Reden zu halten, so gewann er dadurch eine Redefertigkeit, die sich angenehm der Fassungskraft der Hörer einschmeichelte und eines gewissen Mutterwitzes nicht bar war. Ist es nicht so, mein Herr und mein Gott, der du Richter meines Bewußtseins? Offen liegt vor deinem Herz mein Herz und meines Herzens Erinnerung, der du schon damals mich mit der geheimnisvoll verborgenen Vorsehung leitetest und meine schmachvollen Irrtümer mir vor die Augen brachtest, damit ich sie sähe und hassenswert fände.

Siebentes Kapitel

Nachdem ich von seiner Unwissenheit in den freien Künsten überzeugt war, in denen ich ihn für ausgezeichnet gehalten hatte, verzweifelte ich daran, daß jener mir darüber Aufschluß zu geben imstande wäre, die quälenden Zweifel lösen und auslegen könnte; und doch hätte er, obwohl in solchen Dingen unwissend, sich an die Wahrheit der Frömmigkeit halten können, wenn er nur kein Manichäer gewesen wäre. Denn ihre Bücher sind voll von lang ausgesponnenen Fabeln über den Himmel und die Gestirne, über Sonne und Mond, über alles das konnte er mir in der gewünschten Weise nicht genugsam Auskunft geben, ob die Vergleichung der Berechnungen, die ich anderswo gelesen hatte, dieselbe wie die der Manichäer sei, so daß ich sie für wahr befunden hätte. Als ich ihm dies zur Betrachtung und Besprechung vorlegte, war er doch bescheiden genug und wagte es nicht, sich einer solchen schweren Aufgabe zu unterziehen; denn er wußte, daß er nichts davon verstand, und schämte sich nicht, dies zu bekennen. Er war keiner von den Schwätzern, deren ich so viel zu ertragen hatte, die mich zu belehren versuchten und im Grunde genommen gar nichts sagten. jener aber hatte ein Herz; obwohl er nicht dir zugewandt war, hielt er doch nicht allzu vermessen an sich fest. Er war überhaupt nicht unbekannt mit seiner Unkenntnis und wollte nicht durch dummdreiste Wortfechterei in eine Enge getrieben werden, von der aus weder irgendein Ausgang möglich noch ein Rückweg leicht wäre; auch hierin gefiel er mir besser. Denn diese Bescheidenheit einer aufrichtigen Seele ist besser als das, was ich zu wissen wünschte; und so ging es mir mit ihm bei allen schwierigen und verwickelten Fragen.

Da mein Eifer, den ich auf die Schriften des Manichäers gewandt hatte, gebrochen war und ich mehr und mehr auch an ihren übrigen Lehren verzweifelte, da jener namhafte sich bei vielen Fragen, die mich bewegten, also bewies, so fing ich an, mich jenem Studium anzuschließen, mit ihm zu verkehren, weil er sich sehr auf die Wissenschaften warf, welche ich damals schon als Rhetor zu Karthago die Jünglinge lehrte, und mit ihm Bücher zu lesen, die er nur vom Hörensagen her kannte und erkennen zu lernen wünschte oder die ich einem solchen Geist für angemessen erachtete. Im übrigen aber wurde mein Eifer, durch welchen ich es in der Sekte zu etwas zu bringen mir vorgenommen hatte, durch die Bekanntschaft mit jenem Manne völlig untergraben; aber da ich noch nichts Besseres fand als das, worin ich mich jetzt gestürzt hatte, so trennte ich mich nicht gänzlich von ihnen, sondern gab mich vorläufig zufrieden, bis sich vielleicht etwas Besseres zur Auswahl darbieten würde. Und so begann Faustus, der so vielen eine Schlinge des Todes ward, die zu lösen, in der ich gefangen lag, ohne sein Wollen und Wissen freilich; denn deine Hände, o Gott, hatten nach der Tiefe deiner Vorsehung meine Seele nicht verlassen; meiner Mutter blutendes Herz brachte dir Tag und Nacht für mich Tränenopfer, und du hast mich auf wunderbare Weise geleitet. Du tatest jenes, mein Gott. Denn von dir werden der Menschen Schritte geleitet, auf daß er Lust habe an deinen Wegen. Oder wo ist Heil als nur durch deine Hand, die erquickt, was du schufst?

Achtes Kapitel

Wunderbar hast du mich geleitet daß mir geraten wurde, nach Rom zu reisen, um dort besser lehren zu können, was ich zu Karthago lehrte. Auch wie mir dies geraten wurde, will ich nicht unterlassen, dir zu bekennen, weil hierin deine tiefsten Verborgenheiten und zugleich deine gegenwärtigste Barmherzigkeit gegen uns zu bedenken und zu prüfen ist. Nicht des größeren

Erwerbes und des größeren Ansehens halber, die mir die beratenden Freunde zusicherten, wollte ich nach Rom reisen, obgleich auch das mich damals anzog, sondern die Hauptsache, ja beinahe der einzige Beweggrund war, weil ich vernahm, die jungen Studierenden lebten dort ruhiger und würden durch geordnete Zucht in Schranken gehalten, so daß sie nicht bald bei dem, bald bei jenem Lehrer sich eindrängen, wiewohl sie nicht bei ihm hörten; überhaupt würden sie gar nicht zugelassen, wenn jener nicht die Erlaubnis dazu erteilte. In Karthago dagegen ist die Unverschämtheit der Studierenden maßlos. Sie strömen unverschämt herein und wie rasend stören sie die Ordnung, welche jeder seinen Schülern festgestellt hat, um sie in ihren Studien zu fördern. Mit unbegreiflicher Roheit verüben sie ihre Bubenstreiche, die der Strafe des Gesetzes unterliegen sollten, wenn nicht die Gewohnheit sie beschützte, die sie um so heilloser darstellt, da sie das, als ob es erlaubt wäre, ausüben, was doch nach deinem ewigen Gesetz nie erlaubt sein wird, und es ungestraft zu begehen glauben, während sie doch schon durch diese sündige Verblendung gestraft werden und ungleich mehr Böses erleiden, als sie tun. Die Sitten, welche ich als Studierender mir nicht aneignen wollte, die sollte ich nun gezwungenerweise als Lehrer an anderen ertragen, und darum wollte ich dahin gehen, wo solches nach dem Zeugnis aller nicht geschah. Du aber, meine Hoffnung und mein Teil im Lande der Lebendigen, bewogst mich für das Heil meiner Seele, meinen Wohnort zu ändern, und zu Karthago ließest du mich stacheln, um mich von da loszureißen, und in Rom mir Lockspeisen vorhalten.

Durch Menschen, welche ein totes Leben liebten, dort durch solche, die heillos handelten, andererseits von solchen, die Eitles verhießen, und um meinen Wandel zu bessern, bedientest du dich geheimnisvoll sowohl der Verkehrtheit anderer als auch der meinen, denn die mich um meine Ruhe brachten, waren blind in schändlicher Verwilderung und die mich anders wohin

luden, waren irdisch gesinnt. Ich aber, der ich hier das wahre
Elend verabscheute, suchte dort falsche Glückseligkeit.

Warum aber ich von Karthago nach Rom ging, du wußtest es, o
Gott, machtest es aber weder mir noch der Mutter kund, die bei
meiner Abreise bitterlich weinte und mir bis zum Meere folgte.
Ich täuschte sie, da sie mich mit Gewalt festhielt, entweder um
mich zurückzuhalten oder selbst mit mir zu gehen, und gab vor,
bei einem Freunde zu bleiben und nicht ohne sie abzufahren, bis
ein günstiger Wind die Abfahrt ermögliche. So betrog ich meine
Mutter, und welch eine Mutter! und entrann, während du mir
auch dies in deiner Barmherzigkeit vergabst und mich bewahr-
test vor den Wassern des Meeres, da ich voll verdammlichen
Schmutzes war bis zu dem Gnadenwasser der Taufe, durch das
ich gereinigt wurde, damit der Tränenstrom des Mutterauges
versiegte, mit welchem dir ihr Angesicht täglich die Erde netzte.
Und da sie sich weigerte, ohne mich zurückzukehren, über-
redete ich sie mit Mühe, daß sie in dem unserm Schiff zunächst
gelegenen Bauwerk, der Begräbniskapelle des hl. Cyprian, die
Nacht verbrächte. In derselben Nacht aber fuhr ich heimlich ab,
jene aber blieb zurück in Gebet und Tränen. Und was bat sie von
dir, mein Gott, mit so viel Tränen, daß du mich nicht abreisen
lassen möchtest. Du aber nach deinem hohen Ratschluß
erhörtest wohl das Hauptziel ihrer Sehnsucht, aber du erhörtest
nicht, was sie damals bat, damit du an ihr es erfülltest, was ihr
stetes Gebet war. Es wehte der Wind, unsere Segel füllten sich
und entzogen unseren Augen das Ufer, an dem am Morgen
meine Mutter in bitterem Schmerze jammerte und mit Klagen
und Seufzen dein Ohr erfüllte, als hättest du ihr Flehen
verachtet, da du mich durch meine Gelüste fortrissest, um
diesen Gelüsten selbst ein Ende zu machen und meiner Mutter
fleischliches Verlangen mit der Geißel gerechten Schmerzes
schlugest. In mütterlicher Weise liebte sie, mich immer um sich
zu haben, doch viel inniger als andere, und sie wußte nicht,
welche Freude du ihr aus meiner Abwesenheit schaffen
würdest. Sie wußte es nicht und deshalb weinte und klagte sie,

und in jenen Qualen verriet sich in ihr das Erbteil der Eva, wenn sie mit Seufzen suchte, was sie mit Schmerzen geboren. Doch, nachdem sie meinen Trug und meine Grausamkeit verklagt hatte, da wendete sie sich wiederum zur Fürbitte für mich, sie ging ihrer gewohnten Lebensweise nach und ich – nach Rom.

Neuntes Kapitel

Und siehe, dort ward ich von der Geißel leiblicher Krankheit betroffen und wankte dem Tode zu, mit mir tragend alles Böse, das ich gegen dich und mich und andere, viel und schwer, verübt hatte, dazu gebunden von der Fessel der Erbsünde, durch die wir alle in Adam sterben. Denn du hattest mir noch nichts von alledem in Christo vergeben noch hatte jener von seinem Kreuz die Feindschaften weggenommen, welche ich mir durch meine Sünden gegen dich zugezogen hatte. Denn wie hätte er sie am Kreuz als jenes Scheinbild, für das ich ihn gehalten, zu lösen vermocht? So falsch mir daher der Tod seines Fleisches erschien, so nahe war der Tod meiner Seele, und so wahr der Tod seines Leibes war, so falsch war das Leben meiner Seele, welche nicht daran glaubte. Mit zunehmendem schwerem Fieber ging ich schon meinem Untergang entgegen. Denn wohin wäre ich gegangen, wenn ich damals aus diesem Leben ging, als in Feuer und Qualm, meiner Taten würdig, nach der Wahrheit deiner Ordnung. Die Mutter wußte nichts davon und doch betete sie für mich, da ich fern war. Du aber, Allgegenwärtiger, erhörtest sie, wo sie auch war und wo ich war, da erbarmtest du dich meiner, daß ich meine Gesundheit wiedererlangte, wenn auch noch krank durch das gottlose Herz. Nicht sehnte ich mich auch in solch großer Gefahr nach deiner Taufe! Besser war ich, da ich noch ein Knabe war, da ich sie, 'von der Frömmigkeit der Mutter angeregt, verlangte, wie ich es ja schon gesagt habe in meinen Bekenntnissen. ich aber war in meiner Schande gewachsen; wahnsinnig verlachte ich den Rat deines Heils, der du mich nicht zweimal, zeitlich und ewiglich, sterben ließest als ein solcher. Wenn mit dieser Wunde das Herz meiner Mutter geschlagen worden wäre, sie wäre nimmer genesen; denn nicht genug kann ich es ja aussprechen, mit welcher Zärtlichkeit sie mich liebte und mit wieviel größerer Bedrängnis sie mich im Geiste gebar, als sie mich im Fleische geboren hatte.

Um deswillen ist es mir nicht denkbar, wie sie hätte genesen sollen, wenn solch ein doppelter Tod ihr liebendes Herz durchbohrt hätte. Wo wären so innige ununterbrochene Gebete geblieben, wo wären sie anders als bei dir? Oder solltest du, Gott des Erbarmens, dies geängstete und zerschlagene Herz einer züchtigen und verständigen Witwe verachtet haben, die fleißig Almosen gab, deinen Heiligen gehorsam war und ihnen diente, keinen Tag ohne Opfer auf deinem Altar vorübergehen ließ, die zweimal am Tage, morgens und abends, zu deiner Kirche ohne Unterlaß kam, nicht leerer Fabeln und Altweibergeschwätzes wegen, sondern daß sie dich hörte in deiner Rede und du sie in ihren Gebeten erhörtest? Solltest du die Tränen, mit denen sie dich nicht um Gold oder Silber bat noch sonst um ein wandelbares und unbeständiges Gut, sondern um das Seelenheil ihres Sohnes, du, durch dessen Wirken sie also war, solltest du sie zurückweisen und ihr deine Hilfe verweigern? Nicht doch! Du warst ihr nahe, und du erhörtest sie nach der Heilsordnung, die du vorher bestimmt hattest. Fern sei es, zu behaupten, du hättest sie in jenen Gesichten und Offenbarungen getäuscht, die ich schon erwähnte, und die ich noch nicht erwähnte, die sie in treuem Herzen bewahrte und Gebete, die sie wie eine Handschrift dir immer wieder vorhielt. Denn du würdigst, solange dein Erbarmen in der Zeit währt, die, welchen du ihre Schulden erläßt, auch durch deine Verheißungen ihr Schuldner zu bleiben.

Zehntes Kapitel

So hast du mich denn von jener Krankheit hergestellt und hast gesund gemacht den Sohn deiner Magd, damals fürs erste leiblich, damit er am Leben bliebe und du ihm ein besseres und sichereres Heil verliehest. Auch in Rom knüpfte ich Verbindung an mit jenen betrogenen und betrügenden Heiligen, nicht nur mit den sogenannten »Zuhörern«, zu denen auch der gehörte, in dessen Hause ich krank lag und gesundete, sondern auch mit denen, die man die »Auserwählten« nennt. Denn mir schien es noch, als ob wir es nicht wären, die da sündigten, sondern in uns sündige eine andere Natur; und es erfreute meinen Stolz, schuldlos zu sein und, wenn ich irgend etwas Böses getan hatte, mich nicht zur Tat bekennen zu müssen, damit du meine Seele heilest, denn sie hat an dir gesündigt; sondern ich pflegte sie zu entschuldigen und etwas anderes anzuklagen, was mit mir war, ohne daß ich es war. Aber mein Ich war das Ganze, meine Gottlosigkeit hatte mich aber feindlich entzweit. Und eben darin beruhte meine Sünde, die um so unheilbarer war, je weniger ich mich für den Sünder hielt, und es war eine fluchwürdige Ungerechtigkeit, daß ich lieber wollte, daß du, allmächtiger Gott, in mir zu meinem Verderben überwunden würdest, als daß ich von dir zu meinem Heile überwunden würde, Denn noch hattest du meinem Mund keine Wache gesetzt und eine Türe der Schweigsamkeit meinen Lippen, daß mein Herz nicht abwäge und boshafte Worte vorbrächte, um die Entschul-digungen bei Verständigungen zu entschuldigen mit Menschen, die gottlos handeln; deshalb war ich noch mit ihren Auserwählten vereint.

Schon aber verzweifelte ich, durch jene falsche Lehre Nutzen zu erlangen, und selbst das, womit ich beschlossen hatte, zufrieden zu sein, wenn sich nichts Besseres fände, hatte alle Anziehungskraft für mich verloren. Auch hatte ich schon den Gedanken gehabt, daß jene Welt weiser, die sogenannten Akademiker immer noch klüger gewesen seien als die übrigen, weil sie lehrten, man müsse an allem zweifeln, und sich dafür entschieden hatten, daß der Mensch die Wahrheit zu erkennen überhaupt nicht imstande sei. Denn das schien mir klar ihre Meinung gewesen zu sein nach der allgemeinen Ansicht, denn noch erkannte ich nicht ihre Intentionen. Ohne Hehl suchte ich meinen Gastfreund von zu großem Vertrauen abzubringen, das er, wie ich bemerkte, zu den Fabeln hatte, von denen die Schriften der Manichäer strotzen. Indessen blieb ich mit ihnen noch in freundschaftlicherem Verkehr als mit denen, die nicht jener Sekte angehörten. Doch auch sie verteidigte ich nicht mehr mit demselben Feuer; der freundschaftliche Verkehr mit ihnen, von denen Rom ziemlich viel birgt, machte mich lässiger, etwas anderes zu suchen, zumal da ich an deiner Kirche verzweifelte, o Herr des Himmels und der Erden, du Schöpfer des sichtbaren und unsichtbaren Alls, Wahrheit finden zu können, von der mich jene abgewendet hatten. Für häßlich hielt ich den Glauben, du habest die Gestalt des menschlichen Fleisches und werdest begrenzt von den körperlichen Umrissen unserer Glieder. Aber weil ich, wenn ich über meinen Gott denken wollte, nichts zu denken wußte als körperliche Massen, so war dies die größte und fast einzige Ursache unvermeidlichen Irrtums.

Deshalb glaubte ich auch, es gäbe auch eine ähnliche Substanz des Bösen, die eine häßliche und ungestalte Masse habe, entweder eine plumpe, welche sie Erde nennen, oder eine dünne, feine, wie der Luftkörper ist, und von welcher sie sich einbildeten, daß er als böser Geist durch die Erde krieche. Und weil meine Frömmigkeit, so gering sie auch war, mich zu glauben zwang, der gute Gott habe keine böse Natur geschaffen, so bestimmte ich zwei sich feindliche Massen, beide unendlich, aber die böse im engem Sinne, die gute im weitern. Aus dieser verderblichen Grundlage ergaben sich die übrigen Gottlosigkeiten. Denn da mein Geist sich in den Glauben der Kirche zurückzuversetzen versuchte, fühlte ich mich abgestoßen, weil der kirchliche Glaube nicht so beschaffen war, wie ich meinte. Es erschien mir frömmer, wenn ich dich, mein Gott, dessen Erbarmen gegen mich ich bekenne, mir überall unendlich dächte, obgleich ich mich gezwungen sah, auf der einen Seite, wo sich dir die Masse des Bösen entgegensetzt, dich mir begrenzt vorzustellen, als wenn ich glaubte, du seiest auf allen Seiten, nach Art der menschlichen Gestalt, begrenzt. Besser schien es mir, zu glauben, du habest nicht das Böse erschaffen, das mir in meiner Unwissenheit nicht bloß eine Substanz, sondern auch körperlich zu sein schien, da ich mir den Geist nur als einen feinen Körper denken konnte, der sich durch den Raum ausgieße, als zu glauben, die Natur des Bösen wäre durch dich so gestaltet worden, wie ich sie mir vorstellte. Selbst von unserm Erlöser, deinem Eingebornen, glaubte ich, daß er aus dein Stoff deiner lichthellsten Masse zu unserm Heile herausgestaltet worden, so daß ich von ihm nichts glaubte, als was ich mir nach meiner eitlen Ansicht vorstellen konnte. Ich meinte, eine solche Lichtnatur könne nicht von Maria geboren sein, ohne mit dem Fleischlichen vermischt und dadurch befleckt zu werden. Diese Vermischung aber wäre ohne Befleckung nicht möglich, weil ich alles Fleisch für böse hielt. Ich fürchtete mich also davor, an einen im Fleisch Gebornen zu glauben, um nicht an einen im Fleisch Befleckten glauben zu müssen. Hier werden mich deines Geistes Kinder milde belächeln in feindlicher Weise, wenn sie lese meine Bekenntnisse lesen, aber so war ich.

Elftes Kapitel

Was die Manichäer ferner in deinen Schriften getadelt hatten, das, glaubte ich, könne nicht verteidigt werden; doch wünschte ich zuweilen mit irgendeinem in jenen Büchern bewanderten Manne über einzelnes zu sprechen und seine Meinung darüber zu erfahren. Schon in Karthago hatten mich die Reden eines gewissen Helpidius angeregt, die er gegen die Manichäer hielt, da er solche Stellen aus der Schrift anführte, denen man nicht leicht widersprechen konnte, und die Antwort jener schien mir auf schwachen Füßen zu stehen. Doch brachten sie diese nicht öffentlich vor, sondern nur im geheimen, indem sie sagten, die Schriften des Neuen Testamentes seien gefälscht worden von Leuten, welche das jüdische Gesetz dem christlichen Glauben hatten einpflanzen wollen; doch konnten sie keine unverfälschten Exemplare aufweisen. Mich aber, der ich nun gefangen und erstickt war, bedrückten bei meinen körperlichen Vorstellungen jene Massen, unter welchen ich keuchend die klare reine Luft deiner Wahrheit nicht atmen konnte.

Zwölftes Kapitel

Mit Eifer begann ich nun auszuführen, weshalb ich nach Rom gekommen war; als Lehrer der Beredsamkeit versammelte ich zunächst einige Schüler um mich, mit welchen und durch welche ich bekannt wurde. Hier in Rom mußte ich aber anderes Unrecht erdulden, was mir in Afrika erspart geblieben war. Zwar bestätigte sich es allerdings, daß jene Zügellosigkeiten junger Wüstlinge Karthagos hier nicht vorkamen; aber »plötzlich«, so hieß es, geschieht es, daß sich viele junge Leute verabreden, dem Lehrer kein Honorar geben, und zu einem andern laufen; Wortbrüchige, denen aus Geldgier die Gerechtigkeit feil ist. Mein Herz verabscheute, obwohl nicht um Gottes willen. Denn weil ich von ihnen dergleichen erleiden sollte, haßte ich sie vielmehr, als weil sie taten, was niemandem erlaubt ist. Gewißlich sind solche schändlich, sind untreu gegen dich, durch die Liebe zu flüchtigem Zeitvertreib und schmutzigem Gewinn, der die Hand, die ihn angreift, besudelt; während sie die flüchtige Welt umfassen, verachten sie dich, den Unvergänglichen, der du sie zurückrufst und der menschlichen Seele, die zurückkehrt zu dir von sündiger Buhl-schaft, verzeihest. Auch jetzt noch hasse ich solche als schlechte und verkehrte Menschen, obwohl ich sie auch wiederum liebe als solche, die zu bessern seien, damit sie fortan die Lehre selbst, die sie lernen, dem Gelde, ihr aber dich, o Gott, der ,tu die Wahrheit bist und die Fülle des wahren Guten und reinsten Friedens vorziehen. Damals aber wollte ich diese Schlechten vielmehr um meinetwillen nicht dulden, den sie beleidigten, als daß ich gewünscht hätte, daß sie gut würden um deinetwillen.

Dreizehntes Kapitel

Als daher von Mailand nach Rom an den Präfekten der Stadt um einen Lehrer der Beredsamkeit geschrieben und damit die kostenfreie Reise verbunden wurde, bewarb ich mich, durch die von manichäischen Irrtümern Trunkenen – ich ging hinweg, um sie loszuwerden, aber beiderseits wußte man es nicht – empfohlen, sobald ich auch durch eine Proberede ausgewiesen hatte, daß Symmachus mich nach Mailand schicken möchte. So kam ich nach Mailand zum Bischof Ambrosius, einem der besten Männer, die auf dieser Erde wandelten, einem frommen Verehrer von dir, dessen Predigten deinem Volke kräftig darreichten deinen besten Weizen und Freudenöl und des Weines nüchterne Trunkenheit. Zu ihm aber ward ich durch dich geführt ohne mein Wissen, damit ich durch ihn zu dir gerührt würde mit meinem Wissen. Väterlich nahm mich der Gottesmann auf und an meiner Übersiedelung hatte er ein bischöfliches Wohlgefallen. Und ich lernte ihn lieben, anfänglich zwar nicht als einen Lehrer der Wahrheit, die in deiner Kirche zu finden ich ganz aufgegeben hatte, sondern nur als einen mir wohlwollenden Mann. ich hörte fleißig seine Vorträge, zwar nicht in der Absicht, die mir geziemt hätte, sondern gewissermaßen nur, um seine Beredsamkeit zu prüfen, ob sie seinem Ruhme entspräche, ob sie herrlicher oder dürftiger ströme, als man sie pries. Von seinen Worten wurde meine Aufmerksamkeit gefesselt; ich bekümmerte mich aber nicht um den Inhalt, den ich verachtete; ich freute mich über die Anmut seiner Rede, die, obwohl gehaltreicher, aber weniger erheiternd und einschmeichelnd als die des Faustus war, was die Worte an sich betraf. In Hinsicht des Gegenstandes selbst konnte natürlich kein Vergleich stattfinden, jener war ja von den manichäischen Fallstricken irregeführt, dieser aber lehrte heilsam das Heil. Aber das Heil ist fern von den Gottlosen, wie ich damals einer war, und dennoch näherte ich mich ihm allmählich und unvermerkt.

Vierzehntes Kapitel

Denn obwohl es mir nicht darum zu tun war zu lernen, was er sprach, sondern nur zu hören, wie er sprach – denn nur diese eitle Sorge war nur geblieben, mir, der ich daran verzweifelte, daß den Menschen überhaupt ein Weg zu dir offenstehe –, kam doch in meine Seele zugleich mit den Worten, die ich gern hörte, noch der Inhalt, den ich geringschätzte, denn ich konnte beides nicht voneinander trennen. Während ich nun mein Herz auftat, um zu erfassen, was er also beredt sprach, ging zugleich auch das mit ein, was er so wahr gesprochen, aber freilich auch nur allmählich. Zuerst kam es mir so vor, als ob auch diese Lehren zu verteidigen wären, denn es sei nicht unverschämt, die Wahrheit des kirchlichen Glaubens zu behaupten, die mir bis dahin gegen die Angriffe der Manichäer unhaltbar erschienen war, besonders nachdem ich die eine und die andere dunkle Stelle im Alten Testamente öfters hatte erklären hören, während ich, der am Buchstaben festhielt, den Geist verlor. Daher tadelte ich, nachdem so manche dieser Schriftstellen meinem Verständnis näher gebracht waren, meine Verzweiflung, die mich glauben ließ, Gesetz und Propheten vermöchten sich nicht gegen ihre Feinde und Spötter zu halten. Keineswegs aber glaubte ich deshalb schon den Weg der Kirche betreten zu müssen, weil er seine gelehrten Verteidiger haben konnte, die beredt und vernünftig die Einwürfe zurückwiesen, und nicht deshalb schon könne die Richtung, die ich eingeschlagen, verdammt werden, weil die Verteidigung in ihren Gründen einander gleichstand. Der kirchliche Glaube erschien mir nicht mehr als besiegt, aber doch auch noch nicht als Sieger. Nun aber strengte ich meinen Geist an, ob es mir nicht gelänge, die Manichäer durch gewisse Beweise des Irrtums zu überführen. Hätte ich mir eine geistige Substanz denken können, so wären mit einem Male alle jene Trugwerke zerstört und aus meinem Geist entfernt worden. Aber ich vermochte es nicht. Ich fand aber, daß von der Körperwelt und der ganzen Natur, soweit sie der Sinn des Geistes erfaßt, die meisten Philosophen weit richtigere Ansichten hatten, je mehr ich mich mit ihnen beschäftigte und sie verglich. Als ich daher nach Art der Akademiker an allem zweifelte und zwischen allem schwankte, da beschloß ich, die Manichäer zu verlassen, weil ich glaubte, ich dürfte in dieser Zeit meines Zweifelns nicht mehr jener Sekte angehören, der ich schon mehrere Philosophen vorzog. Diesen Philosophen aber wollte ich die Heilung meiner kranken Seele auch nicht anvertrauen, weil sie nicht auf den heilsamen Namen Christi fußten. Ich faßte demnach den Entschluß, so lange in der mir von den Eltern empfohlenen Kirche als Katechumen zu bleiben, bis mir ein hellerer Stern meine Schritte auf sicheren Pfad lenke.

Sechstes Buch

Erstes Kapitel

Du meine Hoffnung von Jugend auf, wohin watest du mir und wohin hattest du dich zurückgezogene Hattest du mich denn nicht geschaffen und mich unterschieden von den Tieren des Feldes und den Vögeln des Himmels? Du hattest mich weiser gemacht, aber ich wanderte in Finsternis und auf schlüpfrigem Pfade, ich suchte dich außer mir und fand nicht den Gott meines Herzens, ich versank in der Tiefe des Meeres und zweifelte und verzweifelte, die Wahrheit zu finden. Schon war meine Mutter, eine Heldin im Glauben, zu mir gekommen, über Land und Meer mir folgend, in allen Gefahren furchtlos im Vertrauen auf dich. Denn auch in den Fährlichkeiten der See tröstete sie der Schiffer, von welchem sonst die Neulinge in Seereisen in ihrer Angst pflegen getröstet zu werden, und verhieß ihnen glückliche Ankunft, die du ihr in meinem Gesichte verheißen. Sie fand mich in tiefer Bedrängnis und schwerer Verzweiflung, daß ich die Wahrheit nicht erlangen konnte. Als ich ihr gesagt, daß ich zwar kein Manichäer mehr sei, doch auch kein rechtgläubiger Christ, da frohlockte sie nicht, als ob sie etwas Unerwartetes vernommen hätte. Aber Frieden gewann sie und Beruhigung durch diese Veränderung in meinem Elend, in welchem sie mich wie einen von dir zu erweckenden Toten beweint hatte und mich hinausgetragen hatte auf der Bahre ihrer Gedanken, daß du sprechest zu der Witwe Sohne: Jüngling, ich sage dir, stehe auf, und daß er wieder lebendig würde und zu reden anfinge Lind du ihn seiner Mutter wiedergäbest. Von keiner ungestümen Freude ward dir Herz also erschüttert, als sie hörte, daß von so vielem, um das sie tagtäglich zu dir seufzte, wenigstens so viel geschehen sei, daß ich die Wahrheit zwar noch nicht gewonnen, jedoch der Falschheit entronnen sei. Weil sie aber des festen Glaubens lebte, daß du auch das noch Erübrigende geben würdest, der du ihr das Ganze verheißen, antwortete sie mir mit Sanftmut und vertrauendem Herzen, sie glaube in Christo, ehe sie aus diesem Leben scheide, mich noch als rechtgläubigen Christen zu sehen. So sprach sie zu mir; dich aber, du Quell der Erbarmung, ging sie fort und fort an mit Bitten und Tränen, auf daß du beschleunigen mögest das Werk deiner Hilfe und erleuchten meine Finsternis. Um so eifriger ging sie zur Kirche und hing an des Ambrosius Munde wie am Quell des Wassers, das in das ewige Leben quillt. Sie liebte jenen Mann wie einen Engel Gottes, weil sie wußte, daß durch ihn jenes innere Schwanken herbeigeführt sei, aus welchem sie den Übergang von Krankheit zur Genesung bei herzutretender dringlicherer Gefahr, wie bei jenem Zustande, den die Ärzte Krisis nennen, erwartete.

Zweites Kapitel

Als sie, wie es in Afrika üblich war, zu den Begräbniskapellen der Heiligen Brot und Wein brachte und vom Türhüter abgewiesen wurde, so fügte sie sich, sobald sie erfuhr, daß der

Bischof solches verboten hätte, mit solch demütig frommem Gehorsam, daß ich selbst mich verwunderte, wie leicht sie eher eine Anklägerin ihrer Gewohnheit als eine Richterin jenes Verbots ward; denn nicht Trunkliebe beherrschte ihren Geist und die Liebe zum Weine reizte sie nicht zum Haß gegen die Wahrheit wie so viele Männer und Frauen, welche zu der Predigt, die sie zur Nüchternheit ermahnt und zu dem gewässerten Tranke mit Ekel kommen. Wenn meine Mutter dagegen einen Korb mit den Weihegaben zum Vorkosten und zum Verteilen herbeibrachte, dann nahm sie nie mehr als ein einziges Becherchen, für ihren nüchternen Gaumen gemischt, den sie mit den Ihrigen als Zeichen der Gemeinschaft genoß. Und wenn es auch viele solche Begräbniskapellen gibt, deren Heilige man auf solche Weise ehren wollte, so trug sie doch in allen nur jenen kleinen Becher mit sich umher, dessen Inhalt nicht nur stark gewässertes, sondern auch ganz laues Getränk war, das sie mit den Anwesenden in ganz kleinen Teilen genoß, weil sie Frömmigkeit, nicht Vergnügen daselbst suchte. Als sie nun erfuhr, daß dies von dem vortrefflichen Prediger und Bischof selbst denen verboten sei, die es nüchtern vollzögen, damit den Trunksüchtigen keine Gelegenheit zur Ausschweifung geboten würde und weil ohnehin dies, wie die Totenopfer, dem heidnischen Aberglauben sehr nahe käme, enthielt sie sich ihrer bereitwilligst und lernte für den mit irdischen Früchten angefüllten Korb ein von reinen Gelübden volles Herz dem Gedächtnis der Märtyrer darbringen, damit sie, soviel sie vermöchte, den Armen gäbe. So ward von ihr die Gemeinschaft des Leibes Christi gefeiert, durch dessen Leidensnachfolge die Märtyrer den Tod erduldet und die Krone empfangen haben. Doch scheint es mir, mein Herr und mein Gott, nur dies ist vor deinem Angesichte meines Herzens Meinung daß meine Mutter nicht so leicht von dieser Gewohnheit abgelassen haben würde, wenn ihr ein anderer als Ambrosius es untersagt hätte, den sie nicht wie den Ambrosius liebte, zu welchem sie um meines Seelenheiles willen eine große Zuneigung hegte.

Aber auch er liebte sie wegen ihres gottseligen Wandels, in welchem sie in guten Werken, voll Inbrunst des Geistes, unablässig die Kirche besuchte, so daß er, wenn er meiner ansichtig wurde, oft in ihr Lob ausbrach und mir Glück zu einer solchen Mutter wünschte, ohne daß er wußte, was für einen Sohn sie habe, der ich an allem zweifelte und nimmermehr glaubte, daß ich den Weg zum Leben zu finden vermöchte.

Drittes Kapitel

Ich seufzte nicht mehr betend nach deiner Hilfe, sondern mein Geist strengte sich an zu forschen und sehnte sich unruhig nach Besprechung mit anderen. Den Ambrosius hielt ich nach weltlichem Maßstabe für einen glücklichen Mann, da ihm selbst Leute von der höchsten Machtbefugnis ihre Ehrenbezeigungen erwiesen, nur seine Ehelosigkeit schien mir schwer durchführbar. Was für Hoffnungen er in sich trug, wie er gegen die Versuchungen seiner eigenen Vortrefflichkeit kämpfte, welchen Trost er hatte in den Widerwärtigkeiten und weich köstliche Freude seines Herzens verborgener Mund von deinem Brote kostete, das konnte ich nicht ahnen, denn ich hatte es selbst nicht erfahren. Auch wußte er nichts von meinen Unruhen noch von dem Abgrunde meiner Gefahr, weil ich ihn nicht nach Wunsch fragen konnte, da die Scharen geschäftiger Leute, deren Schwachheit er aufhalf, von seinem Ohr und Munde mich trennten. Die wenige Zeit, die er nicht mit ihnen zusammen war, erfrischte er den Körper mit der nötigen Nahrung oder labte am Lesen den Geist. Und wenn er las, schweiften die Augen über die Seiten und das Herz erforschte den Sinn, er selbst aber schwieg. oft, wenn wir gegenwärtig waren, denn jeder hatte Zutritt, auch pflegte der Kommende nicht angemeldet zu werden, sahen wir ihn schweigend lesen, und nie anders; lange Zeit saßen wir schweigend da – denn wer hätte es gewagt, eine solche Vertiefung zu stören? –, dann gingen wir in der Vermutung, daß er die kurze Spanne Zeit, die ihm zu seiner geistigen Erholung zu Gebote stand, feiernd von dem Lärmen der Unruhe fremder Angelegenheiten ungestört verbringen wolle. Auch vermied er vielleicht die Lautlosen deshalb, damit er nicht genötigt wäre, den in höchster Aufmerksamkeit in Spannung befindlichen Zuhörern ein minder klar –geschriebenes Buch auszulegen oder sich auf schwierige Fragen einzulassen und durch diese Verwendung seiner Zeit mehr, als er wollte, von seinen Büchern abgezogen zu werden, obgleich wohl noch außerdem der Umstand hinzukam, daß er seine Stimme schonen mußte, die sehr leicht heißer wurde, und er schon deshalb mit vollem Rechte still für sich las. In welcher Absicht aber er es auch tat, er tat wohl daran. Soviel aber stand fest, daß ich niemals Gelegenheit fand, von seinem Herzen, deinem heiligen Orakel, zu erfahren, was ich wünschte; ein kurzes Gehör erlangte ich zuweilen. Meine innere Aufregung aber verlangte nach einer ruhigen Aussprache mit ihm, nie aber fand sich Zeit dazu. An jedem Sonntage aber hörte ich ihn das Wort der Wahrheit lauter auslegen, und ich überzeugte mich mehr und mehr, daß alle jene Knoten schlauer Verleumdungen, die jene unsere Betrüger gegen die heiligen Schriften knüpften, gelöst werden konnten. Als ich nun vollends erfuhr, daß die Lehre, wie der Mensch von dir nach deinem Bilde geschaffen sei, von den geistlichen Söhnen, die du aus Gnade durch der Mutter Kirche wiedergeboren werden ließest, nicht so verstanden werden dürfe, als ob du nach ihrer Vorstellung in ihren Gedanken von menschlicher Gestalt begrenzt seiest, obgleich ich kaum dunkel ahnte, wie das Wesen des Geistes beschaffen sei, da errötete ich vor Freude, daß ich nicht den echten Kirchenglauben, sondern Hirngespinste fleischlicher Gedanken angebetet hatte. Verwegen und gottlos aber war ich darin, daß ich das, was ich hätte durch Forschen erst zu beurteilen lernen sollen, angeklagt hatte. Du aber, Erhabenster und Nächster, Verborgenster und Gegenwärtigster, der du keine Glieder, weder größere noch kleinere, hast, sondern der du überall ganz und unbegrenzt bist, du bist freilich nicht jene Körperform, die ich mir einbildete; dennoch schufst du den Menschen nach deinem Bilde, und siehe, er ist vom Raume begrenzt vom Kopf bis zu den Füßen.

Viertes Kapitel

Da ich also nicht wußte, wie dieses dein Ebenbild beschaffen ist, so hätte ich anklopfen und die Frage vorlegen sollen, was zu glauben sei, und nicht höhnend widerlegen sollen, als glaube die Kirche so. Um so mehr nagte die Sorge an meinem Herz, was ich als sicher annehmen solle, je mehr ich mich schämte, so lange durch die Verheißung der Gewißheit getäuscht und betrogen und in knabenhafter Unbesonnenheit und Irrtum so viel Ungewisses als gewiß in die Welt ausgeschwatzt zu haben. Denn daß es falsch war, ward mir erst später klar. Sicher war jedoch, daß das, was von mir einst für sicher gehalten wurde, unsicher war, als ich deine Kirche mit blinden Beschuldigungen anklagte, von welcher ich zwar noch nicht mit Gewißheit wußte, daß sie Wahres lehre, jedoch daß sie nicht das lehre, was ich mit schwerer Anklage belegt hatte. So zerfiel ich mit mir, und ich freute mich, mein Gott, daß deine einige Kirche, deines Einigen Leib, in der mir als Kind Christi Name beigelegt wurde, keinen Geschmack habe an kindischen Albernheiten, daß sie in ihrer Dogmatik dich, den Schöpfer des Alls, nicht in einen Raum, wenn auch in den erhabensten, so doch überall begrenzten – in den Menschenleib einschloß.

Auch freute ich mich, daß mir nicht mehr zugemutet wurde, die Schriften des Alten Testaments, das Gesetz und die Propheten mit dem Auge zu lesen, mit welchem sie mir früher unsinnig erschienen, als ich deine Heiligen beschuldigte, so zu denken, in Wahrheit aber dachten sie nicht so. Mit Freude hörte ich den Ambrosius in seinen Volkspredigten sagen, eine Regel, die er aufs dringendste empfahl: »Der Buchstabe tötet, der Geist aber macht lebendig.« Er enthüllte, was nach dem Buchstaben Verkehrtes zu besagen schien, indem er den mystischen Schleier hinwegnahm, erklärte es nach dem Geiste und äußerte dabei nichts, was bei mir Anstoß erregte, wenn ich auch die Wahrheit des von ihm Vorgetragenen noch nicht verstand. Denn ich suchte mein Herz vor jedem Beifall zu wahren, aus Furcht, in die Tiefe zu fallen, und durch die Ungewißheit ward ich noch mehr gequält, denn ich wollte mich von der Wahrheit der unsichtbaren Dinge so gewiß überzeugen, als ich überzeugt war, daß sieben und drei zehn seien. So unsinnig war ich aber doch nicht, daß ich geglaubt hätte, selbst das lasse sich nicht begreifen; gleich diesem aber wünschte ich auch das andere zu verstehen, sei es nun etwas Körperliches und meinen Augen Abwesendes, sei es etwas Geistiges, an das ich nur denken konnte, wie ich an körperliche Dinge dachte. Durch den Glauben konnte ich geheilt werden, durch den mein geläuterter Geist zu deiner immer bleibenden, in keiner Hinsicht irrenden Wahrheit gelenkt worden wäre. Aber wie der, welcher einem schlechten Arzt in die Hände gefallen ist, auch einem guten sich anzuvertrauen fürchtet, so war es auch mit der Krankheit meiner Seele der Fall, die nur durch den Glauben geheilt werden konnte, und aus Furcht, solches zu glauben, verschmähte sie die Heilung und leistete deinen Händen Widerstand, der du die Heilmittel des Glaubens bereitetest, der du sie über die Krankheiten des Erdkreises verbreitet hast und ihnen so große Kraft verliehen.

Fünftes Kapitel

Seitdem ich die Lehre der Kirche der manichäischen vorzog, sah ich, daß in der Kirche sehr bescheiden und ohne allen Hinterhalt befohlen werde zu glauben, was nicht bewiesen wurde, entweder in dem Falle, daß es wirklich wäre, aber für jemand keine Wirklichkeit hätte, oder in dem Falle, daß etwas nicht als wirklich und wahr gelten solle, während dort (bei den Manichäern) solch ein Glaube in den vermessenen Verheiß-ungen des Wissens verlacht ward und danach doch der blinde

Glaube an so viel Fabelhaftes und Abgeschmacktes, was sich nicht beweisen ließ, befohlen wurde. Dennoch aber hast du, o Herr, mit der erbarmenden Milde deiner Hand mein Herz berührt und geheilt und hast mich erwägen lassen, wie unzählig vieles ich glaubte, ohne daß ich es sah, ohne daß ich bei seinem Verlaufe gegenwärtig war, wie so vieles in der Geschichte der Völker, so vieles von Orten und Städten, die ich nicht sah, so vieles von Freunden, von Ärzten, von diesen und jenen Menschen, ohne dessen glaubhafte Annahme wir in diesem Leben nichts ausrichteten, endlich wie unerschütterlich fest der Glaube in mir wurzele, von welchen Eltern ich geboren sei, was ich nicht wissen könnte, wenn ich es nicht von anderen gehört hätte. Du überzeugtest mich, daß nicht die anzuklagen seien, welche deiner Schrift Glauben schenkten, deren Ansehen du so mächtig unter fast allen Völkern begründetest, sondern diejenigen, die nicht glaubten, und daß ich denen kein Gehör leihen dürfe, die zu mir sagten: »Woher weißt du denn, daß diese Bücher durch den Geist des einen, wahrhaftigen Gottes dem Menschengeschlecht mitgeteilt wurden?« Und das mußte ich gerade deshalb glauben, weil keine Angriffe durch böswillige Zweifel, die ich in so vielen Büchern sich unter-einander bekämpfender Philosophen gelesen hatte, mir das Geständnis abnötigen konnten, daß ich auch nur einmal nicht geglaubt hätte, daß du seiest, welcher Art auch dein Wesen sein mochte, das mir immerhin unbekannt sein konnte, oder daß ich daran gezweifelt hatte, daß die Lenkung der menschlichen Dinge dir zugehöre. Wohl war dieser mein Glaube bald mächtiger, bald schwächer; stets jedoch glaubte ich, daß du seiest und uns leitetest, wenn ich auch nicht wußte, wie ich mir dein Wesen zu denken habe oder welcher Weg zu dir führte oder den, der sich von dir verirrt hat, zurückführte zu dir. Weil wir nun deshalb zu schwach waren, um die Wahrheit mit voller Gewißheit zu finden, und deshalb das Ansehen der heiligen Schrift bedurften, so hättest du, das war meine Ansicht, dies hohe Ansehen der heiligen Schrift nicht über alle Länder der

Erde verbreitet, wenn du nicht gewollt hättest, man solle durch sie an dich glauben und solle dich suchen durch sie. Was mir früher als abgeschmackt erschienen war, bezog ich nun, nachdem ich vieles von ihnen mit großer Wahrscheinlichkeit hatte erklären hören, auf die Tiefe der heiligen Geheimnisse, und um so ehrwürdiger und des heiligen Glaubens werter schien mir dieses Ansehen, je zugänglicher sie, allen zum Lesen war, und wenn sie auch der Würde ihrer Geheimnisse tieferes Verständnis bewahrte, doch in allen verständlicher Sprache und den schlichtesten Worten allen sich darbot und das angestrengte Forschen ernster Männer in Anspruch nahm, auf daß sie alle aufnähme in ihren leutseligen Schoß und durch die enge Pforte nur wenige zu dir hinüberführte und doch weit mehrere, als wenn sie nicht mit solch erhabenem Ansehen hervorleuchtete und die Scharen nicht an sich zöge in den Schoß ihrer heiligen Niedrigkeit. Das bedachte ich und du standest mir bei, ich seufzte und du vernahmst mich, ich stürmte umher und du lenktest mich, ich ging die breiten Pfade dieser Welt und du verließest mich nicht.

Sechstes Kapitel

Ich trachtete gierig nach Ehre, Gewinn und ehelicher Lust, und du verlachtest mich, Ich erduldete in diesen Begierden die bittersten Beschwerden, und du warst mir um so günstiger gesinnt, je weniger du es zuließest, daß mir irgend etwas süß würde außer dir. Siehe mein Herz an, o Herr, der du wolltest, daß ich solches bedächte und dir gestände. Nun soll dir anhangen meine Seele, die du aus den Netzen des Todes erlöset hast. Wie elend war sie! Du berührtest empfindlich die schmerzende Wunde, daß sie alles verlasse, sich zu dir wende, zu dir, der du über allen bist und ohne den alles nicht wäre, damit sie sich zu dir wende und heil würde. Wie elend ich war und wie du mich mein Elend fühlen lassen wolltest, das merkte ich an jenem Tage, an welchem ich mich vorbereitete, auf den

Kaiser Valentinian eine Lobrede zu halten, in der ich viel lügen und mir den Beifall solcher, die wußten, daß ich log, verschaffen wollte und mein Herz diese Sorge ausseufzte und durch Fieberanfälle verzehrender Gedanken sich ängstete. Als ich da durch einen Flecken bei Mailand ging, bemerkte ich einen armen Bettler, der schon angetrunken war, scherzte und guter Dinge war. Da seufzte ich und sprach mit den Freunden, die mit mir waren, wie viele Schmerzen uns doch unsere Torheiten bereiteten; mit all unseren Plänen, mit denen ich mich damals belastete, und unter den Stacheln der Begierden die Bürde meiner Unglückseligkeit mit mir umherschleppend, deren Druck immer schwerer ward, wollten wir nichts erreichen, als zu sicherem Genuß gelangen, worin der Bettler es uns zuvortat, während wir vielleicht niemals dazu gelangen würden. Denn was jener sich mit wenigen erbettelten Pfennigen verschafft hatte, das suchte ich auf so krummen mühseligen Wegen und Umwegen zu erlangen. Wohl hatte er keine wahre Freude, aber eine weit trüglichere suchte ich in meinem Ehrgeize; er freute sich aber doch wenigstens, ich aber war bange; jener war sorglos, ich aber zitterte. Und wenn mich jemand gefragt hätte, ob ich lieber mich freuen oder mich ängsten wolle, so hätte ich gewiß geantwortet: mich freuen. Hätte er mich dann wiederum gefragt, ob ich lieber jener Bettler oder der sein möchte, der ich damals war, so hätte ich mich, den von – Sorge und Furcht Gequälten, gewählt. Aus Verkehrtheit oder aus Wahrheit? Denn dem Bettler durfte ich mich nicht meiner Gelehrsamkeit wegen vorziehen, denn darüber empfand ich keine Freude, sondern suchte mit ihr den Menschen zu gefallen, nicht damit ich sie belehrte, sondern nur uni ihr Gefallen zu erregen. Deshalb hast du auch mit deinem Zuchtstabe meine Gebeine zerschlagen.

Hinweg von mir, die da sagen zu meiner Seele: Es ist cm Unterschied, weshalb man sich freut. Der Bettler freute sich der Trunkenheit, du wünschtest dich des Ruhmes zu freuen. Welches Ruhmes, o Herr? Dessen, der nicht in dir ist. Denn wie jene Freude nicht die wahre war, also war auch jener Ruhm nicht der wahre und verkehrte nur noch mehr mein Gemüt. jener sollte noch in derselben Nacht seinen Rausch verschlafen, ich mußte mit dem meinen mich schlafen legen und stand wieder mit ihm auf und legte mich wieder mit ihm schlafen und mußte wieder mit ihm aufstehen, siehe, wie viele Tage! Freilich ist es ein Unterschied, worüber man sich freut, ich weiß es wohl; aber die Freude jener glaubensvollen Hoffnung ist unverhältnismäßig verschieden von seiner Nichtigkeit; doch auch damals bestand ein großer Unterschied zwischen uns. Ohne Zweifel war jener Bettler glücklicher als ich, nicht nur weil er guter Dinge war, während Sorgen mir das Herz abfraßen, sondern weil jener sich auch durch seine guten Wünsche den Wein erworben hatte, während ich durch Lügen die Befriedigung des Stolzes suchte. In diesem Sinne sagte ich damals vieles zu meinen Freunden; oft überlegte ich mir dabei, wie mir sei, und ich fand das, was übel war, und das schmerzte mich und verdoppelte damit mir das Übel selbst. Und wenn mir das Glück lächelte, so verdroß es mich, danach zu greifen, während es doch, ehe es festgehalten werden konnte, entflog.

Siebentes Kapitel

Wir beklagten uns darüber, die, wir in Freundschaft zusammen lebten, am meisten, und am vertrautesten sprach ich aber mit Alypius und Nebridius darüber. Alypius war nämlich aus meiner Vaterstadt der Sohn angesehener Eltern und jünger als ich. Er war mein Schüler gewesen, sowohl als ich in unserer Vaterstadt anfing zu lehren als auch später zu Karthago; er liebte mich innig, weil er mich für gut und gelehrt hielt, und ich liebte ihn wegen seiner Tugendhaftigkeit, die ihn schon in frühem Alter auszeichnete. Allein die Sittenlosigkeit der Karthager, die in den nichtsnutzigen Schauspielen sich in ihrer ganzen Wildheit geltend macht, hatte ihn in den Strudel dieses Elends hinabgezogen; er aber hörte, während er noch elend darin umhergetrieben wurde, noch nicht auf mich, der ich damals Lehrer der Redekunst war, noch auf seinen Lehrer, eines Zwistes wegen, der zwischen mir und seinem Vater ausgebrochen war. Ich vernahm, daß er den Zirkus bis zu seinem Verderben bebte, und ich ward von schwerer Sorge ergriffen, daß solch große Hoffnung verlorengehen sollte, ja ich meinte ihn schon verloren zu haben. Allein es bot sich keine Gelegenheit, Um zu ermahnen und ihn durch Zucht zurechtzuweisen weder durch das Wohlwollen des Freundes noch durch das Recht des Lehramts; denn ich war der Meinung, er sei derselben Gesinnung gegen mich wie sein Vater. Allein dem war nicht so. Ohne auf den Willen seines Vaters zu achten, begann er mich zu grüßen, kam in meinen Hörsaal, hörte einige Zeit zu und ging dann wieder hinweg. – Indes war es meinem Gedächtnis entfallen, ihm ernstlich zuzureden, daß er seine so gut angelegte Natur nicht durch die blinde verderbliche Leidenschaft nichtiger Spiele verderbe. Du aber, o Herr, der du der Lenker deiner Schöpfung bist, du hattest ihn nicht vergessen, der einst unter deinen Söhnen ein Vorsteher deines Heiligtums werden sollte. Und damit seine Besserung offenbar nur dir zugeschrieben würde, so ward ich, jedoch ohne es zu wissen, dein Werkzeug dazu. Denn einst, da ich an meinem gewohnten Platze saß im Kreise meiner Schüler, kam auch er, grüßte mich, setzte sich und schenkte dem, was verhandelt wurde, seine Aufmerksamkeit; zufällig behandelte ich eine Schrift, zu deren Erläuterung mir eine Vergleichung mit den Zirkusspielen passend erschien; damit das, was ich erreichen wollte, annehmlicher und klarer würde, sprach ich mit beißendem Spotte von denen, welche mit Leidenschaft diesem Wahnsinn frönten; du weißt es, o Herr unser Gott, daß ich damals nicht daran dachte, Alypius von dieser Pest zu heilen. jener aber bezog es sogleich auf sich und war der Meinung, ich hätte es nur seinetwegen gesagt. Was ein anderer aber nur auf sich gemünzt angenommen hätte, um mir zu zürnen, das nahm der edle Jüngling auf, nur uni sich selbst zu zürnen und um mich noch glühender zu lieben. Denn schon vormals hattest du gesagt und deiner Schrift eingefügt das Wort: »Strafe den Weisen und er wird dich lieben.« Ich war es nicht, der ihn strafte; du aber, der du dich aller, wissend und nicht wissend, bedienst nach deiner Ordnung, die nur du kennst und die stets die rechte ist, du bereitetest aus meinem Herzen und meiner Zunge glühende Kohlen, mit welchen du das hoffnungsvolle, dem Erlöschen nahe Gemüt wieder entzündetest und heiltest. Dein Lob verschweige, wer deine Erbarmungen nicht erkennt, die mich aus der Tiefe meines Herzens dir das Bekenntnis ablegen lassen. jener schwang sich nach jenen Worten aus der Tiefe des Schlammes empor, von der er mit seinem Willen sich hatte verschlingen lassen und die ihn in unseliger Lust blendete; mit mutiger Enthaltsamkeit streifte er den Schmutz seiner Seele ab, aller Unrat des Zirkus fiel von ihm ab, er betrat ihn nicht mehr. Dann setzte er es bei seinem widerstrebenden Vater durch, ganz mein Schüler zu werden, jener gab nach, gab es zu. Als er mich nun wieder hörte, ward er mit mir in gleichen Aberglauben verwickelt, weil er an den Manichäern die zur Schau getragene Enthaltsamkeit liebte und sie für wahr und echt hielt. Sinnlos war sie aber und verführerisch, nahm edle Seelen gefangen, welche noch nicht die Tugend bis in ihre Tiefen ergründen und daher leicht durch ihre Oberfläche getäuscht werden konnten, wiewohl es doch nur die Oberfläche eines Schattens von geheuchelter Tugend ist.

Achtes Kapitel

Nicht um den ihm von seinen Eltern eingeredeten irdischen Weg zu verlassen, ging er nach Rom vor mir, um dein Studium der Rechte sich zu widmen; er ward dort von unglücklicher Leidenschaft für Gladiatorenspiele ganz unglaublich hingerissen. Denn da er sie noch anfangs verabscheute und verwünschte, führten ihn einige Freunde und Mitschüler, als er ihnen, die vom Mahle kamen, begegnete, obgleich er sich mit Aufbietung aller seiner Kräfte heftig weigerte und Widerstand leistete, mit freundlicher Gewalt in das Amphitheater am Tage dieser grausamen und mörderischen Spiele. Er sprach dabei zu ihnen: *Wenn ihr auch meinen Körper an jenen Ort schleppt und dort festhaltet, könnt ihr auch meinen Geist und meine Augen auf jenes Schauspiel wenden? So will ich abwesend anwesend sein und euch und diese Spiele überwinden.« Trotz des Gehörten führten sie ihn mit sich fort, begierig zu erfahren, ob er das wohl würde durchsetzen können. Als sie dort anlangten, setzten sie sich, wo noch ein Platz offen war, und alles glühte in unmenschlicher Lust. Jener schloß die Augen und verbot seiner Seele, sich in solche Fährnisse hinauszuwagen. O, hätte er doch auch seine Ohren verstopft. Denn als einer im Kampfe fiel und das ganze Volk ein mächtiges Geschrei erhob, erlag er der Neugierde, und bereit, jeden Anblick, möge er sein, wie er wolle, stolz zu verachten, öffnete er die Augen. Und seine Seele ward von schwererer Wunde getroffen als jener am Körper, den er zu sehen begehrte, und er sank elender als jener, bei dessen Falle das Geschrei entstand, das durch seine Ohren eindrang und seine Augen aufschloß, so daß eine Blöße entstand, durch welche er getroffen und niedergeworfen werden konnte, im Gemüt mehr dreist als stark und um so schwächer, als es auf sich vertraute, nicht, wie es gesollt, auf dich. Denn da er das Blut sah, da sog er zugleich den Blutdurst ein und wandte sich nicht mehr ab, sondern richtete sein Gesicht daran, schlang die Wut in sich und wußte es doch nicht und ergötzte sich an dem frevelhaften Kampfe und ward berauscht von dem blutigen Vergnügen. Nun war er nicht mehr derselbe, als welcher er gekommen war, sondern einer des Schwarmes, zu dem er gekommen war, und der echte Spießgeselle derer, die ihn hergeführt hatten. Was ist da noch viel zu sagen? Er sah, er schrie mit, er entbrannte und trug von dannen mit sich das wahnsinnige Verlangen, das ihn reizte, immer wieder und wieder hinzugehen, nicht nur in Begleitung derer, die ihn zuerst mit hingeschleppt hatten, sondern allen voran und andere verführend. Und selbst von dort hast du ihn mit starker und erbarmender Hand hinweggerissen und ihn gelehrt, nicht auf sich, sondern auf dich sein Vertrauen zu setzen – freilich erst viel später.

Neuntes Kapitel

Folgende Begebenheit aber ward, um ihn in Zukunft vor Irrtümern zu bewahren, in sein Gedächtnis eingesenkt. Als er einst in Karthago noch als mein Zuhörer zur Mittagszeit auf dem Forum über eine Rede, die er zu halten hatte, nachsann, wie es die Art der Studierenden ist, da ließest du es zu, daß er von den Hütern des Forums als vermeintlicher Dieb ergriffen wurde. Auch das hast du, o mein Gott, nur zugelassen, damit jener später so bedeutende Mann lerne, daß beim Urteilsfällen kein Mensch so leicht mit vermessener Leichtgläubigkeit dürfe verdammt werden. Er ging nämlich allein mit Schreibtafel und Griffel vor dem Tribunal auf und nieder, während ein anderer Jüngling aus der Zahl der Studierenden, der wirkliche Dieb, mit einem Beil, das er bei sich versteckt hielt, ohne daß Alypius etwas davon ahnte, an die Bleigitter herantrat, welche die tiefer laufende Wechslergasse überragen, und das Blei abzuschlagen begann. Die Wechsler, die unten standen, waren durch den Schall des Beiles aufmerksam geworden, besprachen sich heimlich und schickten Häscher aus, die jeden festnehmen sollten, den sie oben fänden. jener entfloh, als er das Stimmengeräusch hörte, mit Hinterlassung seines Beiles, aus Furcht, man könnte ihn damit ertappen. Alypius, der ihn beim Herankommen nicht bemerkt hatte, bemerkte ihn nun beim Davoneilen und sah, wie er sich schnell davonmachte, und neugierig, die Ursache zu erfahren, betrat er den Tatort, fand das Beil, blieb dabei stehen und betrachtete es verwundert. Die Häscher finden ihn mit dem Beil, dessen Klang sie herbei-gezogen hatte, in der Hand; sie legen Hand an ihn und schleppen ihn fort; die Bewohner des Forums laufen zusammen, während die Häscher sich rühmen, den Dieb auf der Tat ertappt zu haben. So wurde er denn dem Richter zugeführt.

Hier aber sollte die Lehre, die du ihm geben wolltest, ihr Ende erreichen; denn sogleich kamst du, o Herr, der Unschuld, deren Zeuge du allein warst, zu Hilfe. Denn als er zur Haft oder Strafe geführt ward, kam ihnen ein Baumeister entgegen, der die Oberaufsicht über die öffentlichen Bauten hatte. Die Häscher freuten sich eben, ihm zu begegnen, da er sie gerade in Verdacht hatte, als pflegten sie das vom Forum Abhandengekommene zu entwenden, so daß er nun endlich erkennen möchte, wer der wirkliche Täter sei. jener aber hatte den Alypius oft im Hause eines Senators gesehen, dem er aufzuwarten pflegte, und sogleich, nachdem er ihn erkannt hatte, entriß er ihn der Schar, erfuhr von ihm, was geschehen war, und befahl allen, die unter heftigem Lärm und Drohungen dabeistanden, ihm zu folgen. Und sie kamen an das Haus des Täters. Vor der Türe stand ein Knabe, der zu klein war, als daß er aus einer Aussage Schlimmes für seinen Herrn gefürchtet hätte und der leicht alles angeben konnte, denn er war auf dem Forum sein Begleiter gewesen. Diesen erkannte Alypius und vertraute dem Baumeister seinen Verdacht. jener zeigte dem Knaben das Beil und fragte ihn, ob es seinem Herrn gehörte. Dieser antwortete sogleich: »Ja, es ist das unsrige«, und weiter ausgefragt, erzählte er auch das übrige. So fiel die Tat auf dieses Haus, und die Menge, die bereits über ihn triumphierte, wurde beschämt. Er aber, der kräftige Verwalter deines Wortes und der Schiedsrichter so vieler kirchlicher Angelegenheiten, ging erfahrener und belehrter von dannen.

Zehntes Kapitel

Ihn also traf ich in Rom, und Bande inniger Freundschaft verknüpften uns; er reiste mit mir nach Mailand, damit er mich nicht zu verlassen brauchte und um die Rechtswissenschaft, die er mehr nach dem Willen seiner Eltern als nach seinem eigenen erlernt hatte, auszuüben. Dreimal hatte er vorher schon das Amt eines Beisitzers mit der edelsten Uneigennützigkeit bekleidet, über die sich die übrigen wunderten, während er sich mehr über sie wunderte, die das Gold der Rechtschaffenheit vorzogen. Dort ward auch seine Tugend nicht nur durch lockenden Gewinn, sondern auch durch die Anfechtung der Furcht versucht. In Rom bekleidete er einst die Stelle eines Beisitzers im Schatzmeisteramte für Italien. Damals war dort ein sehr mächtiger Senator, dem viele durch ihnen geleistete Dienste verbunden oder aus Furcht dienstbar waren. Der stellte einst nach der Art, wie eine Amtsgewalt wie die seine gemißbraucht zu werden pflegt, ein gesetzwidriges Ansinnen, dem Alypius entgegentrat, der jegliches Versprechen und jede Belohnung verachtete; man suchte ihn durch Drohungen einzuschüchtern, er verachtete sie, so daß jeder seinen ungewöhnlichen Mut bewunderte, der solch einen Mann weder zum Freunde wollte noch ihn als Feind fürchtete. Der Richter selbst, dessen Rat Alypius war und der selbst gegen das Ansinnen war, verweigerte es doch nicht offen, sondern schob die Schuld auf Alypius, dessen Einwilligung nicht zu erhalten sei und der, würde er, der Richter, es selbst tun, gegen ihn gestimmt haben würde. Nur das eine hätte ihn in seinem Eifer für die Wissenschaften fast verleitet, daß er sich nämlich aus den Gerichtssporteln Bücher zu verschaffen besorgt war; sein Rechtssinn indes brachte ihn zu besserem Entschluß; es erschien ihm die Billigkeit, die es verbot, nützlicher als die Gewalt, die es ihm erlaubte. Das ist ein kleines. Aber wer im geringsten treu ist, der ist auch im großen getreu, und kein leeres Wort sprach der Mund deiner Wahrheit: So ihr nun in dem ungerechten Mammon nicht treu seid, wer wird euch das Wahrhaftige vertrauen? Und so ihr nun in dem Fremden nicht treu seid, wer will euch geben dasjenige, das euer ist? Solche Gesinnungen besserten damals ihn, der mir anhing und sich mit mir über die Wahl unserer Lebensweise beriet.

Auch Nebridius hatte seine Heimat, nahe bei Karthago gelegen, verlassen und Karthago Selbst, wo er so oft war, und seinen schönen väterlichen Landsitz, sein Haus und seine Mutter, wiewohl nicht zu erwarten war, daß ihm seine Mutter folgen würde, und war einzig und allein nach Mailand gekommen, mit mir im Feuereifer nach Wahrheit und Weisheit zu streben; er litt gleiche Qualen, er schwankte gleicherweise wie ich, suchte in glühender Sehnsucht ein glückliches Leben, er, der am scharfsinnigsten die schwierigsten Fragen erforschte. Wir waren drei Hungernde, die sich mit lechzendem Munde ihre Not klagten und auf dich harrend, daß du ihnen Speise gebest zu seiner Zeit. Und bei aller Bitterkeit, die unserem weltlichen Treiben durch deine Barmherzigkeit folgte, legte sich Finsternis über uns, wenn wir nach dem Zweck dieser Leiden fragten; seufzend widerstrebten wir und sprachen: Wie lange noch soll dies währen? Und oft sprachen wir also, und doch ließen wir nicht ab von unserem Treiben, weil wir nichts Zuverlässiges hatten, das wir zu erfassen vermocht hätten, wenn wir jenes verließen.

Elftes Kapitel

Am meisten aber erfaßte mich Verwunderung, da ich mit Kummer mich erinnerte, welch lange Zeit doch vom neunzehnten Jahre meines Lebens verstrichen sei, wo ich in brennendem Eifer die Wahrheit gesucht hatte mit dem Vorhaben, wenn ich jene gefunden hätte, die eitle Hoffnung auf alle nichtigen Leidenschaften aufzugeben und alle lügnerischen Torheiten; und siehe, schon war ich im dreißigsten Jahre und haftete noch an demselben Unrate, voll Gier nach dem flüchtigen und zerstreuenden Genusse der Gegenwart, und das war mein tägliches Wort: Morgen werde ich es finden, es wird sich mir klar darbieten und ich werde es festhalten; siehe, Faustus wird kommen und mir alles erklären. ihr großen Akademiker! So ist also nichts Sicheres für das Leben zu ergreifen. Nun dann laßt uns fleißiger suchen und nicht verzweifeln.

Schon erscheint mir nicht mehr sinnlos, was mir früher so in den Büchern der Kirche erschien; es kann anders und vernünftig verstanden werden. So will ich meine Schritte lenken auf die Bahn, auf die mich als Kind schon die Eltern stellten, bis ich durchschauliche Wahrheit finde. Wo aber soll ich suchen? Wann soll ich sie suchen? Es fehlt mir nicht Ambrosius, es mangelt mir nicht an Schriften zum Lesen. Wo aber suchen wir die Bücher selbst? Woher und wann sie anschaffen? Von wem sie nehmen? Die Zeit muß eingeteilt, die Stunden müssen bestimmt werden für das Heil der Seele. Eine große Hoffnung ist uns aufgegangen, indem der Kirchenglaube nicht lehrt, was wir dachten und ihm falsch vorwarfen. Seine Lehrer halten es für sündhaft, an einen in Menschengestalt beschlossenen Gott zu glauben, und wir zweifeln noch daran anzuklopfen, auf daß auch das übrige uns kundwerde. In den Vormittagsstunden nehmen mich meine Schüler in Anspruch, was tun wir in den übrigen Stunden? Warum betreiben wir da nicht (was uns nottut)? Aber wann sollen wir denn da unseren Gönnern aufwarten, deren Gunst wir bedürfen? Wann bereite ich mich vor auf die Vorlesungen, welche die Schüler bezahlen? Wann sollen wir uns erholen von der Abspannung des Geistes und den Sorgen, die auf uns lasten?

Weg mit dem allen, verwerfen wir es als eitel und nichtig, wenden wir uns einzig und allein der Erforschung der Wahrheit zu. Das Leben ist voll Elends, die Stunde des Todes ungewiß. Wenn er uns plötzlich überschliche, wie müßten wir aus diesem Leben scheiden? Wo könnten wir erlernen, was wir hier vernachlässigt haben? Müßten wir nicht weit eher die Strafe dieser Vernachlässigung büßen? Wie wenn der Tod all unser Streben mit dem Bewußtsein abschnitte und endigte? Also auch das ist die Frage. Doch ferne sei, daß es also sei.

Es ist etwas und nicht zwecklos, daß ein so außerordentlich hohes Ansehen des christlichen Glaubens sich über den ganzen Erdkreis verbreitet. Nimmermehr würde Gott so Großes und Mächtiges für uns vollbringen, wenn mit dem Tode des Körpers auch das Leben der Seele sich endigte. Was zaudern wir denn da, die Hoffnung auf das Zeitliche aufzugeben und uns voll und ganz dem Suchen nach Gott und dem ewigen Leben zu weihen? Doch warte: denn auch die Dinge dieser Welt haben ihren Reiz und gewähren süßen Genuß; nicht leicht ist es, das Trachten nach ihnen aufzugeben; schmerzlich ist es dagegen, zu ihnen zurückzukehren. siehe, wie wenig gehört z. B. dazu, eine Ehrenstelle zu erlangen. Und was verlangt man mehr? ich habe eine Menge angesehener vornehmer Freunde; lege ich mich nur recht darauf und betreibe es recht eilig, so kann mir selbst ein Landvogtamt gegeben werden; man kann ein Weib mit großem Vermögen heiraten, damit sie nicht die Ausgaben über das Maß vermehre, und es wird das rechte Maß und Ziel des Verlangens erfüllt sein. Viele große Männer, die der Nachahmung wert sind, widmeten sich trotz ihrer Ehe dem Studium der Weisheit. Als ich so sprach und solche Winde (der Eitelkeit) ihr Spiel mit mir trieben und mein Herz hierhin und dorthin rissen, verstrich die Zeit und noch zauderte ich, mich zum Herrn zu wenden, und ich verschob es von einem Tag zum andern, in dir zu leben, verschob es aber nicht, in mir täglich zu sterben. Ich liebte das Leben der Seligen und fürchtete es in seinem Sitze, und ich floh vor ihm, während ich es suchte. Denn ich glaubte, ich würde gar zu elend werden, wenn ich des Weibes Umarmungen entbehren müßte, und dachte nicht an das Heilmittel deiner Barmherzigkeit, das mich von meiner Schwachheit zu heilen vermochte, weil ich es noch nicht aus Erfahrung kannte, und meinte, die Enthaltsamkeit wäre ein Werk eigener Kraft, von der ich wußte, daß sie mir fehlte, da ich in meiner Torheit so weit ging, nicht zu wissen, was da geschrieben stand: ich kann nicht anders züchtig sein, es gebe mir's denn Gott. Gewiß hättest du mir's gegeben, wenn das Seufzen meines Herzens zu deinem Ohr gedrungen wäre und wenn ich in festem Glauben alle Sorge auf dich geworfen hätte.

Zwölftes Kapitel

Wohl suchte mich Alypius von der Heirat abzuhalten, der immer und immer mir wiederholte, daß ein Leben in ungestörter, der Liebe zur Weisheit gewidmeter Muße, nach der wir uns ja schon lange sehnten, mit der Ehe unvereinbar sei. Er selbst lebte schon damals in fast beneidenswerter Keuschheit; in seinen ersten Jünglingsjahren hatte er die Liebe genossen, aber er war nicht in ihren Banden geblieben; jetzt schmerzte es ihn uni so mehr, und er verachtete das Laster und lebte seitdem ganz züchtig. ich aber widerstand ihm, indem ich ihm die Beispiele solcher Männer anführte, die, obwohl verheiratet, doch sich der Weisheit befleißigt und Gottes Gnade erworben hätten und in treuer Liebe an ihren Freunden festgehalten hätten. Ich aber war freilich weit entfernt von der Seelengröße jener Männer und gebunden von der krankhaften Sinnenlust nach todbringendem Genusse; ich schleppte meine Kette und fürchtete mich, sie zu lösen, und da mir schon die Wunde geschlagen war, so verschmähte ich die Worte dessen, der mir wohlmeinend riet, wie die Hand dessen, der mich lösen wollte. Außerdem aber sprach auch die Schlange selbst durch mich zum Alypius und umstrickte ihn und legte ihm durch meine Rede Schlingen auf seinen Weg, durch welche ihm die Füße, die auf ehrbaren Wegen frei wandelten, verwickelt werden sollten. Denn während er sich über mich wunderte, wie ich, auf den er nicht wenig hielt, so tief von der Macht der Wollust gefesselt sein könnte, daß ich versicherte, wenn wir darüber sprachen, kein eheloses Leben führen zu können, und ich mich dann damit verteidigte, wenn ich seine Verwunderung sah, daß ich sagte, es sei ein großer Unterschied zwischen der von ihm hastig und heimlich genossenen Lust, deren er sich ja kaum noch erinnern und die er leicht und ohne Schwierigkeit verachten könne, und den Freuden meines fortgesetzten Umganges, zu welchen nun noch der Ehrenname der Ehe hinzukäme, er solle sich nicht wundern, wenn ich dieses Leben nicht verachten könne, da begann er selbst nach der Ehe Verlangen zu tragen, keineswegs freilich von dem Reize der Wollust besiegt, sondern aus Neugier. Er wünschte zu wissen, wie er mir sagte, was denn das sei, ohne das mir das Leben,. welches jenem so recht gefiel, nicht als ein Leben, sondern als Strafe erschien. Ein von dieser Fessel freier Geist staunte über meine Sklaverei, und da er darüber staunte, wandelte ihn selbst die Lust an, den Versuch zu machen und sich in die Sklaverei zu stürzen, die er so angestaunt hatte, weil er mit dem Tode einen Bund eingehen wollte; denn wer sich gern in Gefahr gibt, der verdirbt darinnen. Keinen von uns zog ja das an, oder nur schwach, was an der Ehe ehrwürdig ist in der Pflicht, den Hausstand zu leiten, Kinder zu zeugen und zu erziehen. Mich, den Gefesselten, quälte größtenteils nur die gewohnte heftige Begier, meine unerforschliche Fleischeslust zu befriedigen; jenen zog Neugier zur Fessel.

So waren wir, bis du, o Höchster, der du unsere Asche nicht verließest, dich der Elenden erbarmtest und uns auf wundersame und verborgene Weise zu Hilfe kamst.

Dreizehntes Kapitel

Es wurde mir unablässig zugesetzt, daß ich mich verheiraten solle. Schon bewarb ich mich und es ward mir das Jawort gegeben, da die Mutter sich vorzüglich Mühe gab, daß die heilsame Taufe mich, wenn ich schon in der Ehe lebte, reinigen möchte, und dies um so mehr, da sie sich freute, daß ich von Tag zu Tag für die Taufe geeigneter würde, und wahrnahm, daß ihre Wünsche und deine Verheißungen in meinem Glauben erfüllt würden. Da sie aber sowohl auf mein Bitten und aus eigener Sehnsucht mit lautem Seufzen des Herzens täglich zu dir flehte, du möchtest ihr durch ein Gesicht eine Offenbarung über meine künftige Ehe geben, so erhörtest du sie nie. Sie sah einiges Richtige und Phantastische, wozu sie der Drang ihres hierüber bekümmerten menschlichen Geistes trieb, und erzählte es mir, aber nicht mit dem gewöhnlichen Vertrauen, wenn du ihr es

offenbartest, sondern mit einer gewissen Geringschätzung Denn
sie äußerte, sie wisse durch eine Empfindung, die sie mit
Worten nicht auszusprechen vermöge, wie es ein Unterschied
sei, wenn du ihr etwas offenbartest und wenn ihr Geist träume.
Dennoch betrieb man es, und die Wahl fiel auf ein Mädchen,
aber wegen ihrer zu großen Jugend mußte noch zwei Jahre
gewartet werden, und weil sie uns gefiel, so wurde gewartet.

Vierzehntes Kapitel

Wir Freunde, wenn wir in größerer Anzahl zusammen waren,
erwogen, besprachen und verwünschten die wirren
Beschwerden des menschlichen Lebens und beschlossen fest,
fern von dem Treiben der Menge in Muße zu leben, und um zu
dieser Ruhe zu gelangen, hatten wir folgenden Lebensplan
gemacht. Das, was wir besaßen, wollten wir zusammenlegen
und aus allem ein gemeinsames Familiengut bilden, daß bei
dem Freundesbund nicht das eine diesem, das andere jenem
gehöre, sondern, da aus allem eins gebildet wurde, das Ganze
den einzelnen gehöre und alles allen. Es schienen uns zehn
Männer in diesem Bunde sein zu können, und zwar darunter
sehr Vermögende, vor allen Romanianus, unser Landsmann,
den schwere Verlegenheiten in seinen Geschäften an den Hof
gezogen hatten, von Jugend auf mein vertrautester Freund. Er
nahm sich am meisten der Sache an, und bei seinem großen
Ansehen fielen seine Ratschläge am meisten ins Gewicht, weil
er das größte Vermögen hatte. Wir beschlossen, daß jedesmal
zwei Mitglieder ein Jahr lang, wie bei dem Magistrat, alles
Notwendige besorgten, die übrigen aber in Ruhe lebten. Aber
als wir überlegten, ob das wohl den Frauen, die einige von uns
schon hatten und die wir andern uns wünschten, recht sein
würde, da zerrann uns der ganze Plan, den wir so trefflich
ausgesonnen hatten, unter den Händen und wurde beiseite
gelegt. Wir seufzten, klagten und richteten unsere Schritte
wieder auf die breiten und betretenen Wege dieser Welt,

mancherlei Gedanken waren in unserem Herzen. Dein Ratschluß, o Gott, bleibt in Ewigkeit. Diesem Ratschlusse gemäß verlachtest du das Unsrige und schafftest das Deine. Du gibst uns unsere Speise zu seiner Zeit, du tust deine Hand auf und sättigest alles, was lebt, mit Wohlgefallen.

Fünfzehntes Kapitel

Inzwischen mehrten sich meine Sünden. Und da die von meiner Seite gerissen ward – ein Hindernis freilich für meine Vermählung –, mit welcher ich mein Bett zu teilen gewohnt war, ward mein Herz, das an ihr hing, durchbohrt, verwundet und blutete. Sie aber war nach Afrika zurückgekehrt und hatte dir gelobt, nie mehr einem andern Manne anzugehören, und ließ mir zurück den natürlichen Sohn, welchen ich mit ihr gezeugt hatte. Ich aber war unglücklich und konnte nicht einmal Nachahmer des Weibes sein, sondern des Aufschubs ungeduldig, da ich erst in zwei Jahren die erhalten würde, um die ich geworben, verband ich mich, weil ich nicht Freund der Ehe, sondern Sklave der Lust war, mit einer andern, freilich nicht als Gattin, um so die Krankheit meiner Seele zu nähren und durch den Dienst ununterbrochener Gewohnheit bis in das Reich der Ehe ungeschwächt oder gar vergrößert fortzuführen. Doch heilte darum jene Wunde nicht, welche mir durch die Trennung von jener ersten geschlagen wurde, sondern nach Brand und wütendem Schmerz ging sie in Fäulnis über, schmerzte wohl weniger brennend, aber um so hoffnungsloser.

Sechzehntes Kapitel

Dir sei Preis, dir sei Ehre, du Quell des Erbarmens! Elender ward ich und du kamst mir näher. Schon nahete sich mehr und mehr deine Rechte, mich aus dem Pfuhle zu reißen und mich zu reinigen, und ich wußte nichts davon. Nichts rief mich zurück von dem tieferen Schlunde fleischlicher Lust als Furcht vor dem

Tode und dem kommenden Gerichte, die, auch wenn meine Ansichten darüber wechselten, doch nie ganz aus meinem Herzen wich. Ich sprach mit meinen Freunden Alypius und Nebridius über das höchste Gut und höchste Übel; ich sagte ihnen, daß ich dem Epikur den Siegespreis zuerkennen würde, wenn ich nicht der festen Ansicht wäre, daß es nach dem Tode noch ein Leben der Seele und eine Vergeltung gäbe, eine Ansicht, die Epikurus verneinte. Ich stellte die Frage auf, warum wir, angenommen, wir könnten unsterblich und im beständigen Genusse des Körpers ohne die Furcht, ihn jemals zu verlieren, weiterleben, doch nicht glückselig seien oder was wir noch weiter suchten? Ich wußte nicht, daß darin eben die Größe meines Elends bestand, daß ich, zu versunken und zu verblendet, nicht imstande war, das Licht der Tugend und der ohne fleischlichen Genuß zu hebenden Schönheit zu denken, die das Auge des Fleisches nicht sieht, sondern die nur von den Tiefen der Seele aus geschaut wird. Ich Elender bedachte nicht, aus welcher Quelle mir flösse, was ich über dieses doch so Schändliche ruhig mit den Freunden besprach, und ohne diese Freunde konnte ich nicht glücklich sein, selbst nach der Gesinnung, die ich damals bei jedem Strome sinnlicher Lust bewies. Diese Freunde liebte ich wirklich ohne Eigennutz und wußte, daß auch sie mich ohne Eigennutz liebten. O wundersam gewundene Pfade!

Wehe dem verwegenen Geiste, der da gehofft hat, wenn er von dir gewichen, Besseres zu besitzen! Mag er sich vorwärts, rückwärts, auf den Rücken oder auf die Seite legen, überall findet er nur harte Beschwerden; du allein bist die Ruhe. Siehe, du bist da und befreist uns von unserem elenden Irrtum, führest uns auf deinen Weg, tröstest uns und sprichst: Wohlan! Ich will euch tragen, ich will euch fuhren, ich will euch geleiten zur Heimat göttlicher Ruhe.

Siebentes Buch

Erstes Kapitel

Dahingegangen war die Zeit meiner verwerflichen Jugend und ich trat in das Mannesalter ein und war, je älter an Jahren, desto schändlicher an schnöder Eitelkeit. Da ich das Wesenhafte mir nur sichtbar vorstellen konnte, nicht anders dachte ich dich mir, o Gott, als in menschlicher Gestalt. Seitdem ich aber etwas von deiner Weisheit zu fassen begann, floh ich dies und freute mich, daß ich das auch im Glauben unserer geistigen Mutter, deiner Kirche, bestätigt fand. Aber wie ich dich anders ausdenken sollte, darauf verfiel ich nicht, und ich, ein Mensch und solch ein Mensch, wagte dich, den höchsten und allein wahren Gott, zu denken, und an dich, den Unvergänglichen, Unverletzlichen, Unwandelbaren, glaubte ich von Grund meines Herzens, weil ich klar erkannte und sicher war, obwohl ich nicht wußte, woher diese meine Ansicht komme, daß das, was vergänglich ist, geringeren Wert haben müsse als das, was unvergänglich ist; das Unverletzbare zog ich ohne Zögern dem Verletzlichen vor und das Unwandelbare dem Wandelbaren. Mein Herz schrie heftig auf gegen alle meine Truggebilde, und mit einem Schlage versuchte ich den mich umwirbelnden Schwarm von Unlauterkeit aus den Augen meines Geistes zu vertreiben; kaum aber hatte ich ihn für einen Augenblick zerstreut, so war er schon wieder da, zusammengescharrt, und stürzte sich auf mein Gesicht und verdunkelte es, so daß ich dich, mein Gott, wenn auch nicht in menschlicher Gestalt, so doch als etwas Körperliches, den Raum Erfüllendes zu denken gezwungen war, sei es nun innerhalb der Welt oder außerhalb der Welt ergossen durch das Unendliche, auch wohl als das Unzerstörbare, Unverletzbare, Unveränderbare, dem ich den Vorzug gab vor dem Zerstörbaren, Verletzbaren und Veränderbaren. Denn was ich mir nicht räumlich denken konnte, schien mir gar nichts sein zu können, ein völliges Nichts, nicht einmal eine Leere, wie etwa ein von seinem Körper verlassener Raum, sei nun dieser Körper erdig, feucht, luftig oder ätherisch; ein von ihm leerer Ort deuchte mir gleichsam ein räumliches Nichts.

Ich glaubte also, fühllosen Herzens und mir selbst nicht einmal erkennbar, daß alles, was keine räumliche Ausdehnung habe, sich ergieße oder zusammengedrängt werde oder aufschwölle oder irgendeine solche Beschaffenheit habe oder doch haben könne, überhaupt nichts sei. Denn aus den Formen, welche meine Augen durchzugehen pflegten, bildete sich mein Herz Vorbilder, und ich sah nicht ein, daß dies Vorstellungs-vermögen, vermöge dessen ich diese Bilder erzeugte, nichts Körperliches noch Räumliches sei; und doch hätte es sich jene nicht gebildet, wenn es nicht selbst etwas Großes wäre. So dachte ich auch von dir, du Leben meines Lebens, ausgedehnt durch unendlichen Raum, durchdrängest du die ganze Welt-masse und außer ihr die Unendlichkeit ohne Schranke, so daß dich Erde, Himmel und das All habe und in dir begrenzt sei, du aber nirgends. Wie aber der Lichtkörper, der sich über der Erde befindet, dem Sonnenstrahl keinen Widerstand entgegen-gesetzt, so daß er sie nicht durchdringen könnte und durch-schneiden – wie es ihn ganz erfüllt, so glaubte ich auch von dir, daß du nicht allein Himmel, Luft und Meer, sondern auch die Erde durchdrängest, und zwar in ihren größten und kleinsten Teilen, um deine Gegenwart zu fassen, daß du innerhalb und außerhalb des Alls alles Geschaffene regierst in geheimer geistiger Energie. So war meine Vermutung, weil ich ein anderes nicht zu denken vermochte, aber es war falsch. Denn auf diese Weise würde ein größerer Teil der Erde ein größeres Stück von dir innehaben und ein kleinerer ein kleineres; so würde alles von dir erfüllt sein, so daß der Leib eines Elefanten mehr von dir enthielte als der eines Sperlings in dem Maße, als der Elefantenleib größer ist und einen größeren Raum einnimmt; so würdest du zerstückt großen Teilen der Welt große Teile, kleinen Teilen derselben kleine Teile deines Wesens vergegenwärtigen. So bist du aber nicht. Aber noch immer hattest du meine Finsternis nicht erleuchtet.

Zweites Kapitel

Es war genug, Herr, gegen die Betrogenen und Betrüger und stummen Schwätzer, weil aus ihnen nicht dein Wort hervortönte; genug war es, was Nebridius bereits in Karthago aufgebracht hatte und wovon wir alle, die wir es hörten, erschüttert waren. Was würde ein Geschlecht der Finsternis, welches sie dir aus einer entgegengesetzten Weltmasse entgegenzustellen pflegten, dir haben anhaben können, wenn du mit ihm nicht hättest streiten wollen? Wenn man antwortete, es hätte dir schaden können, so wärest du verletzbar und vergänglich. Wenn man aber gesagt hätte, es konnte dir keinen Schaden zufügen, so war keine Ursache zum Streit vorhanden, und zwar eines Streites, daß ein Teil oder ein Glied von dir oder ein Sproß deines Wesens sich mit den feindlichen Mächten und nicht von dir geschaffenen Naturen vermischte und so weit verdorben und zum Schlechten verwandelt würde, daß er von der Seligkeit ins Elend sänke und der Hilfe bedürfte, um befreit und gereinigt zu werden; ein solcher Teil, ein solcher Sprößling aber war die Seele, der dein freies Wort im Zustande der Knechtschaft, dein reines Wort im Zustande der Befleckung und dein unverderbtes Wort im Zustande des Verderbens zu Hilfe käme, aber auch dies verderbbar, weil es von einer und derselben Substanz ist. Wenn sie daher dich und was du bist, dein Wesen, unwandelbar nannten, so ist ihre ganze Lehre falsch und verwerflich; wenn sie es aber für verderbbar halten, so ist dies schon an und für sich falsch und von Grund aus verwerflich. Es war dies also Grund genug, mich von dem Druck zu befreien, der auf meinem Herzen lag, weil es für sie keinen Ausweg gab, ohne schreckliche Gotteslästerung des Geistes und der Zunge, wenn sie in dieser Weise von dir dachten und redeten.

Drittes Kapitel

Noch aber war mir, obwohl ich dich als den Unbefleckbaren und Unwandelbaren bekannte und des festen Glaubens war, daß du, Herr, unser wahrer Gott seiest, der nicht nur unsere Seelen geschaffen, sondern auch unsere Körper, nicht nur unsere Seelen und Körper, sondern alle und alles – noch war, sage ich, mir die Ursache des Bösen nicht enträtselt und entwirrt. Was sie aber auch sein mochte, ich glaubte sie so suchen zu müssen, daß ich durch sie nicht genötigt würde, dich, Gott, den Unwandelbaren, für wandelbar zu halten, auf daß ich nicht selbst würde, wonach ich forschte. So suchte ich unbekümmert und war sicher, daß die diesbezüglichen Lehren der Manichäer Lügen seien, die ich aus Grund meiner Seele floh, weil ich sah, daß für Forschen nach dem Urgrunde des Bösen nur aus Bosheit geschehe, weil sie glaubten, daß dein Wesen viel eher dem Bösen unterliege, als daß ihr Wesen das Böse tue.

Ich bestrebte mich nun, die gehörte Lehre zu begreifen, daß nämlich die freie Entscheidung unseres Willens die Ursache des Bösen sei und daß dein Gericht, das wir erlitten, ein gerechtes sei. Diese klare Ursache einzusehen vermochte ich aber nicht. Sooft ich daher die Schärfe meines Geistes aus der Tiefe hervorzuführen versuchte, tauchte sie wiederum unter, und bei dem oft wiederholten Versuche sank ich immer und immer wieder zurück. Denn es erhob mich zu deinem Lichte, daß ich ebenso überzeugt war von dem Vorhandensein meines freien Willens wie von meinem Leben. Wenn ich daher etwas wollte oder nicht wollte, so war ich ganz sicher, daß niemand anders als ich es wollte oder nicht wollte, und allmählich kam ich zu dem Bewußtsein, daß hierin wohl der Urgrund des Bösen liege. Was ich aber wider Willen tat, das betrachtete ich mehr als ein Leiden von meiner Seite als eine Tat und glaubte, daß es keine Schuld, sondern eine Strafe wäre, die ich aber, da ich deine Gerechtigkeit anerkannte, sehr bald nicht ungerecht über mich verhängt bekannte. Wiederum aber sagte ich: Wer schuf mich?

Mein Gott, der nicht nur gut, sondern überhaupt das Gute ist? Woher da der Wille zum Bösen und der Nichtwille zum Guten, so daß ich gerechte Strafe verbüßen muß? Wer legte das in mich und säete in mich hinein den Keim der Bitterkeit, da ich ganz und gar von meinem süßen Gott geschaffen bin? Ist der Teufel der Urheber, nun woher stammt denn der Teufel? Und wenn er selbst erst durch Verkehrung seines Willens aus einem guten ein böser Engel ward, woher kam ihm dieser böse Wille, durch den er zum Teufel ward, da er, der Engel, seinem ganzen Wesen nach von dem besten Schöpfer gut erschaffen ward? Von diesen Gedanken ward ich immer wieder niedergedrückt und geängstet; aber ich versank nicht in die Tiefe des Irrtums, wo niemand sich schuldig bekennt, indem man glaubt, du seiest eher der Dulder als der Mensch der Täter des Bösen.

Viertes Kapitel

Nun strebte ich, auch das übrige aufzufinden, wie ich denn bereits gefunden hatte, daß das Unwandelbare besser sei als das Wandelbare, und ich bekannte, daß du, was du auch sein magst, unveränderlich seiest. Denn kein Geist vermag oder wird je vermögen, etwas Besseres, als du bist, auszudenken, der du das höchste und beste Gute bist. Wenn nun aber wahrhaftig und gewiß das Unwandelbare dem Wandelbaren vorzuziehen ist, wie ich davon schon überzeugt war, so konnte ich mit meinem Forschen etwas erreichen, nämlich, daß es etwas Besseres als dich, o mein Gott, geben müßte, wenn du veränderbar wärest.

Sobald ich einsah, daß das Unveränderbare dem Veränderlichen vorzuziehen sei, mußte ich dich suchen und von da aus forschen, wo der Sitz des Bösen sei, das heißt, woher das Verderben selbst stamme, von dem dein Wesen nie ergriffen werden kann. Denn keine Vergänglichkeit vermag unsern Gott in irgendeiner Weise zu verletzen, weder durch den Willen noch durch eine Notwendigkeit noch durch ein Ungefähr, weil er selbst Gott ist, und was er will, ist gut, er selbst ist das Gute, verderbt werden aber heißt nicht gut sein. Auch wirst du nie wider deinen Willen zu etwas genötigt, weil dein Wille nicht größer ist als deine Macht. Größer wäre er nur, wenn du selbst größer wärest, als du bist; denn Gottes Wille und Gottes Macht sind Gott selbst. Und was käme dir, der du alles kennst, wohl unvermutet? Es gibt kein Geschöpf als nur dadurch, daß du es erkennst. Was sollen wir noch viel darüber sagen, warum das Wesen, welches Gott heißt, unveränderlich ist? Denn wäre es nicht also, so wäre Gott nicht.

Fünftes Kapitel

Ich forschte danach, woher denn das Böse komme, und forschte schlecht; ich erkannte in meinem Forschen selbst nicht das Böse. Vor meinen Geist stellte ich die ganze Schöpfung und was in ihr zu sehen ist, die Erde, das Meer und die Luft, die Gestirne, die Bäume und die anderen sterblichen Geschöpfe; ferner alles, was wir in ihr nicht erblicken, wie die Himmelsfeste droben mit ihren Engeln und sämtlichen Geistern; aber freilich auch dies ordnete meine Einbildung in bestimmte Räume, als ob es Körper wären, und ich bildete aus deiner Schöpfung eine einzige große Masse, in sich geschieden nach Geschlechtern, als seien sie wirklich Körper oder als stellte ich mir die Geister als Körper vor. Groß machte ich mir diese Masse, aber nicht, wie sie wirklich ist, denn das konnte ich nicht wissen, sondern nach meinem Belieben von allen Seiten begrenzt. Dich aber, o Herr, bildete ich mir ein als den sie Überall Umfassenden und Durchdringenden und Allbegrenzten. Gesetzt, das Meer erfüllte alles und allenthalben durch die unermeßlichen Räume wäre nur allein das Meer und Es enthielte in sich einen Schwamm von beliebiger, jedoch begrenzter Größe, so wäre dieser Schwamm vollständig und in jedem seiner Teile erfüllt von diesem unermeßlichen Meere. So stellte ich mir deine begrenzte Schöpfung, die von dir, dem Unbegrenzten, erfüllt ist, vor und sprach: Siehe, so ist Gott und so ist Gottes Schöpfung beschaffen, und gut ist Gott und viel besser als jenes; doch hat der Gute Gutes erschaffen, und siehe, wie er es umfaßt und erfüllt! Wo ist nun also der Sitz des Bösen, woher kommt es und auf welchem Wege hat es sich eingeschlichen? Was ist seine Würze und sein Same? Existiert es etwa überhaupt nicht? Warum fürchten wir uns aber denn und hüten uns vor dein, was nicht ist? Oder aber, wenn unsere Furcht mächtig ist, ist dann die Furcht selbst das Böse, von der das Herz vergebens gereizt und gepeinigt wird? Und das Übel ist um so schwerer, als nichts ist, was wir zu fürchten hätten, als unsere Furcht nichtig ist und wir uns dennoch fürchten? Es ist daher entweder das Böse wirklich, das wir fürchten, oder das Böse besteht eben darin, daß wir uns fürchten. Woher ist es doch, da der Gott alles schuf, der Gute Gutes? Das größere und höchste Gut schuf kleineres Gut, aber doch war der Schöpfer und Lenker in ihrer Gesamtheit gut. Woher kommt nun also das Böse? War es eine böse Materie, mit der er dies schuf? Hatte er dieselbe gebildet und geordnet und blieb etwas zurück, das er nicht ins Gute wandelte? Fehlte ihm die Macht, das Ganze umzuwandeln, daß nichts Böses zurückbliebe, da er doch allmächtig ist? Endlich, warum wollte er aus der bösen Materie etwas schaffen, warum hat er sie mit seiner Allmacht nicht gänzlich vernichtet? Oder konnte sie gegen seinen Willen existieren? Wenn sie ewig war, warum ließ er sie so lange durch unendliche Zeiten rückwärts gewendet sein und wollte erst so lange hernach etwas aus ihr machen? Und wenn er so plötzlich etwas mit ihr vornehmen wollte, so hätte er sie in seiner Allmacht vernichten sollen, damit er selbst allein das ganze, wahre, höchste, unbeschränkte Gute wäre? Und wenn nichts gut vorhanden war, aus dem er, der gut war, Gutes bilden und schaffen konnte, warum hat er nicht die böse Masse beseitigt und vernichtet und eine gute bereitet, aus der er alles schaffen konnte? Er wäre ja nicht der Allmächtige, wenn er nichts Gutes schaffen könnte; er würde dann von einer Masse unterstützt, die er nicht selbst schuf. – Solche Gedanken bewegte ich in meinem elenden Herzen, beschwert von nagenden Sorgen und Furcht vor dem Tode und dem fruchtlosen Suchen nach Wahrheit; doch haftete in meinem Herzen der kirchliche Glaube an Christum, unsern Herrn und Heiland, oft freilich noch gestaltlos und über die Schranke der wahren Lehre fließend; aber doch ließ ihn meine Seele nicht, sondern von Tag zu Tag sog sie mehr von ihm ein.

Sechstes Kapitel

Schon hatte ich auch die trügerischen Prophezeiungen der Sterndeuter und ihre gottlosen Albernheiten verworfen. Auch das, mein Gott, dankt mein innerstes Herz nur deinen Erbarmungen. Denn du, nur du, wer anders ruft uns hinweg von allem tödlichen Irrtum als das Leben, das nicht zu sterben weiß, und die Weisheit, die den Geist in seiner Bedürftigkeit erleuchtet, sie, die keines Lichtes bedarf, die ihre Welt erhält bis zu der Bäume flatternden Blättern. Du lenktest meine Hartnäckigkeit, mit der ich dem scharfsinnigen Greise Vindicianus und dem Nebridius mit jener wunderbaren Jünglingsseele widerstand. Von diesen behauptete der eine mit eifriger Festigkeit, der andere zwar noch mit etwas Zweifel, aber desto öfter, es gäbe keine Kunst, die Zukunft vorauszusehen, die Berechnungen der Menschen hätten oft die Macht des Zufalls für sich, und wenn man so viel spreche, so werde zufällig auch manches gesagt, das in Erfüllung gehe, ohne Wissen derjenigen, die es sagten, nur durch vieles Reden träfen sie es zufällig. Du sorgtest mir für einen Freund, der kein lässiger Frager der Sterndeuter war, doch ihre Schriften nicht gründlich verstand, sie nur aus Neugierde befragte und einiges, was er wußte, von seinem Vater gehört haben wollte. Er ahnte nicht, wie viel das dazu beitrug, bei mir das Vertrauen zu jener Kunst zu entkräften. Dieser Mann, mit Namen Firminus, in der Beredsamkeit wohlunterrichtet und wohlbewandert, fragte mich als seinen vertrauten Freund über einige Dinge, auf die er seine zeitliche Hoffnung aufbaute, unter anderen auch, was ich von der Konstellation halte, unter der ich geboren sei, und ich, der ich mich schon in dieser Hinsicht der Ansicht des Nebridius zuneigte, versagte ihm zwar nicht, auf sein Verlangen einzugehen und ihm meine Deutung zu sagen, wendete ihm aber doch dabei ein, daß ich von der Lächerlichkeit und Nichtigkeit jener überzeugt sei. Darauf erzählte er mir, daß sein Vater auf derlei Bücher außerordentlich erpicht gewesen sei und einen Freund von gleicher Neigung besessen habe. Beide hätten sich mit einem wahren Feuereifer auf diese Possen geworfen, so daß sie selbst die Geburtsstunde ihrer Haustiere beobachteten und die dabei in Frage kommenden Stellungen der Gestirne sich aufmerkten, um Versuche für ihre Kunst zu sammeln. Im weiteren Gespräch sagte er mir dann, sein Vater habe ihm mitgeteilt, daß, als seine Mutter mit ihm schwanger gewesen, auch eine Sklavin des väterlichen Freundes in gleicher Lage gewesen sei, was ihrem Herrn nicht verborgen bleiben konnte, der ja auch die Geburten seiner Hunde mit größter Sorgfalt und Genauigkeit zu erfahren Sorge trug; und so geschah es, daß mein Vater für die Gattin, dieser für die Sklavin Tage, Stunden und Minuten ganz genau zählte. Beide wurden zu gleicher Zeit entbunden, so daß die Konstellationen bei beiden Geburten sowohl für den Sohn als für den kleinen Sklaven bis auf die Minute übereinstimmten. Als die Geburten bei beiden Weibern begannen, gaben sich beide durch bereitgehaltene Boten, die sie sich wechselseitig einander zuschicken wollten, Nachricht über das, was zu Hause vorging, sobald die Geburt des Kindes angekündigt wurde, was sie als Herren in ihrem Reiche leicht bewerkstelligen konnten. So begegneten sich die beiden Boten unterwegs zwischen den beiden Häusern und die Konstell-ationen der beiden zeigten auch nicht den geringsten Unter-schied, und doch eröffnete sich dem Firminus eine glänzende Karriere, er kam zu Reichtum und gelangte zu Ehrenämtern; jenem Sklaven aber ward nie sein Joch erleichtert, und er diente seinem Herrn fort, wie Firminus der ihn kannte, bezeugte.

Als ich das hörte und glaubte, denn er war vollkommen glaubwürdig, sank aller Widerstand, und ich suchte nun sogleich den Firminus von jenem Aberglauben zu heilen, indem ich ihm sagte, wenn ich nach der Einsicht in seine Konstellationen die Wahrheit hätte verkünden sollen, hätte ich in derselben Konstellation gesehen haben müssen, daß seine Eltern vornehmen Standes, daß seine Familie angesehen in der Stadt sei, daß sie frei geboren seien, daß seine Erziehung eine freie, daß der Unterricht, den er genossen, ein wissenschaftlicher gewesen sei. Und wenn mich nun der Sklave über seine Konstellation gefragt hätte, die ja bei ihm ganz dieselbe sei, so hätte ich in ihr der Wahrheit gemäß wiederum seine geringe Familie, seinen Sklavenstand und alles andere von dem vorigen doch so ganz und gar verschieden sehen müssen. Woher sollte es geschehen, daß ich, um das Richtige auszusprechen, dieselben Konstellationen entgegengesetzt deuten sollte, daß ich dagegen falsch es spräche, wenn ich dasselbe sagte: Daraus ging für mich mit Bestimmtheit hervor, daß die richtigen Antworten auf Konstellationen nicht aus zuverlässiger Kunst, sondern aus Zufall sich ergaben, daß dagegen die falschen Antworten nicht aus Unkenntnis der Kunst hervorgingen, sondern durch Trug des Zufalls.

So war der Zugang eröffnet und ich dachte mir die Sache noch weiter aus, damit mir nicht einer von den Betrügern, welche ein Gewerbe damit trieben und die ich nun immer mehr und mehr zu widerlegen und zu verspotten suchte, den Vorwurf machte, als hätte Firminus mir oder sein Vater ihm Falsches berichtet, und wandte meine Aufmerksamkeit auf die Zwillingsgeburten, von denen die meisten einander so schnell folgen, daß der kleine Zeitunterschied, welchen Einfluß sie ihm auch auf die Natur beilegen, doch durch die menschliche Beobachtung nicht aufgefaßt und aufgezeichnet werden kann in Zeichen, in welche der Sterndeuter dann Einsicht nehmen muß, um Wahres zu prophezeien. Doch es wird nie wahr sein, da derjenige, der auf dieselben Aufzeichnungen sähe, von Esau und Jakob auch ein und dasselbe hätte aussagen müssen, und beide hatten doch verschiedene Schicksale. Er würde demnach Falsches sagen, oder wenn er Wahres aussagte, würde er aus denselben Zeichen nicht dasselbe sagen. Nicht also durch die Kunst, sondern einzig und allein durch den Zufall würde er Wahres sagen. Du aber, o Herr, gerechter Lenker des Weltalls, wirkst in den Fragenden und Befragten, ohne daß sie es wissen, durch deinen verborgenen Antrieb, so daß jeder, wenn er dich fragt, das hört, was er aus der Tiefe deines göttlichen Gerichts hören muß, nach dem, was menschlichen Augen verborgen, die Seelen verdient, welchem der Mensch nicht entgegnen darf: Was ist das, warum das? Er soll es nicht sprechen, denn er ist Mensch.

Siebentes Kapitel

Aus diesen Banden hattest du mich, o mein Helfer, bereits befreit, noch aber forschte ich nach dem Urgrunde des Übels und noch fand ich keinen Ausgang. Aber du ließest mich nicht durch die Wogen meiner Gedanken hinwegreißen von dem Glauben, durch den ich der festen Überzeugung war, daß du bist und daß dein Wesen unveränderlich ist, daß dein ist die Sorge und das Gericht über die Menschen und daß du in Christo, deinem Sohne, unserem Herrn, und den heiligen Schriften, die das Ansehen deiner Kirche empfiehlt, einen Weg des Heils für die Menschen geschaffen hast zu dem Leben, das nach diesem zeitlichen Tode folgen wird. So war dies gerettet und stand unerschütterlich in meiner Seele fest, und mit glühender Sehnsucht forschte ich nun, was der Urgrund des Bösen sei. Welche Qualen meines keuchenden Herzens, welche Seufzer, o mein Gott! Und gegenwärtig war dein Ohr, doch wußte ich nicht davon. Und als ich im verborgenen fort und fort suchte, da war die stille Zerknirschung meines Herzens eine laute Stimme von deinem Erbarmen. Du wußtest. was ich litt, sonst keiner der Menschen. Wie wenig ward davon mitgeteilt durch die Sprache meines Mundes den Ohren meiner vertrautesten Freunde! Sprach sich etwa der ganze Aufruhr meiner Seele gegen sie aus, wozu weder die Zeit noch mein Mund hinreichte? Und dennoch kam alles zu deinem Ohre, was ich in der Angst meines Herzens schrie, vor dir war all mein Sehnen und meiner Augen Licht war mir entwichen. Denn es war in meinem Innern, ich aber war draußen. Das Licht war nichts Räumliches; ich aber lenkte meinen Sinn auf das, was den Raum einschließt, und fand dort keine Ruhestätte, auch nahm mich jenes nicht auf, daß ich hätte sagen können: Es ist genug und hier ist's gut; nicht ließ es mich in mein Inneres zurückkehren, wo mir genugsam wohl gewesen wäre. Denn ich war darüber erhaben, aber doch niedriger als du, und du bist die wahre Freude, wenn ich mich dir unterwerfe, und du unterwarfest, was du niedriger schufst als mich, und dies war das richtige Verhältnis und der mittlere Bereich meines Heils zwischen dem, was über mir, und dem, was unter mir, damit ich bleibe nach deinem Bilde und in deinem Dienste den Leib beherrschte. Aber da ich mich stolz wider dich erhob und wider den Herrn anlief, mein Nacken hart unter meinem Schilde, da erhob sich jenes Niedrige über mich und drückte mich, und nirgends fand ich Erleichterung und Erholung. Die Krassesten, die Dinge selbst traten mir, wenn ich die Augen auftat, haufenweise und zusammengebaut in den Weg, meinem Denken aber die Bilder der Dinge, wenn ich zurückkehren wollte, als sprächen sie: Wohin, du Unwürdiger und Unreiner? Und dies war aus meiner Wunde hervorgewachsen, weil du den Stolzen niederwirfst gleich einem Verwundeten. Meine Hoffart aber trennte mich von dir und meines Angesichtes Aufgeblasenheit schloß mir die Augen.

Achtes Kapitel

Du aber, o Herr, bleibst in Ewigkeit und du zürnst uns nicht ewig. Weil du erbarmt dich hast des Staubes und der Asche, so wolltest du, dich mir erbarmend nahend, meine Mißgestalt umbilden, und du triebst mich mit dem innern Stachel, daß ich keine Ruhe hatte, bis ich deiner durch inneres Schauen gewiß wäre; da wich meine Geschwulst deiner verborgenen Heilkraft und die gestörte und verfinsterte Sehkraft meines Geistes ward von Tag zu Tag von dem scharfen Balsam heilbringender Schmerzen geheilt.

Neuntes Kapitel

Vor allem wolltest du mir zeigen, wie du den Stolzen widerstehest, den Demütigen aber Gnade gibst, und wie groß sich dein Erbarmen den Menschen auf dem Wege der Demut erwiesen hat, da dein Wort Fleisch ward und unter uns wohnte. Du schafftest mir durch einen von unbändigem Stolze aufgeblasenen Menschen einige aus dem Griechischen und Lateinischen übersetzte Bücher der Platoniker, und ich las darin, zwar nicht mit denselben Worten, aber dem Sinne nach, mit vielen und mancherlei Gründen behauptet: Im Anfang war das Wort und das Wort war bei Gott und Gott war das Wort; dasselbe war im Anfang bei Gott, alle Dinge sind durch dasselbe gemacht, und ohne dasselbe ist nichts gemacht, was gemacht ist, in ihm war das Leben und das Leben war das Licht der Menschen; und das Licht scheint in der Finsternis und die Finsternis hat es nicht begriffen. Daß aber die Menschenseele, obwohl sie Zeugnis gibt von dem Licht, doch nicht selbst das Licht ist, sondern das Wort, Gott selbst das wahre Licht ist, welches alle Menschen erleuchtet, die in diese Welt kommen; es war in der Welt und die Welt ist durch dasselbige gemacht und die Welt kannte es nicht. Daß er in sein Eigentum kam und die Seinigen ihn nicht aufnahmen, wie viele ihn aber aufnahmen, daß er denen Macht gab, Gottes Kinder zu werden, die an seinen Namen glauben – das las ich dort nicht.

Ferner las ich dort, das Wort, Gott selbst ist nicht aus dem Fleische, nicht aus dem Blute, nicht aus dem Willen des Mannes noch aus dem Willen des Fleisches, sondern aus Gott geboren. Aber daß das Wort Fleisch wurde und wohnete unter uns, das las ich dort nicht. In jenen Schriften fand ich auch oft und in verschiedener Weise ausgedrückt, daß der Sohn sei in Gestalt des Vaters und daß er es nicht für einen Raub gehalten, Gott gleich zu sein, wie er es schon von Natur sei. Allein daß er sich selbst erniedrigt, Knechtsgestalt angenommen und gleich ward wie ein anderer Mensch und an Gebärden als ein Mensch erfunden, sich selbst erniedrigte und gehorsam wurde bis zum Tode, ja bis zum Tode am Kreuze, daß ihn Gott erhöhet und ihm einen Namen gegeben habe, der über alle Namen ist; daß in dem Namen Jesu sich beugen sollen aller derer Knie, die im Himmel und auf Erden und unter der Erde sind und alle Zungen bekennen sollen, daß Jesus Christus der Herr sei zur Ehre Gottes des Vaters, das enthalten diese Schriften nicht. Daß vor Beginn der Zeiten und unwandelbar über den Zeiten dein eingeborener Sohn gleich ewig mit dir bliebe und daß die Seelen von seiner Fülle Gnade um Gnade nehmen, um selig zu sein, und durch Teilnahme an der immer für sich bestehenden Weisheit erneut werden, auf daß auch sie weise seien, das findet sich dort. Daß er aber nach der Zeit für uns Gottlose gestorben ist und daß du auch deines eigenen Sohnes nicht hast verschonet, sondern für uns alle dahingegeben, das suchst du vergeblich. Denn das hast du den Weisen und Klugen verborgen und hast es den Unmündigen geoffenbaret, daß zu ihm kommen sollten alle, die mühselig und beladen sind, und er sie erquicke, denn er ist sanftmütig und von Herzen demütig und er führt die Demütigen auf dem Wege der Gerechtigkeit und lehrt die Sanftmütigen seine Wege, indem er unsere Demut sieht und unsere Sünde vergibt. Die aber auf dem Kothurn einer angeblich erhabenen Weisheit dahinschreiten, sie hören nicht die Stimme, die ihnen zuruft: Lernet von mir, denn ich bin sanftmütig und von Herzen demütig, so werdet ihr Ruhe finden für euere Seelen. Sie haben, obgleich sie Gott erkannt, ihn doch nicht als einen Gott gepriesen und gedanket, sondern sind in ihrem Dichten eitel geworden, und ihr unverständiges Herz ist verfinstert; da sie sich für weise hielten, sind sie zu Narren geworden. Deshalb las ich auch dort, wie sie die Herrlichkeit des unveränderlichen Gottes verwandelt haben in ein Bild gleich den vergänglichen Menschen und den Vögeln und den vierfüßigen und kriechenden Tieren, die ägyptische Speise nämlich, durch welche Esau seine Erstgeburt verlor, wie das erstgeborene Volk statt deiner einst das Haupt eines vierfüßigen Tieres verehrte, da es sein Herz nach Ägypten wandte und dein Bild ihre Seele vor dem Bilde eines heufressenden Kalbes beugte. Dies fand ich, doch genoß ich nicht davon. Denn es gefiel dir, Herr, von Jakob die Schmach der Erniedrigung hinwegzunehmen, damit der Größere dem Kleineren diene, und du riefst die Heiden in dein Erbe. Und ich kam zu dir von den Heiden und gierte nach dem Golde, was du dein Volk aus Ägypten mitnehmen ließest, weil es dein Eigentum war, wo es sich auch befand. Und zu den Athenern sprachst du durch deine Apostel: In ihm leben, weben und sind wir, wie auch einige von den Euren sagen, und von dieser Art waren auch jene Schriften. Ich wandte mich nicht zu den Götzen der Ägypter, denen sie von deinem Golde opferten, sie, welche die Wahrheit Gottes in Lüge verwandelten, und haben mehr gedient dem Geschöpfe, denn dem Schöpfer.

Zehntes Kapitel

Hierdurch gemahnt, zu mir selbst zurückzukehren, trat ich ein in mein Innerstes unter deiner Führung, und ich vermochte es, denn du standest mir helfend zur Seite. Ich trat ein und sah, so blöde auch das Auge meiner Seele noch war, ob diesem Auge meiner Seele, ob meinem Geiste das unwandelbare Licht, nicht dies gemeine und jedem Fleisch sichtbare, auch nicht, als wenn es größer wäre, jedoch von derselben Art und weit, weit heller noch erglänzend, alles mit seiner Größe erfüllt. Nein, nicht also, sondern anders, ganz anders und gewaltig von alledem unterschieden. Auch war es nicht also über meinem Geiste wie das Öl über dem Wasser, auch nicht wie der Himmel über der Erde, sondern weit erhabener, weil er mich selbst schuf, und ich weit tiefer, weil ich sein Geschöpf war. Wer die Wahrheit kennt, der kennt es, und wer es kennt, der kennt auch die Ewigkeit, die Liebe kennt er. O ewige Wahrheit und wahre Liebe und liebe Ewigkeit , du bist mein Gott und Tag und Nacht seufze ich zu dir. Und da ich dich erkannte, da nahmst du mich an, auf daß ich sähe, es sei wahrhaftig, was ich sehen könnte, ich aber sei noch nicht imstande zu sehen. Du machtest die Blendung meiner geschwächten Sehkraft zunichte, da du mächtig über mir strahltest, und ich bebte vor Liebe und Schauer, und ich fand, daß ich weit entfernt sei von dir im Abstand meiner Unähnlichkeit; da war mir's, als hörte ich deine Stimme aus der Höhe, die spräche: Ich bin eine Speise der Starken; wachse und du wirst mich genießen. Nicht wirst du mich in dich wandeln, gleich der Speise deines Fleisches, du wirst gewandelt werden in mich. Und ich erkannte, wie du den Menschen züchtigst um der Sünde und wie du gleich einem zerstörten Spinngewebe meine Seele verschrumpfen ließest, und ich sprach: Ist denn die Wahrheit nichts, weil sie weder durch den endlichen noch durch den unendlichen Raum verbreitet ist? Und du riefst mir aus der Ferne: ja, sie ist; ich bin, der ich bin. Da hörte ich, wie man hört im Herzen, und der Zweifel wich von mir gänzlich. Eher hätte ich daran gezweifelt, daß ich lebe als daß es Wahrheit gäbe, die man an der Schöpfung der Welt wahrnimmt.

Elftes Kapitel

Nun betrachtete ich das, was unter mir steht, und ich sah, daß es weder durch uns ist noch durch uns nicht ist. Es ist zwar, weil es von dir ist, es ist aber nicht, weil es nicht das ist, was du bist. Denn nur das ist wirklich, was ohne Veränderung bleibt. Mein Gut ist, daß ich mich zu Gott halte, denn bliebe ich nicht in ihm, so könnte ich keine bleibende Stätte in mir selbst haben. Er aber bleibt, was er ist, und erneut alles. Und du bist mein Gott, der meines Gutes nicht bedarf.

Zwölftes Kapitel

Dies wurde mir dadurch offenbar, weil es der Charakter der guten Dinge ist, Verschlechterung erleiden zu können, die, weder wenn sie die höchsten Güter wären noch wenn sie keine Güter wären, verderbt werden könnten; wären sie die höchsten Güter, so wären sie nicht verderblich, wären sie keine Güter, dann gäbe es nichts an ihnen, was verderbbar wäre. Denn das Verderben bringt Schaden; wenn es aber das Gute nicht verringerte, dann könnte es nicht schaden. Entweder also bringt die Verderbnis keinen schaden, was nicht möglich ist, oder nur das steht durchaus sicher da, alles, was dem Verderben unterliegt, wird eines Gutes beraubt. Wenn aber etwas alles Guten beraubt wird, dann wird es überhaupt nicht sein. Denn wären sie noch und könnten nicht mehr verdorben werden,» wären sie besser, denn sie würden unverderbbar bleiben. Was wäre aber ungeheuerlicher, als zu sagen, Dinge würden nach dein Verluste alles Guten besser? Werden sie also alles Guten beraubt, so sind sie überhaupt nicht; solange sie also sind, sind sie gut; alles, was da ist, ist also gut. Das Böse, nach dessen Ursprung ich forschte ist also keine Substanz, denn wäre es Substanz, dann wäre es gut. Denn entweder wäre es eine unverderbliche Substanz also ein hohes Gut, oder es wäre eine verderbliche Substanz, welche, wenn sie nicht gut wäre, nicht verderbt werden könnte. Daher sah ich und war es mir klar, daß alles, was du schufest, gut ist, und daß es keine Substanz gibt, die du nicht geschaffen. Obwohl du nicht alles gleich geschaffen hast, so ist doch alles, weil es als Einzelding gut ist, auch in seiner Gesamtheit gut, denn unser Gott schuf alles sehr gut.

Dreizehntes Kapitel

An dir ist überhaupt nichts Böses, und nicht nur an dir, sondern auch an deiner gesamten Schöpfung; denn nichts ist außer ihr, was einbräche und die Ordnung, die du festgesetzt hast, zerstörte. Im einzelnen aber hält man das für böse, was mit anderem nicht übereinstimmt; aber dasselbe stimmt mit anderem überein und ist gut und darum auch in sich selbst gut. Und alles das, was nicht miteinander übereinstimmt, stimmt mit Niedererem überein, nämlich mit dem, was wir Erde nennen, die ihren entsprechenden wolkigen und stürmischen Himmel hat. Fern sei es von mir zu sprechen: »Wenn doch das Niedere gar nicht erst existierte; denn wenn ich es allein schaute, so würde ich sicherer suchen; aber auch für jenes allein müßte ich dich loben, weil verkündigen dein Lob die Drachen von Erde und alle Tiefen, Feuer und Hagel und Schnee und Eis und die Stürme der Wetter, welche dein Wort ausrichten, Berge und alle Hügel, fruchttragende Bäume und alle Zedern, Raubtiere und alle niederen Tiere, Gewürm und gefittigte Vögel, die Könige der Erde und alle Völker, die Fürsten und alle Richter der Erde, Jünglinge und Jungfrauen, Alte und junge loben deinen Namen. Da sie aber auch von dem Himmel dich loben, unser Gott in der Höhe, alle deine Engel, alles dein Heer, Sonne und Mond, alle Sterne und das Licht, die Himmel der Himmel und die Wasser, die über dem Himmel sind, deinen Namen loben, so sehnte ich mich nicht mehr nach Besserem, der ich aller Dinge gedachte, und ich erwog nach gesundem Urteil, daß das Erhabenere zwar besser sei als das Niederere, daß das Ganze aber doch besser sei als das Erhabenere allein.

Vierzehntes Kapitel

Unvernünftig sind diejenigen, welchen etwas an deiner Schöpfung mißfällt, wie auch ich es war, solange mir so vieles, was du erschaffen hattest, mißfiel. Und weil sich meine Seele nicht so weit wagte, daß du mir, o mein Gott, mißfällig geworden wärest, so wollte sie das, was mir mißfiel, nicht für dein Werk halten. So kam sie zu der Ansicht von den zwei Substanzen, und ich ruhte nicht und sprach irre. Von da zurückgekommen, schuf sie sich einen Gott, der durch die Unendlichkeit des Raumes verbreitet sein sollte; den hielt sie für dich und stellte ihn in ihrem Herzen auf und ward wieder ein Tempel ihres Götzen, den du verabscheutest. Doch darauf bargst du, ohne daß ich es wußte, mein Haupt in deinem Schoß, schlossest meine Augen, daß sie nicht sähen die Nichtigkeit; ich bekam ein wenig Ruhe vor mir selbst und mein Wahnsinn schlief ein, und dann erwachte ich in dir und sah dich unendlich anders, doch dies Schauen war nicht vorn Fleisch.

Fünfzehntes Kapitel

Und ich blickte zurück auf das andere und fand, daß sie dir ihr Dasein verdanken und daß alles in dir begrenzt sei, aber nicht gleichsam durch den Raum, sondern weil du in deiner Hand mit deiner Wahrheit alles umfassest, und alles ist wirklich, soweit als es ist; nichts ist Falschheit als das, was nicht ist, während es nach unserer Ansicht ist und nicht ist. Und ich sah, daß alles nach seiner Eigentümlichkeit nicht nur seinem Orte, sondern auch seiner Zeit entspreche, weil du, der allein Ewige, nicht erst nach unzählbaren Zeiträumen zu wirken begonnen, weil alle Zeiträume, die vergingen sowohl, als die vergehen werden, weder gingen noch kämen, wenn du nicht wirktest und bliebest.

Sechzehntes Kapitel

Ich weiß es aus Erfahrung, daß man sich nicht wundern darf, wenn dem kranken Gaumen das Brot zur Pein wird, welches dem gesunden wohl schmeckt; ist doch auch dem kranken Auge das Licht zuwider, das dem klaren angenehm ist. So mißfällt deine Gerechtigkeit den Ungerechten, von der Natter und dem Wurme ganz zu schweigen, die du doch gut erschufst und die den niedersten Reihen deiner Schöpfung angehören; so ist es auch mit den Ungerechten, je unähnlicher sie dir sind; je ähnlicher sie dir aber sind, desto höheren Ordnungen gehören sie an. ich forschte, was die Ungerechtigkeit wäre, und fand in ihr keine Substanz, sondern nur eine Verkehrtheit des Willens, der sich von der höchsten Substanz, von dir, Gott, zu der niedrigsten Kreatur wendet, indem er sein Innerstes wegwirft und es eitel auf die Außenwelt richtet.

Siebzehntes Kapitel

Ich wunderte mich, daß ich dich schon liebte und nicht ein bloßes Trugbild statt deiner. Doch beeiferte ich mich nicht, zum Genuß meines Gottes zu gelangen, sondern bald ward ich hingerissen zu dir durch deine Schöne, bald hinweg von dir durch meine Last und sank mit Seufzen zurück, und diese Last, es war meine Gewohnheit des Fleisches. Doch noch dachte ich deiner, nicht mehr zweifelte ich, daß der in Wahrheit sei, dem ich anhangen sollte, daß ich aber noch nicht so weit gefördert sei, um Gott anhangen zu können. Denn der sterbliche Leib beschwert die Seele, und unsere irdische Behausung beschwert den zerstreuten Sinn. Ich war gewiß, daß dein unsichtbares Wesen, deine Kraft und Gottheit wird ersehen, so man des wahrnimmt an den werken, nämlich an der Schöpfung der Welt. Denn als ich danach forschte, woher ich ein Urteil über die Schönheit der Körper entnähme, sowohl derer, die am Himmel, als auch derer, die auf Erden sind, und was ich mir vergegenwärtige, wenn ich unbedenklich über das Wandelbare ein Urteil fällte und sprach: Dies muß so sein, jenes nicht so, als ich forschte, woher ich so urteilte, fand ich eine unwandelbare und wahre Ewigkeit der Wahrheit über meinem wandelbaren Geiste. Und so stieg ich stufenweise auf von den Körpern zu der Seele, die mittels des Körpers empfindet, von dieser zu ihrer inneren Kraft, welcher die Sinne des Körpers von einer Außenwelt Kunde bringen, soweit reicht auch das Vermögen der Tiere, von dort wiederum zu der beurteilenden Kraft, welche die Sinneseindrücke zur Prüfung empfängt. Diese aber erkannte sich in mir selbst als veränderlich und erhob sich zur Erkenntnis seiner selbst, entzog sich der bisher gewohnten Denkweise und machte sich frei von dem verworrenen, ihr widersprechenden Schwarm von Trugbildern, um das Licht zu finden, von dem sie erleuchtet würde, da sie ohne allen Zweifel behauptete, daß der Unwandelbare dem Wandelbaren vorzuziehen sei, und um zu erforschen, woher sie der Unwandelbare kenne, welches sie, ohne es irgendwie zu kennen, nimmermehr so sicher dem Wandelbaren vorziehen würde. Und sie gelangte zu dem wesentlichen Sein im Moment eines zagenden Aufblicks. Damals erkannte ich dein unsichtbares Wesen, das in deiner Schöpfung im Geiste wahrgenommen wird; aber ich vermochte nicht das Geistesauge darauf zu heften, und in meine Schwachheit zurückgeworfen und dem Gewohnten preisgegeben, behielt ich nichts mehr in mir als die liebende Erinnerung, die gleichsam nach dem Dufte der Speise verlangte, die zu genießen ich noch nicht befähigt war.

Achtzehntes Kapitel

Ich suchte den Weg zu der beharrlichen Stärke, die da befähigt ist, dich zu genießen, doch ich fand ihn nicht, bis ich den Mittler zwischen Gott und den Menschen, den Menschen Jesus Christus umfaßte, der da ist Gott über alles, hochgelobt in Ewigkeit, der da spricht: Ich bin der Weg, die Wahrheit und das Leben; der die Speise, für die ich zu schwach war, mit dem Fleisch mischte, denn das Wort ward Fleisch, auf daß unserer Kindheit zu Milch werde deine Weisheit, durch die du alles geschaffen. Denn nicht erfaßte ich meinen Herrn Jesus, den Demütigen in Demut, noch erkannte ich, was seine Niedrigkeit uns lehren solle. Denn dein Wort, die ewige Wahrheit, erhaben über der ganzen Schöpfung, richtet auf zu sich, die sich unterwerfen; unter den Niedrigen aber hat er sich gebaut eine niedere Wohnung aus unserem staube, wodurch er alle, die er sich unterwerfen wollte, von ihrer Selbsterhebung herunterdrückte und zu sich überführte, vom stolz sie heilend, ihre Liebe nährend, damit sie nicht in Selbstvertrauen noch weiter wankten, sondern vielmehr zum Gefühl ihrer Schwäche kämen beim Anblick der Gottheit zu ihren Füßen, die sich herabließ zu unserer Schwachheit, angetan mit dem Gewande der Sterblichkeit, und ermattet sich zu ihr niederwürfen, diese aber sich erhöbe, um sie aufzuheben.

Neunzehntes Kapitel

Ich aber war anderer Meinung und hielt nur so viel von meinem Herrn Jesu Christo, als ich von einem Manne von unvergleichbarer Weisheit gehalten hätte, dem niemand vergleichbar sei, zumal da er, wunderbar von einer Jungfrau geboren, um ein Beispiel zu geben, wie man zeitliche Güter verachten müsse, um die Unsterblichkeit zu erlangen, mir es verdient zu haben schien, daß sein Lehramt durch göttliche Fürsorge für uns ein solches Ansehen erlangte. Was für ein Gnadenmittel es sei, daß das Wort Fleisch geworden, konnte ich damals noch nicht einmal ahnen. Nur so viel erkannte ich aus den Schriften, die von ihm erzählen, weil er aß und trank, schlief, wandelte, sich freute, betrübt war und redete, so könne dein Wort mit dem Fleische nur vermittels menschlicher Seele und menschlichem Geiste zusammenhängen. Denn das weiß jeder, der die Unwandelbarkeit deines Wortes erkennt, die ich nun erkannte, soweit ich vermochte, ohne noch von der Seite daran zu zweifeln. Denn wenn sich die Glieder des Leibes nach Willkür jetzt bewegen, jetzt nicht, jetzt durch irgendwelchen Affekt erregt werden, dann wieder nicht, jetzt weise Gedanken ausgesprochen werden, jetzt wieder Stillschweigen eintritt – so sind das Eigenschaften, die der wandelbaren Seele und dem Geiste angehören. Wäre dies falsch von ihm erzählt worden, so liefe alles Gefahr, für Lüge zu gelten, und den Menschen bliebe kein Heil des Glaubens in jenen Schriften. Da nun das, was von ihm geschrieben steht, Wahrheit ist, so erkannte ich Christum als vollen Menschen nach Leib, Seele und Geist, nicht nur den Körper des Menschen oder die Seele und den Leib ohne den Geist, sondern den ganzen Menschen, wie er ist; ich vermeinte, daß Christus nicht als die Wahrheit in Person, sondern wegen der großen Vortrefflichkeit seiner menschlichen Natur und seines größeren Anteils halber an der Weisheit den übrigen vorgezogen werde. Alypius aber glaubte, es sei Glaube der Kirche, daß er Gott im Fleische sei, und zwar so, daß neben Gott und dem Fleische in Christo keine Seele sei, und glaubte nicht, daß ihm ein menschliches Wesen beigelegt werden dürfe. Da er nun überzeugt war, daß das, was uns von Christus erzählt ist, nur einem mir Seele und Geist begabten menschlichen Wesen möglich sei, so verhielt er sich lau gegen das Christentum. Später aber erkannte er, daß seine Ansichten mit den Irrlehren des Apollinaris übereinstimmten, und ist nun des Glaubens der Kirche froh und mit ihr verbunden worden. Ich aber bekenne, daß ich erst später zu der Erkenntnis gelangte, wie in dem Satze Das Wort ward Fleisch sich die kirchliche Wahrheit von der Irrlehre des Photinus unterscheidet. Denn die Mißbilligung der Irrlehrer bewirkt, daß die gesunde Lehre deiner Kirche den Sieg gewinnt. Es müssen Irrlehrer unter euch sein, auf daß die, so rechtschaffen sind, offenbar unter euch werden.

Zwanzigstes Kapitel

Damals war ich durch das Lesen von Schriften der Platoniker angeregt, die übersinnliche Wahrheit zu erforschen; ich erkannte dein unsichtbares Wesen an den Werken der Schöpfung, und wieder zurückgedrängt, empfand ich, was auch die Verfinsterung meiner Seele früher nicht hatte erkennen lassen, und doch war ich gewiß, daß du seiest, seiest unendlich und werdest doch nicht durch endliche und unendliche Räume verbreitet; gewiß war ich, du seiest wahrhaft, der du immer derselbe seiest, du seiest ewig in dir unveränderlich, alles andere sei aus dir, aus keinem anderen Grunde, als weil es kein Sein außer dir gibt, als weil es ist; des war ich sicher, jedoch war ich zu schwach, um mich deiner zu freuen. Ich schwatzte wie ein Kenner und wäre doch, hätte ich nicht in Christo, dem Erlöser, deinen Weg gesucht, nicht erfahren, sondern in Gefahren des Verderbens. Schon wollte ich für einen Weisen gelten, und das Maß meiner Strafe war von, und dennoch weinte ich nicht, sondern erhob mich, und das Wissen blähte mich auf Wo war jene Liebe, die sich auf dem Grunde der Demut, weiche ist Jesus Christus, aufbaut? Wie hätten jene Bücher vermocht, sie mich zu lehren! Doch glaube ich, daß ich nach deinem Willen erst auf jene Bücher stieß, bevor ich deine heilige Schrift kennenlernte, um es meinem Gedächtnisse einzuprägen, welchen Eindruck die Schriften der Platoniker auf mich gemacht, und damit, wenn ich erst durch deine Schrift gezähmt wäre und durch deine pflegende Hand meine Wunden geheilt wären, ich erkennen lernte, welch ein Unterschied sei zwischen der hochmütigen Anmaßung der Philosophen und dem demütigen Bekennen der Gläubigen, zwischen denen, die da sehen, wohin zu gehen ist, und denen, die nicht sehen, auf welchem Wege und den Weg, der zum seligen Vaterland führt, nicht bloß zu schauen, sondern auch zu bewohnen. Denn wäre ich zuerst durch die heilige Schrift belehrt worden und ich hätte vertraut mit ihr deine Wonne geschmeckt und wäre dann erst auf jene Bücher gekommen, vielleicht hätten sie mich dem wahren Grunde der Frömmigkeit entrissen, oder wenn ich auch festgeblieben wäre an dem eingezogenem Heil, ich hätte geglaubt, auch aus jenen Büchern könne dasselbe geschöpft werden, auch wenn man sie allein läse.

Einundzwanzigstes Kapitel

Mit höchster Begierde griff ich zu der ehrwürdigen Schrift deines Geistes und besonders dem Apostel Paulus. Und es schwanden alle jene Fragen, in denen er nur sich selbst zu widersprechen und wo der Inhalt jener Rede mir nicht ganz mit dem Gesetz und den Propheten übereinzustimmen schien. Ein einziger Charakter nur tat sich kund in den Reden, da lernte ich mich freuen mit Zittern. Ich fand, daß das, was in den Schriften der Platoniker Wahres gesagt wurde, auch hier, doch als Gnadengabe von dir gesagt werde, damit der, welcher sieht, sich nicht rühme, als hätte er es nicht empfangen, nicht nur das, was er sieht, sondern auch, daß er sieht, denn was hat er, was er nicht empfangen hätte? Und damit er nicht allein ermahnt wird, dich, der du immer derselbe bist, zu sehen, sondern auch gesundet, um dich festzuhalten, und daß der, welcher dich nicht von fern zu erschauen vermag, doch den Weg gehe, auf welchem er dahinkommen, dich schauen und festhalten kann.

Denn hat der Mensch auch Lust an Gottes Gesetz nach dem inwendigen Menschen, was wird er tun nach dem andern Gesetze in seinen Gliedern, das da widerstreitet dem Gesetze in seinem Gemüt und nimmt ihn gefangen in der Sünde Gesetz, welches ist in seinen Gliedern? Nur du bist gerecht, o Herr, wir aber haben gesündigt, Unrecht getan, sind gottlos gewesen, und deine Hand liegt schwer auf uns, und mit Recht sind wir dem alten Sünder, dem Fürsten des Todes hingegeben, denn er hat unsern Willen gebracht zu einem Ebenbild seines Wollens, mit dem er nicht bestanden ist in deiner Wahrheit. Was soll der Mensch des Elendes tun? wer wird ihn erlösen von dem Leibe dieses Todes, wenn nicht deine Gnade durch Jesum Christum unseren Herrn, den du dir ewig gleich zeugtest und schufest im Anfang deiner Wege, an dem der Fürst dieser Welt nichts des Todes Würdiges fand und ihn tötete, wodurch vertilgt ward die Handschrift, die wider uns zeugte. Das enthalten jene Bücher nicht. Auf ihrer Seite stehen nicht die Züge der Frömmigkeit, nicht die Tränen dieses Bekenntnisses, nichts vom Opfer eines reuigen Geistes, eines demütigen, zerknirschten Herzens, nichts von des Volkes Heil, von der Braut, der Stadt Gottes, nichts von des heiligen Geistes Unterpfand, nichts von dem Kelche unserer Erlösung. Dort singt keiner: Meine Seele ist stille zu Gott, der mir hilft; denn er ist mein Hort. meine Hilfe, mein Schutz, und ich werde nicht mehr wanken. Dort hört niemand die Stimme: Kommt her zu mir alle, die ihr mühselig und beladen seid; sie verschmähen es, von ihm zu lernen, daß er sanftmütig ist und von Herzen demütig. Das hast du den Klugen und Weisen verborgen, aber geoffenbart den Unmündigen. Etwas anderes ist es, von waldigem Bergesgipfel das Land des Friedens zu sehen, doch den Weg zu ihm nicht finden zu können und umsonst auf Umwegen sich abzumühen, wo ringsum die Flüchtlinge und Überläufer mit ihrem Führer dem Löwen und Drachen lauern und nachstellen, und ein anderes, auf dem rechten Wege sicher dahinzuwandeln, der da geschirmt ist durch die Fürsorge des himmlischen Königs und wo die nicht rauben, welche verlassen haben die himmlische Kämpferschar, denn sie meiden ihn wie eine Qual. Dies drang mir wunderbar tief ins Herz, da ich den geringsten deiner Apostel las; ich betrachtete dein Wirken, und ein Schauer ergriff mich.

Achtes Buch

Erstes Kapitel

Mein Gott, laß mich dankend deiner Erbarmungen gedenken und sie dir bekennen! Mein Gebein, es ist durchdrungen von Liebe zu dir und spricht: Herr, wer ist dir gleich? Du zerrissest meine Fesseln, und ich will dir das Opfer meines Lobes bringen. Wie du sie zerrissest, will ich erzählen und alle, die dich anbeten, werden dann sagen, wenn sie es hören: Gepriesen sei der Herr im Himmel und auf Erden; groß und wunderbar ist sein Name. Es hafteten in meinem Herzen deine Worte, und ringsumher umgabest du mich. Gewiß war ich deines ewigen Lebens, obgleich ich dasselbe erst nur durch einen Spiegel und in einem dunkeln Wort sah; aller Zweifel an eine unvergängliche Substanz war mir entnommen und daß von dieser alle Substanzen ihr Dasein hätten, und mein Wunsch war es, nicht deiner gewisser, aber in dir fester zu sein. In meinem irdischen Leben war noch alles im Schwanken und mein Herz mußte von dem alten Sauerteige gereinigt werden. Der Heiland, der selbst der Weg ist, gefiel ihm; aber durch die enge Pforte zu wandeln scheute ich mich. Da legtest du mir es ans Herz, und es dünkte mir gut, soweit ich es beurteilen konnte, zum Simplicianus zu gehen, den ich kannte als deinen treuen Knecht, an dem deine Gnade offenbar geworden. Auch hatte ich gehört, daß er von Jugend auf ein dir geweihtes Leben geführt habe; damals war er schon Greis, und in den langen Jahren, in denen er mit löblichem Eifer in der Nachfolge deines Weges begriffen war, schien er mir vieles erfahren und vieles gelernt zu haben, und so war es wirklich. Ich wünschte, daß er mir, wenn ich mich mit ihm über meine Anfechtungen besprach, aus dem Schatze seiner Erfahrungen vortrüge, auf welche Weise ich bei meiner Gemütsstimmung am besten auf deinem Wege zu wandeln vermöchte.

Ich sah die Kirche gefüllt; aber der eine ging diesen Weg, der andere jenen. Mir aber mißfiel es, daß ich in weltlichen Verhältnissen lebte, und schwer lastete es auf mir, da mich nicht mehr die gewohnte Lust entflammte, um in Hoffnung auf Ehre und Reichtum solche schwere Sklavenketten zu tragen. Sie hatten ihren Reiz verloren vor deiner Süßigkeit und vor der Herrlichkeit deines Hauses, das ich lieben gelernt; noch aber war ich an ein Weib gebunden, auch verbot mir ja der Apostel nicht zu heiraten, obgleich er zum Bessern riet und so sehr wollte, daß alle Menschen wären, wie er war. Aber zu schwach, zog ich es vor, mich weicher zu betten, und um dieses Einen willen trieb ich mich matt in den übrigen Lebensverhältnissen herum, entkräftet durch Verbuhltheit, wie ich mich auch in andere Dinge, die ich nicht dulden wollte, um des ehelichen Lebens willen zu schicken genötigt war.

Ich hatte aus dem Munde der Wahrheit gehört, es, gäbe jungfräuliche Seelen, die für das Himmelreich ihre Jungfrauenschaften bewahrten; aber nur, wer es fassen könne, möge es fassen. Es sind zwar alle Menschen eitel, die von Gott nichts wissen und an den sichtbaren Gütern nicht erkennen den, der da ist. Ich aber war nicht mehr in solcher Eitelkeit, ich hatte sie überschritten, und durch das Zeugnis deiner gesamten Kreatur hatte ich dich, unsern Schöpfer, und dein Wort, das Gott ist in dir und Gott ist mit dir, durch welches du alles schufest, gefunden. Es gibt noch eine andere Art von Gottlosen, die Gott erkennen und ihn doch nicht als Gott ehren und ihm nicht danken. Unter diese war ich gefallen, deine Rechte hatte mich aufgefangen, zog mich hinweg und brachte mich an den Ort, wo ich genesen sollte, denn du sprachest zu dem Menschen: Siehe, Gottesfurcht ist Weisheit, und dünke dich nicht weise zu sein, denn da sie sich für weise hielten, sind sie zu Narren geworden. Ich hatte die köstliche Perle gefunden; ich sollte nun verkaufen, was ich besaß, um sie zu erkaufen, und ich zweifelte.

Zweites Kapitel

So ging ich zu Simplicianus, dem geistlichen Vater des Bischofs Ambrosius, der ihn liebte, als sei er sein wirklicher Vater. Ich erzählte ihm die Irrfahrt meines Lebens. Als ich aber dabei erwähnte, ich hätte einige Schriften der Platoniker gelesen, die der ehemalige römische Rhetor Victorinus, der, wie ich gehört hätte, als Christ gestorben sei, ins Lateinische übertragen habe, da beglückwünschte er mich, weil ich nicht auf die Schriften anderer Philosophen verfallen sei, von loser Verführung und Täuschung nach der Welt Satzungen, während in diesen allenthalben auf Gott und sein Wort gedeutet werde. Hierauf, um mich zur demütigen Nachfolge Christi zu bewegen, die den Weisen verborgen und den Unmündigen geoffenbart ist, gedachte er des Victorinus selbst, mit welchem er zu Rom in vertrauter Freundschaft gelebt hatte; von ihm erzählte er mir einiges, was ich nicht verschweigen will. Denn hoch zu preisen hatte er deine Gnade; ein Hochgelehrter, erfahren in allen Wissenschaften, der so viele Schriften der Philosophen gelesen und beurteilt hatte, der Lehrer so vieler edler Senatoren, der, weil er im ansehnlichen Lehramte sich aus gezeichnet, eine Bildsäule auf dem römischen Forum verdient und erhalten hatte, was Weltleute als etwas Außerordentliches ansahen, der bis zu jener Zeit ein Verehrer der Götzenbilder, ein Teilnehmer an gottlosem Gottesdienst gewesen, von dem beinahe der ganze römische Adel angesteckt war, durch welchen das Volk die Ungeheuer aller Arten von Göttern überkam, so den Anubis mit dem Hundskopfe, die einst ihre Geschosse richtete »auf Neptun und gegen die Venus und gegen Minerva«, vor welchen Rom, die Siegerin, das Knie beugte und die der Greis Victorinus so manches Jahr mit schrecklich lärmendem Munde verteidigt hatte, er errötete jetzt nicht, ein Kind deines Sohnes Jesu Christi zu sein und ein Säugling seines Gedankenquells zu werden, seinen Nacken zu beugen unter das Joch der Demut und gebändigt seine Stirn zu senken unter die Schmach des Kreuzes.

Herr, Herr, der du die Himmel erniedrigt hast und zu uns herabgefahren bist, der du die Berge berührtest, und sie rauchten, auf welche Weise bahntest du dir den Weg in dieses Herz? Er las, wie mir Simplicianus sagte, die heilige Schrift und durchforschte eifrigst die Bücher der Christen, und dann sprach er nicht öffentlich, sondern heimlich und im Vertrauen zu Simplicianus: Wisse, jetzt bin ich Christ! Der aber antwortete ihm: ich kann es nicht glauben, noch zähle ich dich nicht unter die Christen, es sei denn, daß ich dich in der Kirche Christi sehe. jener aber sprach lächelnd: So machen die Wände den Christen? Und oft wiederholte er seine Worte, er sei schon Christ; ebenso antwortete ihm Simplicianus, und oft spottete jener über die Wände. Denn er scheute sich, seine Freunde, stolze Götzendiener, anzugreifen, und glaubte, daß ihre Feindschaft würde sich von dem Gipfel ihrer babylonischen Erhabenheit wie von Libanons Zedern, die der Herr noch nicht zerbrochen hatte, schwer auf ihn herabstürzen. Als er aber immer und immer wieder las und begierig forschte, da gewann er Festigkeit und geriet in Furcht, von Christus vor den heiligen Engeln verleugnet zu werden, wenn er sich scheute, ihn vor den Menschen zu bekennen, glaubte schwere Schuld auf sich zu laden, wenn er sich des Geheimnisses der Demut deines Wortes schämte, dagegen nicht errötete über den lästerlichen Gottesdienst hoffärtiger Dämonen, denen er sich als ihres Stolzes Nachahmer ergeben. Er legte die falsche Scham ab und schämte sich vor der Wahrheit und sprach plötzlich unvermutet zu Simplicianus: Laß uns zur Kirche gehen, ich will ein Christ werden. Jener ging mit ihm, kaum sich vor Freude fassend. Bald nachdem er den ersten Unterricht empfangen hatte, wurde er getauft. Rom staunte, die Kirche jubelte. Die Gottlosen sahen es und es verdroß sie; ihre Zähne bissen sie zusammen und vergingen vor Wut; du aber, o Herr, bliebst die Hoffnung deines Dieners, und er wandte sich nicht zu den Hoffärtigen, die mit Lügen umgehen.

Ab nun die Stunde gekommen war, wo er sein Glaubensbekenntnis ablegen sollte – es geschah dies zu Rom von erhabener Stätte aus im Angesicht des gläubigen Volkes nach einer auswendig gelernten Formel, Von denen, die deiner Taufgnade nahen wollen –, da wurde dem Victorinus von den Presbytern das Zugeständnis gemacht, wie es bei sehr Schüchternen Sitte war, er möge es nur vor ihnen ablegen; Victorinus aber entgegnete, er wolle sich zu seinem Heile lieber vor der Gemeinde der Heiligen bekennen. Denn was er als Lehrer der Rhetorik vortrug, es war nicht das Heil, und trotz alledem hatte er es öffentlich verkündigt. Er durfte sich um so weniger vor deiner sanften Herde scheuen, zu deinem Worte sich bekennend, er, der sich nicht gescheut hatte, seine Vorträge vor dem Schwarm der Unsinnigen zu halten. Als er daher die erhöhte Stätte bestieg, um sein Bekenntnis abzulegen, da riefen sich alle, die ihn kannten, glückwünschend seinen Namen zu mit lautem Jubel. Und wer hätte ihn nicht gekannt? Und »Victorinus! Victorinus!«, schallte es einstimmig aus der Freudigen Munde. Plötzlich, wie sie ihn sahen, brach ihr Jubel aus; plötzlich schwiegen sie gespannt, ihn zu hören. Mit fester Zuversicht legte er das Bekenntnis des wahrhaftigen Glaubens ab und alle wollten ihn in ihr Herz hineinziehen, und ihre Liebe und ihre Freude waren die sie umschlingenden Arme.

Drittes Kapitel

Gütiger Gott, wie kommt es, daß sich der Mensch mehr über das Heil seiner Seele freut, wenn sie verzweifelte und aus großer Gefahr gerettet wurde, als wenn die Hoffnung nie fehlte oder die Gefahr eine geringere war? Auch du, o barmherziger Vater, freutest dich mehr über einen Sünder, der Buße tut, als über neunundneunzig Gerechte, die der Buße nicht bedürfen. Mit großer Freude hören wir, wie auf den Schultern der frohlockenden Hirten das Schaf, das verirrt war, zurückgetragen wird und wie der wiedergefundene Groschen unter der Mitfreude der Nachbarn von dem Weibe, das ihn gefunden, zu ihrem Schatz gelegt wurde. Tränen entlockt uns die Freudenfeier deines Hauses, wenn es in deinem Hause von dem jüngeren Sohne heißt: Denn er war tot und ist wieder lebendig geworden, er war verloren und ist wiedergefunden. Du freust dich in uns und in deinen Engeln, die da geheiligt sind durch heilige Liebe. Denn du bist immer derselbe, weil du alles, was nicht immer, noch auf dieselbe Weise ist, immer auf dieselbe Weise kennst.

Wie kommt es also, daß die Seele mehr erfreut ist über das, was sie liebt, wenn sie es wiederfindet, als wenn sie es immer besessen? Daß dem so ist, beweist auch anderes; ja, überall stoßen wir auf Zeugnisse, die da rufen: So ist es! Der siegreiche Feldherr triumphiert, und er hätte nicht gesiegt, wenn er nicht gekämpft hätte, und je größer die Gefahr in der Schlacht war, desto größer ist die Freude des Triumphes. Der Sturmwind wirft die Schiffer umher und es droht der Schiffbruch, alle erblassen angesichts des kommenden Todes; Himmel und Meer beruhigt sich und ihre Freude ist ohne maß, weil sie sich allzusehr fürchteten. Ein Freund ist krank und seine Pulsader kündet Übles; alle, die ihm Genesung wünschen, kranken mit ihm zugleich im Geiste; er erholt sich, noch wandelt er nicht in seiner alten

Kraft und schon wird die Freude so groß, wie sie früher nicht war, da er gesund und frisch umherging. Selbst die Vergnügungen erwerben sich die Menschen nicht durch Beschwerden, die unvermutet und wider ihren Willen hereinbrechen, sondern durch absichtliche und freiwillige. Es gibt keine Lust beim Essen und Trinken, wenn nicht die Beschwerde des Hungerns und Durstens vorangeht. Die Trinker genießen Gesalzenes, wodurch ein brennender Reiz entsteht, und darin besteht der Genuß, diesen durch Trinken zu tilgen. Sitte ist es, daß sich die verlobten Bräute nicht sogleich dem Manne ergeben, damit er sie nicht geringachte, wenn er nicht zuvor als Bräutigam nach der Zögernden seufzte

Dasselbe finden wir bei häßlicher und verabscheuungswürdiger Freude, dasselbe aber auch bei erlaubter und gestatteter Lust, ja bei der reinsten Liebe der Freundschaft; dasselbe findet sich bei dem, der tot war und wieder lebendig wurde, der verloren war und wiedergefunden wurde. Überall geht größeres Leid, größere Freude voran. Wie kommt dies, mein Gott, da du dir selbst die ewige Freude bist und da es Geister gibt in deiner seligen Nähe, die sich über dich und in deiner Umgebung stetig freuen? Warum wechselt bei diesem Teil der Schöpfung Ab- und Zunahme, Freundschaft und Versöhnung? Oder ist das ihre Weise? Ist das die Bedingung ihres Lebens, die du ihr mitgabst, als du von der Höhe des Himmels bis zum Untersten der Erde, vom Anbeginn bis zum Ende der Zeiten, vom Engel bis zum Gewürm, von der ersten Regung bis zur letzten alle Arten der Güter, alle deine gerechten Werke, jedes an seiner Stelle, ordnetest und jedes zu seiner Zeit hinstelltest? 0 wie erhaben bist du im Erhabenen und wie tief in der Tiefe! Nirgends hin entfernst du dich, und dennoch kehren wir kaum zur dir zurück.

Viertes Kapitel

Wohlan, o Herr, wirke es, erwecke uns und rufe uns zurück, entzünde uns, reiße uns fort, entflamme uns und entzücke uns, auf daß wir dich lieben und zu dir eilen Kehren nicht viele aus einer noch tieferen Hölle der Blindheit als Victorinus zurück zu dir, gehen hin und werden durch den Empfang deines Lichtes erleuchtet und empfangen dadurch die Macht, Gottes Kinder zu werden? Wenn sie aber im Volke wenigen bekannt sind, dann ist auch die Freude derer, welche sie kennen, weniger groß über sie. Ist aber die Freude allgemeiner, so ist sie auch bei den einzelnen größer, weil sie sich untereinander erwärmen und begeistern. Sind sie ferner vielen bekannt, so gereicht ihr Ansehen vielen zum Heil und gehen sie vielen zur Nachfolge voran. Deshalb werden auch diejenigen, welche ihm vorausgegangen sind, von großer Freude erfüllt, weil sie sich nicht über ihn allein freuen. Fern sei es, daß die Reichen vor den Armen, die Edlen vor den Unedlen in dein Heiligtum aufgenommen würden; vielmehr, was schwach ist vor der Welt, das hast du erwählet, daß du zuschanden machest, was stark ist; und das Unedle vor der Welt und das Verachtete hast du erwählet und das da nichts, das du zunichte machtest, was etwa ist. Und doch wollte der geringste unter deinen Aposteln, durch dessen Mund du diese Worte sprachst, statt Saulus Paulus heißen zum Zeichen des herrlichen Sieges an Paulus, dem Prokonsul, dessen Stolz er durch seinen heiligen Dienst überwand, da er ihn beugte unter das sanfte Joch deines Gesalbten und ihn zum Untertan des großen Königs machte. Denn stärker wird der Feind besiegt in dem, den er fester in Banden hielt und durch den er mehrere fesselt. Die Stolzen aber fesselt er stärker um ihres Adels willen und durch ihr Ansehen werden ihm viele zugeführt. je völliger das Herz des Victorinus, welches der Teufel als uneinnehmbares Bollwerk besessen hatte, bezwungen wurde und die Zunge des Victorinus, mit welchem großen und scharfen Geschoß er viele verderbt hatte, in um so größerem Maß mußten deine Kinder frohlocken, weil unser König den Starken gebunden und weil sie das ihm entrissene Gefäß gereinigt sahen und geschickt gemacht für deine Ehre, nützlich dem Herrn zu jedem guten Werke.

Fünftes Kapitel

Als mir Simplicianus, dein Diener, solches von Victorinus erzählte, da entbrannte ich, ihm nachzuahmen; zu diesem Zwecke hatte er es mir auch erzählt. Als er aber noch hinzufügte, daß er, als zur Zeit des Kaisers Julianus auf ein Gesetz hin den Christen der Lehrstuhl für Literatur und Rhetorik untersagt war, diesem Gesetz Folge geleistet und lieber die Schule der Geschwätzigen verlassen habe als dein Wort, welches der Unmündigen Zungen beredt macht, da erschien er mir nicht weniger glücklich als stark, weil er Gelegenheit zur Muße fand, um dir zu leben. Danach seufzte ich, gebunden nicht von fremder Kette, sondern von meinem eigenen eisernen Willen.

Mein Wollen hielt der Feind gefangen, und von ihm aus hatte er mir eine Kette geschmiedet und mich umschlungen. Denn aus dem verkehrten Willen geht die böse Lust hervor, und wer der bösen Lust dient, dem wird sie zur Gewohnheit, und wer der Gewohnheit nicht Widerstand leistet, dem wird sie Notwendigkeit. In diesen gleichsam untereinander verbundenen Ringen – ich nannte es deshalb eine Kette – war ich gefesselt in harter Sklaverei. Der neue Wille aber, mit dem ich begann, dir um deiner selbst willen zu dienen und dich zu genießen, o mein Gott, war noch nicht stark genug zur Überwindung des durch das Alter erstarkten Willens. So stritten sich zwei Willen in mir, ein alter und ein neuer, ein fleischlicher und ein geistlicher, und sie zerrissen meine Seele.

So erfuhr ich an mir durch eigene Erfahrung, was ich gelesen hatte, das Fleisch gelüstete wider den Geist und den Geist wider das Fleisch. Mein Ich war in beidem; aber es gehörte mehr dem an, was ich in mir billigte, was mir als das Rechte erschien, als dem, was ich in mir mißbilligte. Denn letzteres gehörte schon weniger meinem Ich an, weil ich dies größtenteils mehr wider meinen Willen litt, als daß ich es mit Willen getan hätte. Aber durch meine eigene Schuld war die Gewohnheit gegen mich widersetzlicher geworden, weil ich wollend dahin gekommen war, wohin zu kommen ich nicht wollen gesollt hätte. Und wer hätte ein Recht dazu, Widerspruch dagegen zu erheben, wenn der Sünde die gerechte Strafe auf dem Fuße folgte? jetzt war jene Entschuldigung zunichte geworden, daß ich mir den Schein zu geben pflegte, ich diente dir deshalb nicht und verachtete deshalb die Welt, weil mir die Erkenntnis der Wahrheit noch unsicher war; denn sie war mir zur vollsten Gewißheit geworden. Ich aber war noch an die Welt gefesselt und zögerte deshalb noch, in deinen Dienst zu treten, und ich fürchtete So, von allen

Lasten entlastet zu werden, wie man sich fürchten muß, belastet zu werden.

So lag die Last der Welt, wie auf einem Schlafenden, sanft auf mir, und die Gedanken, welche ich sinnend auf dich richtete, glichen den Anstrengungen derer, die aufstehen wollen, aber von der Tiefe, des Schlafes überwältigt wieder zurücksinken. Und wie es keinen Menschen gibt, der immer schlafen will, und nach aller gesundem Urteil das Wachen besser ist, dessenungeachtet es aber der Mensch oft verschiebt, den Schlaf abzuschütteln, wenn er in seinen Gliedern eine große Schwere empfindet, und um so lieber den Schlaf genießt, den er ab-schütteln möchte, da die Stunde des Aufstehens heran-gekommen ist – so war ich gewiß, es sei besser, mich deiner Liebe hinzugeben als meiner Lust nachzugeben; aber jene gefiel mir und überwand mich, diese gelüstete mich und band mich. Nichts hatte ich dir zu erwidern, mein Gott, wenn du zu mir sprachst: Wache auf, der du schläfst, und stehe auf von den Toten, so wird Christus dich erleuchten! Und wenn du mir offenbartest die Wahrheit deines Wortes, so hatte ich, von der Wahrheit überzeugt, überhaupt keine Antwort als höchstens die träumigen und säumigen Worte: Im Augenblick, ja gleich, warte nur ein wenig! Aber dieser Augenblick hatte kein Ende, und dies »Warte ein wenig!« zog ich in die Länge. Vergebens hatte ich Lust an Gottes Gesetz nach dem inwendigen Menschen; ich sah ein anderes Gesetz in meinen Gliedern, das da widerstritt dem Gesetze in meinem Gemüte, und nahm mich gefangen in der Sünde Gesetz, welches war in meinen Gliedern, denn das Gesetz der Sünde besteht in der Macht der Gewohnheit, die den Geist auch wider seinen Willen lenkt und festhält, und zwar verdientermaßen, weil er mit Willen in die Macht der Gewohnheit fällt. Ich elender Mensch, wer wird mich erlösen von dem Leibe dieses Todes als nur deine Gnade durch unsern Herrn Jesus Christus?

Sechstes Kapitel

Wie du mich aus den Banden der Sinnenlust, die mich so fest umschlangen, und aus der Sklaverei weltlichen Treibens rettetest, will ich erzählen und deinen Namen bekennen, o Herr, mein Helfer und Erlöser. Ich ging meinem gewohnten Treiben nach; doch meine Angst wuchs und täglich seufzte ich nach dir; häufig besuchte ich deine Kirche, so oft mir die Geschäfte, unter deren Last ich Seufzte, es nur verstatteten. In meiner Begleitung war Alypius, der, nachdem er zum dritten Male Beisitzer bei dem Gerichte gewesen war, frei von Amtsgeschäften, eine Gelegenheit erwartete, seinen Rechtsbeistand angedeihen zu lassen, wie ich mit der Beredsamkeit Handel trieb, wenn sie sich überhaupt lehren läßt. Nebridius aber fehlte unserem Freundschaftsbunde, um einem guten Freunde von uns allen, dem Verecundius, einem Mailänder Bürger und Lehrer, helfend an die Hand zu gehen. Denn dieser bedurfte seines Beistandes gar sehr und verlangte, auf das Recht der Freundschaft sich stützend, aus unserem Kreise eine Hilfe, auf die er sich verlassen konnte und der er sehr bedurfte. Nicht Gewinnsucht hatte den Nebridius dorthin geführt; er hätte Größeres erreichen können, hätte er literarische Vorträge halten wollen; nur das Pflichtgefühl des Wohlwollens und unser Wunsch hatten den hingebenden und sanften Freund bestimmt, nachzugeben. Er tat aber sehr weislich, sich zu hüten, den Großen dieser Welt bekannt zu werden und hierbei seinen Geist von aller Unruhe frei zu halten, denn frei und unabhängig wollte er sein und möglichst Herr seiner Zeit bleiben, die er nutzbringend im Forschen, Lesen und Hören für die Weisheit anwendete.

Einst kam, Nebridius war, ich weiß nicht mehr recht weshalb, gerade abwesend, zu mir und Alypius Pontitianus, unser Landsmann aus Afrika, der ein ansehnliches Hofamt bekleidete, mit irgendwelchem Wunsche. Wie wir so ins Gespräch vertieft dasaßen, bemerkte er zufällig auf dem Studiertisch ein Buch; er nahm es, schlug es auf und fand wider Erwarten die Schriften des Apostels Paulus; denn er glaubte irgendein Buch zu finden, das zu meinem Gewerbe gehörte. Lächelnd blickte er mich an und wünschte mir verwundert Glück, daß er gerade diese Schriften hier gefunden habe. Denn er war ein treuer Christ, der sich vor dir, unserm Gotte, auf das Knie warf in der Kirche unter anhaltendem und ernstem Gebete. Als ich ihm mitteilte, daß ich der heiligen Schrift ein ernstes Studium widmete, kam er auf den ägyptischen Mönch Antonius zu sprechen, dessen Name bei deinen Dienern in hoher Achtung stand; uns aber war er bis zu dieser Stunde unbekannt. Als er dies erfahren, verweilte er bei diesem Gegenstande und entrollte uns voll Staunen über unsere Unkenntnis ein Bild von diesem großen Manne. Wir erstaunten aber, als wir hörten, wie in einer so naheliegenden, ja man könnte sagen in unserer Zeit in dem rechten Glauben deiner Kirche sich so unbestritten Wunderbares ereignet habe. Wir alle waren erstaunt über solche Geschehnisse, jener, weil es uns unbekannt war.

Seine Rede verbreitete sich nun über die Herden der Klöster und über die gottgefälligen Sitten, über die fruchtbaren Einöden der Wüste, von denen wir nichts wußten. Auch vor Mailands Mauern war ein Kloster voll frommer Brüder unter des Ambrosius Pflege, und wir wußten es nicht. Er fuhr fort und sprach weiter, wir aber schwiegen gespannt. Er erzählte, einst sei er in Trier, während der Kaiser am Nachmittag sich im Zirkus befand, mit drei Freunden in den an die Stadtmauer grenzenden Gärten spazierengegangen; zufällig hätten sie sich dort in zwei Paare getrennt, einer sei mit ihm diesseits, die andern beiden jenseits gegangen. Diese seien beim Umherstreifen auf eine Hütte gestoßen, wo deine Knechte wohnten, die geistlich Armen, deren das Himmelreich ist. Dort fanden sie ein Buch, welches die Lebensbeschreibung des Antonius enthielt. Der eine begann dasselbe zu lesen; er ward von mächtiger Bewunderung ergriffen, und beim Lesen sann er darauf, ein solches Leben zu ergreifen, den Dienst der Welt zu verlassen und dir zu dienen.

Beide waren nämlich Provinzialbeamte. Plötzlich erfüllt voll heiliger Liebe und voll Scham sich selbst zürnend, wandte er den Blick auf seinen Freund und sagte zu ihm: Sage mir, ich bitte dich, wozu all unser Mühen, wohin gelangen wir damit? Was suchen wir? Warum dienen wir? Können wir bei Hofe etwas Größeres erhoffen, als Freunde des Kaisers zu bleiben? Und was ist hier nicht hinfällig und gefahrdrohend? Durch wieviel Gefahren kommen wir zu immer größeren? Wann erreichen wir das Ziel? Ein Freund Gottes kann ich, wenn ich nur will, jetzt sofort werden. Dies sagte er, und im innern Aufruhr durch das Kreisen des neuen Lebens warf er die Augen von neuem auf das Buch und las und ward im Innern verwandelt, wo du es sahst; und sein Gemüt löste sich ab von der Welt. wie sich's bald zeigte. Denn während er las und das Herz pochte, seufzte er tief von Zeit zu Zeit und unterschied das Bessere und entschied sich dafür, und schon dir angehörig, sagte er seinem Freunde: Ich habe mich schon losgerissen von dem, was wir hofften, und beschlossen, Gott zu dienen, und das will ich von dieser Stunde ab und an diesem orte angreifen. »Willst du nicht sein mein Nachfolger, so sei zum mindesten nicht mein Widersacher.« jener aber erwiderte, er wolle Genosse ihm bleiben solchen Lohnes und solchen Dienstes. Und beide nun dein, erbauten sich eine Burg ihres Heils, zu deren Aufführung es genügte, alles zu verlassen und dir zu folgen. Alsdann suchten Pontitianus und die mit ihm in einem anderen Teile des Gartens lustwandelten sie auf, fanden sie und forderten sie auf zurückzukehren, denn der Tag habe sich geneigt. jene aber erzählten ihnen ihren Entschluß und die Ursache seiner Entstehung und Befestigung und baten uns, ihnen nicht hinderlich zu sein, wenn sie sich nicht anschließen wollten. Diese blieben, obwohl sie sich beweinten, in ihrem alten Leben, wie er uns mitteilte, wünschten ihnen Segen und empfahlen sich ihren Gebeten, und ihr Herz der Welt zuwendend, gingen sie zum Palast. Diese aber blieben, das Herz zum Himmel erhoben, in ihrer Hütte. Beide hatten Bräute, welche, als sie hörten, was geschehen war, sich nun auch dir verlobten.

Siebentes Kapitel

Dies erzählte Pontitianus; du aber, o Herr, stelltest mich mir selbst vor Augen, indem du mich von meinem Rücken entferntest, wohin ich mich gestellt hatte, weil ich mich nicht schauen wollte, und stelltest mich vor mein Angesicht, daß ich sähe, wie häßlich ich wäre, wie verwildert und verunreinigt, wie befleckt und zerschlagen. ich sah es und schauderte und hatte nicht, wohin ich hätte fliehen können vor mir. Und wenn ich mich von meinem Anblick abwenden wollte, da erzählte jener und erzählte, und du stelltest mich mir selbst wieder gewaltsam vor Augen, daß ich meine Sünde fände und haßte. Ich kannte sie, aber ich verhehlte sie mir, beruhigte mich und vergaß sie.

J mehr ich damals jene liebte, von deren heilsamen Gemütsbewegungen ich hörte, daß sie sich dir ganz zur Heilung anheimstellen wollten, desto größer war mein Haß gegen mich selbst, wenn ich mich mit ihnen verglich. Denn schon waren zwölf Jahre dahingeflossen, seit ich im einundzwanzigsten Jahre den Hortensius des Cicero gelesen hatte und durch ihn zur Erforschung der Weisheit angeregt worden war; ich hatte es stets verschoben, mit Verachtung meines irdischen Glückes mich ihr ganz und gar zu weihen, die ich nicht nur finden, sondern die ich schon durch das Forschen nach ihr höher stellen sollte als alle Schätze und Königreiche der Erde und die leiblichen Lüste, die mir auf meinen Wink dienten. Schon als Jüngling war ich elend, sehr elend; bei dem Beginn meiner Jünglingsjahre hatte ich dich um Keuschheit gebeten und gesagt: »Gib mir Keuschheit und Enthaltsamkeit, doch nicht sogleich!« Denn ich fürchtete, du möchtest mich allzu schnell erhören, mich allzu schnell heilen von der Krankheit meiner Lüste, die ich lieber bis zur Hefe genießen als erlöschen wollte. So wandelte ich auf schlimmen Pfaden in gottlosem Aberglauben, zwar nicht davon überzeugt aber ich zog ihn allem andern vor, was ich nicht mit Frömmigkeit suchte, sondern feindlich bekämpfte.

Ich hatte geglaubt, daß ich es nur deshalb von Tag zu Tag Aufgehoben alle Hoffnung der Welt aufzugeben und dir allein zu folgen, weil sich mir nichts Sicheres darböte, um meinen Lauf dahin zu richten. So war der Tag gekommen, wo ich in meiner ganzen Blöße vor mir stand und mein Gewissen in mir schrie: Wo bist du, Sprache? Du sagtest ja, du wollest, weil die Wahrheit unsicher sei, die Bürde der Eitelkeit noch nicht abwerfen. Siehe, sicher ist sie nun, und noch drückt dich deine Bürde; jenen aber, die nicht sich also durch Forschen geschwächt haben, noch zehn Jahre und länger darüber nachsannen, wachsen Schwingen an den freieren Schultern. Ich ward innerlich zerrissen und von tiefer Scham ergriffen, als Pontitianus solches redete. Nachdem er seine Erzählung beendet und den Grund seines Kommens erledigt hatte, entfernte er sich. Und ich, wie sprach ich nicht zu mir? Mit welcher Gedankengeißel schlug ich nicht meine Seele, daß sie mir Folge leiste, da ich auf deinem Wege wandeln wollte. Wohl hatte sie Widerrede, aber keine Ausrede. Verzehrt und abgewichen waren alle Einwürfe, zurückgeblieben war nur ein gewaltiges Zagen, und wie der Tod scheute meine Seele, vom Strome der Gewohnheit fortgerissen zu werden, in dem sie langsam hinsiechte.

Achtes Kapitel

In diesem heftigen Kampfe, der in meinem Herzen gewaltig wider meine Seele tobte, erregt am Körper und Geist, wandte ich mich hastig an Alypius und rief. Was geschieht uns? Was ist dies? Was hast du gehört? Die Ungelehrten erheben sich und reißen das Himmelreich an sich, und wir mit unserem herzlosen Wissenskram, siehe, wie wir uns wälzen in Fleisch und in Blut! Weil Ungelehrte vorangingen, schämen wir uns da vielleicht zu folgen, und schämen uns nicht, ihnen nicht zu folgen? Das war ungefähr der Sinn meiner Worte; ich riß mich los von ihm in meiner glühenden Aufregung, während er mich in tiefer Bestürzung anblickte und schwieg. Ich äußerte mich nicht auf gewohnte Weise, und Stirn, Wangen, Augen, meine Gesichtsfarbe, der Ton meiner Stimme, sie offenbarten mehr mein Inneres als die Worte, welche ich vorbrachte. An unser Haus stieß ein Gärtchen, das uns, wie überhaupt das ganze Haus, zur freien Verfügung stand, denn der Besitzer und Hausherr wohnte nicht darin. Hierhin trieb mich der Sturm meines Herzens, daß niemand den heißen Streit finden möchte, den ich mit mir auszufechten hatte, bis er einen Ausgang nähme, welchen, das wußtest du; ich aber wußte es nicht, sondern mich hatte ein seltsamer Wahnsinn ergriffen, und ich starb, um zu leben; ich wußte wohl, wie schlecht ich war, das aber wußte ich nicht, wie gut ich in kurzer Zeit sei. Ich ging also in den Garten und Alypius folgte mir auf dem Fuße. Denn meine Einsamkeit blieb mir auch, wenn er zugegen war. Wie hätte er mich auch in solcher Seelenangst verlassen können! Wir setzten uns vom Hause möglichst weit entfernt; ich erschauderte im Geiste, ergrimmt in stürmischem Ingrimm, daß ich nicht den Bund mit dir einging, o mein Gott, und alle meine Gebeine schrien und erhoben ihn lobpreisend in den Himmel. Aber man geht dahin nicht zu Schiffe oder zu Wagen oder zu Fuß, nicht einmal so weit, wie vom Hause bis zu dem Ort, wo wir saßen. Denn hingehen und hingelangen ist da nichts anderes als hingehen wollen, aber wollen von ganzem Herzen, nicht den halbwunden Willen bald hierhin, bald dorthin werfen, So daß sein aufstrebender Teil mit dem fallenden rang.

So verrichtete ich mit meinem Körper viel in der Glut meiner Unentschlossenheit, was oft Menschen wollen und nicht vermögen, wenn sie entweder die Glieder nicht haben oder diese entweder gefesselt oder durch Mattigkeit kraftlos oder auf irgendeine andere Weise verhindert sind. Wenn ich mir das Haar ausraufte, mir die Stirne schlug, wenn ich mit gefalteten

Händen das Knie umfaßte, weil ich es wollte, so tat ich es. Ich konnte dies aber wollen und doch nicht tun, wenn die Glieder aus Mangel an Beweglichkeit meinem Willen nicht Folge leisteten. Ich habe also so vieles getan, wobei Wollen und Können nicht eins war, dagegen ich das nicht tat, was ich mit ungleich stärkerem Triebe erstrebte und was ich alsbald, wenn ich es nur gewollt hätte, auch gekonnt hätte, weil ich alsbald, wenn ich es wollte, allerdings wollte. Denn auf diesem Gebiete ist das Können und der Wille eins, und das Wollen selbst war schon ein Tun und doch geschah es nicht, und leichter gehorchte der Leib dem geringsten Willen der Seele, so daß sich die Glieder auf den Wink des Geistes bewegten. als sonst die Seele sich selbst gehorcht und ihren starken Willen im Gebiet, wo der Wille allein herrscht, durchgesetzt hätte.

Neuntes Kapitel

Woher stammt diese Unnatur, Und warum? Deine Barmherzigkeit erleuchte mich, und ich will fragen, ob die verborgensten Strafgerichte und die finstersten Zerknirschungen der Kinder Adams mir Antwort zu geben vermögen. Woher diese Unnatur? Und warum? Der Geist gebietet dem Körper und er gehorcht sogleich. Der Geist gebietet sich selbst und er findet Widerstand. Er gebietet, daß die Hand sich bewege, und so leicht geschieht es, daß kaum vom leiblichen Dienst der geistige Befehl geschieden werden kann. Und der Geist ist Geist, die Hand aber ist zum Körper gehörig. Der Geist gebietet, daß der Geist es wolle; er ist kein anderer und tut es trotzdem nicht. Woher stammt diese Unnatur? Und warum ist es so? Der Geist gebietet, sage ich, daß er wolle; er würde nicht befehlen, wenn er nicht wollte, und es geschieht nicht, was er befiehlt. Aber nicht von ganzem Herzen will er, also befiehlt er auch nicht von ganzem Herzen. Denn nur inwieweit er befiehlt, insoweit will er auch, und insofern geschieht es nicht, was er befiehlt, inwiefern er es nicht will. Denn der Wille gebietet, daß der Wille sei und kein anderer, sondern er selbst. Daher befiehlt er nicht ganz, deshalb ist auch das nicht, was er gebietet. Wäre der Wille ein ganzer, so würde er nicht befehlen zu sein, weil es schon wäre. Also ist es nicht Unnatur, teils zu wollen, teils nicht zu wollen, sondern eine Krankheit der Seele ist es, weil nicht der ganze Geist sich aufrichtet, von der Wahrheit emporgehoben, von der Gewohnheit aber niedergezogen. Es sind deshalb zwei Willen, weil der eine derselben nicht ein ganzer Wille ist und der eine nur hat, was dem andern fehlt.

Zehntes Kapitel

Umkommen müssen die Gottlosen vor deinem Angesichte, mein Gott, als die da Eitles reden und Herzen verführen, wenn sie in ihres Herzens Rat zwei Willen wahrnehmen und zwei geistige Naturen, eine gute und eine böse behaupten. Sie selbst sind in Wirklichkeit böse, wenn sie jene bösen Gedanken haben, und dieselben werden gut sein, wenn sie wahre Gedanken haben, und dem Wahren beistimmen, wie zu ihnen dein Apostel spricht: Ihr waret weiland Finsternis, nun aber seid ihr ein Licht in dem Herrn. Denn während jene ein Licht sein wollen, so wollen sie es nicht werden in dem Herrn, sondern in sich selbst, dadurch, daß sie glauben, die Seele sei mit Gott gleicher Art; so sind sie von noch dichterer Finsternis umhüllt, weil sie weiter von dir wichen in ihrem grauenhaften Stolze, von dir, dem wahren Lichte, das jeden Menschen erleuchtet, der in diese Welt kommt. Merket euch das, was ihr saget, und errötet und gehet zu ihm, und ihr werdet Licht und euer erleuchtetes Angesicht wird nicht mehr erröten. Als ich mit mir zu Rate ging, wie ich dem Herrn, meinem Gott, dienen sollte, wie ich es mir schon lange vorgenommen, so war ich es, der wollte, ich, der es nicht wollte; ich, ja ganz allein ich war es. Ich wollte es nicht von ganzem Herzen und ich verschloß mich auch wiederum nicht dagegen mit ganzem Herzen. So stritt ich mit mir und wurde zwiespältig mit mir selbst. Und dieser Zwiespalt zeigte nicht hin auf die Natur eines fremden Geistes, sondern auf die Strafe des meinigen Und so tue ich nun dasselbige nicht, sondern die Sünde, die in mir wohnte, durch die Strafe einer ohne Zwang begangenen Sünde, dem ich war Adams Sohn.

Wenn es so viel entgegengesetzte Naturen gäbe, als Willen im Widerspruch stehen, es würde nicht nur zwei, sondern viel mehr geben. Wenn einer unentschlossen erwöge, ob er zu der Zusammenkunft der Manichäer oder ins Theater gehen Sollte, da schrien sie: Siehe, da hast du die zwei Naturen! Die gute, sie führt dich zu uns, die böse, sie stößt dich wieder zurück. Denn woher käme sonst die Unentschlossenheit der unter sich im Zwiespalt befindlichen Willensmeinungen? Ich nenne sie beide böse, sowohl die, die zu ihnen führt, als auch die, die zum Theater führt. Sie aber, die Manichäer, halten nur die für gut, die zu ihnen führt. Wenn etwa einer von uns mit sich zu Rate geht und bei dem Zwiespalt seines Willens ungewiß hin- und herschwankt, ob er ins Theater gehen soll oder in unsere Kirche, werden da nicht auch jene ins Schwanken geraten, was sie antworten sollen? Sie werden ihm gestehen, was sie nicht wollen, daß er sich nämlich mit gutem Willen zu unserer Kirche wende, wie es diejenigen tun, die in ihre Geheimnisse eingeweiht und gebunden sind, oder sie werden der Meinung sein, daß zwei böse Naturen und zwei böse Geister in einem Menschen im Widerstreit liegen, und es wird dann nicht wahr sein, was sie gewöhnlich sagen, daß der eine gut, der andere böse sei, oder sie werden sich zur Wahrheit bekennen und nicht leugnen, wenn jemand unentschlossen ist, daß die eine Seele von verschiedenen Willensmeinungen angeregt werde.

Sie können also nicht sagen, wenn sie sich denken, es ständen sich zwei Willen in einem Menschen feindlich gegenüber, daß zwei entgegengesetzte Geister und zwei einander entgegengesetzte Substanzen und Prinzipien sich streiten, das eine gut, das andere böse. Denn du, o wahrhaftiger Gott, mißbilligst sie und überführst sie, wie bei jedem bösen Willen, wenn einer überlegt, ob er einen Menschen durch Gift oder durch das

Schwert umbringen solle, ob er in dieses oder jenes fremde Gut einbrechen soll, da er beides nicht zugleich kann; ob er durch Verschwendung sich Vergnügen verschaffen soll oder durch Geiz sein Geld zusammenscharre, ob er zum Zirkus oder zum Theater gehen soll, wenn beide an einem Tage geöffnet sind; ich setze noch ein drittes hinzu –oder zu einem Diebstahl in einem fremden Hause, und nun endlich viertens noch, um einen Ehebruch zu begehen, wenn die Gelegenheit günstig ist, wenn alles auf einen Zeitpunkt zusammenträfe und alles wünschenswert erschiene, aber doch nicht zugleich ausgeführt werden kann. Denn wenn auch durch diese vier verschiedenen Willensäußerungen oder selbst noch mehrere, da die Masse der begehrenswert erscheinenden Gegenstände so groß ist, das Herz zerspalten wird, so erkennt man doch nicht eine Vielheit von verschiedenen Substanzen, sondern nur zwei, ebenso bei den Willensäußerungen zum Guten. Denn ich frage sie, ob es gut ist, sich am Lesen der Schriften des Apostels Paulus zu erfreuen, und ob es gut sei, sich an einem herrlichen Psalm zu erquicken, oder ob es gut ist, über das Evangelium zu reden. Sie werden auf jede der einzelnen Fragen antworten: Gewiß ist es etwas Gutes! Wenn sie nun aber alle zu gleicher Zeit erfreuen, bringen verschiedene Willensmeinungen da nicht Zwiespalt ins Herz, wenn es überlegt, was es von allem ergreifen soll? Alles ist gut daran und steht im Kampfe mit sich untereinander, bis eines ausgewählt wird, dem sich der Wille ungeteilt zuwendet, der vorher mehrfach geteilt war. So auch, wenn die Ewigkeit eine reinere Freude gewährt und die Luft am zeitlichen Gut die Seele fesselt, so ist es dieselbe Seele, die nicht mit dem ganzen Willen dieses oder jenes will, und deshalb wird sie von schwerer Unruhe zerrissen, während sie jenem durch die Wahrheit bestimmt den Vorzug gibt, dies aus Angewöhnung nicht ablegt.

Elftes Kapitel

So war ich krank und quälte mich, indem ich mich selbst härter anklagte als je, und ich wand und wälzte mich in meiner Fessel, bis sie ganz von mir fiele; wiewohl sie schon schwach geworden war, hielt sie mich dennoch fest. Und du, o Herr, setztest mir zu in meinem Innern mit strengem Erbarmen, mit der Geißel, die Furcht und Scham verdoppelte, auf daß ich nicht wieder wiche und dir diene und schwach gewordene Bande, die noch geblieben waren, vollends zerrisse, auf daß sie nicht wiederum erstarkten und mich fester umschlängen. Da sprach ich in meines Herzens Grunde zu mir: Bald, bald wird es geschehen! Und mit dem Worte ging ich schon ein auf den Entschluß. Fast tat ich's und tat's doch nicht; aber doch fiel ich nicht in das frühere zurück, sondern stand ganz nahe und verschnaufte. Und dann versuchte ich es zum zweiten Male und war beinahe am Ziele und erreichte es beinahe und hielt es fest; und doch war ich nicht am Ziele und erreichte es weder noch hielt ich es fest noch zauderte ich zwischen Tod und Leben, und mehr vermochte noch in mir das gewohnte Schlechtere als das ungewohnte Bessere, und je näher mir der Zeitpunkt trat, wo ich ein anderer werden sollte, desto größerer Schauder erfüllte mich; doch warf er mich weder zurück noch lenkte er mich ab, ich blieb in Hangen und Bangen.

Zurück hielten mich die Nichtigkeiten und Eitelkeit, meine alten Freundinnen, zerrten mich am Mantel meines Fleisches und flüsterten mir zu: Was, du willst uns verlassen? Von dem Augenblick werden wir nicht mehr bei dir sein in Ewigkeit. Von dem Augenblick an wird dir dies und jenes nicht erlaubt sein in Ewigkeit. Welche Bilder brachten sie mir vor die Seele in dem »dies und jenes«! Welche Bilder, o mein Gott! Deine Barmherzigkeit wende es ab von der Seele deines Dieners. Welche Schmach reichten sie mir dar, welche Schande! Schon hörte ich sie nicht einmal mehr zur Hälfte an, schon sprachen sie weniger frei, nur hinter meinem Rücken murmelnd und mich verstohlen zupfend, auf daß ich zurückschauen möchte. Dennoch hielten sie mich auf, und ich zögerte, sie von mir abzuschütteln und loszureißen und hinüberzugehen, wohin ich gerufen ward, indem die mächtige Gewohnheit zu mir sprach: Glaubst du es ohne jene Dinge aushalten zu können?

Aber kaum hörbar sprach sie dies mit lässiger Stimme; denn es enthüllte sich mir von der Seite, wohin ich mein Antlitz wandte und wohin ich zu gehen doch noch schauderte, die keusche Würde der Enthaltsamkeit, heiter, doch nicht zügellos lustig, mich ehrbar ladend, daß ich käme und nicht mehr Zweifel hegte, nach mir ausstreckend, um mich aufzunehmen und zu umfassen, die segnenden Hände mit einer Fülle guter Vorbilder. Dort sah ich so viele Knaben und Mädchen, Jünglinge und Jungfrauen in großer Zahl, jedes Alter, gebeugte Witwen, Alte im Kranze der Jungfrauenschaft. Und bei allen fand ich dieselbe Keuschheit, die gesegnete Mutter der heiligsten Freuden, gezeugt in deiner Umarmung, o Herr. Und sie spottete meiner in ermahnendem Spotte: Wirst du, so sagte sie, wirst du denn nicht das vermögen, was diese Knaben, was diese Weiber vermochten? Vermögen diese es denn aus eigener Kraft und nicht in dem Herrn, ihrem Gotte? Der Herr, ihr Gott, hat mich ihnen verliehen. Was stehst du auf dich fußend, und stehst nicht fest? Wirf dich auf ihn, fürchte dich nicht, er wird dich nicht verlassen, so daß du fielest; wirf dich auf ihn ohne Sorgen, er wird dich aufnehmen und dich heilen. Und wie errötete ich, denn noch hörte ich das Geflüster jener Nichtigkeiten, und zweifelnd war ich wiederum ohne Entschluß. Und wiederum sagte sie mir: Sei taub gegen deine unreinen Glieder auf Erden, auf daß sie ersterben. Sie verheißen dir Freuden, die nicht sind nach dem Gesetz des Herrn, deines Gottes. So stritten in meinem Herzen die Gedanken gegeneinander. Alypius aber saß an meiner Seite und erwartete schweigend den Ausgang meiner ungewöhnlichen Bewegung.

Zwölftes Kapitel

Als aber eine tiefe Betrachtung aus geheimem Grunde all mein Elend hervorzog und vor dem Angesichte meines Herzens sammelte, da brach ein gewaltiger Gewittersturm, den Tränen in Strömen begleiteten, in mir los. Ihm freien Lauf zu lassen, erhob ich mich und ging hinweg von Alypius; denn die Einsamkeit erschien mir geeigneter, um mich ausweinen zu können; ich ging hinweg, so weit, daß mich seine Gegenwart nicht mehr zu stören vermochte. So war ich damals und jener fühlte mit mir. Ich glaube auch, daß ich schon etwas gesagt hatte, wobei der tränenschwere Ton meiner Stimme stockte, und so erhob ich mich denn. Er blieb, wo wir uns niedergesetzt hatten, zurück, von Staunen erfüllt. Ich aber warf mich am Stamme eines Feigenbaumes nieder und ließ meinen Tränen freien Lauf, und der Quell des Auges strömte hervor, ein Opfer, das du gern empfingst, und ich sprach, zwar nicht mit denselben Worten, aber doch in dein Sinne, vieles zu dir: Du, o Herr, wie so lange? Wie lange, Herr, wirst du zürnen? Sei nicht eingedenk unserer vorigen Missetat. Denn von ihr fühlte ich mich gefesselt und stöhnte laut in kläglichem Jammer. Wie lange? Wie lange? Morgen und immer wieder morgen? Warum nicht jetzt, weshalb setzt nicht diese Stunde meiner Schande ihr Ziel?

So sprach ich und weinte bitterlich in der Zerknirschung meines Herzens. Und siehe, da hörte ich eine Stimme aus einem benachbarten Hause in singendem Tone sagen, ein Knabe oder ein Mädchen war es: Nimm und lies! Nimm und lies! Ich entfärbte mich und sann nach, ob vielleicht Kinder in irgendeinem Spiele dergleichen Worte zu singen pflegen, konnte mich aber nicht erinnern, jemals davon gehört zu haben. Da drängte ich meine Tränen zurück, stand auf und legte die gehörten Worte nicht anders, als daß ein göttlicher Befehl mir die heilige Schrift zu öffnen heiße und daß ich das erste Kapitel, auf welches mein Auge fallen würde, lesen sollte. Denn ich hatte von Antonius gehört, daß er beim Vorlesen des Evangeliums in der Kirche, zu dem er zufällig gekommen war, das Wort, das da vorgelesen wurde, als eine Ermahnung auf sich bezog: Gehe hin und verkaufe alles, was du hast, und gib es den Armen, so wirst du einen Schatz im Himmel haben, und komm und folge mir nach. Durch solche Gottesstimme sei er sogleich bekehrt worden. Und so kehrte ich eiligst zu dem Orte zurück, wo Alypius saß und wo ich bei meinem Weggehen die Schriften des Apostels Paulus zurückgelassen hatte. ich ergriff das Buch, öffnete es und las still für mich den Abschnitt, der mir zuerst in die Augen fiel: Nicht in Fressen und Saufen, nicht in Kammern und Unzucht, nicht in Hader und Neid, sondern ziehet an den Herrn Jesum Christum und wartet des Leibes, doch also, daß er nicht geil werde. Ich las nicht weiter, es war wahrlich nicht nötig, denn alsbald am Ende dieser Worte kam das Licht des Friedens über mein Herz und die Nacht des Zweifels entfloh.

Alsdann legte ich den Finger oder ein anderes Zeichen hinein, schloß das Buch und erzählte mit ruhiger Miene dem Alypius, was mir geschehen war. Er aber erzählte mir auch, was in ihm vorging und wovon ich nichts wußte. Er wünschte die Stelle zu lesen, ich zeigte sie ihm, und er las auch das Weitere. Ich wußte aber nicht, was folgte. Es folgte aber: Den Schwachen im Glauben nehmet auf. Dies bezog er auf sich und eröffnete es mir. Durch solche Ermahnung fühlte er sich gestärkt; ohne Zaudern und Unruhe trat er meinem Entschlusse und guten Vorsatze bei, der seiner Sinnesart völlig entsprach, war er ja darin viel besser als ich und unterschied sich gewaltig von mir. Wir gingen sogleich zur Mutter und erzählten ihr, was geschehen war, und sie freute sich. Wir erzählten ihr, wie es geschehen war; sie jubelte und triumphierte, und sie pries dich, der überschwenglich mehr tun kann, über alles, das wir bitten oder verstehen, da sie sah, daß ihr von dir weit mehr gewährt worden war, als sie in ihrem Jammer und ihren Tränen zu bitten pflegte. Du bekehrtest mich zu dir, so daß ich weder ein Weib begehrte noch irgendeine Hoffnung dieser Welt; jetzt stand ich auf jenem

Richtscheit des Glaubens, auf welchem du mich ihr vor so viel Jahren gezeigt hattest. Du wandeltest ihre Trauer in Freude, viel reichlicher, als sie gewollt, viel herrlicher und reiner, als sie von den Enkeln meines Fleisches suchte.

Neuntes Buch

Erstes Kapitel

O Herr, ich bin dein Knecht, deiner Magd Sohn; du hast meine Bande gelöset. Dir will ich Dank opfern und des Herrn Namen verkünden. Es soll dich loben mein Herz, preisen soll dich meine Zunge, und alle meine Gebeine müssen sagen: Herr, wer ist dir gleich? So sollen sie sagen, und antworte mir und sage meiner Seele: Ich bin dein Heil. Wer bin ich und was bin ich? Gibt es ein Böses, das ich nicht getan, oder wenn ich es nicht getan, so doch geredet, oder wenn ich es nicht geredet, so doch gewollt habe? Du aber, o Herr, du bist barmherzig, und die Tiefe meines Todes beachtend, schöpftest du mit deiner Rechten und bis auf den Grund meines Herzens die Tiefe des Verderbens aus. Und dadurch wollte ich nicht mehr nach meinem, sondern nur noch nach deinem Willen. Wo aber, wo in so später Zeit und aus welcher tiefen und doch so hohen Verborgenheit ward im Augenblick mein freier Wille hervorgerufen, daß ich meinen Nacken unter dein sanftes Joch beugte und meine Schultern unter deine leichte Bürde, Jesus Christus, mein Helfer und mein Versöhner? Wie herrlich war es mir plötzlich, die Reize der Nichtigkeiten zu entbehren, und wenn ich ihren Verlust sonst fürchtete, war es mir jetzt eine Freude, sie preiszugeben. Denn du warfst sie von mir, du wahre und höchste Wonne, du warfst sie von mir und tratest an ihre Stelle, wonniger als alle Wonne, freilich nicht dem Fleisch und dem Blute; leuchtender als alles Licht, aber tiefer liegend als alles Verborgene; höher als alle Herrlichkeit, doch nicht denen, die sich selbst hoch dünken.

Schon war meine Seele frei von den nagenden Sorgen des Ehrgeizes und der Gewinnsucht, des Wälzens und Schattens im Schlamme der Lüste; ich lallte wie ein Kind dir entgegen- meiner Klarheit, meinem Reichtume, meinem Heile, Gott, meinem Herrn.

Zweites Kapitel

Und ich beschloß vor deinem Angesichte, den Dienst meiner Zunge vom Markt der Geschwätzigkeit nicht gewaltsam, sondern unbemerkt zurücktreten zu lassen, damit nicht ferner Jünglinge, die nicht bedacht sind auf dein Gesetz, nicht auf deinen Frieden, sondern auf lügenhaften Unsinn und gericht- liche Streitigkeiten, sich nicht aus meinem Munde die Waffen kauften für ihre Raserei. Glücklicherweise waren nur noch wenige Tage bis zu den Ferien der Weinlese, und ich beschloß, so lange noch in meinem Berufe auszuharren, um ehrenhaft abzutreten und freigekauft von dir nicht wieder ein feiler Sklave zu werden. Diese unsere Absicht wurde einzig und allein unter deiner Zeugenschaft gefaßt, sie war niemandem außer den Unsrigen bekannt. Und wir kamen überein, daß dieser Plan nicht diesem oder jenem verraten wurde, obwohl du uns, die wir aus dem Tränental aufstiegen und den Stufenpsalm sangen, scharfe Geschosse gabest und glühende Kohlen gegen die trügliche Zunge, die unter dem Schein, Gutes zu raten, vom guten Vorsatz abrät und uns aus falscher Liebe verzehrt, die wir die Speise zu uns nehmen.

Du hattest unser Herz durch deine Liebe getroffen, und wie im Herzen haftende Pfeile trugen wir deine Worte; die Vorbilder deiner Knechte, die du aus Schatten zu Kindern des Lichtes, aus Toten zu Lebenden umgewandelt hattest, vereinigten sich im Schoß unserer Gedanken und verbrannten und verzehrten die schwere Erstattung, damit wir nicht zur Hölle führen, und sie begeisterten uns mächtig, so daß jeder Hauch der trügerischen Zunge des Widerspruchs uns nur um so schärfer entflammte, nicht aber erlöschen ließ. Da jedoch deines Namens wegen, den du auf Erden heiligtest, unser Vorhaben und unser Entschluß großes Lob erfahren würde, so erschien mir es wie Prahlerei, nicht bis zu den demnächstigen Ferien zu warten, sondern noch vorher aus meinem öffentlichen Amte vor den Augen aller auszuscheiden, so daß sich aller Blicke auf meine Tat gerichtet haben würden, wodurch es scheinen konnte, als ob ich dem Tage der Weinleseferien hätte zuvorkommen wollen, und viele hätten mir dann nachgesagt, daß ich es getan hätte, um groß zu erscheinen. Und wozu erst, daß über meine Gesinnung hin und her geurteilt und gestritten würde und unser Schatz verlästert würde?

Dazu kam, was mich zuerst beunruhigt hatte, daß durch angestrengte literarische Tätigkeit im Sommer meine Lunge angegriffen war, mir das Atemholen erschwerte und durch Brustschmerzen mir ihren leidenden Zustand verraten hatte. Meine frühere klare und volle Stimme versagte ihren Dienst, und ich war schon dadurch genötigt, die Bürde meines Amtes abzulegen, oder doch, um mich auszuheilen und gesunden zu können, eine Unterbrechung eintreten zu lassen. Als aber in mir der volle Wille aufging und fest ward, mein Amt aufzugeben und zu sehen, daß du der Herr bist, da freute ich mich, o mein Gott, du weißt es, daß diese Entschuldigung keine Lüge war, den Anstoß der Leute weniger zu erregen, die um ihrer Kinder willen mir keine Ruhe ließen. Voll Freude ertrug ich nun jene Zwischenzeit, bis sie ablief, ich glaube, es waren an die zwanzig Tage, aber tapfer wurden sie ertragen, weil die Begierde zurückgetreten war, welche mir die schwere Arbeit ertragen half, und ich war der Erdrückung preisgegeben, wäre nicht die Geduld an ihre Stelle getreten. Vielleicht hätte einer deiner Diener gesagt, daß ich gesündigt habe, weil ich, das Herz begierig dir zu dienen, es über mich gebracht habe, auch nur eine Stunde noch auf dem Lehrstuhle der Lüge zuzubringen. ich kann mich nicht dagegen wahren.

Du aber, o Herr, voll Erbarmens, hast du nicht auch diese Sünde mit den übrigen schreckenvollen und trauererregenden mir in deinem heiligen Wasser verziehen und erlassen?

Drittes Kapitel

Verecundus aber ward von Bangigkeit bei unserem Glücke verzehrt, weil er sah, daß er seiner Bande wegen, die ihn förmlich fesselten, von unserer Gemeinschaft ferngehalten werde. Er war, obwohl seine Gattin gläubig war, noch kein Christ; aber weil seine Frau gläubig war, ward er durch sie wie durch eine engere Fessel von dem Wege, den wir eingeschlagen hatten, zurückgehalten, denn er wollte, so sagte er, auf keine andere Weise Christ sein als auf die, da er es doch nicht sein konnte. In seiner Güte machte er uns das Anerbieten, die Zeit unseres dortigen Aufenthaltes auf seinem Landgute zu verbringen. Du wirst es ihm verzeihen, o Herr, bei der Auferstehung der Gerechten. Du selbst hast ihm ja sein Erbteil verliehen. Denn in unserer Abwesenheit, als wir schon in Rom waren, ward er von einer Krankheit ergriffen, und in ihr zum gläubigen Christen geworden, schied er aus diesem Leben. So hast du dich seiner und unser erbarmt, daß wir beim Andenken an die ungemeine Leutseligkeit des Freundes gegen uns nicht von unerträglichem Schmerz gequält wurden, wenn wir ihn nicht zu deiner Gemeinde zählen konnten.

Dank sei dir, unser Gott, wir sind die Deinen, das bezeugen deine Ermahnungen und Tröstungen: treuer Verheißer, vergelten wirst du dem Verecundus für Cassiciacum, sein Landgut, wo wir vom unruhigen Treiben der Welt ruhten in dir; vergelten wirst du es ihm mit der Wonne deines immer grünenden Paradieses, weil du ihm seine Sünden noch auf Erden vergabst, auf dem fruchtbaren Berge, auf deinem Berge, dem fruchtbaren Gebirge.

Damals aber war er in Betrübnis; Nebridius aber freute sich mit uns; denn obgleich er, noch kein Christ, in den Abgrund jenes verderblichen Irrtums gefallen war, daß er den Leib deines Sohnes, der die Wahrheit ist, für einen Scheinkörper hielt, erhob er sich doch aus solchem Irrtum und war, obwohl er noch nicht in die Geheimnisse unserer Kirche eingeweiht war, doch ein begeisterter Forscher der Wahrheit. Nicht lange nach unserer Bekehrung und der Wiedergeburt durch deine heilige Taufe ward er ein gläubiger Christ und diente dir in vollendeter Keuschheit und Enthaltsamkeit in Afrika bei den Seinigen; nachdem er sein ganzes Haus zum Christentum bekehrt hatte, da erlöstest du ihn von diesem Leibe, und nun lebt er in Abrahams Schoß. Was es auch ist, was mit diesem Schoße bezeichnet wird, dort lebt Nebridius, mein teurer Freund, einst ein Freigelassener, den du, Herr, zu deinem geistlichen Kinde angenommen hast; ja dort lebt er. Denn welchen andern Ort gäbe es für solch eine Seele? Dort lebt er, worüber er mich armen, unwissenden Menschen viel fragte. Er neigt nicht mehr sein Ohr zu meinem Munde, sondern den Mund seines Geistes an deine Quelle und trinkt in durstendem Verlangen Weisheit, selig ohne Ende. Doch glaube ich nicht, daß er so sehr davon trunken werde, daß er meiner vergessen könnte, da auch du, Herr, der du sein Trank bist, meiner gedenkest. So lebten wir also, den trauernden Verecundus tröstend, in ungetrübter Freundschaft über unsere Bekehrung und ermahnten ihn zur Treue in seinem Stande, d. h. in seinem ehelichen Leben, warteten aber, wann Nebridius nachfolgen würde, wozu er schon ganz fähig und vorauszusehen war, daß er es sehr bald tun würde; endlich nahte auch mein Tag, auf den ich im Verlangen nach Freiheit vom Berufe lange geharrt, um aus vollem Herzen zu singen: Mein Herz hält dir vor dein Wort, dein Angesicht habe ich gesucht! Dein Angesicht, o Herr, will ich suchen.

Viertes Kapitel

Endlich kam der Tag, an welchem ich auch in der Tat von meinem Berufe erlöst werden sollte, wie ich es ja im Geiste schon war. Und es geschah. Frei wie mein Herz hattest du auch meine Zunge gemacht; freudig pries ich dich und ging mit all den Meinen auf das Landgut. Wie ich mich dort mit wissenschaftlichen Arbeiten beschäftigte, die deinem Dienst geweiht waren, aber die Schule des Stolzes noch ausschnauften, wie beim Ausruhen, davon legen die Schriften Zeugnis ab, welche die Unterredungen mit den Anwesenden und mir selbst in deiner Gegenwart enthalten; wie ich aber mit dem Nebridius, der ja abwesend war, verkehrte, davon zeugt unser Briefwechsel. Warm aber würde die Zeit zureichen, alle deine großen Wohltaten, die du mir erwiesen hast in jener Zeit, zu erwähnen, besonders da ich zu andern größern eile? Meine Erinnerung ruft mir mein damaliges Ich ins Gedächtnis, und es ist süß für mich, Herr, dir zu bekennen, durch welchen innerlichen Stachel du mich vollends gezähmt und wie du die Berge und Hügel meiner Gedanken erniedrigt und, was krumm war und uneben, geebnet hast, wie du auch selbst den Alypius, den Bruder nach meinem Herzen, dein Namen deines Eingeborenen, unseres Herrn und Erlösers Jesu Christi, unterworfen hast, dem er anfangs in unserer literarischen Tätigkeit keinen Platz einräumen wollte. Er wollte sich lieber am Duft der Zedern, die der Herr schon zerbrochen hatte, als an dein heilbringenden Kraute der Kirche, dem Heilmittel wider die Schlange, laben.

Wie pries ich dich, o mein Gott, da ich die Psalmen Davids las, die Lieder des Glaubens, die Töne der Gottesfurcht, die mit ihrem Schall den Geist der Aufgeblasenheit vertreiben; ich las sie als Katechumen, noch ein Neuling in der wahren Liebe zu dir, da ich auf dem Landgute mit Alypius, der auch Katechumen war, der Ruhe lebte und die Mutter uns anhing in stiller Weiblichkeit, mit festem Glauben und der Sicherheit, die das Alter verleiht, mit der mütterlichen Liebe, in christlicher

Frömmigkeit. Wie pries ich dich bei diesen Lobgesängen, wie ward ich durch sie zu dir begeistert und entflammt, sie, wenn es möglich gewesen, dem ganzen Erdkreise als heilsames Mittel wider des Menschen Stolz zu verkündigen! Und doch werden sie auf dem ganzen Erdkreis gesungen, und keiner ist, der sich vor deiner Hitze verbirgt. Von welch heftigem und großem Schmerze ward ich wider die Manichäer ergriffen und von ebenso großem Mitleid gegen sie, daß sie jene göttlichen Geheimnisse, jene Heilmittel nicht kannten und heillos der Arznei widerständen, durch welche sie gesunden könnten! Ich wünschte nur, daß sie damals ohne mein Wissen in meiner Nähe gewesen wären und mein Angesicht geschaut hätten und meine Stimme gehört, wenn ich in jener Ruhezeit den vierten Psalm las, und wie dieser Psalm auf mich wirkte: Erhöre mich, wenn ich rufe, Gott meiner Gerechtigkeit, der du mich tröstest in Angst; sei mir gnädig und erhöre mein Gebet. Sie hätten es hören sollen, wenn sie es ohne mein Wissen hätten hören können, damit sie nicht meinten, ich hätte um ihretwillen also gesprochen; sie hätten es hören sollen, was ich unter jenen Worten sprach. Denn ich hätte es gewißlich nicht gesprochen noch hätte ich es so gesprochen, wenn ich gewußt hätte, daß ich von ihnen gehört würde, noch würden sie es so aufgenommen haben, als wenn sie es hörten, wie ich mit mir und für mich in deiner Gegenwart in vertrauter Andacht meiner Seele redete.

Denn ich erschauderte fürchtend und zugleich erglühte ich hoffend in jubelnder Freude zu deiner Barmherzigkeit, o Vater. Und alles dies leuchtete aus meinen Augen, sprach aus meiner Stimme, wenn dein guter Geist zu uns gewendet spricht: Liebe Kinder, wie lange soll meine Ehre geschändet werden; wie habt ihr das Eitle so lieb und die Lügen so gerne? Denn ich hatte einst die Eitelkeit lieb und suchte die Lüge. Und du, Herr, hattest erhöhet schon deinen Heiligen und ihn erwecket von den Toten und gesetzt zu deiner Rechten, von wannen er niedersendet den verheißenen Geist der Wahrheit; und er hatte ihn bereits gesandt und ich wußte es nicht. Er hatte ihn gesandt, weil ich schon erhöhet war, auferstehend von den Toten und auffahrend gen Himmel. Vorher aber war der Geist noch nicht verliehen, weil Jesus noch nicht verherrlicht war. Und es ruft der Prophet: Wie lange soll meine Ehre geschändet werden? Wie habt ihr das Eitle so lieb und die Lüge so gerne? Erkennet doch, daß der Herr seine Heiligen wunderlich führet. Er ruft: Wie lange? Er ruft: Erkennet! Und ich hatte so lange in Unwissenheit das Eitle so lieb und die Lügen so gerne. Und ich hörte und zitterte, denn es ward zu solchen gesagt, wie ich wußte, daß ich gewesen war. Denn die Gebilde, die ich für Wahrheit hielt, sie waren nur Eitelkeit und Lüge. Und oft stieß ich laute und schwere Klagen aus, wenn ich schmerzlich bewegt daran zurückdachte. Wenn es doch die vernommen hätten, welche noch jetzt die Eitelkeit lieben und die Lügen so gern haben. Sie wären vielleicht erschüttert worden und hätten es von sich geworfen, und du würdest sie erhören, wenn sie dich anriefen; denn er starb eines wirklichen Todes im Fleisch für uns, der uns bei dir vertritt.

Ich las: Zürnet ihr, so sündiget nicht. Wie ward ich erschüttert, mein Gott, der ich bereits gelernt hatte, mir über das Vergangene zu zürnen, auf daß ich fortan nicht mehr sündigte. Und mit Recht zürnte ich mir, denn keine fremde Natur aus dem Geschlechte der Finsternis sündigte an mir, wie die sprechen, welche sich nicht selbst zürnen können, und die sich den Zorn häufen auf den Tag des Zorns und der Offenbarung des gerechten Gerichtes Gottes. Meine Güter, sie lagen nicht mehr in der Außenwelt noch suchte ich sie mit Fleischesaugen im Sonnenlichte. Denn die ihre Freude in der Außenwelt finden, die werden leicht eitel und verlieren sich in das Sichtbare und Zeitliche, an dessen Vorstellungen sie mit hungrigem Denken lecken. O wenn sie doch der Hunger ermattete und sie riefen: Wer wird uns die wahren Güter zeigen, Und wir wollen sagen und sie mögen es vernehmen: Herr, erhebe über uns das Licht deines Angesichtes. Denn wir selbst sind nicht das Licht, das alle Menschen erleuchtet, sondern wir werden von dir erleuchtet, daß wir, die wir weiland in Finsternis waren, ein Licht in

Finsternis waren, ein Licht in dir sind. O könnten sie im Innern das Ewige schauen; weil ich dies geschmeckt, ergrimmte ich, daß ich es ihnen nicht zeigen konnte, weil sie mir ein Herz zubrächten, das in ihren auf die Außenwelt gerichteten Augen war und sprächen: Wer wird uns die wahren Güter zeigen? Denn erst, da ich mir in meines Herzens Tiefe zürnte, als ich zerschlagen war, als ich meinen alten Menschen als Schlachtopfer darbrachte und durch begonnenes Sinnen auf meine Erneuung meine Hoffnung auf dich gründete, da erst begannst du mir süß zu werden und erfreutest mein Herz. Und ich schrie auf, da ich dies Wort las von außen und in meinem Innern seine Wahrheit erkannte; nimmer wollte ich reich werden an irdischen Gütern, Zeitliches verschlingend und selbst von ihm verschlungen, da ich in der ewigen Einfalt andere Früchte, andern Wein und anderes Öl gefunden hatte.

Und ich rief bei dem folgenden Verse mit lauter Stimme meines Herzens: O in Frieden! O in dir selbst will ich schlafen und ruhen! Denn wer mag wider uns sein, seit da geschrieben steht: Der Tod ist verschlungen in den Sieg? Und du bist der ganz Unwandelbare, und in dir ist die Ruhe, die alle Mühseligkeiten vergißt, denn nicht ein anderer neben dir und nicht um vieles andere zu erlangen, das doch nicht ist, was du bist, sondern du Herr allein hast meine Hoffnung fest gegründet. Ich las es und erglühte, und ich fand nicht, was ich mit den tauben Toten, deren einer ich gewesen bin, machen sollte, eine Pest, ein rauher Beller, blind gegen die Schriften, die da süß sind von himmlischem Honig und deinem Lichte erleuchtet, und ich verzehrte mich über diese Feinde der heiligen Schrift. –Wie soll ich alles dessen gedenken, das in jenen Tagen der Ruhe in mir vorging? Aber ich habe weder vergessen noch will ich verschweigen die Zucht deiner Geißel und die wunderbare Schnelligkeit deines Erbarmens. Damals züchtigtest du mich mit Zahnschmerzen, und da sie so schlimm wurden, daß ich nicht sprechen konnte, kam es in mein Herz, die Anwesenden zu ermahnen, für mich zu dir, dem Gott jeglichen Heils, zu beten. Ich schrieb es auf ein

Wachstäfelchen und gab es ihnen, daß sie es lesen sollten. Und als wir das Knie zum Gebet gebeugt hatten, da schwand der Schmerz. Aber welch ein Schmerz und wie schnell verging er! Ich erschrak; offen bekenne ich es dir, mein Herr und mein Gott, denn ähnliches hatte ich seit meiner Jugend nicht erfahren. Und ich erkannte in meines Herzens Tiefe deinen Wink und pries in des Glaubens Freude deinen Namen. Und dieser Glaube ließ mich nicht sicher und sorglos sein über die Sünden meiner Vergangenheit, die mir damals noch nicht durch die Taufe vergeben waren.

Fünftes Kapitel

Nach Ablauf der Herbstferien entsagte ich meinem Mailändischen Schulamte, damit sich die Mailänder nach einem andern Wortverkäufer für ihre Schulen umsähen, teils weil ich zu dein Entschlusse gekommen wäre, dir zu dienen, teils weil ich wegen Atmungsbeschwerden und Brustschmerzen meinem Amte nicht mehr genügen könnte. Zugleich teilte ich deinem Bischof Ambrosius, deinem heiligen Manne, meine früheren Irrtümer mit und zugleich meinen gegenwärtigen Wunsch, daß er mir einen guten Rat gäbe, welches deiner Bücher ich vor allem lesen sollte, um mich zum Empfange so großer Gnade geschickter und würdiger zu machen. Jener hieß mich den Propheten Jesaias lesen, vermutlich, weil derselbe vor allen ein Verkündiger des Evangeliums und der Berufung der Völker ist. Indes verstand ich ihn, als ich darin anfing zu lesen, nicht, und weil ich glaubte, daß das ganze Buch nach Art des Anfangs sei, so legte ich es einstweilen beiseite, um es erst wieder vorzunehmen, wenn ich geübter in der Redeweise des Herrn wäre.

Sechstes Kapitel

Als nun die Zeit kam, wo ich mein Taufgesuch einreichen mußte, verließen wir das Landgut und kehrten nach Mailand zurück. Auch Alypius hatte den Entschluß gefaßt, mit mir zusammen die Taufe zu empfangen, schon ganz erfüllt mit der zur Aufnahme deiner Gnadenmittel geschickt machenden Demut; mit Charakterstärke bändigte er den Leib, so daß er den Winter hindurch mit bloßen Füßen ging. Auch den Knaben Adeodatus nahmen wir mit uns, den Sohn, den ich in Sünden gezeugt hatte. Doch du hattest ihn gut geschaffen. Fünfzehn Jahre war er alt und übertraf an Geist manche ältere und gelehrte Männer. ich bekenne dir deine Gaben, o Herr mein Gott, du Schöpfer des Alls, der du schön gestaltest unsere Mißgestalt, denn außer der Sünde hatte mir jener Knabe nichts zu verdanken. Denn daß er von uns in deiner Zucht aufgezogen ward, das hattest du uns eingegeben, kein anderer; ja, ich bekenne dir dankbar deine Gaben. In einem meiner Bücher, »Der Lehrer« betitelt, lasse ich den Adeodatus mit mir sprechen. Du weißt es, daß alle Gedanken, die ich ihn dort sprechen lasse, wirklich die seinigen waren, obwohl er erst im sechzehnten Lebensjahre stand. Vieles andere noch Bewundernswürdigere bemerkte ich an ihm, Heiliger Schauer erfaßte mich bei diesen wunderbaren Gaben, und wer anders als du ist der Geber solcher Wunder? Früh nahmst du ihn von dieser Erde und sorgenfreier gedenke ich nun seiner, ohne Furcht für den Knaben, für den Jüngling, für sein ganzes Leben. Wir hatten ihn uns als unsern Altersgenossen zugesellt in deiner Taufgnade, zur Erziehung in deiner Zucht, und wir wurden getauft und von uns wich der Kummer über unsere Vergangenheit. In jenen Tagen konnte ich nicht satt werden in der wunderbaren Süßigkeit, die Höhe deines Ratschlusses über das Heil des Menschengeschlechtes zu betrachten. Wie habe ich geweint unter deinen Hymnen und Gesängen, tief bewegt von dem Wohllaut der Stimmen deiner Kirche. jene Stimmen, sie fluteten in mein Ohr, und durch sie ward die Wahrheit in mein Herz eingeflößt und fromme Gefühle wallten in ihm auf, die Tränen strömten und mir war so selig in ihnen zumute.

Siebentes Kapitel

Noch nicht lange hatte die Mailänder Kirche diese Art der Erbauung und des Trostes eingeführt unter großer Beteiligung der Brüder, die mit Mund und Herzen einstimmten. Ein Jahr war es ungefähr oder vielleicht auch etwas länger, da verfolgte Justina, die Mutter des jungen Königs Valentinian, deinen Anhänger, den Ambrosius, um ihrer Ketzerei willen, zu der sie von den Arianern verführt worden war. Das fromme Volk blieb die Nacht hindurch in deiner Kirche, bereit, mit ihrem Bischof, deinem Diener, zu sterben. Dort war auch meine Mutter, deine Magd; vor allen eifrig im Sorgen und Wachen, lebte sie nur dem Gebete. Wir, noch nicht erwärmt von der Glut deines Geistes, wurden doch von dem Bangen und der Verwirrung der Stadt mit ergriffen. Damals ward nach der Sitte der morgenländischen Kirche das Singen der Hymnen und Psalmen eingeführt, damit das Volk nicht durch ermüdende Trauer matt würde, und seitdem ist es bis auf den heutigen Tag so geblieben, und viele, ja fast alle deine Kirchen des Erdkreises sind uns gefolgt.
Damals offenbartest du deinem Bischof, dem schon erwähnten Ambrosius, wo die Leiber der Märtyrer des Protasius und Gervasius verborgen ruhten, die du so viele Jahre hindurch im Schoß deiner Verborgenheit unverwest verwahrt hattest, um sie zur rechten Zeit zur Bändigung der Wut jenes Weibes, das doch eine Kaiserin war, hervorzubringen. Denn als sie aufgefunden und ausgegraben mit den ihnen zukommenden Ehren zur Basilika des Ambrosius gebracht wurden, da wurden nicht nur die, welche von unreinen Geistern besessen waren, nach dem Bekenntnis ihrer Dämonen selbst, geheilt, sondern auch ein angesehener Bürger, der mehrere Jahre hindurch blind war. Als dieser nämlich nach der Ursache fragte, warum das Volk vor

Freude jauchzte, und es hörte, da sprang er hinaus und bat seinen Führer, ihn dorthin zu führen. Nachdem er in die Kirche eingetreten war, bat er um die Erlaubnis, mit seinem Schweißtuche die Bahre der Heiligen berühren zu dürfen, deren Tod ist wert gehalten vor dem Herrn. Als er dies tat und dann seine Augen damit berührt hatte, da wurden sie sogleich ihm aufgetan. Der Ruf davon aber verbreitete sich weit und breit; alles war voll deines Lobes, und der Sinn jener Feindin wurde, wenn auch nicht zu gesundem Glauben fortschreitend, doch von der Wut zurückgehalten. Dank dir dafür, o mein Gott! Wohin hast du meine Erinnerung geführt, daß ich dir auch dieses bekenne, das ich, wiewohl so groß, doch am rechten Orte zu erwähnen vergessen hatte. Und damals, als so der Geruch deiner Salben lieblich entströmte, eilten wir dennoch nicht zu dir. Deshalb weinte ich so sehr unter dem Gesange deiner Hymnen, einst zu dir aufseufzend und nun endlich aus voller Brust die Himmelsluft einatmend, soweit sie eindringen kann in dieses Haus, das dem Heu gleicht.

Achtes Kapitel

Der du Frieden bringst in die Wohnungen der Menschen, du geselltest uns auch den Evodius zu, einen jungen Mann aus unserer Vaterstadt. Er war kaiserlicher Sachwalter und hatte sich früher als wir zu dir bekehrt und sich taufen lassen, hatte den Staatsdienst verlassen und sich zu deinem Dienste gegürtet. Wir waren unzertrennlich und beschlossen, unser der Frömmigkeit geweihtes Leben zusammen zu führen. Wir suchten einen Ort, an dem wir ungestört dir dienen könnten, und traten zusammen die Heimreise nach Afrika an. Wir kamen nach Ostia an dem Tiber, da starb meine Mutter. Ober vieles gehe ich nun raschen Schrittes hinweg. Nimm an mein Bekenntnis und meinen Dank, o mein Gott, für Unzähliges, auch wenn ich darüber schweige. Das aber will ich doch nicht übergehen, was meine Seele über deine Magd ans Licht bringen will, die mich gebar, im Fleische für das zeitliche, im Herzen für das ewige Leben. Nicht ihre, sondern deine Gaben in ihr will ich nennen; denn nicht sie selbst hatte sich ja geschaffen oder erzogen. Du hast sie geschaffen, und weder Vater noch Mutter wußten, welcher Art ihr Kind werden würde. In deiner Furcht erzog sie der Hirtenstab deines Gesalbten, das Walten deines eingeborenen Sohnes in einem gläubigen Hause, einem treuen Glied deiner Kirche. Hinsichtlich ihrer Erziehung pries sie nicht so sehr die Sorgfalt der Mutter als vielmehr die einer ergrauten Dienerin, die bereits ihren Vater getragen hatte, wie so die ziemlich herangewachsenen Mädchen die Kleinen auf dein Rücken herumzutragen pflegen. Deswegen und wegen ihres Alters und ihrer strengen Sittlichkeit ward sie in dein christlichen Hause nicht wenig hoch gehalten, so daß man ihr die Beaufsichtigung der Töchter des Hauses übertrug, die sie mit treuer Sorge führte und, wo es nötig war, bei ihrer Erziehung eine heilige Strenge ausübte und beim Unterricht besonnene Umsicht. Außer den Stunden, in welchen sie am elterlichen Tische sehr mäßig genährt wurden, erlaubte sie ihnen nicht, auch wenn der Durst sie quälte, auch nur Wasser zu trinken, um übler Gewohnheit vorzubeugen, indem sie dies heilsame Wort hinzufügte: »Jetzt trinkt ihr Wasser, weil ihr euch keinen Wein verschaffen könnt; habt ihr aber erst Männer bekommen und seid Herrinnen von Vorrats- und Wein- kammern, so wird euch das Wasser nicht mehr munden, aber die Gewöhnung zu trinken wird euch geblieben sein.« Durch diese Art der Belehrung und die Entschiedenheit, mit der sie befahl, zügelte sie die Begehrlichkeit des zarten Alters und minderte den Durst der Mädchen zu sittsamem Maßhalten, daß nur das Schickliche ihr Gefallen erregte.

Und dennoch hatte sich ein Gelüst nach Wein bei ihr eingeschlichen, wie nur, ihrem Sohne, deine Magd erzählte. Denn als sie, da sie ein nüchternes Mädchen war, von ihren Eltern den Auftrag erhielt, aus der Weinkufe Wein zu holen, indem sie einen Becher unter den Hahn hielt, schlürfte sie mit gespitzten Lippen, bevor sie den vollen Becher in die Flasche goß, zuerst ein weniges ab, da ihr mehr widerstand. Doch tat sie dies nicht in roher Begierde, sondern aus jugendlichem Übermut, der in mancherlei Gelüsten aufsteigt und den das Gewicht älterer Personen im Kinderherzen niederzuhalten pflegt. Zu dem wenigen fügte sie aber täglich wieder ein weniges, und weil, wer Geringes verachtet, allmählich zu Fall kommt, gewöhnte sie sich endlich daran, daß sie fast schon ganze Becherchen begierig austrank. Wo war da die verständige Alte und ihr strenges Verbot? Was hilft uns gegen die verborgene Krankheit, wenn nicht deine Hilfe, o Herr, über uns wacht? Da Vater, Mutter und Pflegerin fern waren, warst du da, der du sie schufst, der du uns zu dir rufst, der du auch durch verkehrte Menschen Gutes zum Heil der Seele wirkst, was tatest du damals, o mein Gott? Wie halfest, wie heiltest du sie? Ein hartes Schmähwort aus der Seele eines andern brachtest du hervor nach deiner geheimen Fürsorge, daß es das Messer des Arztes würde, damit du auf einen Schnitt die Fäulnis ausschnittest. Die Magd, welche sie zur Weinkufe zu begleiten pflegte, geriet mit ihrer jüngeren Herrin in Streit, wie das ja, wenn sie allein sind, zu geschehen pflegt, und warf ihr diesen Fehler vor und schalt sie mit bitterem Schimpf eine Wein-säuferin. Von diesem Schimpf getroffen, erkannte sie ihren Fehler, verdammte ihn sogleich und legte ihn ab. Wie Freunde mit ihrer Schmeichelei uns verderben, so bessert uns gewöhnlich der Tadel der Feinde. Nicht aber das Gute, das du durch sie vollbringst, sondern ihren bösen Willen vergiltst du ihnen. jene wollte im Zorn ihre jüngere Herrin nur kränken, nicht heilen von ihrem Fehler, und zwar heimlich, sei es, daß Zeit und Ort, da der Streit ausbrach, es so fügten, sei es, daß sie nicht selbst in Ungelegenheiten käme, wenn sie so spät erst es anzeigte. Du aber, o Herr, du Lenker des Himmels und der Erden, der du zu deinen Zwecken die Wogen der Tiefe aufregst und den wüsten Strom der Zeiten ordnest, du heiltest durch die Heillosigkeit der einen Seele nur die andere; niemand aber möge, wenn er dies bedenkt, auch wenn er des Willens war, es seiner Macht zuschreiben, wenn durch sein Wort jemand gebessert wird.

Neuntes Kapitel

Züchtig und verständig, mehr von dir den Eltern als von den Eltern dir untergeben, wurde sie, nachdem sie zur jugendlichen Reife gekommen war, einem Manne vermählt, dein sie wie ihrem Gebieter diente und sich bemühte, ihn dir zu gewinnen, indem sie dich durch ihre Sitten ihm predigte, durch welche du sie so schön gemacht hattest, daß sie ihrem Manne zugleich Liebe und Achtung einflößte. Auch seine Untreue ertrug sie so, daß sie mit ihrem Gatten darüber nie in Streit geriet. Denn sie hoffte von deinem Erbarmen über ihn, daß er im Glauben an dich keusch würde. Außerdem aber war er, so gutmütig er auch war, ebenso jähzornig. Sie aber verstand es, dem zornigen Manne weder mit der Tat noch dem Worte zu widerstehen. Wenn er ausgetobt und sich besänftigt hatte, dann gab sie ihm Rechenschaft über ihre Handlungsweise, wenn er sich etwa in Übereilung darüber aufgeregt hatte. Wenn viele Frauen, deren Männer doch sanftmütiger waren, im entstellten Gesichte die Spuren der Schläge trugen und in traulichem Gespräch sich über das Leben ihrer Männer beschwerten, so gab sie ihren Zungen die Schuld und erinnerte sie scherzweise und doch nachdrücklich daran, daß sie seit Abschluß ihres Ehekontraktes Dienerinnen geworden wären; deshalb dürften sie, eingedenk ihres Standes, gegen ihre Eheherrn sich nicht erhaben dünken. Wenn diese nun sich wunderten, daß man noch nie gehört oder gesehen habe, daß Patricius seine Gattin gemißhandelt, obwohl man wußte, wie jähzornig ihr Gatte sei, oder daß sie auch nur einen Tag in häuslichem Zwist miteinander uneinig gewesen wären und wenn sie dann vertraulich nach der Ursache forschten, so belehrte Monica sie über die Art und Weise, in der sie verfahre und die ich schon erwähnt habe. Und die, welche darnach handelten, dankten ihr, wenn sie ihre Weise erprobt hatten, die sie aber nicht befolgten, blieben ihrer Unbill unterworfen.

Auch ihre Schwiegermutter, die anfangs durch falsche Hinterbringungen schlechter Mägde gegen sie aufgereizt war, gewann sie so sehr durch stilles Ertragen, Sanftmut und aufmerksame Liebe, daß sie ihrem Sohn voll Unwillen aus freien Stücken die Zwischenträgerinnen angab, die den Hausfrieden zwischen ihr und der Schwiegertochter störten und ihre Bestrafung forderte. Als dieser Sohn, der Mutter nachgebend und für die Zucht des Hauses sowie für die Einigkeit unter den Seinigen besorgt, die Schuldigen nach dem Willen der Mutter durch Schläge gezüchtigt hatte, verhieß jene einer jeden den gleichen Lohn, die, um sich beliebt zu machen, ihrer Schwiegertochter etwas Böses nachreden werde. Von nun an wagte es keine mehr und sie lebten nun fortan in liebevollster Eintracht.

Auch die große Gabe hattest du deiner Magd, aus deren Leibe du mich geschaffen, o mein Gott, du mein Erbarmer, geschenkt, daß sie bei Hader und Zwietracht, wo sie nur konnte, Frieden stiftete. Wenn zum Beispiel die eine oder die andere in Abwesenheit der Feindin ihr einen Schwall von bittern Redensarten zum Anhören gab, wie sie hervorsprudelnde und leidenschaftliche Zwietracht auszustoßen pflegt, wenn in Gegenwart der Freundin sich der leidenschaftliche Haß in heftige Worte über die abwesende Feindin ergießt, so entdeckte sie der Anwesenden nie etwas davon, sondern redete nur zum Guten, um die Versöhnung herbeizuführen. Es würde mir dies als ein kleines Gut erscheinen, das du ihr zuteil werden ließest, hätte ich nicht zu meiner Betrübnis unzählige Zerwürfnisse kennenlernen, da sich die schreckliche Seuche dieser Sünde so weit verbreitet hat, mit der man dem zürnenden Feinde nicht nur die Worte zorniger Feinde überbringt, sondern sogar Verleumdungen hinzufügt, während der Menschenfreund es sich doch nicht damit genug sein lassen soll, die Feindschaft unter den einzelnen Menschen nicht zu vermehren, sondern auch bestrebt sein soll, sie durch freundliches Zureden zu tilgen. So tut es meine Mutter und du warst ihr Lehrer, der sie also in der Schule ihres Herzens lehrte.

Endlich gewann sie dir auch ihren Gatten am Ende seines zeitlichen Lebens und beklagte sich nicht mehr über das, was sie, da er noch Heide war, von ihm zu ertragen hatte, nachdem er gläubig geworden war. Auch eine Dienerin deiner Diener war sie. Wer sie kennenlernte, mußte dich aus vollem Herzen loben, ehren und lieben in ihr, weil in ihrem Herzen Früchte ihren heiligen Umgang mit Gott bezeugten. Sie war eines Mannes Weib gewesen, sie hatte ihren Eltern gleiches vergolten, ihr eigenes Haus göttlich regiert und hatte ein Zeugnis guter Werke. Sie hatte ihre Söhne auferzogen und so oft dieselben mit Ängsten geboren, als sie sie von dir abirren sah. Und endlich, o Herr, trug sie für uns alle, deine Diener, der du uns nach deiner Milde reden läßt, die wir vor ihrem Heimgange nach dem Empfang deiner Taufgnade in dir vereint lebten, also Sorge, als ob sie uns allesamt geboren hätte, und diente uns also, als ob sie unser aller Kind sei.

Zehntes Kapitel

Als aber der Tag nahte, an dem sie aus diesem Leben scheiden sollte, nur dir, nicht uns war er bekannt, da begab es sich durch dein geheimes Walten, daß wir, die Mutter und ich, allein an ein Fenster gelehnt standen, das eine Aussicht auf den Garten unseres Hauses gewährte, dort in Ostia an dem Tiber war es, wo wir in stiller Zurückgezogenheit nach den Beschwerden einer langwierigen Reise uns zum Einschiffen vorbereiteten; ein trautes liebliches Gespräch war es, wir vergaßen, was dahinten ist, und streckten uns zu dem, was da vorne ist, und forschten unter uns bei der Wahrheit, die da gegenwärtig ist und die du bist, nach der zukünftigen Herrlichkeit deiner Heiligen, die kein Auge geschaut und kein Ohr gehört und in keines Menschen Herz gedrungen ist. Sehnsuchtsvoll öffneten wir unsern Mund,

Quellwasser von oben, die Quelle des Lebens, die bei dir ist, auf daß wir, nach unserem Fassungsvermögen, von ihr besprengt, solch erhabnen Gegenstand nach allen Seiten hin betrachteten. Als nun unsere Rede dahin gelangte, daß auch die höchste sinnliche Freude, wie sie das leibliche Auge zu schauen vermag, vor der Wonne jenes Lebens keiner Vergleichung, geschweige denn Erwähnung wert schien, uns in glühender Sehnsucht zu ihm selbst erhebend, durchwandelten wir im Geiste stufenweise alles Sinnliche, ja selbst den Himmel, von welchem Sonne, Mond und Sterne auf die Erde herabglänzen. Dann drangen wir weiter empor im Bedenken, Besprechen und Bewundern deiner Werke und kamen auf unsern Geist, und auch darüber schritten wir hinaus, um das Gebiet unvergänglicher Fülle zu erreichen, wo du Israel weidest reichlich mit der Nahrung der Wahrheit und wo Weisheit das Leben ist, durch welches alles entsteht, Vergangenes und Zukünftiges; sie selbst aber wird nicht, sie ist, wie sie war, und wird immer so sein, denn Vergangenheit und Zukunft ist nicht in ihr, sondern allein das Sein, weil sie ewig ist; gewesen sein und sein werden ist aber nicht ewig. Und während wir so redeten und uns nach ihr sehnten, da berührten wir sie leise mit dem vollen Schlage des Herzens, seufzten und ließen dort gebunden die Erstlinge unseres Geistes zurück und kehrten uns wieder zum Laut unseres Mundes, wo das Wort beginnt und endet. Und was gleicht deinem Worte, unserem Gebieter, das ohne zu altem in sich bleibt und alles erneut?

Dann sprachen wir: Wenn des Fleisches Ungestüm schweigt, wenn die Bilder der Erde, das Wasser und die Luft schweigen, wenn auch die Pole schweigen, wenn auch die Seele selber sich schweigt und über den Gedanken ihrer selbst sich erhebt, wenn Träume und Bilder der Offenbarung schweigen, jedes Wort, jedes Zeichen und alles, was vorübergeht, wenn alles dies für uns schweigt; denn alles dies verkündigt ja: Nicht wir selbst haben uns gemacht, sondern Er hat uns gemacht, der in Ewigkeit bleibet, wenn sie nach diesen Worten schweigen, nachdem sie das Ohr zu dem aufgerichtet haben, der sie gemacht hat, und er selbst allein redet, nicht durch jene, sondern durch sich selbst, und wir sein Wort vernehmen, nicht durch die Zunge des Fleisches noch durch die Stimme des Engels noch durch den Hall der Wolke noch durch den Schatten des Gleichnisses, sondern ihn selbst, den wir in jenem heben, ohne jenes zu vernehmen, wie wir uns nun zu ihm erhoben haben und in vorüberfliegender Betrachtung die ewig über allem ruhende Weisheit berührt haben, wenn diese Betrachtung dauert und jegliche Anschauungen weit niederer Art entschwunden sind und sie allein uns hinreißt und in sich aufnimmt und in innerlichster Wonne ihren Schauenden birgt und solches Leben ewig währet, wie wir es jetzt aufatmend in einem Augenblicke geschmeckt haben, erfüllt sich dann nicht das Wort: Gehe ein zu deines Herrn Freude? Und wann wird dies stattfinden? Etwa, wenn wir alle auferstehen, aber nicht alle verwandelt werden?

Solches sprach ich, wenn auch nicht auf diese Weise und mit diesen Worten, so doch, o Herr, du weißt es ja, wie sie an diesem Tage, als wir solches besprachen und unter diesen Gesprächen die Welt mit all ihrer Lust uns feil war, wie sie da also sprach: Mir, mein Sohn, macht auf dieser Erde nichts mehr Freude. Was soll ich hier noch und warum bin ich noch hier, da meine Hoffnung für diese Welt ihr Ziel erreicht hat? Eins war es sonst, warum ich noch in diesem Leben eine Zeitlang zu bleiben wünschte, daß ich dich noch als guten Christen sähe, bevor ich stürbe. Dies hat mein Gott mir über mein Bitten gewährt, da ich dich jetzt das irdische Glück verachten und Gott dienen sehe. Was soll ich hier noch tun?

Elftes Kapitel

Ich weiß nicht mehr, was ich darauf antwortete. Fünf Tage etwa nachher erkrankte Monica am Fieber. Während ihrer Krankheit überkam sie eines Tages eine Ohnmacht und verlor sie auf Augenblicke die Besinnung. Wir redeten zu ihr, schnell aber kehrte ihr Bewußtsein zurück, sie sah mich und meinen Bruder, die wir an ihrem Lager standen, an und sagte zu uns in fragendem Tone: Wo war ich? Und als sie uns von der Trauer überwältigt sah, setzte sie hinzu: ihr werdet hier euere Mutter bestatten. Ich schwieg, indem ich meinen Tränen Einhalt gebot. Mein Bruder aber sagte, daß sie ja hoffentlich hier in der Fremde nicht sterben werde, sondern einen seligeren Tod in der Heimat. Als sie dies hörte, blickte sie ihn mit stillem Vorwurfe an, daß er an so etwas dächte, wandte sich dann zu mir und sagte: »Siehe, was er sagt«, und dann noch einmal zu uns beiden: Bestattet hier irgendwo meinen Leib und macht euch deshalb keine Sorge; nur dies erbitte ich von euch, daß ihr am Altar des Herrn meiner gedenkt, wo ihr auch sein mögt! Nachdem sie so ihre Willensmeinung so gut sie konnte uns kundgetan hatte, schwieg sie und ihre Krankheit nahm an Heftigkeit zu.

Ich aber gedachte deiner Gaben, unsichtbarer Gott, die du in die Herzen deiner Gläubigen einsenkst, damit aus ihnen wunderbare Früchte hervorsprossen, ich freute mich und dankte dir, weil ich mich daran erinnerte, wie ängstlich sie immer um ihr Grab besorgt gewesen war, das sie sich neben der Leiche ihres Gatten ausersehen und vorbereitet hatte. Denn da sie in großer Eintracht gelebt hatten, so wünschte sie, wie denn der Menschen Sinn ist, solange er für das Göttliche noch weniger empfänglich bleibt, es möge dies eine noch zu ihrem Glücke hinzukommen, daß in der Erinnerung der Menschen fortlebe, wie es nach einer langen Seereise es ihr vergönnt sei, daß die irdischen Reste der beiden Gatten beieinander begraben würden. Wann aber dieser nichtige Wunsch durch die Fülle deiner Güte begonnen hatte, aus ihrem Herzen zu weichen, ich wußte es nicht; staunend freute ich mich, als sie es mir so kundtat, obgleich in ihrem Gespräche am Fenster, als sie zu mir sagte: Was tue ich hier noch? bereits die Sehnsucht, in der Heimat zu sterben, geschwunden war. ich hörte auch nachher, daß sie bei unserem Aufenthalte in Ostia mit einigen meiner Freunde in mütterlicher Vertraulichkeit – ich war selbst nicht zugegen über die Verachtung dieses Lebens und dem Gute des Todes sprach; als diese die Tugend, die du ihr gegeben hattest, bewunderten und sie fragten, ob es ihr nicht schrecklich sei, so fern von der Heimat begraben zu werden, erwiderte sie: »Nichts ist fern von Gott und ich fürchte nicht, daß er am Ende der Zeit die Stätte, wo er mich auferwecke, nicht kennen wird!« Am neunten Tage ihrer Krankheit, im sechsundfünfzigsten Jahre ihres Lebens, im dreiunddreißigsten Jahre meines Alters ward ihre gottselige und treue Seele vom Leibe erlöst.

Zwölftes Kapitel

Ich drückte ihr die Augen zu, Trauer floß in meiner Brust zusammen und floß über in Tränen und meine Augen drängten die Tränen zurück in die Brust, bis sie trocken waren, und meine Seele litt Qualen bei solchem Kampf mit dem Schmerze. Bei ihrem letzten Atemzuge weinte Adeodatus laut auf und ward von uns nur mit Mühe beruhigt. So ward auch mein kindisches Herz, das sich dem Weinen hingeben wollte, durch des Jünglings Herzensschreie zurückgehalten und zum Schweigen gebracht. Denn wir hielten es nicht für recht, die Hingeschiedene mit tränenvollem Klagen und Seufzen zu bestatten, mit welchen man die Sterbenden beklagen mag, deren Elend im Tode oder deren gänzliches Erlöschen man beweint. Monica aber starb nicht elend, sie starb nicht ganz, davon gab uns sichern Beweis ihr sittenreines Leben und ihr ungeheuchelter Glaube.

Was war es also, was mich so tiefinnerlich schmerzte, als die frische Wunde, die mir die plötzliche Vernichtung unseres so süßen, mir so teuren traulichen Zusammenlebens verursachte? Wohl fand ich Trost in dem Zeugnis, das sie mir in ihrer letzten Krankheit noch gab, mit Zärtlichkeit mir für meine kindlichen Dienstleistungen wiederholt dankte, mich ihren treuen Sohn nannte und mit liebevoller Innigkeit mir versicherte, daß sie aus meinem Munde nie ein hartes oder beleidigendes Wort gehört habe. Doch was will das sagen, mein Gott, der du uns schufst, wie war die Ehre, die ich ihr erwies, irgend zu vergleichen mit dem Magddienst, den sie mir gewährte? Darum weil ich von ihrem Troste nun verlassen war, wurde meine Seele verwundet und mein Leben zerrissen, ein Leben war ja aus ihrem und dem meinigen geworden.

Nachdem wir also Adeodatus beruhigt hatten, ergriff Evodius ein Psalmenbuch und sang einen Psalm, wir alle antworteten: »Ich will rühmen, o Herr, deine Barmherzigkeit und dein Gericht«. Als sich die Nachricht von ihrem Tode verbreitete, kamen viele unserer Brüder und fromme Frauen zu uns und während jene, deren Amt es war, nach herkömmlicher Sitte das Begräbnis besorgten, unterredete ich mich abseits, wie es geziemend erschien, mit denen, die mich in meinem Schmerze nicht verlassen zu dürfen glaubten, wie es der Zeit angemessen war, und durch den Balsam der Wahrheit linderte ich die Pein, die nur dir bekannt war und nicht jenen, die aufmerksam mir zuhörten und mich ohne Schmerzgefühl wähnten. Aber zu dir, da niemand es vernahm, flehte ich um Linderung meines Schmerzes und staute der Trauer Flut zurück; sie wich mir auf Augenblicke, dann aber wiederholte sich ihr Anprall, zwar nicht bis zum Ausbruch der Tränen, nicht in der Veränderung der Mienen, aber ich wußte, was ich im Herzen zu unterdrücken hatte. Und weil es mir so sehr mißfiel, daß das Los der Menschheit, das nach dem Naturgesetz uns alle trifft, so viel über mich vermöge, so ward ich von doppeltem Schmerze gequält, denn mich schmerzte dieser mein weltlicher Schmerz. Der Leib ward bestattet, ich ging und kehrte trockenen Auges zurück. Weder während der Gebete, die wir zu dir sandten, als das Opfer für sie dargebracht war, indes die Leiche neben das Grab hingestellt wurde, bevor sie hinabgesenkt wurde, wie es dort zu geschehen pflegt, noch bei den Gebeten weinte ich; den ganzen Tag aber ward ich von beängstigendem Schmerze im geheimen gequält und in meiner geistigen Verwirrung bat ich dich um Heilung meines Schmerzes, aber du tatest es nicht, um mich, wie ich glaube, durch dies eine Zeichen daran zu erinnern, wie fest das Band der Gewohnheit sei, selbst gegen den Geist, der schon von dem Worte, das nimmer trügt, geweidet wird (auf grüner Aue). Es schien mir gut, baden zu gehen, weil ich gehört hatte, daß das Bad daher benannt sei, die Griechen nennen es nämlich Balaneion, weil es die Angst aus dem Herzen entfernt. Auch dies bekenne ich deinem Erbarmen, Vater der Waisen, daß ich badete, ich blieb aber nach dem Bade derselbe wie zuvor. Es ward aber aus meinem Herzen die Bitterkeit der Trauer nicht entfernt. Darauf legte ich mich schlafen und erwachte und fand mein Inneres milder gestimmt, und da ich allein auf meinem Lager lag, erinnerte ich mich an die so viel Wahrheit enthaltenden Verse deines Dieners Ambrosius:

> Gott, der du Weltalls Schöpfer bist,
> Dem untertan der Himmel ist,
> Du schmückst den Tag mit Lichtes Pracht,
> Mit gnäd'gem Schlummer unsre Nacht.
> Die Glieder ruhn in Schlafes Haft,
> Der ihnen neue Kräfte schafft,
> Der müden Seele Ruh gewährt
> Und bange Seufzer schweigen lehrt.

Von da an führte ich mir, wie sonst, vor die Seele deine Magd, ihren frommen Umgang mit dir, den heilig freundlichen und uns willfährigen, dessen ich so plötzlich beraubt ward und um sie und für sie, um mich und für mich gewährte es mir eine Erleichterung, vor dir zu weinen. Ich ließ meinen Tränen freien Lauf, und die ich verhalten hatte, sie flossen, soviel sie wollten, sich meinem Herzen unterbettend, und ich ruhte auf ihnen, weil dort nur dein Ohr war und keines Menschen, der meine Tränen hart gedeutet hätte. Und nun, o Herr, bekenne ich dir es in diesem Buche. Mag es lesen, wer da will, mag er es auslegen, wie er will, und findet jemand darin ein Vergehen, daß ich meine Mutter kaum eine Stunde beweint habe, eine Mutter, die für eine Zwischenzeit meinen Augen tot war, die mich viele

Jahre beweint hatte, auf daß ich im Licht deines Auges lebte, der mag darüber nicht spotten, vielmehr weine er, wenn sein Herz reich an Liebe ist, weine über meine Sünden zu dir, dem Vater aller Brüder deines Gesalbten.

Dreizehntes Kapitel

Da mein Herz nun von jener Wunde geheilt ist, an der ich die Schwäche meines Fleisches erkannte, so bringe ich dir, o unser Gott, für deine Magd ganz andere Tränen dar, wie sie rinnen aus dem zerstoßenen Geist, der die Gefahr einer jeden Seele betrachtet, die in Adam stirbt. Obwohl sie in Christo lebendig gemacht war und auch von des Fleisches Banden noch nicht gelöst also lebte, daß dein Name durch ihren Glauben und ihr Leben gepriesen wurde, dennoch wage ich nicht zu sagen, daß, seitdem du sie durch die Taufe wiedergeboren hast, kein Wort aus ihrem Munde hervorgegangen ist, das wider dein Gesetz wäre. Hat nicht dein Sohn, der die Wahrheit ist, gesagt: Wer zu seinem Bruder sagt, du Narr, der ist des höllischen Feuers schuldig? Wehe auch dem lobenswertesten Leben der Menschen, wenn du darüber ein Urteil fällen wolltest, ohne das Erbarmen in die Waagschale zu werfen. Und nur deshalb, weil du nicht mit Strenge unsere Vergehungen ansiehst, hoffen wir vertrauend, daß es eine Zuflucht gebe bei dir. Wer dir seine wahren Verdienste vorzählt, kann dir damit nichts vorzählen als deine Gaben. O wenn doch die Menschen bedächten, daß sie Menschen sind, und wer sich rühmte, sich des Herrn rühmte.

Deshalb bitte ich dich, mein Preis und mein Leben, du Gott meines Herzens, mit Hintansetzung der guten Worte meiner Mutter, für die ich dir freudig Dank sage, jetzt für die Vergehungen meiner Mutter, erhöre mich bei dem Heiland unserer Wunden, der am Holze hing und nun zu deiner Rechten sitzt und uns vertritt. Ich weiß, daß sie Barmherzigkeit ,geübt hat und daß sie von Herzen allen ihren Schuldigem vergeben hat, vergib auch du ihr ihre Schuld, wenn sie deren auf sich lud, so viele Jahre nach dem Empfang des heilsamen Wassers. ja vergib ihr, o Herr, vergib ihr, ich flehe dich an, gehe nicht mit ihr ins Gericht. Die Barmherzigkeit erhebe sich über das Gericht, denn was du sagst, ist gewiß, und du hast Barmherzigkeit den Barmherzigen verheißen. Und daß sie also wurden, hast du ihnen verliehen, der du gnädig bist denen, denen du gnädig sein willst und dich dessen erbarmst, des du dich erbarmst.

Ich glaube, du hast schon meine Bitte gewährt, doch laß dir gefallen, o Herr, das willige Opfer meines Mundes. Als der Tag ihrer Auflösung gekommen war, hat sie nicht daran gedacht, prächtig bestattet oder mit Spezereien gesalbt zu werden, noch wünschte sie ein kostbares Denkmal oder trug sie Sorge um ein Grab in der Heimat. Nichts von diesem hat sie uns geboten, sondern nur begehrt, daß wir ihrer gedenken sollen an deinem Altare, an welchem sie jeden Tag ohne Unterlaß diente, von welchem, wie sie wußte, das heilige Opfer gespendet würde, wodurch die Handschrift, die gegen uns zeugte, ausgetilgt ist und der Feind überwunden, der unsere Übertretungen rügt und sucht, was er entschuldige, und nichts an dem findet, in welchem wir siegen. Wer wird ihm sein unschuldiges Blut wiedergeben, wer wird, um uns ihm zu entreißen, ihm den Preis wiedererstatten, für welchen er uns gekauft hat. An das Sakrament dieses Preises hat deine Magd durch das Band des Glaubens ihre Seele gebunden. Niemand trenne sie von deinem Schutze. Nicht kann sich ihr mit Gewalt oder List der Löwe und der Drache widersetzen, weil sie nicht antworten wird, daß sie keine Schuld habe, damit sie nicht von dem schlauen Widersacher überwiesen werde und in seine Gewalt komme, sie wird antworten, daß ihre Schuld ihr von dem erlassen sei, welchem keiner ersetzen kann, was er unschuldig für uns geopfert hat.

Möge sie also in Frieden mit ihrem Manne ruhen, vor welchem und nach welchem sie keinem verehelicht war, dem sie gedient und dir, o Gott, Frucht in Geduld gebracht hat, um auch ihn für dich zu gewinnen. Gib, o Herr mein Gott, deinen Knechten, meinen Brüdern, deinen Kindern, meinen Gebietern. denen ich mit Herzen, Mund und Händen diene, es ihnen ins Herz, wie viele unter ihnen diese Schrift gelesen haben, daß sie deiner Magd Monica und des Patricius, der einst ihr Ehegemahl war, durch deren Fleisch du mich in dieses Leben eingeführt hast, wie, ist mir ein Geheimnis, an deinem Altar gedenken. Mögen sie im vorübergehenden Licht dieses irdischen Lebens mit frommem Gefühle meiner Eltern gedenken und meiner Brüder, die unter dir, dem Vater, Kinder in deiner Mutterkirche sind und meiner Mitbürger, in dem himmlischen Jerusalem, wohin dein Volk in der Pilgerschaft vom Ausgang bis zur Heimkehr sich schmerzlich sehnt, auf daß, was meine Mutter zuletzt von mir gefordert hat, durch vieler Gebete und Bekenntnisse reicher als durch meine Gebete erfüllt werde.

Zehntes Buch

Erstes Kapitel

Ich werde dich erkennen, der du mich kennest, werde erkennen, gleich wie ich erkannt bin. Kraft meiner Seele, dringe ein in sie und mache sie dir geschickt, damit du sie habest und besitzest ohne einen Flecken oder Runzel. Das ist meine Hoffnung, darum rede ich; und in solcher Hoffnung bin ich fröhlich, bin fröhlich, wie es mir heilsam ist. Was aber sonst noch dies Leben bietet, ist um so weniger zu beweinen, je mehr man weinet; und um so mehr zu beweinen, je weniger man darin weinet. Denn siehe, die Wahrheit hast du geliebt, denn wer sie tut, der kommt an das Licht. Ich will sie tun in meinem Herzen vor dir im Bekenntnisse; schriftlich aber meinerseits vor vielen Zeugen.

Zweites Kapitel

Und vor dir, o Herr, vor dessen Augen bloß ist die Tiefe menschlichen Gewissens, was wäre unbekannt in mir, ob ich dir es auch nicht gestehen wollte? Dich würde ich mir verbergen, nicht aber mich vor dir. Nun aber, da mein Seufzen Zeuge ist, daß ich dir mißfalle, da leuchtest und gefällst du, wirst geliebt und ersehnet; daß ich erröte über mich, mich verwerfe und dich erwähle, und weder dir noch mir gefallen möchte, als nur durch dich. Dir also, Herr, bin ich offenbar, wer ich auch sein möge; und warum ich dir dies Geständnis mache, habe ich dir gesagt. Denn nicht tue ich das mit des Fleisches Wort und Stimme, sondern mit der Seele Wort und meines Denkens Schreien, das dein Ohr kennet, Denn wenn ich böse bin, so ist mein Bekenntnis vor dir und mein Mißfallen an mir dasselbe; wenn ich aber fromm bin, so bedeutet mein Bekenntnis vor dir nichts anderes, als daß ich dies nicht mir zurechne, denn du, Herr, segnest den Gerechten, zuvor aber machst du ihn, den Gottlosen, gerecht. Daher geschieht mein Bekenntnis, mein Gott, vor dir stille und doch nicht still. Denn es schweigt im Geräusch, es schreit im Gemüt. Denn nicht sage ich etwas Rechtes vor den Menschen, was nicht du zuvor von mir gehört, noch hörst du dergleichen von mir, was du nicht zuvor mir gesagt.

Drittes Kapitel

Was habe ich jedoch mit den Menschen zu schaffen, daß sie meine Bekenntnisse hören sollen, als könnten auch sie alle meine Gebrechen heilen? Ein Geschlecht, eifrig bemüht, ein fremdes Leben kennenzulernen, ist es überhaupt müßig, sein eigenes zu verbessern. Was trachten sie von mir zu hören, wer ich sei, die von dir nicht hören wollen, wer sie sind? Und woher wissen sie, wenn sie von mir über mich selbst hören, ob ich die Wahrheit rede; denn niemand weiß, was im Menschen ist, ohne der Geist, der in ihm ist. Wenn sie aber von dir hören über sich selbst, so werden sie nicht sagen können: Der Herr lügt. Denn was ist von dir über sich hören anders als sich selbst erkennen? Ferner, wer erkennt sich und spricht dennoch: Es ist unwahr, wenn er nicht selbst lügt. Aber weil die Liebe alles glaubt, zumal bei denen, die sie mit sich in eins vereint, so mache ich dir, o Herr, meine Bekenntnisse, daß sie die Menschen hören, denen ich freilich nicht beweisen kann, ob meine Bekenntnisse wahr sind; aber es glauben mir die, denen die Liebe das Ohr für mich öffnet.

Aber du, mein vertrauter Arzt, erläutere mir, warum ich dies tun soll. Denn wenn die Bekenntnisse meiner begangenen Sünden, welche du vergeben und bedeckt hast, damit du mich segnetest in dir, meine Seele wandelnd durch Glauben und dein Sakrament, gelesen und gehört werden, so erwecken sie das Herz, damit es nicht schlafe in Verzweiflung und sage: Ich kann nicht; sondern erwache in der Liebe deines Erbarmens und der Süßigkeit deiner Gnade, durch welche erstarkt jeder Schwache, der sich durch sie seiner Schwachheit bewußt wird. Und es erfreut die Guten, zu hören von begangenen Sünden derer, die ihrer jetzt ledig sind; nicht deswegen freut sie es, weil es Sünden sind, sondern weil sie es gewesen sind und nicht mehr sind. Zu welchem Nutzen, Herr mein Gott, dem täglich sich bekennt mein Gewissen, sicherer durch die Hoffnung auf dein Erbarmen als durch seine Unschuld, zu welchem Nutzen, frage ich, bekenne ich dir auch vor den Menschen durch diese Schrift, wer ich jetzt noch sei, nicht wer ich gewesen bin? Denn jenen Nutzen sah und erwähnte ich. Aber wer ich jetzt noch sei, gerade in dieser Zeit meiner Bekenntnisse, das wollen sowohl viele wissen, die mich kennen, als auch die, welche mich nicht kennen, aber von mir oder über mich etwas gehört haben, aber ihr Ohr ist nicht an meinem Herzen, wo ich auch bin und wer immer ich bin. Darum wollen sie mein Bekenntnis hören, was ich im Innern bin, dahin sie kein Auge, kein Ohr und keinen Verstand richten können; sie wollen es dennoch im Glauben; werden sie es erkennen? Es sagt ihnen nämlich die Liebe, durch welche sie gut sind, daß ich nicht lüge in meinem Bekenntnis von mir, und sie, die in ihnen wohnt, glaubet mir.

Viertes Kapitel

Aber zu welchem Nutzen wollen sie das? Wollen sie mir Glück wünschen, wenn sie hören, welchen Zutritt ich zu dir habe durch deine Gnade, und wollen sie beten für mich, wenn sie hören, wie sehr ich zurückgehalten werde von meiner Last? Offenbaren will ich mich solchen Leuten. Denn es ist viel wert, Herr, mein Gott, daß durch viele Personen dir Danks geschehe über uns und daß du von vielen gebeten werdest für uns. Es liebe in mir des Bruders Seele, was du zu lieben lehrst, und empfinde Schmerz um mich, wo du Schmerzenswertes zeigst. jener brüderliche Sinn möge dies tun, kein fremder, keiner von fremden Kindern, welcher Lehre ist kein nütze und ihre Rechte ist eine Rechte des Unrechts, sondern nur der brüderlich gesinnte, der, indem er mir zustimmt, sich über mich freut; der für mein Wohl in Trauer gerät, wenn er mich tadeln muß: denn er mag mich loben oder tadeln, er liebt mich doch. Solchen will ich mich offenbaren; sie mögen frohlocken, wenn mir's gut geht, oder seufzen, wem mir's schlecht geht. Mein Gutes ist dein Werk und Geschenk, mein Böses ist mein Vergehen und dein Gericht. Sie mögen frohlocken über jenes und seufzen über dieses; Loblied und Tränen mögen aufsteigen zu dir aus der Brüder Herzen, deinen Rauchgefäßen. Du aber, o Herr, der du Wohlgefallen hast am Dufte deines Tempels, sei mir gnädig nach deiner großen Güte um deines Namens willen; und der du nimmer verlässest, was du begonnen, vollende, was an mir unvollkommen ist.

Das ist die Frucht meiner Bekenntnisse, die nicht besagen, wie ich war, sondern wie ich bin, daß ich dies bekenne nicht nur vor dir mit heimlicher Freude und Zittern, mit heimlicher Trauer und Hoffnung, sondern auch vor den Ohren gläubiger Menschenkinder, der Genossen meiner Freude und meiner

Sterblichkeit, meiner Mitbürger und derer, die gleich mir Pilgrime sind, meiner Vorgänger und Nachfolger und Begleiter meines Lebens. jene sind deine Knechte, meine Brüder, die du dir zu Kindern erwählt hast und mir zu Herren gesetzt hast, daß ich ihnen diene, wenn ich mit dir leben will aus deiner Fülle. Und dieses dein Wort wäre von geringem Wert für mich, wenn es mir nur in Worten geboten hätte und nicht auch im Tun mir vorangegangen wäre. Und ich betreibe das durch Tat und Wort, erstrebe das unter deinen Flügeln mit zu ungeheurer Gefahr, wäre nicht meine Seele unter deinen Flügeln dir unterworfen und meine Schwachheit dir bekannt. Ein Kind bin ich, aber es lebt immerdar mein Vater und ich habe einen zuverlässigen Beschützer; derselbe, der mich gezeugt hat, derselbe beschützt mich auch: und du selbst bist all mein Gut, du der Allmächtige, der du mit mir bist, noch ehe ich mit dir bin. Darum will ich mich denen offenbaren, welchen ich nach deinem Befehl dienen soll, nicht, wie ich gewesen bin, sondern wie weit ich schon gefördert – wie weit ich noch zurück bin; jedoch: auch richte ich mich selbst nicht: also will ich verstanden sein.

Fünftes Kapitel

Denn du, Herr, bist es, der mich richtet; denn wenn auch niemand weiß, was im Menschen ist, ohne der Geist des Menschen, der in ihm ist, so gibt es doch etwas im Menschen, das selbst der Geist des Menschen nicht weiß, der in ihm ist; du aber, o Herr, weißt alles von ihm, der du ihn gemacht hast. ich aber, obgleich ich mich vor deinem Antlitz gering schätze und mich achte als Staub und Asche, weiß doch von deinem Wesen etwas, was ich von mir nicht weiß. Allerdings sehen wir jetzt durch einen Spiegel in einem dunkeln Wort und noch nicht von Angesicht zu Angesicht: und darum, solange ich außer dir walle, bin ich mir gegenwärtiger als dir, und doch weiß ich, daß du auf keine Weise entheiligt werden kannst; welchen Versuchungen ich aber zu widerstehen vermöge, welchen nicht, das weiß ich nicht. Doch es ist Hoffnung vorhanden, da du getreu bist, der du uns nicht lässest versuchen über unser Vermögen, sondern machst, daß die Versuchung so ein Ende gewinne, daß wir es können ertragen. So laß mich bekennen, was ich von mir weiß, bekennen auch, was ich von mir nicht weiß. Denn was ich von mir weiß, das weiß ich nur, durch dich erleuchtet, und was ich von mir nicht weiß, das weiß ich so lange nicht, bis mein Dunkel wird sein wie der Mittag vor deinem Angesicht.

Sechstes Kapitel

Nicht mit zweifelndem, sondern mit gewissem Gewissen liebe ich dich, Herr. Du hast erschüttert mein Herz durch dein Wort, und ich liebe dich. Aber siehe, auch Himmel und Erde und alles, was darinnen ist, sagen mir allenthalben, daß ich dich lieben solle, hören nicht auf, allen es zu sagen, also daß sie keine Entschuldigung haben. Und in noch höherem Maße wirst du gnädig sein, dem du gnädig bist, und dich erbarmen, dessen du dich erbarmest: überhaupt verkünden Himmel und Erde den Tauben dein Lob. Was aber liebe ich, wenn ich dich liebe? Nicht Körpergestalt noch zeitliche Anmut, nicht den Glanz des Lichts, der diesen Augen so lieb, noch die süßen Melodien abwechslungsreicher Gesänge, nicht der Blumen und wohl-riechenden Salben und Gewürze lieblichen Duft, nicht Manna und Honig, nicht Glieder, denen des Fleisches Umarmungen angenehm sind. Nicht liebe ich dies, wenn ich meinen Gott liebe, und doch liebe ich ein gewisses Licht, eine gewisse Stimme, einen gewissen Geruch, eine gewisse Speise, eine gewisse Umarmung, wenn ich meinen Gott liebe, das Licht, die Stimme, den Geruch, die Speise, die Umarmung meines inneren Menschen; wo meiner Seele leuchtet, was kein Raum faßt, wo erklinget, was keine Zeit raubt, wo duftet, was der Wind nicht verweht, wo schmecket, was keine Eßgier vermindert und wo vereint bleibt, was kein Überdruß trennt. Das ist es, was ich hebe, wenn ich meinen Gott liebe.

Und was ist dies? ich fragte die Erde und sie sprach: Ich bin es nicht, und alles, was in ihr ist, bekannte dasselbe. Ich fragte das Meer und die Untiefen und was von lebenden Wesen da kriecht, und sie antworteten: Wir sind nicht dein Gott; suche ihn über uns. Ich fragte die wehenden Winde und es antwortete der Luftbereich mit seinen Bewohnern: Es irrt Anaximenes; ich bin nicht Gott. Ich fragte Himmel, Sonne, Mond und Sterne und sie antworteten: Auch wir sind nicht Gott, den du suchest. Da sprach ich zu allen, welche umgeben die Pforten meines Fleisches: Ihr sagt mir nur von meinem Gott, daß ihr es nicht seid, sagt mir doch etwas über ihn. Und sie riefen mit erhobener Stimme: Er hat uns gemacht. Meine Frage bestand in sinnender Betrachtung derselben und ihre Antwort in ihrer Schönheit. Und ich wendete mich an mich selbst und sprach zu mir: Wer bist du? Und erhielt die Antwort: Ein Mensch. Und siehe, Leib und Seele habe ich; jenes bildete das Äußere, dieses das Innere. Von welchem der zwei sollte ich meinen Gott suchen. Schon hatte ich ihn durch den leiblichen Sinn gesucht von der Erde bis zum Himmel, soweit ich nur die Strahlen meiner Augen als Boten suchen konnte. Aber von größerem Werte ist mein innerer Mensch. Ihm nämlich brachten alle Boten des Körpers Meldung zurück, der ihr Herr ist und die Antworten des Himmels der Erde und alles dessen, was darin sagte: »Wir sind nicht Gott und er hat uns selbst erst gemacht« beurteilt. Der innere Mensch erkennt dies durch den Dienst des äußeren: ich als der innere Mensch erkannte dies; ich, ich die Seele erkannte es durch den leiblichen Sinn. Ich fragte die gesamte Welt über meinen Gott und sie antwortete mir: »Nicht bin ich es, sondern er hat mich gemacht«.

Wird allen, die einen gesunden Sinn besitzen, dieser Anblick zuteil? Warum sagt er nicht allen dasselbe?

Die Tiere, die kleinen und großen sehen ihn und können doch nicht fragen, denn sie besitzen keine Vernunft, die beurteilen könnte, was ihnen die Sinne melden. Die Menschen aber können fragen, damit daß Gottes unsichtbares Wesen wird ersehen an der Schöpfung. Aber sie werden durch ihre Liebe zu ihr derselben untertan, und also untertan können sie ein Urteil nicht fällen. Auch antwortet die Schöpfung, wenn sie fragen, ohne beurteilen zu können; auch wandelt sie ihre Stimme nicht, das ist: ihre Gestalt, wenn sie der eine nur mit dem leiblichen Auge sieht, der andere zugleich schauend fragt, so daß sie dem einen anders erscheint als dem andern; sondern ihre Gestalt zeigt sich beiden auf dieselbe Weise, nur ist sie für jenen stumm, für diesen beredt; ja sie redet zu allen, aber jene nur verstehen sie, welche die Stimme von außen auch innerlich mit der Wahrheit vergleichen. Denn die Wahrheit sagt mir: Dein Gott ist weder Himmel noch Erde noch irgendein Körper. Das sagt die Natur dem, der Augen hat zu sehen: Dies ist Masse; eine Masse, kleiner im Teil als im Ganzen. Schon du bist höher, das sage ich dir, meine Seele; denn du belebst die Masse deines Körpers, gibst ihr das Leben; was kein Körper dem andern bieten kann. Dein Gott aber ist für dich auch wiederum das Leben für dein Leben.

Siebentes Kapitel

Was also liebe ich, wenn ich meinen Gott liebe? Wer ist jener, der über dem Haupte meiner Seele waltet? Durch meine Seele selbst steige ich zu ihm empor. Aber ich muß noch weiter, als meine Kraft reicht, vermittels welcher ich am Leibe hange und seine Verbindung lebend erfülle. Nicht durch solche Kraft finde ich meinen Gott: denn so finden ihn auch Rosse und Maultiere, die nicht verständig sind, welche dieselbe Kraft besitzen, vermöge welcher auch ihre Körper leben. Aber es gibt noch eine Kraft, vermöge welcher ich nicht nur belebe, sondern auch mein Fleisch, das Gott geschaffen, fähig mache, daß es empfindet; er befiehlt dem Auge, nicht daß es höre, und dem Ohre, nicht daß es sehe, sondern jenem, daß ich durch dasselbe sehe, und diesem, daß ich durch dasselbe höre: und jedem anderen Sinne im einzelnen seine Eigentümlichkeit an seinem Platze und mit seinen Aufgaben; und ob ich verschiedenes durch sie verrichte, so bin ich doch immer ein und dieselbe Seele. Doch noch höher hinauf muß ich, als diese meine Kraft reicht, denn auch sie hat Roß und Maultier, dem auch sie haben Empfindung vermöge ihres Körpers.

Achtes Kapitel

Ich werde mich also auch noch über diese Kraft meiner Natur erheben, schrittweise emporsteigend zu dem, der mich bereitet hat; werde kommen zu den Gefilden und weiten Palästen meines Gedächtnisses, wo sich befinden die Schätze unzähliger Vorstellungen, welche über irgendwelche Dinge durch die Sinne eingezogen sind, bald vermehrend, bald vermindernd, bald irgendwie verändernd, was die Sinne berührt hat; und wenn etwas anderes da zur Aufbewahrung niedergelegt ist, was nicht die Vergeßlichkeit verzehrte oder begrub. Daselbst fordere ich, solange ich bin, daß das Gedächtnis hervorbringe, was ich will; manches ist gleich zur Stelle, manches muß länger gesucht werden, manches tritt zutage gewissermaßen wie aus wohlversteckten Magazinen; manches stürzt sich scharenweise hervor, und während anderes verlangt und gesucht wird, ist es plötzlich da, als ob es sagen wollte: »Bin ich nicht auch noch da?« Aber ich beseitige es mit meiner geistigen Hand aus den Augen meiner Erinnerung, bis sich enthüllt, was ich will und zutage tritt aus Verborgenem. Manches stellt sich leicht und in ununterbrochener Reihe, so wie es gefordert wird, dar; es weicht das Frühere dem Nachfolgenden, und indem es weicht, verbirgt es sich, bis ich es wieder hervortreten lassen will. Das alles geschieht, so oft ich etwas aus dem Gedächtnisse erzähle.

Daselbst liegt alles einzeln und geschlechtsweise auf bewahrt, alles ist aufgehäuft, jedes auf seinem Wege hereingekommen; in dieser Weise das Licht und alle Farben und Formen der Körper durch die Augen, durch die Ohren aber alle Arten der Töne; alle Gerüche durch den Weg der Nase; alles, was schmeckt, durch den Weg des Mundes, durch das Gefühl aber des ganzen

Körpers, was hart, was weich, was warm oder kalt, weich oder rauh, schwer oder leicht, außerhalb oder innerhalb des Körpers. Alles dies nimmt auf, um es, wenn nötig, aufzubewahren und wiederzugeben die große Haupthöhle des Gedächtnisses und ich weiß nicht, welche geheimen und unbeschreiblichen Verzweigungen es gibt; was alles zu ihm eintritt durch seine einzelnen Türen und darin niedergelegt wird. Dennoch gehen daselbst nicht die Dinge selbst ein, sondern nur ihre Vorstellungen sind daselbst für das Denken, das ihrer sich erinnert, gegenwärtig. Aber wer kann sagen, aus welchem Stoff sie gebildet sind, da nur augenfällig, durch welche Sinne sie entnommen und ins Innere verborgen werden? Denn auch in dem Schweigen der Nacht rufe ich mir, wenn ich will, die Farben ins Gedächtnis; und scheide zwischen Weiß und Schwarz und zwischen anderen Farben, die ich will; auch vermengen sich die Töne nicht noch verwirren sie, was ich mit den Augen heraufholend betrachte, da sie doch selbst hier sind und gewissermaßen abgesondert aufbewahrt sind. Denn auch sie rufe ich her, wenn mir's beliebt, und sie sind zur Stelle. Und während die Zunge ruht und die Kehle schweigt, singe ich doch, soviel ich will; und jene Vorstellungen der Farben, welche dessen ungeachtet da sind, stören und unterbrechen sich nicht, denn da wird eine andere Vorratskammer, welche vom Ohr ihren Ausgang hat, benutzt. So ist's auch mit dem übrigen, das durch die übrigen Sinne eingegangen und gehäuft ist, ich erinnere mich dessen, wenn ich will: und ich unterscheide den Duft der Lilien von den Veilchen, ohne daß ich dabei etwas rieche; und Honig vom Most, Weiches von Hartem, ohne daß ich dabei etwas schmecke oder fühle, sondern ich stelle mir's in der Erinnerung vor.

Innerlich tue ich das, im großen Hof meines Gedächtnisses. Daselbst sind mir Himmel, Erde und Meer gegenwärtig und alles, was ich darin wahrnehmen konnte, mit Ausnahme dessen, was ich vergessen habe. Daselbst begegne ich mir auch selbst und bilde mich wieder von neuem, was, wann und wo ich gehandelt habe und wie ich bei meinem Handeln gestimmt war. Dort ist alles, dessen ich mich erinnere, gleichviel, ob ich's selbst erfuhr oder von andern glaubte. Aus demselben Schatze entnehme ich bald diese, bald jene Vorstellungen der Dinge, weiche ich entweder selbst kennengelernt oder nach Analogie der mir bekannten andern geglaubt, und verwebe sie mit Vergangenem; und danach überlege ich, was in der Zukunft getan, gehofft werden und sich begeben kann, ich überlege dies, als wäre alles gegenwärtig. »ich werde dies oder jenes tun«, spreche ich zu mir in dem ungeheuren Raume meines Geistes, der voll von Vorstellungen so vieler und so großer Dinge ist, »und dies oder jenes möge folgen.« O, wenn dies oder jenes schon da wäre.« »Möge Gott dies oder jenes abwenden.« So sage ich zu mir: und während ich rede, sind die Vorstellungen aller der Dinge da, von denen ich rede, aus demselben Schatze des Gedächtnisses; überhaupt würde ich nicht etwas davon nennen, wenn es fehlte.

Das ist die große Macht des Gedächtnisses, übergewaltig, mein Gott, ein geheimes Heiligtum, weit und grenzenlos. Wer kommt zu seinem Grunde? Und das ist die Kraft meines Geistes, die meiner Natur angehört; und doch fasse ich selbst nicht ganz, was ich bin. Denn der Geist ist zu eng, um sich selbst zu fassen. Und wo mag das sein, was er vom Seinen nicht faßt? Wäre es denn etwa außer ihm selbst, nicht in ihm selbst? Wenn aber in ihm selbst, wie faßt er es doch nicht? Gewaltige Bewunderung bemächtigt sich meiner, Staunen erfaßt mich. Es ziehen die Menschen dahin, um zu bewundern die Höhen der Berge und die gewaltigen Wogen des Meeres, den breiten Fall der Flüsse, den Umfang des Ozeans, die Kreise der Gestirne, und verlassen sie selbst, ohne sich zu wundem, daß ich das alles, während ich davon redete, nicht mit Augen sah und doch nur von Bergen, Strömen und Flüssen und Gestirnen sprach, die ich gesehen, und vom Ozean, den ich mir nur vorstellte, und schaute es in dem so ungeheuer großen Raume meines Gedächtnisses, als schaute ich es vor mir; und doch, als ich es sah, hat es mir beim

Sehen nicht die Augen aufgezehrt; auch sind die Dinge nicht selbst in mir, sondern nur ihre Bilder. Und ich weiß nur, aus welchem Sinne meines Körpers sich mir etwas aufgeprägt hat.

Neuntes Kapitel

Aber nicht das allein trägt die gewaltige Fassungskraft meines Gedächtnisses. Daselbst ist auch alles, was ich von den freien Wissenschaften, die ich erlernt, nicht verloren habe, die ich, als wären sie zurückgeschoben, in einem innerlichen Orte, der doch kein Ort ist, in mir trage; nicht ihre Vorstellungen, sondern die Dinge selbst. Denn was ich an Sprachkunst, an Disputierkunst und an gelehrten Untersuchungen weiß, ja was ich von dem allem weiß, das befindet sich so in meinem Gedächtnisse, daß ich nicht etwas außer mir gelassen, dessen Bild ich in mir zurückbehalten oder es getönt habe und vorübergezogen sei, sowie der Ton, der durch die Ohren sich mir einprägte, gewissermaßen tönt und doch nicht tönte; oder wie der Geruch, während er vorüberzieht und in die Luft sich verflüchtigt, einen Geruch hinterläßt, sobald er die Vorstellung von sich in das Gedächtnis überträgt, die wir, wenn wir daran denken, wiederholen; oder wie die Speise, welche genossen, doch gewiß keinen Geschmack mehr hinterläßt, demnach in der Erinnerung daran gewissermaßen fortschmeckt; oder wie etwas vom Körper durch Berühren empfunden wird, auch nachdem es von mir entfernt ist, doch in der Erinnerung empfunden wird. Freilich werden diese Dinge nicht selbst da hineingelassen, sondern ihre Vorstellungen werden da mit wunderbarer Schnelligkeit aufgefaßt, gewissermaßen in wunderbaren Zellen aufbewahrt und wunderbarerweise durch die Erinnerung herausgeholt.

Zehntes Kapitel

Aber während ich höre, daß es dreierlei Arten der Abhandlung gibt; ob etwas sei, was es sei und wie es sei, so behalte ich allerdings nur die Vorstellung der Töne, durch welche die Worte zusammengesetzt sind und weiß, daß sie durch die Luft mit Geräusch hindurchgegangen und bereits nicht mehr vorhanden sind. Die Dinge selbst, welche mit diesen Tönen bezeichnet werden, habe ich weder mit irgendwelchem leiblichen Sinne berührt noch irgendwo gesehen, ausgenommen meine Seele, und in der Erinnerung aufbewahrt nicht ihre Bilder, sondern die Dinge selbst. Woher sie in mich einge-drungen, sage mir, wer es kann. Denn ich durchlaufe alle Türen meines Fleisches, ohne zu finden, durch welche von ihnen sie eingegangen sind. Die Augen sagten: Wenn sie farbig sind, so haben wir sie angezeigt. Die Ohren sagen: Wenn sie klangen, so sind sie von uns angezeigt worden. Die Nase sagte: Wenn sie dufteten, so haben sie durch mich ihren Eingang gefunden. Der Geschmackssinn sagt: Wenn kein Geschmack dabei ist, so brauchst du mich nicht zu fragen. Das Gefühl sagt: Wenn es nicht etwas Körperliches ist, so habe ich es nicht betastet; wenn ich es nicht betastet habe, so habe ich es auch nicht angezeigt. Woher und wie hat dies seinen Weg zum Gedächtnis gefunden? ich weiß nicht, auf welche Weise; denn während ich dies lernte, habe ich nicht auf Glauben angenommen vom Verstande eines andern, sondern im meinigen habe ich es erkannt und wahr gefunden und es ihm übergeben, gewissermaßen niederlegend an einen Ort, von wo ich es hervornehmen könnte, wann ich wollte. Daselbst war es auch schon, ehe ich es gelernt hatte, und doch war es nicht im Gedächtnis. Wo war es also, oder warum habe ich es anerkannt, da es ausgesprochen wurde, und gesagt: »So ist es, es ist wahr«, wenn nicht, weil es schon im Gedächtnis war, aber so entfernt und verborgen, sozusagen in den versteckteren Höhlungen, daß, wäre es nicht durch jemandes Aufforderung ans Licht gezogen worden, ich es vielleicht nicht denken könnte?

Elftes Kapitel

Deshalb finden wir, daß es ebendasselbe ist, wovon wir nicht durch die Sinne die Vorstellungen schöpfen, sondern ohne Vorstellung, so wie sie sind, durch sich selbst sie erkennen als das, was zerstreut und ungeordnet das Gedächtnis behält, indem man denkt, es gewissermaßen zu sammeln, und durch darauf gerichtetes Denken dafür besorgt ist, so daß es gewissermaßen handlich im Gedächtnis Selbst, wo es vorher verstreut und vernachlässigt verborgen war, der mit ihm schon vertraut gewordenen Spekulation leicht sich bietet. Und wieviel Derartiges trägt mein Gedächtnis, was schon aufgefunden ist und wie ich sagte, gewissermaßen handlich gemacht ist, wovon man sagt, wir hätten es gelernt und kennten es. Wenn ich ablasse, es in mäßigen Zwischenräumen von Zeit zu Zeit ins Gedächtnis zurückzurufen, so taucht es wieder unter und verliert sich sozusagen in die inneren Gemächer, so daß es, als wäre es etwas Neues, von ebendaher wiederum auszudenken (denn es gibt dafür keinen andern Bereich) und wieder zusammenzubringen ist, so daß man es wissen kann, das will sagen, daß es wie aus einer gewissen Zerstreutheit zu sammeln ist, von wo es auch seinen Namen erhalten hat: cogito, d. i. »zusammendenken«, »durch wiederholtes Denken zusammenbringen«. Denn die Worte cogo und cogito, das ist »ich denk« und »ich denke wiederholt«, sind ebenso wie die Worte ago und agito, d. i. ich handle und ich handle wiederholt, oder wie facio und factito, ich tue und ich tue wiederholt. Dennoch hat der Geist dies Wort für sich in Anspruch genommen, so daß nicht, was anderswo, sondern was im Geiste gesammelt wird, d. h. wiederum gedacht wird, schon im eigentlichen Sinne cogitari genannt wird.

Zwölftes Kapitel

Ebenso enthält mein Gedächtnis die Zahlen- und Maßbegriffe und ihre zahllosen Gesetze, deren keines der leibliche Sinn eingeprägt hat, denn sie sind selbst nicht farbig, noch tönen, noch riechen sie, noch kann man sie schmecken oder fühlen. Ich hörte nur den Klang der Worte, mit denen sie bezeichnet werden, wenn man sie behandelt; aber jener Klang davon ist etwas anderes als die Begriffe selbst: denn der Klang klingt im Griechischen anders als im Lateinischen; aber die Begriffe sind weder griechisch noch lateinisch noch einer andern Sprache angehörig. Ich sah auch die Linien der Künstler, mitunter sehr zart, wie der Faden, den die Spinne webt. Aber diese Linien sind wieder anderer Art, sie sind nicht die Vorstellungen von den Linien, welche mir das leibliche Auge anzeigt; es kennt sie jeder, der sie ohne ein sinnliches Bild mit seinem inneren Auge sieht. Ich kenne auch mit meinen leiblichen Sinnen Zahlen, die wir benennen. Aber jene Zahlen an sich sind verschieden von den Zahlen, die wir benennen, und sie sind Vorstellungen von ihnen und deshalb bestehen sie für sich. Mag mich, wer sie nicht gesehen, verlachen, wenn ich solches sage, ich bedaure den nur, der mich darüber verlacht.

Dreizehntes Kapitel

Das alles behalte ich im Gedächtnis sowie die Art und Weise, wie ich es erlernte. Auch vieles, was dagegen fälschlich eingewendet wurde, habe ich gehört und es im Gedächtnis behalten; ob es auch falsch ist, so ist es doch nicht falsch, wenn ich mich daran erinnere; auch daran erinnere ich mich, daß ich jenes Wahre unterschieden habe von dem Falschen, das dagegen eingewendet wurde. Ein anderes ist es, daß ich jetzt sehe, wie ich jenes unterscheide, ein anderes, daß ich mich erinnere, es oft unterschieden zu haben, da ich es oft durchdachte. Darum erinnere ich mich auch oft, es verstanden zu haben; und was ich jetzt unterscheide und verstehe, hebe ich im Gedächtnis auf, um mich später zu erinnern, daß ich es jetzt verstanden habe. Also erinnere ich mir mein früheres Erinnern, so wie ich später, wenn ich mich erinnern werde, daß ich jetzt imstande war, mir jenes frühere Erinnern ins Gedächtnis zu rufen, auch dieses spätere Erinnern der Kraft meines Gedächtnisses verdanken werde.

Vierzehntes Kapitel

Auch meine Gemütsbewegungen bewahrt mein Gedächtnis; nicht zwar auf dieselbe Weise, wie sie meine Seele hat, während sie dieselben empfindet, sondern auf eine andere um vieles verschiedene Weise, so wie es die Kraft des Gedächtnisses mit sich bringt. Denn ich erinnere mich, froh gewesen zu sein, ohne daß ich froh bin, und denke an vergangene Trauer ohne Trauer, ohne Furcht stelle ich mir vor, wie ich einst Furcht hatte, und bin früheren Verlangens eingedenk ohne Verlangen; zuweilen denke ich im Gegenteil an überstandene Traurigkeit mit Freuden und traurig an Freuden. Das ist körperlich nichts Wunderbares: denn etwas anderes ist der Geist, etwas anderes der Körper. Daher, wenn ich mit Freuden an vergangenen Körperschmerz denke, so ist das nicht wunderbar. Das ist vielmehr wunderbar, daß der Geist das Gedächtnis selbst ist; denn während wir ihm etwas auftragen, daß er es im Gedächtnis behalte, sagen wir: »Sieh, daß du es im Gedächtnis behältst«; und wenn wir vergessen, sagen wir: »Es war nicht im Gedächtnis« und »es ist dem Gedächtnis entschwunden«;
indem wir den Geist selbst Gedächtnis nennen: wenn es also ist, was ist da Wunderbares dabei, daß, während ich mit Freuden an vergangene Traurigkeit denke, mein Geist Freude hat und meine Erinnerung Traurigkeit; und mein Geist deshalb froh ist, weil ihm Freude innewohnt, mein Gedächtnis aber, trotzdem daß ihm Trauer innewohnt, doch nicht traurig ist? Gehört das Gedächtnis etwa nicht zum Geiste? Wer könnte dies sagen?

Daher ist allerdings das Gedächtnis gewissermaßen der Magen des Geistes, die Freude aber und Traurigkeit sozusagen die süße und saure Speise desselben: wenn dem Gedächtnis etwas übergeben wird, was sozusagen auf den Magen übertragen worden ist, so kann es hier nicht bleiben, kann keinen Geschmack erzeugen. Es mag lächerlich erscheinen, das mit jenem zu vergleichen, und doch ist es nicht gänzlich unähnlich. Aber siehe, aus dem Gedächtnis nehme ich es, wenn ich sage, daß es vier Gemütsbewegungen gibt: Begierde, Freude, Furcht und Trauer und alles, was ich darüber werde zur Erörterung bringen können, das einzelne in die Arten einer jeden Gattung teilend und danach bestimmend – im Gedächtnis finde ich, was ich sagen soll, aus ihm bringe ich es hervor; dabei werde ich durch keine Irrung gestört, wenn ich dies aus der Erinnerung erwähne; ehe es noch von mir wiedergegeben ward, war es daselbst; darum konnte es von da mittels der Erinnerung hervorgeholt werden. Daher, wie die Speise aus dem Magen durch Wiederkäuen, so wird dies aus dem Gedächtnis durch die Erinnerung wieder zum Vorschein gebracht. Warum wird also in dem Munde des Denkens von dem, der darüber Erörterungen anstellt, das heißt, der daran sich erinnert, die Süßigkeit der Freude und die Bitterkeit der Trauer nicht empfunden? Oder ist das darum unähnlich, weil es nicht in allem Bezug ähnlich ist? Wer möchte solches mit Willen reden, wenn wir, so oft wir Traurigkeit oder Furcht nennen, allemal von Trauer oder Furcht bezwungen würden? Und doch würden wir nicht darüber reden, wenn wir in unserer Erinnerung nicht nur die Laute der Namen gemäß den Vorstellungen, wie sie uns durch die Empfindungen aufgedrückt sind, sondern nicht auch die Bezeichnungen der Begriffe selbst fänden, die wir durch keine körperliche Tür empfingen, sondern der Geist selbst hat im Gefühl seiner erlebten Leiden sie dem Gedächtnis anvertraut oder dieses selbst hat sie festgehalten ohne solch Anvertrauen.

Fünfzehntes Kapitel

Aber wer mag mit Leichtigkeit behaupten, ob die Tätigkeit des Gedächtnisses durch Vorstellungen wirke oder nicht? Ich nenne einen Stein, nenne die Sonne, da sie selbst meinen Sinnen nicht gegenwärtig sind, aber in meinem Gedächtnis sind freilich ihre Vorstellungen vorhanden. Ich nenne den Körperschmerz, obwohl er nicht vorhanden ist, solange ich keinen Schmerz empfinde; wenn nicht dennoch seine Vorstellung in meinem Gedächtnis wäre, so würde ich nicht wissen, was ich sagte, so könnte ich in meiner Aussage ihn nicht von der Lust unterscheiden. ich nenne körperliches Wohlbefinden, während ich mich wohl befinde: es ist mir die Sache selbst gegenwärtig, und doch, wenn das Bild davon nicht in meinem Gedächtnis wäre, so würde ich mich keinesfalls erinnern können, was der Klang dieses Namens bedeute. Auch würden die Kranken nicht erkennen können, was man Wohlbefinden nennt, wenn nicht die Vorstellung davon ebenso durch die Kraft des Gedächtnisses festgehalten würde, obgleich die Sache selbst dem Körper fernliegt. Ich nenne die Zahlen, mit welchen wir zählen; nicht ihre Vorstellungen, sondern sie selbst sind in meinem Gedächtnis. Nenne ich die Vorstellung von der Sonne, so ist diese Vorstellung in meinem Gedächtnis; und nicht meine ich die Vorstellung von dieser Vorstellung, sondern die Vorstellung selbst; sie ist mir selbst in der Erinnerung gegenwärtig. Nenne ich Gedächtnis, so erkenne ich, was ich nenne. Und wo anders erkenne ich's als im Gedächtnis selbst? Ist dies nun sich selbst gegenwärtig durch eine Vorstellung, welche es von sich hat, oder nicht vielmehr durch sich selbst?

Sechzehntes Kapitel

Wie nun, wenn ich die Vergessenheit meine, erkenne ich da ebenso, was ich nenne? Woher sollte ich es erkennen, wenn ich mich nicht daran erinnerte? Nicht den Klang des Namens meine ich, sondern das, was er bezeichnet; hätte ich dies vergessen, so könnte ich freilich nicht die Bedeutung des Klanges verstehen. Daher, wenn ich mich an das Gedächtnis erinnere, so steht es selbst vor sich selbst: erinnere ich mich an die Vergessenheit, so ist das Gedächtnis und die Vergessenheit dabei; das Gedächtnis, durch welches, die Vergessenheit, deren ich mich erinnere. Aber was ist die Vergessenheit, wenn nicht ein Ermangeln des Gedächtnisses? Wie also ist diese Vergessenheit nun gegenwärtig, daß ich mich ihrer erinnern kann, da mir doch, wenn sie gegenwärtig, das Erinnern schwindet? Halten wir das, dessen wir uns erinnern, im Gedächtnis fest, könnten aber, wenn wir uns der Vergessenheit nicht erinnerten, auch nicht, wenn wir sie nennen hörten, wissen, was ihr Name bedeute, so folgt, daß »Vergessenheit« im Gedächtnis festgehalten wird. Sie ist also gegenwärtig im Gedächtnis, so daß wir sie nicht vergessen, wenn sie aber gegenwärtig ist, vergessen wir. Oder ergibt sich hieraus, daß sie nicht an sich im Gedächtnis ist, wenn wir uns ihrer erinnern, sondern nur die Vorstellung von ihr? Denn wäre die Vergessenheit selbst gegenwärtig, so würde sie nicht ein Erinnern, sondern ein Vergessen bewirken. Und wer wird dies endlich ergründen? Wer es erfassen, wie das ist?

Ich arbeite gewißlich daran, o Herr, und mache mir Arbeit in mir selber: ich bin mir geworden zum Acker der Mühsal und allzu großen Schweißes. Doch haben wir jetzt nicht die Zonen des Himmels zu ergründen noch der Gestirne Entfernung auszumessen noch nach der Erde Gewicht zu fragen: ich bin es, der sich seiner erinnert, ich, die Seele. Es ist nicht sehr zu verwundern. wenn das mir fernliegt, was ich nicht bin. Was aber ist mir näher, als ich mir selbst bin? Und siehe, die Kraft meines Gedächtnisses wird nicht von mit begriffen, da ich doch nicht sagen werde, ich selbst liege nicht im Bereich desselben. Denn was soll ich sagen, wenn mir gewiß ist, daß ich mich der Vergessenheit erinnere? Oder soll ich sagen daß das, dessen ich mich erinnere, nicht in meinem Gedächtnis sei? Oder soll ich sagen, die Vergessenheit sei deshalb in meinem Gedächtnis, damit ich nicht vergesse? Beides ist ganz sinnlos. Was ist nun das dritte? Wie soll ich sagen, daß nur das Bild der Vergessenheit in meinem Gedächtnis festgehalten werde, nicht die Vergessenheit selbst, wenn ich daran denke? Wie kann ich dies sagen, da, wenn sich von einer Sache das Bild im Gedächtnis einprägt, es vorher nötig ist, daß die Sache selber vorhanden ist, von welcher sich diese Vorstellung einprägen kann. Denn so erinnere ich mich Karthagos, so aller der Orte, in denen ich gewesen bin, so der Gestalten der Menschen und des übrigen sinnlich Wahrnehmbaren, so selbst des Wohlergehens und des Schmerzes des Körpers. Als das gegenwärtig war, nahm von ihnen die Bilder das Gedächtnis, damit ich sie gegenwärtig sähe und im Geiste bewegte, indem ich mich jener und der abwesenden erinnerte. Wenn also durch ihr Bild, nicht durch sie selbst im Gedächtnis behalten wird die Vergessenheit, so mußte sie selbst einmal gegenwärtig sein, um ihr Bild aufzufassen. Als sie aber da war, wie verzeichnete sie ihr Bild im Gedächtnis, da sie ja durch ihre Gegenwart selbst das ins Gedächtnis Eingezeichnete auslöscht? Und doch bin ich gewiß, so unbegreiflich und unauseinandersetzbar es auch ist, daß ich mich auch selbst der Vergessenheit erinnere, durch welche alles, dessen ich in ich erinnere, ausgelöscht wird.

Siebzehntes Kapitel

Eine große Kraft ist das Gedächtnis, ich weiß nicht was, das mir einen heiligen Schauder erregt, mein Gott, eine tiefe und unbegrenzte Vielheit-, und so ist meine Seele, und so bin ich selbst. Was bin ich also, mein Gott, welche Natur bin ich? Ein mannigfaltiges, vielartiges und überaus unermeßliches Leben. Siehe, in des Gedächtnisses freien Gefilden, Grotten und unzähligen Höhlen, die voll sind von Dingen unzähliger Art, mögen sie in mich gekommen sein durch Bilder, wie bei allen Körpern, oder durch ihre Gegenwart, wie bei den Künsten oder durch – was weiß ich für Merkmale oder Begriffe wie die Gemütsstimmungen, welche, wenn auch die Seele sie nicht empfindet, doch das Gedächtnis festhält, da man im Sinn hat, was im Gedächtnis ist: dies alles durchlaufe und durchfliege ich, da und dorthin dringe ich, so weit ich kann und nirgends gibt's ein Ende; so groß ist die Kraft des Gedächtnisses, so groß die Kraft des Lebens in einem lebenden, sterblichen Menschen!

Was soll ich also tun, du mein wahres Leben, mein Gott? Ich werde mich erheben auch über dieses Leben, das Gedächtnis genannt wird, ich werde mich darüber erheben, daß ich mich strecke zu dir, mein süßes Licht. Was sagst du mir? Siehe, ich erhebe mich zu dir durch meinen Geist, der du über mir beharrst. Ich erhebe mich auch über diese meine Kraft, welche Gedächtnis genannt wird, indem ich dich erreichen will, wo du erreicht werden kannst, und dir anhaften will, wo man dir anhaften kann. Es haben nämlich Gedächtnis auch Vieh und Vögel; sonst könnten sie nicht ihre Lager und Nester wiederfinden und vieles andere nicht, daran sie gewöhnt sind; denn sie vermöchten nicht, sich an etwas zu gewöhnen, wenn nicht mit Hilfe des Gedächtnisses. Ich erhebe mich darum auch über das Gedächtnis, um den zu erreichen, der mich geschieden hat von den vierfüßigen Tieren und mich weiser gemacht hat als die Vögel des Himmels. Ich erhebe mich über das Gedächtnis; und wo finde ich dich, wahrhaft gute Wonne des Friedens? Und wo finde ich dich? Wenn ich außerhalb meines Gedächtnisses dich finde, so bin ich deiner nicht eingedenk. Und wie soll ich dich nun finden, wenn ich deiner nicht eingedenk bin?

Achtzehntes Kapitel

Es hatte jenes Weib ihren Groschen verloren und suchte ihn mit der Leuchte; wäre er ihr nicht in der Erinnerung gewesen, sie hätte ihn nicht gefunden. Als er sich aber fand, woher hätte sie gewußt, ob er es wirklich wäre, wenn sie sich nicht an ihn noch erinnert hätte? Auch ich erinnere mich, schon viel Verlorenes gesucht und gefunden zu haben. Daher weiß ich, daß, wenn ich so etwas suchte und mir gesagt wurde: »Ist's vielleicht das oder jenes?« ich so lange sagte: »Nein«, bis mir das gebracht wurde, was ich suchte. Hätte ich mich nicht daran erinnert, was es sei, so hätte ich es auch nicht gefunden, wenn mir es gebracht worden wäre, denn ich hätte es nicht gekannt. Und so geht es immer zu, wenn wir etwas Verlorenes suchen und finden. Aber wenn zufällig etwas aus den Augen entschwindet, nicht aus dem Gedächtnis schwindet es da, wie irgendein sichtbarer Körper, sondern es wird sein Bild im Innern festgehalten und gesucht, bis es wieder vor die Augen gebracht wird. Sobald es gefunden ist, wird es erkannt aus dem Bilde, das im Innern ist. Wir können nicht sagen, daß wir gefunden haben, was verloren war, wenn wir es nicht erkennen; und nicht erkennen können wir es, wenn wir uns nicht seiner erinnern: aber das war wohl für die Augen verlorengegangen, im Gedächtnis aber wurde es festgehalten.

Neunzehntes Kapitel

Wie nun, wenn das Gedächtnis etwas verliert, wie es beim Vergessen geschieht, suchen wir es da auch, damit wir uns daran erinnern? Und wo suchen wir es, wenn nicht im Gedächtnis selbst? Und wenn hier etwas anderes zufällig für etwas anderes dargeboten wird, so weisen wir es zurück, bis das zum Vorschein kommt, was wir suchen; und wenn es zum Vorschein gekommen ist, so sagen wir: »Das ist es«, was wir nicht sagen würden, wenn wir es nicht kennten, was wir nicht kennen würden, wenn wir uns nicht daran erinnerten. Wir hätten es also sicher vergessen gehabt. Oder war es nicht ganz entfallen, sondern wurde von dem Teil aus, der festgehalten war, der andere gesucht; weil das Gedächtnis empfand, nicht alles zugleich in Bewegung setzen zu können, was es verbunden zu denken gewohnt war, und wie hinkend, weil das Gewohnte verstümmelt worden, Erstattung des Fehlenden verlangte? So ist es, wenn ein bekannter Mensch entweder mit den Augen erblickt oder gedacht wird und nach dessen Namen, den wir vergessen haben, wir suchen; wenn uns da ein anderer Name in den Weg kommt, so verbinden wir ihn nicht mit demselben; ist man doch nicht gewöhnt, ihn mit jenem zusammen zu denken, und daher weist man ihn zurück, bis uns der Name einfällt, mit welchem wir gewöhnt sind, den Menschen verbunden zu denken, und bei welchem sich unser Denken als bei dem entsprechenden Namen beruhigt. Und woher ist der Name da, wenn nicht aus dem Gedächtnis? Auch wenn wir ihn erkennen, sobald ihn uns ein andrer genannt hat, so kommt er von dort. Nicht glauben wir diesem gewissermaßen etwas Neues, sondern indem wir uns erinnern, billigen wir es, daß es so ist, wie gesagt wurde. Wenn er aber ganz dem Geiste entfallen wäre, so würden wir auch ermahnt uns nicht daran erinnern. Denn das haben wir noch nicht völlig vergessen, wovon wir uns auch nur erinnern, daß wir es vergessen haben. Das also werden wir nicht als Verlorenes suchen können, was wir überhaupt vergessen haben.

Zwanzigstes Kapitel

Wie nun suche ich dich, Herr? Denn wenn ich dich als meinen Gott suche, so suche ich das selige Leben. ich will dich suchen, damit meine Seele lebe. Denn es lebt mein Leib von meiner Seele und meine Seele lebt von dir. Wie also suche ich das selige Leben, da ich es noch nicht besitze, bis ich sage: »Ich habe genug«, hier, wo ich es sagen muß? Wie suche ich es? Etwa mittels der Erinnerung, als ob ich es vergessen habe und mich für einen halte, der es vergessen hat; oder durch die Begierde, es als etwas Unbekanntes kennenzulernen, oder als Solches, von dem ich noch niemals gewußt oder das ich derart vergessen habe, daß ich mich nicht erinnere, es vergessen zu haben? Ist das nicht das selige Leben, welches alle haben wollen und wo überhaupt keiner ist, der es nicht haben wollte? Woher kennen sie es, daß sie so danach trachten? Wo haben sie es gesehen, daß sie es lieben? Wir haben es, ich weiß nicht wie. Aber verschieden ist die Art, in welcher jeder glücklich ist, wenn er es hat; und es gibt welche, die in der Hoffnung glücklich sind. Sie haben es in einem niedereren Grade als die, welche schon durch die Hoffnung glücklich sind; und doch sind sie besser als die, welche weder in der Tat noch in der Hoffnung selig sind. Wenn sie selbst nicht auf irgendeine Art sie besäßen, so würden sie nicht also selig sein wollen, wie es von ihrem Willen als ganz bekannt feststeht. Ich weiß nicht, auf welche Weise sie die Seligkeit kennengelernt haben, und doch haben sie dieselbe infolge einer Kunde, betreffs welcher ich mich sorge, ob sie im Gedächtnis, ruhe; denn wenn sie dort ruht, so waren wir schon einmal glücklich, ob hie das alle einzeln waren oder ob in jenem Menschen, der zuerst gesündigt, in dem wir auch alle gestorben sind und aus dem wir alle im Elend geboren sind, danach frage ich jetzt nicht; aber ich frage, ob im Gedächtnis die Seligkeit ruhe. Denn wir könnten sie nicht lieben, wenn wir sie nicht kennten. Wir hören diesen Namen und bekennen, daß wir alle nach der Sache selbst trachten; denn nicht am Klange finden wir Ergötzen. Denn hört das der Grieche auf Lateinisch, so freut es ihn nicht, denn er versteht nicht, was gesagt wurde; wir Lateiner aber ergötzen uns wie jener, wenn er es auf Griechisch hörte; die Sache selbst ist ja weder Griechisch noch Lateinisch, welche zu erlangen die Griechen und Römer begierig trachten, sowie alle anders redenden Menschen. Sie ist demnach allen bekannt, und könnte man in Einer Sprache sie fragen, ob sie selig werden wollten, sie würden ohne Zweifel mit ja antworten. Das würde nicht geschehen, wenn nicht die Sache selbst, für welche das der Name ist, in ihrem Gedächtnis festgehalten würde.

Einundzwanzigstes Kapitel

Ist es mit dein Gedächtnis so, wie sich jemand Karthagos erinnert, wenn er es gesehen hat? Nein; das selige Leben wird nicht mit Augen gesehen, denn es ist nicht körperlich. Ist es so, wie wenn wir uns der Zahlen erinnern? Nein. Denn wer sie kennt, sucht nicht mehr in ihren Besitz zu kommen; vom seligen Leben aber haben wir Kunde, darum lieben wir es, und doch wollen wir es erlangen, um selig zu sein. Ist es so, wie wenn wir uns der Beredsamkeit erinnern? Nein, wenn auch bei Nennung ihres Namens sich an die Sache selbst erinnern diejenigen, welche noch nicht beredt sind, und viele es zu sein wünschen, woher es sich offenbart, daß sie im Bereich ihrer Kunde liegt, so haben sie durch ihre körperlichen Sinne nur andere beredt gesehen und sind dadurch ergötzt worden und wünschten es zu sein, obgleich sie nur durch ihre innere Kunde dadurch ergötzt würden und es nicht zu sein wünschten, wenn sie nicht ergötzt würden; aber die Seligkeit erfahren wir mit keinem körperlichen Sinne an anderen. Ist es so, wie wir uns an die Freude erinnern? Vielleicht ist es so. Denn an meine Freude erinnere ich mich auch, wenn ich traurig bin, sowie an die Seligkeit, wenn ich elend bin: denn nie habe ich mit meinem leiblichen Sinne die Freude gesehen, gehört, gerochen, geschmeckt, berührt; sondern in meiner Seele habe ich es empfunden, wenn ich froh bin, und es haftet daran die Kunde in meinem Gedächtnis, so daß ich mich zuweilen daran erinnern kann mit Gering-schätzung, dann wieder mit Sehnsucht, je nach Verschiedenheit der Dinge, über welche ich mich gefreut zu haben erinnere. Denn auch schändliche Genüsse haben mich mit einer gewissen Freude erfüllt, was ich jetzt, wo ich mich daran erinnere, durchaus verwünsche; zuweilen empfinde ich auch über Gutes und Ehrenwertes, wonach ich mich sehne, obwohl es nicht mehr da ist, darum traurig noch Freude.

Wenn nun und wo erfuhr ich von meinem seligen Leben, daß ich daran denke, es liebe und erstrebe? Und nicht nur ich oder mit wenigen, sondern alle wollen selig werden. Wenn wir keine sichere Kunde davon hätten, würden wir nicht mit so festem Willen danach streben. Aber wie ist es, wenn man zwei fragt, ob sie Kämpfer werden wollten, so könnte der eine von ihnen sagen, daß er es wolle, der andere, daß er es nicht wolle; wenn man sie aber fragt, ob sie selig werden wollen, so würde sich dies sofort jeder von ihnen wünschen; und jener wollte nur darum Kämpfer werden, dieser nicht, weil sie selig werden wollen. Darum der eine auf diese, der andere auf jene Weise sich freut und so sie alle übereinstimmen, selig werden zu wollen, wie würden sie übereinstimmen, wenn sie so gefragt würden, daß sie wollten Freude haben und gar die Freude selbst Seligkeit nennen? Wenn der eine auf diese, der andre auf jene Weise die Seligkeit erstrebt, so ist es doch eines, dahin zu gelangen sie trachten, daß sie Freude haben. Da nun das eine Sache ist, deren teilhaftig zu sein niemand behaupten kann, so wird deshalb, wenn man den Namen Seligkeit hört, dieselbe nach dem im Gedächtnis vorgefundenen Begriffe gedacht.

Zweiundzwanzigstes Kapitel

Fern sei es, Herr, fern sei es von dem Herzen deines Knechtes, der dir bekennet, fern sei es, daß ich in jeder Freude, der ich mich freue, mich für glückselig halte. Denn es gibt eine Freude, die die Gottlosen nicht haben, sondern die empfangen sie, die dich verehren, ohne es sich verdienstlich anzurechnen, deren Freude du selbst bist. Darin besteht das selige Leben selbst, sich zu dir zu freuen, um deinetwillen, und außerdem gibt's kein anderes seliges Leben. Die aber glauben, daß es ein anderes gebe, trachten nach andrer Freude und nicht nach dem Wahren selbst. jedoch von irgendeiner Vorstellung von Freude wendet sich ihr Wille nicht ab.

Dreiundzwanzigstes Kapitel

Somit steht es also nicht fest, daß alle glücklich zu sein wünschen, denn die, weiche an dir nicht ihre Freude haben wollen, der du allein das selige Leben bist, wollen überhaupt das selige Leben nicht. Oder wollen es doch alle? Aber da das Fleisch gelüstet wider den Geist und den Geist wider das Fleisch, also daß sie nicht tun, was sie wollen, so verfallen sie auf das, was sie vermögen, und begnügen sich damit, weil sie das, was sie nicht vermögen, nicht so innig verlangen als nötig, um vermögend zu werden. Denn ich frage alle, ob sie nicht lieber sich der Wahrheit als des Irrtums freuen wollen, und sie tragen so wenig Bedenken, sich auf Seite der Wahrheit zu stellen, als sie nicht anstehen zu sagen, daß sie selig werden wollen. Denn das selige Leben ist die Freude an der Wahrheit. Das nämlich ist die Freude an dir, der du die Wahrheit bist, Herr, mein Licht, meines Angesichts Hilfe, mein Gott. Dies selige Leben wollen alle, dies Leben, das allein selig ist, wollen alle, die Freude an der Wahrheit wollen alle. Ich lernte zwar viele kennen, die betrügen wollten, aber keinen, der betrogen werden wollte. Wo also lernten sie dies selige Leben kennen, wenn nicht dort, wo sie die Wahrheit kennenlernten? Denn sie lieben sie auch selbst, weil sie nicht betrogen werden wollen. Und indem sie das selige Leben lieben, so ist es nichts anderes als die Freude an der Wahrheit, überall heben sie auch die Wahrheit; und nicht würden sie dieselbe lieben, wenn es nicht irgendwelche Kunde davon in ihrem Gedächtnis gäbe. Warum also freuen sie sich ihrer nicht? Warum sind sie nicht selig? Weil sie stärker auf anderes versessen sind, was größere Macht hat, sie elend zu machen, als das sie zu beseligen vermag, dessen sie sich nur schwach erinnern. Bis jetzt nämlich ist noch ein schwaches Licht in den Menschen; sie mögen wandeln, wandeln, daß sie die Finsternis nicht überfalle. Warum aber erzeugt die Wahrheit Haß, warum gilt ihnen der Mann als Feind, der ihnen die Wahrheit sagt, während doch das ewige Leben geliebt wird, das nichts anderes ist als Freude an der Wahrheit; weil nur so die Wahrheit geliebt wird, daß, wer etwas anderes liebt, daß das, was er liebt, die Wahrheit sei; und weil sie nicht getäuscht werden wollen, wollen sie sich nicht überführen lassen, daß sie betrogen sind. Daher hassen sie deshalb die Wahrheit, was sie als Wahrheit lieben. Sie lieben nur die aufklärende Wahrheit und hassen die strafende. Denn sie wollen nicht getäuscht werden und wollen doch täuschen, und darum lieben sie die

Wahrheit, wenn sie sich offenbart, und hassen sie, wenn dieselbe sie selbst anzeigt. Darum wird sie ihnen vergelten, so daß sie die, welche sich nicht von ihr aufdecken lassen wollen, trotzdem aufdeckt und doch selbst dabei verborgen bleibt. So, auch so will der menschliche Geist blind und matt, schändlich und unanständig sich verbergen, will aber nicht, daß ihm etwas verborgen sei. Aber es wird ihm vergolten werden, daß er vor der Wahrheit nicht verborgen bleibe, sondern die Wahrheit vor ihm. Und doch, solange sie so elend ist, will sie lieber an dem Wahren sich freuen als an dem Falschen. Selig also wird der sein, der ohne beschwerliche Störung an der Wahrheit selbst, durch welche alles wahr ist, Freude findet.

Vierundzwanzigstes Kapitel

Siehe, wie ich den Raum des Gedächtnisses durchgegangen bin, dich suchend, Herr, und habe dich nicht gefunden außerhalb desselben. Und dabei habe ich nichts von dir gefunden, was nicht Erinnerung von der Zeit her wäre, da ich dich kennengelernt. Denn seitdem ich dich kennenlernte, habe ich deiner nicht vergessen. Denn wo ich die Wahrheit fand, da fand ich meinen Gott, die Wahrheit selbst, die ich, seitdem ich sie kennenlernte, nicht mehr vergessen habe. Seitdem ich dich daher kennengelernt habe, bleibst du in meinem Gedächtnis, und da finde ich dich, wenn ich mich an dich erinnere und in dir mein Ergötzen finde.

Das sind meine heiligen Wonnen, die du mir geschenkt hast nach deinem Erbarmen meine Armut ansehend.

Fünfundzwanzigstes Kapitel

Aber wo bleibst du in meinem Gedächtnis, Herr, wo bleibst du da? Was für eine geheime Stätte hast du dir zubereitet? Was für ein Heiligtum hast du dir errichtet? Du hast mein Gedächtnis gewürdigt, in ihm zu wohnen, aber in welchem Teile desselben du dich aufhältst, das überlege ich. ich ging durch die Teile desselben, die auch die Tiere haben, als ich dein gedachte, da ich dich nicht daselbst fand unter den Bildern von körperlichen Dingen; und ich kam zu den Teilen desselben, wo sich die Gemütsbewegungen befinden, und fand dich auch da nicht. Da ging ich zu dem Sitz meiner Seele selbst, der in meinem Gedächtnis ist, da die Seele sich auch ihrer selbst erinnert, und auch da warst du nicht; denn du bist nicht das Bild eines Körperlichen noch das Gefühl eines Lebenden, wie es ist, wenn wir uns freuen, trauern, Verlangen tragen, Furcht haben, uns erinnern, vergessen und dergleichen; nicht bist du selbst eine Seele, weil du der Herr und Gott der Seele bist. Und das alles verändert sich, du aber bleibst unveränderlich über allem; und du hast mich gewürdigt, zu wohnen in meinem Gedächtnis, seit ich dich lerne. Und was frage ich, an welchem Orte des Gedächtnisses du wohnst, als wenn wirklich Räume daselbst wären? Du wohnst gewißlich in ihm, seitdem ich dich lerne, und in ihm finde ich dich, wenn ich mich deiner erinnere

Sechsundzwanzigstes Kapitel

Wo also fand ich dich, um dich zu lernen? Denn noch nicht warst du in meinem Gedächtnis, ehe ich dich lernte. Wo also fand ich dich, um dich zu lernen, wenn nicht in dir, über nur? Und nirgends ein Ort, wir mögen zurückgehen oder uns ihm nahen; und nirgends ein solcher Ort. Als die Wahrheit waltest du überall über denen, die dich angehen um Rat, und antwortest zugleich allen, die auch verschiedenes dich fragen. Klar antwortest du, aber nicht klar hören alle. Das ist dein bester Diener, der weniger darauf sieht, das von dir zu hören, was er will, als vielmehr das zu wollen, was er von dir hört.

Siebenundzwanzigstes Kapitel

Spät habe ich dich geliebt, du Schönheit, so alt und doch so neu, spät habe ich dich geliebt! Und siehe, du watest im Innern, und ich war draußen und suchte dich dort; und ich, mißgestaltet, verlor mich leidenschaftlich in die schönen Gestalten, welche du geschaffen. Mit mir warst du und ich war nicht mit dir. Die Außenwelt hielt mich lange von dir fern, und wenn diese nicht in dir gewesen wäre, so wäre sie überhaupt nicht gewesen. Du riefest und schriest und brachst meine Taubheit. Du schillertest, glänztest und schlugst meine Blindheit in die Flucht. Du wehtest und ich schöpfte Atem und atme zu dir auf Ich kostete dich und hungre und dürste. Du berührtest mich und ich entbrannte in deinem Frieden.

Achtundzwanzigstes Kapitel

Wenn ich ganz an dir hangen werde, so werde ich keinen Schmerz mehr haben und keine Arbeit; und mein Leben wird lebendig sein, ganz erfüllt von dir. Nun aber, weil du den, welchen du erfüllst, erhebst, so bin ich, weil ich nicht von dir erfüllt, mir zur Last. Es kämpfen meine beweinenswerten Freuden mit meiner erfreulichen Trauer; auf welcher Seite der Sieg sein wird, weiß ich nicht. Wehe mir! Herr, erbarme dich meiner. Weh mir! Siehe, meine Wunden verberge ich nicht: du bist der Arzt, ich der Kranke; du bist barmherzig, ich erbarmenswürdig. Ist das menschliche Leben auf Erden nicht eine stete Versuchung? Wer wünschte sich Beschwerden und Mühseligkeiten? Zu ertragen heißest du sie, nicht zu lieben. Niemand liebt, was er trägt, wenn er auch zu tragen liebt. Denn obgleich er an dem Tragen Freude hat, so will er doch lieber, daß es nicht vorhanden sei, was er trägt. Günstiges ersehne ich bei Widerwärtigem und Widerwärtiges fürchte ich bei Günstigem. Wo ist zwischen diesen die Mitte, wo das menschliche Leben keine Versuchung ist? Wehe dem zeitlichen Glück, doppeltes Wehe um der Furcht vor Widerwärtigkeit und um der Freude willen, welche verdirbt! Wehe über die zeitlichen Widerwärtig-keiten, dreifaches Weh, weil der Unglückliche nach Glück verlangt, die Widerwärtigkeit selbst hart und Gefahr ist, daß sie die Geduld zerbricht! Ist nicht Versuchung das menschliche Leben auf Erden ohne irgendwelche Unterbrechung?

Neunundzwanzigstes Kapitel

Alle meine Hoffnung ruht nur in deinem übergroßen Erbarmen. Gib, was du befiehlst, und befiehl, was du willst. Du befiehlst uns Enthaltsamkeit. Da ich aber erfuhr, sagt einer, daß ich nicht anders könnte züchtig sein, es gäbe mir es denn Gott, so war dasselbige auch Klugheit, erkennen, wes solche Gnade ist. Durch die Enthaltsamkeit werden wir ja gesammelt und zu dein Einen zurückgebracht, von welchem weg wir in das Viele zer-flossen sind. Weniger nämlich liebt dich, wer mit dir zugleich etwas liebt, was er nicht deinetwegen liebt. 0 Liebe, die du immer brennst und nimmer erlischest. Liebe, du mein Gott, ent-zünde mich. Enthaltsamkeit befiehlst du; gib, was du befiehlst, und befiehl, was du willst.

Dreißigstes Kapitel

Bestimmt befiehlst du, daß ich mich enthalte von Fleischeslust, Augenlust und hoffärtigem Wesen. Du warnst vor Beischlaf; betreffs der Elle selbst warnst du besser davor, als daß du ihr Zugeständnisse machst. Und da du mir das gewährtest, geschah es, ehe ich noch Verwalter deines Sakramentes war. Aber noch leben in meiner Erinnerung, darüber ich vieles geredet habe, die Bilder der Dinge, die dort die Gewohnheit festgeheftet hat; und sie begegnen mir im Wachen, der Kraft zwar entbehrend, im Schlafe aber steigern sie sich nicht nur bis zum Ergötzen, sondern bis zur höchsten Beistimmung. Und so viel vermag das Trugbild in meiner Seele und meinem Fleische, daß falsche

Bilder der Schlafenden zu etwas verlocken, wozu mich, wenn ich wache, wahre nicht verlocken können. Bin ich dann nicht ich, Herr mein Gott? Und doch bin ich vom Augenblick, da ich vom wachen Zustande in den Schlaf übergehe, bis ich aus dem Schlaf zum Wachen zurückkehre, wie ein andrer Mensch. Wo ist die Vernunft, welche im Wachen solchen Einwirkungen widersteht? Wenn auch selbst sich lüstern, so bleibt sie doch unbewegt. Schließt sie sich mit den Augen zu? Wird sie eingeschläfert mit den Sinnen des Körpers? Und woher kommt es, daß wir ihnen auch im Schlaf widerstehen, unsres Vorsatzes eingedenk, und dabei ganz keusch beharrend, ohne solchen Verlockungen beizustimmen? Und doch ist ein Unterschied zwischen mir und mir, so daß, wenn das andere der Fall ist, sobald ich erwache, mein Gewissen sich beruhigt, und ich finde, eben wegen dieser Verschiedenheit von mir selbst, daß ich das nicht getan habe, wiewohl es mich schmerzt, daß es gewissermaßen in mir geschehen.

Aber bist du nicht mächtig, allmächtiger Gott, alle Schlafsucht meiner Seele zu heilen und mit noch reicherer Gnade die lüsternen Regungen auch meines Schlafes zu tilgen? – Du wirst, o Herr, mehr und mehr in mir deine Gaben mehren daß meine Seele mir folgt zu dir, frei vom Fleische der Begierde, so daß sie nicht mit sich selbst im Widerspruch und nie auch im Schlafe jene geilen Schändlichkeiten nicht nur durch tierische Bilder nicht ausübe bis zur Erschlaffung des Fleisches, sondern nicht einmal beistimme. Denn daß nichts dergleichen, auch nicht das geringste in mir aufsteigen darf, nicht so viel, als durch einen Wink unterdrückt werden könnte, selbst wenn sich mir im Schlafe unreine Gedanken regten nicht nur in diesem Leben, sondern auch in meinem jetzigen Lebensalter, das ist dir, dem Allmächtigen, ein Geringes, der du tun kannst über alles, was wir bitten und verstehen. Nun habe ich meinen jetzigen Zustand meines Übels dir genannt, mein guter Herr, mich freuend mit Zittern darüber, was du mir geschenkt hast, und trauernd darüber, darin ich noch nicht vollkommen bin, hoffend, daß du an mir dein Erbarmen vollenden werdest bis zum völligen Frieden, den mit dir haben wird mein innerer und äußerer Mensch, wenn der Tod verschlungen sein wird in den Sieg.

Einunddreißigstes Kapitel

Es gibt noch eine andere Plage des Tages, o böte er sonst keine. Dein Verfall des Leibes müssen wir täglich durch Essen und Trinken begegnen, bevor du die Speise und den Leib hinrichtest, wenn du getötet haben wirst meine Ungenügsamkeit durch deine wunderbare Sättigung und das Vergängliche wird angezogen haben das Unvergängliche auf ewig. Nun aber ist mir das Bedürfnis angenehm und ich kämpfe dagegen an, nicht von solcher Annehmlichkeit in Beschlag genommen zu werden; und ich kämpfe einen täglichen Krieg in Enthaltsamkeit, oft meinen Körper unterjochend; und meine Schmerzen werden durch Lust vertrieben.

Denn Hunger und Durst sind gewisse Schmerzen; sie brennen, und wie das Fieber töten sie, wenn nicht das Heilmittel der Nahrung zugeführt wird. Weil solch Heilmittel immer zu haben ist in deinen uns tröstenden Gaben, bei welchen unserer Schwachheit Erde und Wasser und Himmel dienen, so wird der Schmerz Ergötzen genannt.

Das hast du mich gelehrt, daß ich wie Heilmittel die Nahrung nehme. Aber während ich zur Ruhe des Sattseins von dem Beschwernis der Ungenügsamkeit übergehe, droht mir bei solchem Übergange der Fallstrick der Begehrlichkeit. Denn der Übergang selbst ist schon Ergötzen und es gibt keinen andern Übergang als den, dazu die Notwendigkeit zwingt. Und während der Grund des Essens und Trinkens der ist, daß es heilend wirken soll, so schließt sich doch daran gleichsam das auf dem Fuße folgende Ergötzen an; und erkühnt sich meistens voranzugehen, so daß es zum Grunde dafür wird, daß ich es um der Gesundheit willen zu tun sage oder will. jedoch gibt es nicht ein gleiches Maß für beides: denn was für die Gesundheit hinreichend ist, das ist für das Vergnügen zu wenig. Und oft ist es ungewiß, ob die notwendige Sorge für den Leib Hilfe verlangt oder täuschende Eßlust bedient sein will. Diese Ungewißheit erfreut die unglückliche Seele, auf sie fußend, ersinnt sie eine vorschützende Entschuldigung, indem sie sich freut, daß es ihr nicht klar sei, wie viel die maßhaltende Sorge für die Gesundheit verlange, um so das, was aus Leckerei geschieht, zu verstecken hinter dem Vorwand, es geschehe nur zum Wohl. Diesen Versuchungen versuche ich täglich zu widerstehen, rufe deine Hand an und wälze all meine Glut auf dich, weil ich hierüber noch nicht sichern Rat weiß.

Da höre ich die gebietende Stimme meines Gottes: »Beschweret eure Herzen nicht mit Fressen und Saufen.« Trunkenheit ist ferne von mir; erbarme du dich, daß sie mir nicht naher. Weinrausch hat noch nie deines Knechtes sich bemächtigt; erbarme du dich, daß er ferne von mir bleibe. Denn niemand kann züchtig sein, es gäbe ihm es denn Gott. Vieles gibst du uns, wenn wir bitten; und was Gutes wir, ehe wir baten, empfingen, haben wir von dir empfangen. Trunken war ich nie, kenne aber Trunkene, die du ernüchtert hast. Dir also ist es zu verdanken, daß sie das nicht wurden, was sie nie geworden, dem es zu verdanken ist, daß sie das nicht immer waren, was sie waren, dem es auch zu verdanken ist, daß beide wußten, wem es zu verdanken ist. Ich hörte auch ein ander Wort: »Folge nicht deinen bösen Lüsten, sondern brich deinen Willen.« Ich hörte auch jenes Wort, das ich sehr liebe nach deiner Gnade: »Essen wir, so werden wir darum nicht besser sein; essen wir nicht, so werden wir darum nichts weniger sein. « Das heißt: Es wird mich weder jenes reich noch dieses elend machen. Ich hörte noch ein ander Wort: »Denn ich habe gelernet, bei welchen ich bin, mir genügen zu lassen. Ich kann beides: übrig haben und Mangel leiden. Ich vermag alles durch den, der mich mächtig macht.« Siehe, so spricht der Streiter des himmlischen Heeres, nicht der Staub, der wir sind. Aber denke daran, Herr, daß wir Staub sind, und vom Staube hast du den Menschen gemacht; er war verloren und ist wiedergefunden. Auch der vermochte das nicht durch sich, weil er gleicherweise Staub war, den ich liebte, als er durch den Hauch deiner Eingebung folgendes sagte: »Ich vermag alles durch den, der mich mächtig macht.« Stärke mich, daß ich das auch kann. Gib, was du befiehlst, und befiehl, was du willst. Paulus gesteht, es empfangen zu haben, und was er sich rühmt, das rühmt er sich in Gott. Ich hörte einen anderen, der darum bat, daß er es empfinge: »Wende von mir alle bösen Lüste«. Daraus geht hervor, heiliger Gott, daß du gibst, wenn geschieht, was du befiehlst, daß es geschieht. Du lehrtest mich, guter Vater: »Es ist zwar alles rein; aber es ist nicht gut dem, der es isset nur einem Anstoß seines Gewissens.« Und »alle Kreatur Gottes ist gut und nichts verwerflich, das mit Danksagung empfangen wird«; und: »die Speise fördert uns nicht vor Gott«; und: »so lasset nun niemand uns Gewissen machen über Speise oder über Trank«; und: »welcher isset, der verachte den nicht, der da nicht isset; und welcher nicht isset, der richte den nicht, der da isset.« Ich lernte dies; Lob dir, Dank dir, meinem Gott, meinem Lehrer, der du mein Ohr getroffen, mein Herz erleuchtet: entreiße mich aller Versuchung. Nicht fürchte ich die Unreinigkeit der Speise, sondern die Unreinigkeit der Begierde. Ich weiß, daß dem Noah alles Fleisch, das zur Speise diente, zu essen erlaubt war; daß Elias durch Fleischspeise gekräftigt wurde; daß Johannes infolge seiner wunderbaren Enthalt-samkeit, durch Essen von Tieren, nämlich von Heuschrecken, nicht befleckt worden ist. Ich weiß aber auch, daß Esau durch sein Begeht nach Linsen betrogen wurde, daß David einst wegen seiner Sehnsucht nach Wasser sich selbst tadelt und daß unser König (des Himmels) nicht mit Fleisch, sondern mit Brot versucht ward. Daher erwarb sich das Volk in der Wüste Mißgunst, nicht weil es nach Fleisch trachtete, sondern weil es aus Eßgier wider Gott murrte.

In diese Versuchungen gestellt, kämpfe ich täglich gegen die Begier zu essen und zu trinken: denn nicht ist es möglich, daß ich es ein für allemal abschneiden kann und es nicht mehr zu berühren beschließe, so wie ich's beim Beischlaf vermocht habe. Daher muß ich die Zügel meiner Kehle bald locker lassen, bald fester anziehen. Und wer ist, Herr, der sich nicht etwas über das Maß des Notwendigen hinreißen ließe? Wer es auch ist, er steht groß da; er erhöhe deinen Namen. Ich aber bin es nicht, denn ich bin ein sündiger Mensch. Aber auch ich preise deinen Namen; und es bittet vor dir für meine Sünden, der die Welt überwand, mich aufnehmend unter die schwachen Glieder seines Leibes, denn deine Augen sahen mich, da ich noch unbereitet war; und waren alle Tage auf dein Buch geschrieben, die noch werden sollten.

Zweiunddreißigstes Kapitel

Über die Versuchung der Wohlgerüche ängstige ich mich nicht zu sehr. Sind sie nicht da, so suche ich sie nicht; sind sie da, so verachte ich sie nicht, stets bereit, sie auch zu entbehren. So kommt es mir vor; vielleicht täusche ich mich darüber. In mir ist beklagenswerte Finsternis, welche mir es verbirgt, wozu ich fähig bin, so daß mein Geist, wenn er sich über seine Kräfte befragt, sich nicht so leicht Glauben schenkt, weil das Innere meist auch verborgen ist, wenn es nicht die Erfahrung an den Tag bringt. Und niemand soll in diesem],eben sicher werden, denn muß nicht der Mensch immer im Streit sein auf Erden, ob er aus einem schlechteren ein besserer werde, damit er nicht aus einem besseren ein schlechterer werde? Eine Hoffnung, eines, darauf man trauen kann, eine sichere Verheißung ist dein Erbarmen.

Dreiunddreißigstes Kapitel

Die Vergnügungen der Ohren nahmen mich fester in Beschlag und unterjochten mich; aber du hast mich davon gelöst und befreit. jetzt bekenne ich, daß ich mich den von deinen Worten beseelten Tönen etwas hingebe, wenn sie mit lieblicher und künstlerischer Stimme gesungen werden, jedoch nicht so, daß ich mich nicht von ihnen trennen könnte, sondern daß ich aufstehen kann, wenn ich will. Aber um bei mir, vereint mit den sie belebenden Textworten, selbst zugelassen zu werden, verlangen die Töne auch einen einigermaßen würdigen Platz in meinem Herzen, und kaum weiß ich ihnen einen passenden anzuweisen. Manchmal glaube ich ihnen mehr Ehre anzutun, als ihnen gebührt, wenn ich merke, daß mein Gemüt durch die heiligen Worte in eine höhere religiöse Begeisterung gerät, wenn sie also gesungen werden, als wenn sie nicht gesungen würden, und daß alle Stimmungen des Geistes nach ihrer Verschiedenheit eigentümliche Weisen haben in der Stimme und im Gesang, durch deren mir unbekannte geheime Sympathie sie erregt wurden. Aber das Ergötzen meines Fleisches, dem das Gemüt nicht darf zur Entnervung preisgegeben werden, täuscht mich oft, während die Empfindung das Denken nicht so begleitet, daß es hintansteht, sondern weil sie des Denkens halber verdient hat, zugelassen zu werden, versucht, auch voranzueilen und die Führerschaft zu übernehmen Also fehle ich auch darin, ohne daß ich es merke; ich merke es vielmehr erst hinterher.

Zuweilen hüte ich mich jedoch vor solcher Selbsttäuschung allzusehr und irre aus allzu großer Strenge: und zuweilen wünsche ich, daß alle die lieblichen Sangesweisen, in denen Davids Psalter wiederholt gesungen wird, von meinen Ohren und selbst von der Kirche fernbleiben möchten; es scheint mir sicherer, was mir, wie ich mich erinnere, von dem Bischof von Alexandrien, Athanasius, oft gesagt worden ist, weicher den Vorleser die Psalmen nur mit wenigen Tönen psalmodieren ließ, so daß der Vortrag dem Sprechen ähnlicher war als dem Singen. Wiederum, wenn ich gedenke meiner Tränen, die ich vergoß bei den Gesängen deiner Kirche bei meiner Bekehrung und daß ich auch jetzt noch bewegt werde nicht durch den Gesang, sondern durch den Inhalt des Gesanges, daß er mit fließender und passendster Melodie gesungen wird, dann erkenne ich wiederum den großen Nutzen dieser Einrichtungen. So schwanke ich zwischen der Gefahr des Ergötzens und der Erfahrung von der Heilswirksamkeit, und so werde ich mehr und mehr dazu geführt, ohne dabei eine abgetane Meinung zum Vorschein zu bringen, die Gepflogenheit, in der Kirche zu singen, zu billigen, damit durch das Ergötzen der Ohren ein schwacher Geist sich zu einer frommen Stimmung emporheben könne. jedoch, wenn es mir widerfährt, daß mich mehr der Gesang als der Inhalt, der gesungen wird, bewegt, so Bestehe ich, daß ich sträflicherweise sündige und wollte dann lieber den Sänger nicht hören. So steht es mit mir –, weinet mit mir und weinet für mich, die ihr etwas Gutes im Herzen bewegt, aus welchem Taten hervorgehen. Die ihr aber nicht handelt, euch kann das nicht bewegen. Du aber, Herr mein Gott, erhöre, siehe mich an und siehe und erbarme dich meiner und heile mich, du, vor dessen Augen ich mir selbst zum Rätsel geworden bin und zur sittlichen Schwäche.

Vierunddreißigstes Kapitel

Noch sind in meinen Bekenntnissen, welche hören mögen die Ohren deines Tempels, die Ohren der Brüder und der Frommen, die fleischlichen Augenergötzungen zu erwähnen, um abzuschließen mit den Versuchungen der fleischlichen Lust, welche mich noch seufzen und verlangen machen nach unserer Behausung, die vom Himmel ist, daß wir damit überkleidet werden. Schöne und mannigfaltige Formen, glänzende und liebliche Farben lieben die Augen. Mögen sie nicht meine Seele fesseln; möge die Seele Gott fesseln, der dies gemacht hat, und zwar sehr gut; er selbst ist mein Gut, nicht sie. Sie berühren mich, wenn ich wache, den ganzen Tag, und es wird mir keine Ruhe vor ihnen gewährt wie vor der Stimme des Gesanges und zuweilen überhaupt vor allem, wenn ich in die Stille mich zurückziehe. Denn dies Licht ist die Königin der Farben, alles Sichtbare durchströmend, wo ich auch den Tag über bin, indem es mir auf vielfache Weise in die Augen fällt und mir, wem ich etwas anderes tue, schmeichelt, so daß ich es nicht von mir abwenden kann. Es schmeichelt sich aber so stark ein, daß es, wird es plötzlich entfernt, sehnlichst wieder verlangt wird: und, ist es lange fern, es den Geist traurig stimmt.

O Licht, das Tobias schaute, als er mit geschlossenen Augen dem Sohne den Weg des Lebens lehrte und ihm voranging in der Liebe, ohne zu irren. Oder du Licht, das Isaak sah mit altersmüden und schwachen Augen, als A ihm vergönnt wurde, seine Söhne zu segnen, nicht weil er sie erkannte, sondern durch sein Segnen erkannte er sie. Oder du Licht, das Jakob sah, als er selbst im hohen Alter des Augenlichts beraubt, aus lichtem Herzen ausstrahlte die in seinen Söhnen zum voraus bezeichneten Stämme des künftigen Volkes und seinen Enkeln, Josefs Söhnen die in wundersamer Weise übers Kreuz gelegten Hände auflegte, nicht wie es ihr Vater mit leiblichem Sinn forderte, sondern wie es ihm selbst sein Inneres hieß. Das ist das allein wahre Licht, und eins sind alle, die es sehen und lieben. Aber jenes körperliche Licht, von dem ich redete, würzt den innerlich blinden Liebhabern der Welt ihr Leben mit verlockender, gefährlicher Süßigkeit. Die aber über dasselbe dich zu loben wissen, »Gott, Schöpfer von allem«, die nehmen das Licht in den Lobgesang auf dich auf und werden nicht von ihm hinweggenommen in ihrem Schlafe. So wünsche ich zu sein. Ich widerstehe den Verführungen der Augen, damit sie nicht umstricken meinen Fuß, mit welchem ich deinen Weg wandle; und ich erhebe zu dir die unsichtbaren Augen, damit du meinen Fuß aus dem Netze ziehest. Du befreist sie, denn sie werden sonst verstrickt. Du hörst nicht auf mit Befreien, ich aber hafte oft noch an dem überall gestellten Hinterhalt: denn siehe, der Hüter Israels schläft noch schlummert nicht. Wie vieles Unzählige, in verschiedenen Kunstwerken, in Gewändern, Schuhwerk, Gefäßen und allerhand Gebilden, in Malereien und verschiedenen Bildern, und das den notwendigen Gebrauch in seiner Beschränktheit und die fromme Bedeutung weit überschreitend, fügten die Menschen hinzu zur Verführung der Augen, indem sie außen dem nachgehen, was sie schaffen, innerlich den verlassen, von welchem sie geschaffen sind, und das von sich verbannen, als was sie geschaffen sind. Aber ich, mein Gott und meine Zierde, singe auch hier dir meinen Lobgesang und opfere dem Lob, der sich für mich geopfert hat; weil das Schöne, durch die Seelen in künstlerische Hände hinübergeleitet, von der Schönheit stammt, welche über den Seelen ist, wonach meine Seele Tag und Nacht seufzt. Aber der äußeren Schönheit Künstler und Liebhaber stimmen dem Schönen nur bei, ohne es zu benutzen. Und da ist Gott da, und sie sehen ihn nicht, So daß sie sich noch weiter von ihm entfernen und ihre Stärke unter deinen Schutz stellen und sie nicht in wollüstigen Abschwächungen vergeuden. Ich aber, der ich dies sage und darüber urteile, hefte doch meinen Fuß an dies Schöne; aber du, Herr, befreie mich, befreie mich, denn deine Güte ist vor meinen Augen. Ich werde oft in bedauerlicher Weise befangen, du aber befreiest mich nach deiner Erbarmung, oft ohne daß ich es wußte, weil ich unüberlegt hineinfiel, oft mit Schmerz, weil ich schon darin befangen war.

Fünfunddreißigstes Kapitel

Dazu kommt noch eine andere vielfach gefährlichere Gestalt der Versuchung, denn außer der fleischlichen Lust, welche in der Ergötzung aller Sinne und ihrer Vergnügungen ist und die denen, welche ihr dienen und sich von dir entfernen, Untergang bringt, ist in der Seele vermittels derselben Sinne des Körpers noch eine andere, die sich zwar nicht fleischlich ergötzen will, sondern leerer Fürwitz, der sich mit dem Namen Erkenntnis und Wissenschaft beschönigt und das Fleisch zu seinem Werkzeuge macht. Das ist nämlich die Neugier und die Augen übernehmen dabei unter den Sinnen die Führerschaft; von deinem heiligen Wort ist sie Augenlust genannt worden. Es bezieht sich dies Wort auf das Sehen vermittels der Augen im eigentlichen Sinne. Wir wenden das Wort auch auf andre Sinne an, wenn wir sie dazu benutzen, daß sie etwas erkennen sollen. Wir sagen zwar nicht: Horch, was schimmert, oder rieche, wie es glänzt, oder schmeck, wie es leuchtet, oder greif, wie es strahlt – man sagt bei allem, es werde gesehen. Aber wir sagen nicht nur: Sieh, was leuchtet, was allein die Augen wahrnehmen können, sondern auch, sieh, was tönt, sieh, was riecht, sieh, was schmeckt, sieh, was hart ist. Und darum wird diese Hauptwahrnehmung der Sinne, wie schon gesagt, Augenlust genannt; ,denn das Sehvermögen, bei welchem die Augen die erste Rolle spielen, eignen sich auch die übrigen Sinne nach der Analogie an, wenn sie einen wissenschaftlichen Gegenstand erforschen.

Daraus wird aber deutlich erkannt, was die Sinne zum Vergnügen und was sie aus Neugier treiben, denn Vergnügen bringt das Schöne, das Wohllautende, das Angenehme, Geschmackvolle und Weiche; die Neugier aber tut das dem Entgegengesetzte, um es zu versuchen, nicht um sich dadurch Mühe aufzubürden, sondern aus Lust, es zu erfahren und kennenzulernen. Was gibt es denn für ein Vergnügen, einen zerfleischten Leichnam zu sehen, vor dem man zurückschaudert; und doch laufen sie da, wo er liegt, zusammen, um ihn zu beklagen und sich zu fürchten. Sie fürchten, es im Schlafe zu sehen, gerade als hätte sie jemand gezwungen, es wachend zu sehen oder als hätte sie irgendein Ruf besonderer Schönheit dazu verführt. So ist's auch bei den übrigen Sinnen, was zu verfolgen zu weit führen würde. Infolge dieser krankhaften Begier werden im Theater wunderbare Effektstücke aufgeführt. Von da aus geht man weiter, die Geheimnisse der Natur, die außer uns liegt, zu ergründen, was zu wissen nichts nützt und nichts anderes ist als Neugier der Leute. Eher findet es sich aus, daß man etwas mit demselben Zwecke einer falsch angewendeten Wissenschaft durch magische Künste zu erreichen sucht. Da versucht man selbst in der Religion Gott, indem man Zeichen und Wunder fordert, die man nicht für sein Wohl begehrt, sondern lediglich, um einen Versuch damit zu machen.

Wie viel würde ich in diesem so großen Walde, voll von Nachstellungen und Gefahren abgeschnitten und von meinem Herzen entfernt haben, wie du es mir geboten, Gott meines Heils; und doch, wann wage ich einmal es zu sagen, sobald so viel von Derartigem mein tägliches Leben umgibt, wann wage ich einmal es auszusprechen, mich in Zukunft von nichts Derartigem beeinflussen zu lassen und mich nicht solch eitler Sorge preiszugeben? Wohl kann mich das Theater nicht mehr hinreißen noch beschäftige ich mich mit der Gestirne Lauf, noch sucht meine Seele' eine Antwort bei den abgeschiedenen Geistern; alle gottlosen Gebräuche verwünsche ich. Und doch: mit wie vielen listigen Einflüsterungen versucht mich der Feind, von dir, Herr mein Gott, dem ich in Demut und Einfalt dienen soll, ein Zeichen erbitten zu sollen! Aber ich beschwöre dich bei unserm König, bei unsrer schlichten und keuschen Heimat, dem himmlischen Jerusalem, daß, wie diese Einwilligung dazu mir schon fern liegt, sie also mir immer ferner liegen möge. Wenn ich aber dich bitte für jemandes Heil, so ist das ein durchaus anderes Ziel meiner Bestrebung; und du gibst mir, daß ich tue, was du willst, und wirst geben, daß ich dir gern folge.

Und doch in wie viel höchst geringfügigen und verächtlichen Dingen wird unsre Neugier täglich auf die Probe gestellt; und wer kam zählen, wie oft wir fehlen? Wie oft dulden wir gewissermaßen anfangs nur fade Schwätzer, um ihnen in ihrer Schwäche nicht zu nahe zu treten, dann aber wenden wir ihnen uns gerne zu! Den Hund, der hinter dem Hasen herläuft, beachte ich schon nicht, wenn dies im Zirkus geschieht, aber auf dem Felde, wenn ich zufällig darüber hinweggehe, stört er mich vielleicht in einem wichtigen Gedanken und er lenkt den Gedanken an eine Jagd auf sich, nicht körperlich, aber doch im Geiste jage ich ihm nach. Und wenn du mich bei der bereits gezeigten Schwäche nicht schnell ermahnst, daß ich aus diesem Anschauen durch eine andere Betrachtung zu dir mich erhebe, oder es ganz verachte und darüber hinweggehe, so schaue ich gedankenlos hin. Wie, wenn meine Aufmerksamkeit, während ich zu Hause sitze, eine Eidechse in Anspruch nimmt, welche Fliegen fängt, oder eine Spinne, die sie umwickelt, wenn sie in ihr Netz geraten? Geht es mir da nicht ebenso, obwohl die Tiere klein sind? Gehe ich dann dazu über, dich, den wunderbaren Schöpfer und Ordner aller Dinge, zu loben? Nein, nicht dadurch werde ich getrieben, meine Aufmerksamkeit darauf zu richten. Ein anderes ist es dabei, sich schnell wieder zu fassen, ein anderes, dabei überhaupt nicht zu straucheln. Und von solchen Dingen ist mein Leben voll, und meine einzige Hoffnung ist dein sehr großes Erbarmen. Da unser Herz ein Magazin von Dingen der Art wird und Haufen reichlicher Eitelkeiten in sich trägt, so werden dadurch unsre Gebete unterbrochen und gestört, und vor deinem Angesicht, während wir mit der Stimme des Herzens vor dein Ohr dringen, wird eine so große Sache durch das Einschleichen jener nichtigen Gedanken abgeschnitten. Werden wir auch hier zwischen Verwerflichem scheiden, oder wird etwas anderes uns zu der Hoffnung zurückbringen, wenn nicht dein Erbarmen, nachdem du begonnen hast, uns zu wandeln.

Sechsunddreißigstes Kapitel

Und du weißt, wie weit du mich wandeln wirst, der du zuerst mich heiltest von der Lust, mich freizumachen, auf daß du mir alle meine Sünden vergäbest und heiltest alle meine Gebrechen und erlösetest mein Leben vom Verderben und kröntest mich mit Gnade und Barmherzigkeit und sättigtest mein Verlangen mit deinem Gut; weil du von der Höhe deiner Furcht meinen Stolz hinuntergedrückt und meinen Nacken unter dein Joch gezähmt hast. Und nun trage ich es, und dein Joch ist sanft, denn du hast es so verheißen und getan; und es war wirklich so und ich wußte es nicht, da ich fürchtete, es auf mich zu nehmen.

Aber wie, Herr, der du allein ohne Stolz herrschest, weil du allein wahrer Herr bist und keinen andern Herrn hast; wie, ist auch die dritte Art der Versuchung von mir gewichen, oder kann sie in diesem ganzen Leben weichen, nämlich gefürchtet und geliebt sein wollen von den Menschen, nicht wegen etwas anderem, sondern damit daraus schon Freude entstehe, die doch keine, Freude ist? Das ist ein elend Leben und ein häßliches Sichbrüsten. Daher kommt es hauptsächlich, daß man dich nicht liebt und dich nicht in Reinheit verehrt. Darum widerstehest du den Hoffärtigen, den Demütigen aber gibst du Gnade; du donnerst über dein Ehrgeiz der Welt und die Grundfesten der Berge regten sich und bebten. Daher bedrängt uns, da wir gewisser Ämter und Pflichten in der menschlichen Gesellschaft halber geliebt und gefürchtet werden müssen von Menschen, der Feind unsrer wahren Glückseligkeit und sät allenthalben sein »recht so, recht so« in die Schlingen: und während wir gierig uns sammeln, werden wir unvorsichtig gefangen und finden unsre Freude abseits von deiner Wahrheit und setzen sie in die Trüglichkeit der Menschen; es ist uns recht, geliebt und gefürchtet zu werden, nicht deinetwegen, sondern an deiner Statt; auf diese Weise macht der Feind sich uns ähnlich und hat uns nicht zur Eintracht in der Liebe, sondern zur Teilnahme am Gericht bei sich; er, der beschloß, seinen Stuhl zu setzen an der Seite gegen Mitternacht, damit ihm, der dir auf verkehrtem und qualvollem Wege nachahmt, die finsteren und kalten Leute dienten. Wir aber, Herr, sind deine kleine Herde; beschirme du uns. Breite deine Flügel über uns und laß uns darunter Zuflucht nehmen. Du sollst unser Ruhm sein; deinetwegen mögen wir geliebt werden, und dein Wort werde gefürchtet. Wer gelobt werden will von Menschen, während du tadelst, der wird nicht verteidigt werden von Menschen, wenn du richtest, und wird deinem Gericht nicht entrissen werden. Wenn aber der Gottlose nicht gerühmt wird seines Mutwillens und der, welcher unrecht handelt, nicht gesegnet wird, sondern ein Mensch gelobt wird wegen eines Geschenkes, das du ihm gegeben, jener aber mehr sich freut, daß er gelobt werde, als daß er das Geschenk habe, weswegen er gelobt wird, so wird er gelobt, auch während er von dir getadelt wird: und besser ist schon der, welcher lobt, als der, welcher gelobt wird. Denn jenem gefiel an dem Menschen die Gabe Gottes; diesem gefiel mehr die Menschengabe als die Gottesgabe.

Siebenunddreißigstes Kapitel

Durch solche Versuchungen werden wir täglich versucht, o Herr; ohne Aufhören werden wir versucht. Der tägliche Versuchsofen ist die menschliche Zunge. Du legst uns auch auf diesem Gebiete Enthaltsamkeit auf. gib, was du befiehlst, und befiehl, was du willst. Du kennst darüber das Seufzen meines Herzens und die Ströme meiner Augen. Und nicht leicht fasse ich, inwieweit ich rein bin von dieser Pest, und sehr fürchte ich meine verborgenen Fehler, welche deine Augen kennen, die meinigen aber nicht. In allen anderen Arten der Versuchungen besitze ich eine Fähigkeit, mich zu erforschen; aber in dieser fast gar nicht. Denn bei der Fleischeslust und bei der Neugier sehe ich, wie weit es mir möglich ist, meinen Sinn zu zügeln, sobald ich dieser Dinge entbehre, sei es infolge meines Willens oder ihrer Abwesenheit. Dann nämlich frage ich mich, wie sehr oder wie wenig es mir schwerfällt, sie nicht zu haben. Auch die Reichtümer, welche deshalb begehrt werden, damit man einer von diesen drei Begierden oder zweien von ihnen oder allen diene, können, wenn der Geist nicht ausspüren kann, ob er, in ihrem Besitz, dieselben verachte, aufgegeben werden, damit er sich bewähre. Ist es denkbar, daß man, um des Lobes zu entbehren und darin die Probe abzulegen, was man vermag, ein schlechtes Leben führt, der Art verwerflich und ungeheuerlich, daß niemand einen kennenlernen würde ohne Verachtung? Läßt sich ein größerer Unsinn sagen oder denken? Aber wenn das Lob der Begleiter eines guten Lebens und guter Werke zu sein pflegt, so soll man weder den Begleiter noch das gute Leben selbst verlassen. Nicht eher aber empfinde ich, ob ich mit Gleichmut oder nur ungern seiner entbehren kann, ehe er nicht abwesend ist. Was also soll ich dir in bezug auf diese Art der

Versuchung, mein Herr, gestehen? Was anderes, als daß ich durch Lob ergötzt werde, aber noch mehr durch die Wahrheit selbst als durch Lob? Denn wenn mir es überlassen würde, ob ich lieber, verrückt und in allen Dingen irrend, von allen Menschen getadelt werden wollte oder nicht verrückt und in der Wahrheit feststehend mich von allen tadeln ließe, so weiß ich, was ich wählen würde. Ich wünschte aber, der Beifall eines anderen möchte selbst meine Freude über irgendein Gutes, das ich habe, nicht vermehren. Aber doch, ich gestehe es, er mehrt sie nicht nur, sondern der Tadel vermindert sie auch. Und wenn mich dieses Elend in Unruhe versetzt, so schleicht sich bei mir eine Entschuldigung ein, deren Beschaffenheit du kennst, mein Gott; denn sie macht mich unsicher. Du nämlich hast uns nicht nur Enthaltsamkeit anbefohlen, das heißt, von welchen Dingen wir unsre Liebe zurückhalten sollen, sondern auch Gerechtigkeit, das heißt, wo wir Liebe erweisen Sollen, und du wolltest nicht nur, daß wir dich, sondern auch den Nächsten lieben sollen: oft glaube ich mich an der Förderung oder an der Hoffnung des Nächsten zu ergötzen, wenn ich mich an dem Lobe eines Verständigen ergötze; und wiederum sein Unglück zu beklagen, wenn ich ihn etwas tadeln höre, was er entweder nicht kennt oder was gut ist. Ich traure aber auch zuweilen über Lobsprüche, die mir zuteil werden, wenn das an mir gelobt wird, worin ich mir selbst mißfalle, oder wenn kleineres und minderwertiges Gut höher geschätzt wird, als es zu schätzen ist. Aber wiederum, woher weiß ich und weswegen berührt es mich so, weil ich nicht will, daß, der mich lobt, über mich selbst in andrer Ansicht ist als ich; doch nicht weil ich durch seinen Vorteil mich bewegen lasse, sondern weil dasselbe Gut, das mir an mir gefällt, mir noch angenehmer ist, wenn es auch einem anderen gefällt? ich werde nämlich gewissermaßen nicht gelobt, wenn mein Urteil über mich nicht gelobt wird, sobald nämlich entweder das gelobt wird, was mir mißfällt, oder das mehr gelobt wird, was mir weniger gefällt. Bin ich mir daher über diese Tatsache nicht ungewiß?

Aber in dir, der du die Wahrheit bist, sehe ich, daß mich das Lob nicht meinetwegen, sondern wegen des Vorteils des Nächsten bewegen soll. Aber ob es mit mir so ist, weiß ich nicht. Ich bin mir darin selbst weniger bekamt als du. Ich beschwöre dich, mein Gott, und zeige mir mich selbst, damit ich den Brüdern, die für mich beten, bekenne, was ich an mir als wunden Punkt entdeckt habe. Noch genauer will ich mich fragen. Wenn mich bei meinem Lob des Nächsten Nutzen bewegt, warum werde ich weniger erregt, wenn jemand anderes unrecht getadelt, als wenn ich getadelt werde? Warum werde ich von demselben Schimpfe mehr gequält, der mich trifft, als von dem, der einen anderen mit derselben Unbilligkeit in meiner Gegenwart trifft? Weiß ich auch das nicht? Ist auch das noch übrig, daß ich mich selbst verführe und mit Herz und Mund nicht das Wahre vor dir tue? jene Torheit, Herr, entferne weit von mir, daß nicht mein eigener Mund mir ein Sündenöl sei, um mein Haupt zu salben. Ich bin arm und elend, und besser bin ich, wenn ich in verborgenem Seufzen mir mißfalle und dein Erbarmen suche, bis ich Schwacher hergestellt und vollendet werde bis zu dem Frieden, von dem das Auge des Stolzen nichts weiß.

Achtunddreißigstes Kapitel

Die Rede aber, die aus dem Munde hervorgeht, und die Taten, welche den Menschen bekannt werden, haben eine gefährliche Versuchung von seiten der Liebe zum Lobe, welche erbettelte Beifallsbezeigungen zusammenbringt, um sich auszuzeichnen. Sie versucht mich selbst, wenn sie von mir gerügt wird an mir, das Rügen selbst versucht mich; und oft rühmt man sich, durch Verachtung des eitlen Ruhmes noch viel eitler gemacht: und darum kann er sich über die Verachtung des Ruhmes nicht rühmen, denn er verachtet ihn nicht, wenn er ihn rühmt.

Neununddreißigstes Kapitel

Ein anderes, sehr tiefes innerliches Übel kommt bei derselben Art der Versuchung vor, wo die leer werden an geistlichen Gütern, die sich selbst gefallen, obgleich sie anderen entweder nicht gefallen oder mißfallen und nicht darnach trachten, anderen zu gefallen. Aber die sich selbst gefallen, mißfallen dir sehr, daß sie sich gefallen weniger über Güter, die keine sind, als wären es welche, vielmehr über deine Güter, als gehörten sie ihnen, oder auch, indem sie sich so stellen, als ob sie dieselben für deine Güter halten, sie aber dennoch ihren Verdiensten zusprechen, oder auch über deine Gnade, indem sie sich nicht darüber als eines Gemeingutes freuen, sondern andere darum beneiden. in all diesen derartigen Gefahren und Mühsalen siehst du die Angst meines Herzens; und ich fühle, daß meine Wunden in reicherem Maße fort und fort von dir geheilt werden, als sie mir anhaften.

Vierzigstes Kapitel

Wo wärest du nicht mit mir gewesen, o Wahrheit, mich lehrend, wovor ich mich hüten und was ich erstreben sollte, da ich auf dich bezog alle meine niederen Anschauungen, so viele ich nur konnte und dich um Rat fragte? ich musterte die äußere Welt, jedes mit dem entsprechenden Sinne und faßte das Leben meines Leibes und meine Sinne selbst ins Auge. Von da zog ich mich zurück in die weiten Räume meines Gedächtnisses, die so zahlreich und erfüllt mit wunderbaren Arten unzähliger Schätze; ich betrachtete sie und ein heiliger Schauder ergriff mich, nichts konnte ich davon unterscheiden ohne dich und fand dabei doch, daß du selbst nichts von diesem seist. Ich selbst war der Erfinder nicht, der alles das durchmusterte und es zu unterscheiden und nach seinem Wert zu würdigen versuchte, einiges in mich aufnehmend, was die Sinne mir verkündeten, anderes mir abfragend, da ich bemerkte, es sei mit meinem Wesen verwachsen, es selbst als deine Boten betrachtend und zählend, erst einiges in den weiten Schätzen meines Gedächtnisses untersuchend, anderes dann zurückstellend, anderes hervorholend. Nicht erforschte ich, als ich dies tat, aus eignet Kraft noch warst du die in nur tätige Kraft, denn du bist das ewig bleibende Licht, das ich bei allem befragte, ob es vorhanden sei, wie es sei und wie hoch es zu schätzen sei: und ich hörte dich, der mich belehrte und mir gebot. Und oft noch tue ich das; das ergötzt mich und so viele Zeit, als ich von den Geschäften erübrigen kann, nehme ich zu diesen Geschäften meine Zuflucht. Und ich finde bei allem diesem, das ich durchlaufe, dich dabei um Rat fragend, keinen sicheren Ort für meine Seele außer in dir, wohin sich sammeln möge mein Zerstreutes und nichts von dem Meinen sich von dir entfernen möge. Zuweilen läßt du mich eingehen in ein Inneres, da mich ein höchst ungewohnter Affekt ergreift und einem unbe-stimmten angenehmen Gefühl, von dem ich, wenn es in mir vollendet wird, nicht weiß, wie es sein wird, da es diesem Leben nicht mehr angehören wird. Aber ich falle wieder zurück in die Sorgenlasten und werde wieder verschlungen von dem Alltags-leben und darin festgehalten; ich weine viel und doch werde ich darin recht festgehalten. So sehr erdrückt die Last der Gewohn-heit! Hier kann ich sein und will nicht; da will ich sein und kann nicht, so bin ich elend in beiden.

Einundvierzigstes Kapitel

Also betrachtete ich die Übel meiner Sünden nach einer dreifachen Lust; und ich habe deine Rechte mir zur Hilfe angerufen. Denn ich sah deinen Glanz mit wundem Herzen und zurückgeschlagen rief ich: »Wer kann dorthin?« »Ich bin von deinen Augen verstoßen«. Du bist die Wahrheit, die über allem waltet: ich aber wollte in meiner Habgier dich nicht verlieren, wollte aber mit dir zugleich die Lüge besitzen; sowie niemand so Falsches sagen möchte, daß er selbst nicht mehr weiß, was wahr ist. Daher verlor ich dich, weil du es nicht billigst, dich zu besitzen neben der Lüge.

Zweiundvierzigstes Kapitel

Wo finde ich den, der mich wieder mit dir vereint? Sollte ich die Engel angehen? Mit welcher Bitte? Mit welchen heiligen Handlungen? Viele versuchten es, zu dir zurückzukehren, aber vermochten es nicht durch sich selbst, wie ich höre, versuchten es und fielen in eine Sehnsucht nach wunderbaren Erscheinungen und wurden dabei ein Opfer von Täuschungen. Erhoben im Stolz ihrer Lehre suchten sie dich, warfen sich lieber in die Brust, als sich vor die Brust zu schlagen, und durch die Ähnlichkeit ihres Herzens zogen sie an sich mitverschworne Genossen ihres Stolzes, die Fürsten, die in der Luft herrschen, von denen sie durch magische Kräfte getäuscht wurden, einen Mittler suchend, durch den sie gereinigt würden und der doch nicht da war. Denn der Satan war es, der sich verstellte zum Engel des Lichts. Und vielfach verlockte er das übermütige Fleisch, da er selbst in einem Fleischleibe stak. Sie waren sterblich und Sünder; du aber, o Herr, den sie übermütig zu versöhnen suchten, bist unsterblich und ohne Fehl. Der Mittler aber zwischen Gott und Menschen mußte etwas Gottähnliches und etwas den Menschen Ähnliches haben, damit er nicht in beiden den Menschen ähnlich, fern von Gott sei oder in beiden Gott ähnlich, fern sei von Menschen und somit kein Mittler sei. Der betrügerische Mittler, durch den, nach deinem geheimen Gericht, der Stolz getäuscht zu werden verdient, hat mit den Menschen eins gemein, nämlich die Sünde; ein anderes will er sich den Schein geben, mit Gott gemein zu haben, indem er, weil er nicht in sterbliches Fleisch eingehüllt ist, prahlt, als sei er unsterblich. Aber da der Tod der Sünde Sold, so hat er das mit den Menschen gemein, wofür er mit ihnen zum Tode verdammt wird.

Dreiundvierzigstes Kapitel

Der wahre Mittler aber, den du nach deinem geheimen Erbarmen den Niedrigen gezeigt und gesendet hast, damit durch sein Beispiel sie die Demut selbst lernten, der Mittler zwischen Gott und den Menschen, Jesus Christus, hat unter Sterblichen und Sündern sich als unsterblich und gerecht geoffenbaret; ein sterblicher wie die Menschen, ein gerechter wie Gott, damit er, weil der Gerechtigkeit Sold Leben und Friede ist, durch die ihn mit Gott verbindende Gerechtigkeit den Tod der gerechtfertigten Gottlosen vernichtete, welchen Tod er mit diesen gemein haben wollte. So ist er gezeigt worden den Heiligen des Alten Testaments, damit sie durch den Glauben an sein zukünftiges Leiden sowie wir durch den Glauben an sein geschehenes Leiden gerettet würden. Denn soweit er Mensch ist, soweit ist er Mittler; soweit er das Wort ist, steht er nicht nur in der Mitte, denn er ist Gott gleich, und Gott bei Gott und zugleich der einige Gott.

Wie hast du uns geliebt, guter Vater, der du deines eigenen Sohnes nicht hast verschonet, sondern hast ihn für uns Sünder dahingegeben. Wie hast du geliebt uns, für die er es nicht für einen Raub hielt, Gott gleich sein und gehorsam ward bis zum Tode am Kreuz; jener eine, der unter den Toten frei war, der da Macht hatte, sein Leben zu lassen, und Macht hatte, es wieder zu nehmen; für uns dir ein Priester und Opfer und darum Priester, weil Opfer; machend dir uns aus Sklaven zu Kindern, aus dir geboren, uns dienend! Mit Recht habe ich in ihm eine starke Hoffnung, der du heilest alle meine Gebrechen durch den, welcher ist zur Rechten Gottes und vertritt uns; sonst müßte ich verzweifeln. Viel und groß zwar sind meine Gebrechen, viel und groß, aber größer noch deine Arznei. Wir könnten glauben, dein Wort sei ferne von der Verbindung mit Menschen, und an uns verzweifeln, wenn er nicht Fleisch geworden wäre und unter uns gewohnt hätte.

Von meinen Sünden geschreckt und von der Last meines Elends bewegte ich es in meinem Herzen, dachte darüber nach und floh in die Einsamkeit; aber du hieltest mich auf und befestigtest mich mit den Worten: Darum ist Christus für alle gestorben, auf daß die, so da leben, hinfort ihnen nicht selbst leben, sondern dem, der für sie gestorben ist. Siehe, Herr, auf dich werfe ich meine Sorge, auf daß ich lebe und sehe die Wunden an deinem Gesetz. Du weißt meine Unerfahrenheit und meine Schwäche: lehre mich und heile mich. Er selbst, dein einiger Sohn, in welchem verborgen liegen alle Schätze der Weisheit und der Erkenntnis, kaufte mich los durch sein Blut. Nicht sollen mich schmähen die Stolzen, denn ich gedenke des Kaufpreises und esse und trinke und gebe aus; und ich Armer suche Sättigung von ihm, unter denen, die essen und satt werden und preisen Gott, die nach ihm fragen.

Elftes Buch

Erstes Kapitel

Bist du, o Herr, da die Ewigkeit dein ist, wohl unkundig denen, das ich dir sage, oder siehst du erst zur Zeit, was in der Zeit geschieht? Warum erzähle ich dir erst so vieles? Sicherlich nicht, daß du sie durch mich erführst, sondern ich erhebe mein Herz zu dir und die Herzen meiner Leser, auf daß wir alle sprechen: »Der Herr ist groß und hoch zu loben.« Ich habe es gesagt und werde es nochmals sagen: »Aus Liebe zu deiner Liebe tue ich es.« Denn wir beten ja auch zu dir, obwohl die Wahrheit sagt: »Euer Vater weiß, was ihr bedürfet, ehe denn ihr ihn bittet.« Um unsere Hingebung dir kundzutun, bekennen wir dir unser Elend und deine Barmherzigkeit über uns, auf daß du uns gänzlich befreitest, wie du es begonnen hattest, damit wir aufhörten, in uns elend zu sein und selig wären in dir; denn du hast uns berufen, daß wir geistlich arm seien, sanftmütig, Leid tragen und hungern und dürsten nach der Gerechtigkeit, barmherzig, reinen Herzens, friedfertig. Siehe, vieles habe ich dir nach bestem Wissen und Wollen erzählt; denn du wolltest es zuerst, daß ich dir mein Gott und Herr bekennete, denn du bist freundlich und deine Güte währet ewiglich.

Zweites Kapitel

Wann aber werde ich dem Bedürfnis Genüge leisten können, durch die Sprache der Feder alle deine Mahnungen, alle deine Schrecknisse, allen Trost und Führungen mitzuteilen, durch die du mich dazu bewogen hast, dein Wort zu verkündigen und dein Sakrament deinem Volke zu spenden? Und wenn ich wirklich imstande wäre, es der Reihe nach mitzuteilen, so sind mir doch die wenigen Augenblicke zu kostbar. Längst entbrenne ich, über dein Gesetz Betrachtungen anzustellen und dir darin meine Kenntnis und Unkenntnis, die Anfänge deiner Erleuchtung und den Rest meiner Finsternis zu bekennen, bis die Schwäche von der Stärke verzehrt wird. Ich will nicht, daß die Stunden, die mir zu Gebote stehen und frei sind von der Sorge der Erholung und der Anstrengung des Geistes und den Diensten, welche wir unsern Nebenmenschen schulden, und denen, welche wir, auch ohne sie schuldig zu sein, doch leisten, mit einer etwas andern Beschäftigung verfließen. Herr, mein Gott, merke auf mein Flehen und deine Barmherzigkeit erhöre mein Sehnen; denn nicht allein für mich erglüht es, sondern der Bruderliebe will sie dienen, und du erkennest, daß es mein Herz so meint. Gern weihte ich dir den Dienst meines Denkens und meiner Zunge, gib, was ich dir darbringen will. Denn ich bin elend und arm, du bist reich über alle, die dich anrufen, der du fern von Sorgen für uns sorgst. Beschneide von aller Vermessenheit und Lüge die Lippen meines Mundes und meines Herzens. Möge deine Schrift meine keusche Wonne sein, auf daß ich mich nicht irre noch andere irreleite; Herr, höre mich und erbarme dich, Herr, mein Gott, du Licht der Blinden und Kraft der

Schwachen und dem sogleich Licht der Sehenden und Kraft der Starken, merke auf meine Seele und höre die Stimme des Rufenden aus der Tiefe. Denn wäre dein Ohr nicht auch in der Tiefe, wohin sollten wir dann gehen, wohin sollten wir nach dir rufen? Tag und Nacht sind dein, auf deinen Wink fliegen Augenblicke vorüber. Gewähre mir aus ihnen die Zeit, mit meinen Gedanken in die Geheimnisse deines Gesetzes einzudringen, und verschließe es denen nicht, die anklopfen. Du hast nicht gewollt, daß die dunkeln Geheimnisse so vieler Seiten umsonst geschrieben würden, oder haben nicht auch jene Wälder ihre Hirsche, die sich zurückziehen, ruhen, umherstreifen und weiden, sich niederlegen und wiederkäuen? O Herr, vollende mich, enthülle mir sie. Siehe, deine Stimme ist meine Freude, deine Stimme ist mir mehr als alle Wonne der Lust. Gib mir, was ich liebe; denn ich liebe; und du hast mir dies gegeben. Gib nicht dafür deine Gaben und verachte nicht dein dürstendes Kräutlein. ich will dir alles bekennen, was ich in deinen Büchern finden werde und ich will hören die Stimme des Dankes und will dich schlürfen und betrachten die Wunder an deinem Gesetze, von dem Anfange, wo du Himmel und Erde schufest bis dahin, wo wir in deiner heiligen Stadt ewiglich mit dir herrschen werden.

Herr, erbarme dich meiner und erhöre mein sehnendes Flehen. Denn ich glaube, es verlangt nicht nach dem, was von dieser Welt, nicht nach Gold und Silber und Edelgestein und Kleiderschmuck, nicht nach Ehre und Macht und fleischlichen Genüssen, nicht nach den Bedürfnissen des Leibes und Lebens unserer irdischen Pilgerfahrt, das uns alles zufallen wird, wenn wir nach dem Reiche Gottes und nach seiner Gerechtigkeit trachten. Siehe, Herr, mein Gott, woher mein Verlangen stammt. Die Stolzen graben mir Gruben, die nicht sind nach deinem Gesetze, O Herr. Siehe also, woher mein Verlangen stammt. Siehe, o Vater, und schaue auf mich, siehe es an und billige es, Gnade möge ich finden im Angesicht deiner Barmherzigkeit, daß uns eröffnet werden die inneren Tiefen deiner Worte, wenn ich sie betreten will. Ich flehe dich an im Namen unseres Herrn Jesu Christi, deines Sohnes, des Mannes deiner Rechten, des Menschensohnes, den du zum Mittler zwischen dir und uns gemacht hast; durch den du uns aufgesucht hast, als wir dich noch nicht suchten, durch den du uns aber aufsuchtest, auf daß wir dich suchten. Dein Wort, durch das du alles geschaffen hast und mich auch darunter; deinen Eingeborenen, durch den du berufen hast das Volk deiner Gläubigen zur Kindschaft, wozu auch ich gehöre, durch dies flehe dich ich an, der zur Rechten Gottes sitzt und uns vertritt; in welchem verborgen liegen alle Schätze der Weisheit und der Erkenntnis. Diese suche ich in deiner Schrift. Moses hat von Ihm geschrieben, das sagt er selbst, das sagt die Wahrheit.

Drittes Kapitel

Hören will ich und verstehen, wie du im Anfang Himmel und Erde geschaffen hast. Dies schrieb Moses, er schrieb es und ging hinweg und ging von dir zu dir, dann jetzt ist er nicht mehr vor mir. Wäre er noch hier, dann würde ich ihn halten und ihn bitten und bei dir beschwören, daß er mir dieses enthüllte; und ich würde das Ohr meines Leibes den Worten leihen, die aus seinem Munde hervorströmten. Redete er in hebräischer Sprache, so würde es vergebens zu meinem Sinn dringen, und nichts davon würde meinen Geist berühren; spräche er aber lateinisch, dann würde ich seine Worte verstehen. Woher aber sollte ich wissen, ob er auch die Wahrheit spräche? Wüßte ich auch dieses, würde ich es von ihm wissen? In meinem Innern, innen in der Wohnstätte der Gedanken würde keine hebräische, keine griechische, keine lateinische, keine fremde Sprache mir ohne die Werkzeuge der Zunge und des Mundes, ohne den Klang der Silben mir sagen – »Er redet die Wahrheit«. und ich würde dann gewiß sogleich vertrauensvoll zu jenem Manne sagen: »Du sprichst die Wahrheit« Da ich ihn nun nicht fragen kann, so bitte ich dich, dich, von dem er erfüllt die Wahrheit sagte, dich mein Gott, dich bitte ich, schone meiner Sünden, und du, der du jenem deinem Knechte verliehen hast, so zu reden, gib auch mir solche Erkenntnis.

Viertes Kapitel

Siehe Himmel und Erde sie sind: sie sagen, daß sie geschaffen sind; denn sie verändern und verwandeln sich. Was aber nicht geschaffen ist Und doch ist, an dem ist nichts, was vorher nicht war, was verwandelt und verändert werden konnte. Sie sagen aber ferner auch, daß sie sich nicht selbst geschaffen haben: Wir sind deshalb, weil wir geschaffen worden sind; bevor wir da waren, waren wir nicht, so daß wir nicht von uns selbst geschaffen werden konnten. Und die Stimme derer, die dies sagen, ist der Beweis selbst. Du, o Herr, hast sie geschaffen, der du schön bist, denn sie sind schön; der du gut bist, denn sie sind gut; der du bist, denn sie sind. Nicht aber sind sie so schön, nicht aber sie so gut wie du, ihr Schöpfer; mit dir verglichen sind sie nicht schön, nicht gut, sind sie überhaupt nicht. Wir wissen dies und danken dir. Und unser Wissen mit deinem Wissen verglichen ist Nichtwissen.

Fünftes Kapitel

Wie aber hast du Himmel und Erde geschaffen und welches war das Werkzeug deines so großen Werkes? Denn nicht wie ein menschlicher Künstler bildest du aus dem Einen etwas anderes, nach dem Gutdünken des Geistes, wenn er dem, was ihm in dem Geiste vorschwebt, Gestalt zu geben sucht. Und das vermag er doch auch nur, weil du ihn geschaffen hast. Er gibt dem vorhandenen Stoffe, der Erde, dem Stein, dem Holz, dem Gold oder irgendeiner andern Art Gestalt. Woher aber hätten diese Stoffe die Fähigkeit, wenn du sie nicht dazu bestimmt hättest? Du schufst dem Künstler den Leib, du schufst ihm den Geist, der den Gliedern gebietet, du schufst ihm den Stoff zu seiner Arbeit, das Talent, wodurch er die Kunst erfaßt und innerlich schaut, was er äußerlich darstellen soll; du schufst ihm den Sinn für die Verhältnisse des Körpers, durch dessen Vermittlung er das, was er schafft, aus seines Geistes Tiefe auf den Stoff überträgt und der dem Geiste wiederum mitteilt, was geschehen ist, damit er die Wahrheit als entscheidende Richterin frage, ob es gut sei. Alles dies preist dich als den Schöpfer aller Dinge; aber wie schufst du sie? Wie schufst du, O Gott, Himmel und Erde? Du schufst nicht Himmel und Erde im Himmel und auf Erden noch in der Luft und im Gewässer, denn das gehört mit zum Himmel und der Erde, noch hast du das Weltall im Weltall geschaffen, denn es gab ja nichts, wo es hätte geschaffen werden können, bevor es geschaffen wurde, daß es war. Nichts hieltest du in der Hand, damit du hättest Himmel und Erde schaffen können, denn woher hättest du gehabt, was du nicht geschaffen hattest? Was gibt es denn, was du nicht bist? Deshalb hast du gesprochen und es ist geworden und in deinem Worte hast du es gemacht.

Sechstes Kapitel

Aber wie hast du gesprochen? Auf jene Weise vielleicht wie die Stimme aus den Wolken, die da sprach: Dies ist mein Sohn? Jene Stimme ertönte und vertönte, begann und endete. Die Silben erklangen und verklangen, die zweite folgte der ersten, die dritte der zweiten und so der Reihe nach bis zur letzten, Und nach der letzten trat Stillschweigen ein. Deshalb ist es klar und deutlich, daß sie von einer zeitlichen Bewegung, von einer Kreatur stammen mußte, die deinem ewigen Willen diente. Und diese deine für den Augenblick geschaffenen Worte verkündete das äußere Ohr dem vernünftigen Geiste, dessen inneres Ohr dein ewiges Wort erkennt. Er aber verglich diese in der Zeit verschollenen Worte mit deinem ewigen in Stillschweigen gehüllten Worte und sprach: Es ist anders, ganz anders. Diese sind mir nicht ebenbürtig, sie sind überhaupt nicht, weil sie dahinfließen und vorübergehen. Das Wort meines Herrn aber über mir bleibet in Ewigkeit. Hättest du also mit erklingenden und verklingenden Worten gesagt: »Es werde Himmel und Erde«, und hättest du auf diese Weise Himmel und Erde erschaffen, dann wäre bereits vor Himmel und Erde eine Körperwelt vorhanden gewesen, durch deren zeitliche Bewegung zeitlich jene Stimme entsprang.

Vor Himmel und Erde aber war nichts Körperliches vorhanden, oder wenn es vorhanden war, so war es sicherlich ohne diese vorübergehende Stimme von dir geschaffen, damit du daraus eine flüchtige Stimme hervorbrächtest, mit der du sagen könntest: Es werde Himmel und Erde. Was es auch immer war, woraus du eine solche Stimme hervorgehen ließest, wäre es nicht von dir geschaffen, so könnte es überhaupt nicht sein. Mit welchem Wort sprachst du also, daß ein Körper entstände, aus dem solche Worte hervorgingen?

Siebentes Kapitel

O Gott, du rufst uns zur Erkenntnis des Wortes, das Gott ist bei dir, das von Ewigkeit gesprochen und durch das alle Dinge ewig gesprochen werden; dein Wort endet nicht und wird kein anderes gesprochen, damit das Ganze ausgesprochen werde, sondern es wird damit alles zugleich und von Ewigkeit her ausgesprochen; sonst wäre ja dort Wechsel und Zeit und keine wahre Ewigkeit noch wahre Unsterblichkeit. Dies erkenne ich, mein Gott, und danke dir dafür. Ich erkenne es, bekenne es dir, o Herr, und mit mir erkennt es und preist dich ein jeder, der gegen die gewisse Wahrheit nicht undankbar ist. Wir erkennen, Herr, wir erkennen, daß insofern etwas nicht mehr ist, was es früher war, und etwas ist, was es früher nicht war, es insoweit vergeht und entsteht. Deshalb findet sich in deinem Worte kein Vergang noch ein Fortgang, weil es wahrhaft unsterblich und reich ist. Du sprichst mit deinem Wort, das gleich dir ewig ist, zugleich und ewig alles, was du aussprichst, und alles, was du sagst, daß es werde, wird und nicht anders als durch dein Wort schaffst du und doch nicht zugleich und ewig werden alle Dinge, die du durch dein Wort schaffst.

Achtes Kapitel

Warum nur dies? frage ich dich, mein Gott und Herr: Ich erkenne wohl dies einigermaßen und doch weiß ich nicht, wie ich es anders sagen soll, als etwa so, daß aller Dasein anfängt und aufhört, dann zu sein anfängt und dann aufhört, wenn die ewige Vernunft, in der weder Anfang noch Ende ist, erkennt, daß es anfangen und enden soll. Dies aber ist dein Wort, welches auch der Anfang ist, weil es auch zu uns redet. So spricht es Fleisch geworden im Evangelium und es drang von außen zu den Ohren der Menschen, damit es Glauben finde und innerlich im verborgenen gesucht und in der ewigen Wahrheit gefunden würde, wo es als gütiger und alleiniger Lehrer alle Jünger unterweist. Wer uns aber nicht unterweist, wenn er redet, der redet nicht zu uns. Wer lehrt uns nun aber, wenn nicht die unvergängliche Weisheit? Denn wenn wir auch durch die dem Wandel unterworfene Kreatur ermahnt werden, so werden wir doch zur unwandelbaren Wahrheit geleitet, wo wir wahrhaftig lernen, wenn wir darin bestehen und ihn hören und uns hoch erfreuen an der Stimme des Bräutigams, indem wir uns dem zurückgeben, von dem wir das Dasein haben. Deshalb ist sie der Anfang, weil, wenn sie nicht unwandelbar wäre, wir im Falle des Irrtums zu ihr zurückkehren könnten. Wenn wir aber vom Irrtum zurückkehren, so geschieht es durch die Erkenntnis der Wahrheit, damit wir diese aber erkennen, lehrt sie uns, denn sie ist der Anfang und redet mit uns.

Neuntes Kapitel

In diesem Anfange schufst du, Gott, Himmel und Erde, in deinem Worte, in deinem Sohne, in deiner Kraft, in deiner

Weisheit, in deiner Wahrheit, in wunderbarer Weise sprechend und auf wunderbare Weise schaffend. Wer wird es begreifen, wer wird es erzählen? Was ist das, was mir entgegenschimmert und mein Herz erschüttert, ohne es zu verletzten? Ich werde von Schauer ergriffen und ich erbebe vor Wonne, erschaudere, insoweit ich ihm unähnlich, und erglühe, insoweit ich ihm unähnlich bin. Die Weisheit, ja, die Weisheit selbst ist es, deren Strahlen mir entgegenleuchten und die den Nebel meiner Dunkelheit zerreißen, der mich wieder umhüllt, wenn ich mich von ihr mit Finsternis bedeckt und unter der Last meines Elends von ihr abwende; denn mein Leben hat so abgenommen an Kraft vor Betrübnis, daß ich selbst das Gute an mir nicht ertragen kann, bis du, o Herr, mir alle meine Sünde vergibst und heilest alle meine Gebrechen; der du mein Leben vom Verderben erlösest und mich krönest mit Gnade und Barmherzigkeit und mein Verlangen mit Gütern erfüllest, daß ich jung werde wie ein Adler. Denn wir sind nicht selig, doch in Hoffnung und deine Verheißung erwarten wir mit Geduld. Höre, was da kam auf die Stimme, die in unseren Herzen spricht; ich aber will zuversichtlich mit deines Propheten Worten rufen: Herr, wie sind deine Werke so groß und viel, du hast sie alle weislich geordnet. Sie ist der Anfang und in diesem Anfang schufest du Himmel und Erde.

Zehntes Kapitel

Sind nun jene nicht noch ganz erfüllt von ihren alten Irrtümern, die zu uns sagen: Was tat denn Gott, ehe er Himmel und Erde schuf? Wenn er bis dahin ruhete, sagen sie, und weiter nichts tat, warum war er so nicht immer und in der Folge, worin er auch vorher verblieben war. Wenn in Gott irgendeine neue Bewegung entstand und ein neuer Wille, um einem Geschöpfe das Dasein zu geben, das er zuvor noch nicht geschaffen hatte, ist denn das eine wahre Ewigkeit, in der ein Wille entsteht, der vorher noch nicht vorhanden war? Denn der Wille Gottes ist ja nicht ein Geschöpf, sondern er ist vor aller Kreatur, weil nichts geschaffen werden konnte, wenn nicht der Wille des Schöpfers vorhanden wäre; der Wille Gottes gehört also zum Wesen Gottes selbst. Wenn also etwas in Gottes Wesen entstand, was vorher nicht war, so könnte man jenes Wesen nicht mit Wahrheit ewig nennen, wenn aber der Wille Gottes, daß es eine Kreatur gebe, ewig war, warum soll denn nicht auch die Kreatur ewig sein?

Elftes Kapitel

Die, welche so reden, erkennen dich noch nicht, du Weisheit Gottes, Licht des Geistes; sie erkennen nicht, wie das geschieht, was durch dich und in dir geschieht, sie erdreisten sich, das Ewige verstehen zu wollen, aber ihr Herz flattert noch in den vergangenen und zukünftigen Bewegungen der Dinge und ist noch voll Eitelkeit. Wer wird es festhalten und zum Stillstand bewegen, damit es nur ein wenig den Glanz der immer stetigen Ewigkeit erfasse und ihn vergleiche mit der nie stetigen Zeit; und erkenne, daß sie unvergleichbar seien, und sehe, daß eine lange Zeit nicht lang werde als nur durch viele vorübergehende Augenblicke, die nicht zugleich verfließen können; daß aber in der Ewigkeit nichts vorübergehe, sondern in ihr alles stets gegenwärtig sei; dagegen keine Zeit ganz gegenwärtig sei; daß er sehe, wie alle Vergangenheit von der Zukunft verdrängt werde und alle Zukunft der Vergangenheit folge und alle Vergangenheit und Zukunft von der ewigen Gegenwart erschaffen werde und ausgehe? Wer wird. das Herz des Menschen festhalten, daß es stehe und in der Gegenwart fußend erkenne, wie es festgegründete, zukünftige und vergangene Zeiten bestimme, wie aber die Ewigkeit weder zukünftig noch vergangen ist. Vermag etwa meine Hand dieses, oder kann die Hand meines Mundes durch Worte ein so großes Werk vollbringen?

Zwölftes Kapitel

Siehe ich antworte dem, der da fragt: Was tat Gott, bevor er Himmel und Erde schuf? Ich gebe ihm nicht die Antwort, die einst jemand scherzweise gegeben haben soll, um der Schwierigkeit dieser Frage zu entgehen: »Er bereitet denen, die sich vermessen, jene hohen Geheimnisse zu ergründen, Höllen.« Etwas anderes ist »wissen« als »witzeln«, darum möchte ich diese Antwort nicht geben, lieber hätte ich geantwortet: Ich weiß nicht, was ich nicht weiß, als eine Antwort zu geben, die den zum Spott macht, der so Hohes erfragt, um dem nichtigen Spötter Lob einzubringen. Aber ich nenne dich, unsern Gott, den Schöpfer der ganzen Schöpfung. Und wenn man unter dem Namen Himmel und Erde die ganze Schöpfung versteht, so sage ich kühn: »Bevor Gott Himmel und Erde schuf, tat er nichts.« Denn wenn er schaffte, was war's anders als ein Geschöpf? Wenn ich doch das, was ich zu meinem Nutzen zu wissen wünschte, so gut wüßte, wie ich weiß, daß kein Geschöpf geschaffen wurde, bevor eine Schöpfung stattfand. Wenn aber irgend jemandes schwärmerischer Sinn sich mit seiner Phantasie in vergangene Zeiten verliert und sich wundert, daß du, allmächtiger, alles erschaffender und alles erhaltender Gott, der Baumeister von Himmel und Erde, vor der Erschaffung dieses so großen Werkes unzählige Jahrhunderte geruht hast, ehe du es schufest, so möge er sich fassen und bedenken, daß er sich über Falsches wundere. Dem wie konnten unzählige Jahrhunderte vergehen, die du nicht geschaffen hättest, wenn du aller Jahrhunderte Urheber und Schöpfer bist? oder wie hätte Zeit sein können, die du nicht geschaffen hättest, und wie konnte sie vorübergehen, wem sie niemals war? Wenn du also der Schöpfer der Zeiten bist, und wenn es eine Zeit gab, bevor du Himmel und Erde erschufst, wie kann man dann sagen, du habest damals nicht gewirkt? Denn gerade diese Zeit ist es, die du geschaffen hattest, und es konnten keine Zeiten vorübergehen, bevor du die Zeit erschufst. Wenn es also vor Himmel und Erde keine Zeit gab, wie kann man dann fragen, was du damals machtest? Denn es war kein Damals, wo noch keine Zeit war.

Dreizehntes Kapitel

Du gehst nicht in der Zeit den Zeiten voran, sonst könntest du nicht aller Zeit vorausgehen. Aber du gehst in der Erhabenheit der stets gegenwärtigen Ewigkeit aller Vergangenheit voran und bist über alle Zukunft erhaben, weil sie eben zukünftig ist, und wenn sie einmal kommt, ist sie auch schon vergangen; du aber bleibst, wie du bist und deine Jahre nehmen kein Ende. Deine Jahre gehen weder, noch kommen sie; unsere irdischen Jahre gehen und kommen, so daß sie endlich alle kommen. Alle deine Jahre sind ein ewiges Heute, weil sie unbeweglich bestehen; und da sie nicht dahingehen, werden sie von den kommenden nicht verdrängt, weil sie nicht vorübergehen; aber unsere irdischen Jahre werden erst dahin sein, wenn sie einmal alle dahin sind. Dein Heute ist die Ewigkeit; deshalb zeugtest du den Gleichewigen, zu dem du sagtest: Heute habe ich dich gezeuget. Alle Zeiten schufst du und vor allen Zeiten bist du und nie gab's eine Zeit, wo keine Zeit war.

Vierzehntes Kapitel

Niemals also hat es eine Zeit gegeben, wo du nicht schon etwas geschaffen hattest, weil du ja die Zeit selbst geschaffen hast. Und keine Zeit ist ewig wie du, weil du immerdar derselbe bleibst. Wenn sie aber bliebe und nicht verginge, dann wäre sie keine Zeit. Denn was ist die Zeit? Wer vermöchte dies leicht und in Kürze auseinanderzusetzen. Wer kann nun darüber etwas je sprechen, es auch nur in Gedanken umfassen? Und doch erwähnen wir nichts so häufig und nichts ist als so selbstverständlich als die Zeit. Und wir verstehen es allerdings irgendwie, wenn wir davon sprechen, noch verkennen wir es, wenn wir eine andere von ihr reden hören. Was ist also die Zeit? Wenn mich niemand darnach fragt, weiß ich es, wenn ich es aber einem, der mich fragt, erklären sollte, weiß ich es nicht; mit Zuversicht jedoch kann ich wenigstens sagen, daß ich weiß, daß, wenn nichts verginge, es keine vergangene Zeit gäbe, und wem nichts vorüberginge, es keine zukünftige Zeit gäbe. jene beiden Zeiten also, Vergangenheit und Zukunft, wie kann man sagen, daß sie sind, wenn die Vergangenheit schon nicht mehr ist und die Zukunft noch nicht ist? Wenn dagegen die Gegenwart immer gegenwärtig wäre und nicht in die Vergangenheit Übergänge, so wäre sie nicht mehr Zeit, sondern Ewigkeit. Wem also die Gegenwart nur darum zur Zeit wird, weil sie in die Vergangenheit übergeht, wie können wir da sagen, daß sie ist und wenn sie deshalb ist, weil sie sofort nicht mehr ist; so daß wir insofern in Wahrheit nur sagen könnten, daß sie eine Zeit ist, weil sie dem Nichtsein zustrebt?

Fünfzehntes Kapitel

Und doch sagen wir, das ist eine lange, jenes eine kurze Zeit; dies können wir aber nur von der Vergangenheit sagen und der Zukunft. Die vergangene Zeit, z. B. vor hundert Jahren, nennen wir lange, ebenso nennen wir in der Zukunft die Zeit nach hundert Jahren. Die Vergangenheit von zehn Tagen nennen wir, meiner Meinung nach, kurz, sowie wir die zukünftige Zeit nach zehn Tagen kurz nennen. Wie aber kann nun lang oder kurz sein, was gar nicht ist? Denn die Vergangenheit ist nicht mehr und die ‚Zukunft ist noch nicht. Wir sollten daher von der Vergangenheit nicht sagen: »Sie war lang!« und von der Zukunft: »Sie wird lang sein.« O mein Gott und Herr, mein Licht, spottet nicht auch hier deine Wahrheit der Menschen? Denn wie war die vergangene Zeit lang, war sie lang, als sie bereits vergangen war oder als sie noch gegenwärtig war, Denn dann nur konnte sie lang sein, als sie überhaupt etwas war, was lang sein konnte; als Vergangenheit aber war sie nicht mehr; deshalb konnte sie auch nicht lang sein, wie sie überhaupt nicht war. Wir dürfen also eigentlich nicht sagen: »Die vergangene Zeit war lang«, denn wir werden nichts an ihr finden, was lang gewesen wäre, da es, seitdem es vergangen ist, nicht mehr ist; sondern wir müssen sagen: »jene gegenwärtige Zeit war lang«, weil sie nur, während sie Gegenwart war, lang war. Denn noch war sie nicht zum Nichtsein übergegangen, und deshalb war sie etwas, was lang sein konnte. Sobald sie aber vergangen war, hörte sie zugleich auch auf, lang zu sein, da sie zu sein über-haupt aufgehört hat.

Laß uns sehen, o Menschenseele, ob die Gegenwart lang sein könne; denn dir ist's gegeben, die Dauer der Zeit wahrzu-nehmen und zu berechnen. Was ist deine Antwort darauf? Sind hundert Jahre der Gegenwart eine lange Zeit? Sich zuerst, ob hundert Jahre überhaupt gegenwärtig sein können. Wenn das erste Jahr vergeht, so ist dies nur gegenwärtig, neunundneunzig Jahre aber sind noch zukünftig und deshalb noch gar nicht; während nun das zweite Jahr vergeht, ist bereits eins vergangen, das andere gegenwärtig, die übrigen aber noch zukünftig. Und wenn wir so ein beliebiges Jahr aus der Mitte dieser hundert als gegenwärtig setzen, so haben wir vor ihm vergangene und nach ihm zukünftige; folglich können hundert Jahre nicht gegen-wärtig sein. Nun siehe, ob nicht wenigstens das eine Jahr, das verläuft, gegenwärtig ist. Während der erste Monat desselben verläuft, sind die andern zukünftig, verläuft der zweite, so ist der erste bereits wieder vergangen und die übrigen sind noch zukünftig. Folglich gehört auch das Jahr, das vergeht, nicht ganz der Gegenwart an, und ist es nicht in seinem ganzen Umfange gegenwärtig, so ist es überhaupt nicht gegenwärtig. Denn das Jahr hat zwölf Monate, von denen jedesmal der ablaufende Monat gegenwärtig ist, die übrigen aber gehören entweder der Vergangenheit oder der Zukunft an. Nun ist aber freilich auch nicht einmal der ablaufende Monat ganz gegenwärtig, sondern nur ein Tag davon; ist's der erste, so sind die übrigen noch kommende, ist's der letzte, so sind die übrigen vergangene; ist's irgendeiner aus der Mitte, so läuft er ab zwischen vergangenen und zukünftigen Tagen.

So ist die gegenwärtige Zeit, die allein, wie wir fanden, lang genannt werden kann, kaum auf den Raum eines Tages beschränkt. Aber laßt uns auch diese noch zerlegen, da auch nicht ein Tag ganz gegenwärtig ist. Er wird von vierundzwanzig Stunden des Tages und der Nacht ausgefüllt, von denen die erste die übrigen als zukünftig vor sich hat; die letzte sie als vergangen nach sich; eine jede in der Mitte hat vergangene vor sich und zukünftige nach sich. Und selbst die eine Stunde verläuft in flüchtigen Augenblicken; was von ihr schon enteilte, ist vergangen, und was noch übrig ist, zukünftig. Könnte man sich irgendeine Zeit denken, die sich nicht mehr, auch nicht in die kleinsten Teilchen zerteilen läßt, so könnte diese allein gegenwärtig genannt werden. Und doch würde auch diese so schnell von der Zukunft in die Vergangenheit hinübereilen, daß sie auch nicht die geringste Dauer aufweisen könnte. Denn wenn es der Fall wäre, so würde es in Vergangenheit und Zukunft zu teilen sein; für die Gegenwart bliebe kein Raum. Wo ist also eine Zeit, die wir lang nennen könnten? Etwa die Zukunft? Wir können nicht sagen von ihr: »Sie ist lang«, weil ja noch gar nichts vorhanden ist, was lang sein könnte; wir sagen vielmehr: »Sie wird lang sein.« Wann wird sie es erst nun sein? Denn wenn sie auch dann, wo sie noch Zukunft ist, nicht lang sein kann, weil das, was lang sein soll, noch nicht ist, sie aber ebensowenig lang sein kann, wenn sie aus der Zukunft, die noch nicht ist, allmählich das Dasein gewinnt und zur Gegenwart wird, damit etwas da sei, was lang wäre, da ruft uns bereits die Gegenwart mit obigen Worten zu, daß sie nicht lang sein könne.

Sechzehntes Kapitel

Und doch, Herr, nehmen wir Zeiträume wahr und vergleichen sie miteinander und nennen die einen länger, die andern kürzer. Wir berechnen auch, um wieviel diese Zeit kürzer oder länger ist als jene, und wir sagen, diese ist zwei- oder dreimal so lang als jene, oder sie sind sich gleich. Aber wir messen die Zeiten nur im Vorübergehen, wenn wir sie durch die Wahrnehmung messen. Wer aber kann vergangene Zeiten messen, die nicht mehr sind oder als zukünftige noch nicht sind? Es sei denn, daß jemand zu behaupten wagte, etwas messen zu können, was gar nicht ist. Während also die Zeit vorübergeht, kann man sie wahrnehmen, wenn sie aber vorübergegangen ist, ist es unmöglich, weil sie dann nicht mehr ist.

Siebzehntes Kapitel

Ich forsche, o Vater, und behaupte nicht; mein Gott schütze und regiere mich. Wer dürfte mir sagen, es gäbe nicht drei Zeiten, wie wir als Knaben es gelernt haben und wir wiederum den Knaben es gelehrt haben, Vergangenheit, Gegenwart und Zukunft, sondern nur die Gegenwart, weil jene beiden nicht sind? Oder sind auch diese und tritt etwa jene nur aus der Verborgenheit hervor, wenn aus der Zukunft die Gegenwart wird, und tritt diese etwa nur in die Verborgenheit zurück, wenn aus der Gegenwart die Vergangenheit wird? Denn wie sahen es die, welche das Zukünftige voraussagten, wenn es noch nicht war? Denn was nicht ist, kann nicht gesehen werden. Und die, welche Vergangenes erzählen, würden nichts Wahres erzählen, wenn sie es nicht im Geiste schauten. Wäre es gar nicht, so könnte es überhaupt nicht gesehen werden. Es gibt also eine Zukunft und Vergangenheit.

Achtzehntes Kapitel

Laß mich, Herr, noch weiter fragen, meine Hoffnung, möge mein Bemühen nicht gestört werden. Wenn es also eine Zukunft und Vergangenheit gibt, so möchte ich wissen, wo sie sind. Wenn ich dies auch noch nicht vermag, so weiß ich doch, daß, wo sie auch sein mögen, sie dort nicht Zukunft oder Vergangenheit sind, sondern Gegenwart. Denn wäre die Zeit nicht auch dort noch Zukunft, so wäre sie dort noch nicht, wäre aber dort schon die Vergangenheit vergangen, so wäre sie dort nicht mehr.

Wo immer also etwas ist, so ist es nie in der Gegenwart vorhanden. Wem wir demgemäß Vergangenes der Wahrheit gemäß erzählen, so schöpfen wir zwar nicht die Dinge selbst, die vergangen sind, aus dem Gedächtnis, sondern nur Worte, die den Vorstellungen von Dingen entsprungen sind, die in der Seele gleichsam beim Vorüberziehen dem Geiste Spuren einprägten. So gehört meine Kindheit, die nicht mehr ist, der Vergangenheit an, die nicht mehr ist. Wenn ich ihrer aber gedenke, schaue ich ihr Bild in der Gegenwart, weil es noch in meinem Gedächtnisse ist. Ob nun bei der Verkündigung der Zukunft die Sache sich ähnlich verhält, so daß von Dingen, die noch gar kein Sein haben, die Bilder davon als bereits seiend sich im Geiste spiegeln, ob dem so ist, o mein Gott, ich bekenne, das weiß ich nicht. Das aber weiß ich sicher, daß wir sehr oft über unsere zukünftigen Handlungen im voraus nachdenken und daß diese Vorüberlegung der Gegenwart, die Handlung selbst dagegen, über die wir nachdenken, der Zukunft angehört, weil sie noch nicht ist; sobald wir aber mit der Ausführung jener Handlung, die wir vorüberlegten, begonnen haben, dann gewinnt sie das Sein, weil sie nun nicht mehr zukünftig, sondern gegenwärtig ist.

Wie es sich auch mit dem geheimen Vorgefühl für zukünftige, verhalten mag, was kein Sein besitzt, kann auch nicht gesehen werden. Was aber bereits ist, das ist nicht zukünftig, sondern gegenwärtig. Wenn man also von einem Schauen in die Zukunft redet, so ist dies nicht ein Schauen dessen, was noch nicht ist, sondern was bereits gegenwärtig ist, aus dem das im Geiste Aufgefaßte als zukünftig vorausgesagt wird. Diese Vorstellungen sind bereits da und die, welche dies voraussagen, schauen sie in sich als gegenwärtig. Unter so vielen Dingen möge ein beliebiges Beispiel für mich sprechen. Ich sehe die Morgenröte, ich verkündige den Aufgang der Sonne; was ich sehe, ist gegenwärtig, was ich verkünde, ist zukünftig; die Sonne aber ist in diesem Falle nicht das Zukünftige, denn sie ist bereits da, sondern ihr Aufgang selbst, der noch nicht ist, doch auch den Aufgang könnte ich nicht vorhersehen, wenn ich mir ihn nicht im Geiste vorstellte wie eben jetzt, wo ich dies sage. Indes ist weder jene Morgenröte, die ich am Himmel sehe, der Sonnenaufgang, obgleich sie ihm vorangeht, noch jene seelische Vorstellung; ich sehe aber beide als gegenwärtig, so daß ich jene, die noch zukünftig ist, voraussagen kann. Das Zukünftige ist also noch nicht vorhanden, und was noch nicht ist, ist überhaupt nicht, und was nicht ist, kann man auch gar nicht sehen, sondern nur vorhersagen aus dem Gegenwärtigen, das bereits ist und somit gesehen werden kann.

Neunzehntes Kapitel

Du aber, Herrscher über deine Schöpfung, wie belehrest du die Seele über das, was da zukünftig ist? Denn du hast ja deine Propheten darüber belehrt. Welches ist die Art, wie du, für den es keine Zukunft gibt, die Zukunft lehrst, oder vielmehr bezüglich der Zukunft Gegenwärtiges? Denn was nicht ist, kann ja überhaupt nicht gelehrt werden. Diese Weise ist meiner Fassungskraft nicht gewachsen; solche Erkenntnis ist mir zu wunderlich und zu hoch; ich kann es nicht begreifen; durch dich aber vermag ich es wohl, wenn du es mir verleihest, du süßes Licht meines inneren Auges.

Zwanzigstes Kapitel

Das ist nun wohl klar und einleuchtend, daß weder das Zukünftige noch das Vergangene ist. Eigentlich kann man gar nicht sagen: Es gibt drei Zeiten, die Vergangenheit, Gegenwart und Zukunft, genau würde man vielleicht sagen müssen: Es gibt drei Zeiten, eine Gegenwart in Hinsicht auf die Gegenwart, eine Gegenwart in Hinsicht auf die Vergangenheit und eine Gegenwart in Hinsicht auf die Zukunft. In unserem Geiste sind sie wohl in dieser Dreizahl vorhanden, anderswo aber nehme ich sie nicht wahr. Gegenwärtig ist hinsichtlich des Vergangenen die Erinnerung, gegenwärtig hinsichtlich der Gegenwart die Anschauung und gegenwärtig hinsichtlich der Zukunft die Erwartung. Wenn es uns gestattet ist, so zu sagen, so sehe ich allerdings drei Zeitunterschiede und gestehe, daß es wirklich drei gibt. Man mag auch sagen: Es gibt drei Zeiten, Gegenwart, Vergangenheit und Zukunft, wie es einmal der Mißbrauch der Gewohnheit ist; mag man es sagen, ich kümmere mich nicht darum, ich widerstrebe nicht, ich tadele es nicht; wem man nur versteht, was man sagt, und nicht der Meinung ist, als ob das Zukünftige oder Vergangene jetzt sei. In der Sprache gibt es weniges, was mit dem eigentlichen Ausdruck gesagt werden kann, das meiste uneigentlich, dessenungeachtet erkennt man, was wir wollen.

Einundzwanzigstes Kapitel

Ich habe kurz vorher gesagt, daß wir die Zeit im Vorübergehen messen, so daß wir sagen können, diese Zeit ist im Verhältnis zu jener einfachen Zeit das Doppelte oder diese ist gerade so groß wie jene. Deshalb messen wir, wie ich sagte, die Zeiten, wenn sie vorübergehen. Wenn mir nun jemand sagt: Woher weißt du das? würde ich antworten: Ich weiß es, daß wir sie messen, und daß das, was nicht ist, nicht gemessen werden kann, und daß Vergangenheit und Zukunft nicht sind.

Wie messen wir aber die gegenwärtige Zeit, wenn sie keine Ausdehnung hat? Sie wird gemessen, wenn sie vorübergeht, wenn sie aber bereits vorübergegangen ist, wird sie nicht mehr gemessen, weil dann nichts mehr da ist, was gemessen werden kann. Aber woher, wie und wohin geht sie vorüber, indes sie gemessen wird? Woher, wenn nicht aus der Zukunft, wie, wenn nicht durch die Gegenwart, wohin, wem nicht in die Vergangenheit? Aus dem also, was noch nicht ist, durch das, was keine Dauer hat, zu dem, was nicht mehr ist. Was messen wir aber, wenn nicht die Zeit in irgendeiner Ausdehnung? Denn wenn wir sagen: Das Einfache, das Doppelte, das Dreifache, das Gleiche, so sagen wir das nur von der Zeit in ihrer Ausdehnung und Dauer. In welcher Dauer messen wir also die vorübergehende Zeit? Etwa in der Zukunft, von wo aus sie vorübergeht? Aber was noch nicht ist, messen wir nicht, oder in der Gegenwart, durch die sie vorübergeht? Aber wir können nicht messen, was keine Dauer hat. oder in der Vergangenheit, wohin sie vorübergeht. Aber wir können nicht messen, was nicht mehr ist.

Zweiundzwanzigstes Kapitel

Meine Seele brennt vor Verlangen, diesen rätselhaften Knoten zu lösen. Verschließe nicht, o mein Gott und Herr, gütiger Vater, ich flehe dich an im Namen Jesu Christi, verschließe meinem Verlangen nicht dieses Alltägliche und doch so Geheimnisvolle, auf daß mein Geist in dasselbe eindringe und es durch die Erleuchtung deiner Barmherzigkeit, Herr, erhelle. Wen kann ich, Herr, über diese Dinge befragen? Und wem kann ich mit größerem Nutzen meine Unwissenheit bekennen, als dir, der meinen Eifer nicht tadelt, der mich so in heißem Drange unwiderstehlich zu deiner Schrift hinzieht. Gib, was ich liebe; denn ich hebe und auch dies hast du mir gegeben. Gib, Vater, der du in Wahrheit deinen Kindern gute Gaben zu geben weißt. Gib mir's, denn ich hab's auf mich genommen, zur Erkenntnis zu gelangen, aber es ist mir zu schwer, bis du es mir aufschließest.

Bei Christus beschwör ich dich, im Namen dieses Heiligen der Heiligen, laß niemand mir dabei hinderlich sein. Ich glaubte, deshalb redete ich auch. Das ist meine Hoffnung und ihr lebe ich nach, daß ich schauen darf die Freude des Herrn. Siehe du hast von alters her meine Tage bestimmt und sie fliehen dahin, ich weiß nicht wie. Wir sprechen von Zeit und Zeit, von Zeiten und Zeiten und fragen: Wann hat er das gesagt? Wann hat er das getan? Wie lange habe ich das nicht gesehen? Und dann diese letzteren Silben nehmen doppelte Zeit in Anspruch im Vergleich mit jener einfachen kürzeren. Wir sagen es und hören es und wir verstehen es und werden verstanden. Das ist so klar und gewöhnlich wie etwas und doch auch wiederum so völlig dunkel und die Lösung des Rätsels noch unbekannt.

Dreiundzwanzigstes Kapitel

Ich hörte einstmals von einem gelehrten Manne sagen, die Zeit sei die Bewegung der Sonne, des Mondes und der Gestirne. Ich aber stimmte nicht bei. Denn warum sollten nicht vielmehr die Bewegungen aller Körper die Zeit sein? Oder wenn die Lichter des Himmels feierten und die Scheibe des Töpfers sich nur noch bewegte, gäbe es dann keine Zeit mehr, um die Drehungen dieser Scheibe zu messen, und sagen zu können, daß sie entweder in gleicher Schnelligkeit vollbracht würden, oder wenn die Bewegung vielleicht eine langsamere oder schnellere wäre, daß einige mehr, die andern minder langsam seien? Oder wenn wir dieses sprächen, würden wir nicht auch noch in der Zeit sprechen, oder wären in unsern Worten einige Silben nicht allein deshalb von verschiedener Länge und Kürze, weil sie bald längere, bald kürzere Zeit tönten?

Ich möchte zur Erkenntnis der Bedeutung und des Wesens der Zeit kommen, wodurch wir die Bewegung der Körper messen und zum Beispiel sagen, jene Bewegung sei doppelt so lang als diese. De= ich frage dies, weil wir nicht bloß den Zeitraum Tag nennen, wo die Sonne sich über dem Horizont befindet, danach scheiden wir Tag und Nacht – sondern auch den Zeitraum des ganzen Umlaufes vom Aufgang bis wieder zum Aufgang, demgemäß wir sagen: »So viele Tage sind verflossen«, wir meinen dann die Tage mit den dazugehörigen Nächten und zählen die Nächte nicht besonders; wird nun der Tag durch die Bewegung der Sonne und ihren Kreislauf vom Morgen bis wieder zum Morgen vollendet, so frage ich danach, ob die Bewegung selbst der Tag ist oder ob es der Zeitraum ist, worin sie stattfindet, oder beides zugleich. Denn wäre das erste der Tag, so wäre er also auch Tag, wenn die Sonne ihren Lauf innerhalb einer einzigen Stunde vollendet; wäre es das zweite, so wäre dann kein Tag, wenn es von einem Sonnenaufgang bis zum andern nicht länger als eine Stunde währte, sondern vierundzwanzigmal müßte alsdann die Sonne umlaufen, um einen Tag zu vollenden.

Wäre endlich beides zugleich der Tag, so wäre es weder ein Tag zu nennen, wenn die Sonne ihren Lauf in der Zeit einer Stunde vollendete, noch auch, wenn die Sonne ausbliebe und darüber so viel Zeit verginge, als sie in der Regel braucht zur Vollendung ihres ganzen Umlaufs von einem Morgen zum andern. ich will darum jetzt nicht weiter fragen, was eigentlich ein Tag, sondern was denn die Zeit sei, mittels deren wir den Umlauf der Sonne messen und sagen, er sei um die Hälfte Zeit kürzer als gewöhnlich, wenn er in einem Zeitraume vollendet wäre, in welchem zwölf Stunden ablaufen, und wenn wir beide Zeiten vergleichen, würden wir jene die einfache, diese die doppelte Zeit nennen, wenn die Sonne zuweilen in jener einfachen, zuweilen in jener doppelten Zeit vom Aufgange bis wieder zum Aufgange liefe. Niemand sage mir deshalb, die Bewegung der Himmelskörper sei die Zeit, denn als einst die Sonne auf Eines Wunsch stillstand, damit er eine Schlacht siegreich vollende, stand wohl die Sonne still, die Zeit dagegen ging ihren Lauf, und jene Schlacht wurde geliefert und beendigt in dem Zeitraume, der für sie genügte. Ich sehe also, daß die Zeit eine gewisse Ausdehnung ist. Aber erkenne ich es, oder glaube ich es nur zu erkennen? Du wirst mich es lehren, der du das Licht und die Wahrheit bist.

Vierundzwanzigstes Kapitel

Willst du, daß ich beistimme, wenn jemand sagt, die Zeit sei die Bewegung eines Körpers? Das willst du nicht. Denn jeder Körper bewegt sich, wie ich gehört habe, nur in der Zeit. So sagst du es. Daß aber die Bewegungen eines Körpers die Zeit selber sei, höre ich nicht; du sagst das nicht. Denn wenn sich ein Körper bewegt, so messe ich durch die Zeit, wie lange er sich bewegt von Anfang bis zu Ende der Bewegung. Und sehe ich nicht den Beginn jener Bewegung und fährt er fort, sich zu bewegen, so daß ich das Ende der Bewegung nicht absehe, so bin ich nicht imstande, sie zu messen, als nur etwa von der Zeit an, wo ich sie wahrnahm bis zum Ende meiner Wahrnehmung. Sah ich lange Zeit die Bewegungen, so kann ich mir sagen, die Zeit ist eine lange, nicht aber, wie lang sie ist. Denn wenn wir wirklich eine Bestimmung der Länge angeben, so tun wir das doch nur infolge einer Vergleichung; so wenn wir sagen, diese ist so groß als jene, oder diese ist doppelt so lang im Vergleich zu jener usw. Wenn wir aber den Punkt bezeichnen könnten, woher und wohin ein Körper bei jener Bewegung kommt, so könnten wir auch bestimmen, wieviel Zeit der Körper oder einer seiner Teile braucht, um sich von einem Punkt zum andern zu bringen. Da nun die Bewegung eines Körpers etwas anderes ist als das Maß, mit dem wir ihre Länge messen, wer erkennt nicht, was wir von diesen beiden vielmehr Zeit nennen müssen? Denn wenn auch ein Körper sich verschiedentlich bald bewegt, bald stillsteht, so messen wir doch nicht bloß jene Bewegung, sondern auch die Dauer seines Stillstandes und sagen: Er stand so lange still, als er sich bewegte, oder zwei- oder dreimal so lang war, als sonst er war. Das ist das Resultat unserer Messung, sei es ein genaues oder ungefähres. Es ist also die Zeit etwas anderes als die Bewegung des Körpers.

Fünfundzwanzigstes Kapitel

Ich bekenne es dir, Herr, daß ich immer noch nicht weiß, was die Zeit ist, und wiederum ich bekenne dir, Herr, zu wissen, daß ich dieses in der Zeit sage und daß ich schon lange über die Zeit rede: Wie weiß ich nun dieses, wenn ich doch nicht weiß, was die Zeit selber ist? oder weiß ich vielleicht das nicht auszudrücken, was ich weiß, weh mir, daß ich nicht einmal weiß, was ich nicht weiß? Siehe, mein Gott, ist's offenbar, daß ich nicht lüge, wie ich rede, so ist mein Herz. Du erleuchtest, mein Gott und Herr, meine Leuchte, machst meine Finsternis ficht.

Sechsundzwanzigstes Kapitel

Bekennt dir nicht meine Seele in wahrhaftigem Bekenntnisse, daß ich die Zeiten messe? ja, mein Gott, ich messe sie, und doch weiß ich nicht, was ich messe? Ich messe die Bewegung des Körpers durch die Zeit, und doch messe ich nicht die Zeit selbst? Oder könnte ich die Bewegung eines Körpers messen, wie lang sie ist und in welcher Zeit er von einem Punkte zum andern gelangte, wenn ich nicht die Zeit mäße, in der er sich bewegt? Wodurch messe ich also die Zeit selbst? Messen wir etwa die längere Zeit durch die kürzere, wie wir die Länge eines Balkens durch das Maß eines Fußes messen? Denn so scheinen wir durch das Maß einer kurzen Silbe das Maß einer langen Silbe zu messen und nennen sie doppelt so lang. So messen wir den Umfang von Gedichten durch die Länge der Verse und die Länge der Verse durch die Länge der Füße und die Länge der Füße durch die Länge der Silben und die Länge der langen Silben durch die kurzen: doch nicht wie sie auf dem Papier stehen – denn so messen wir räumliche Ausdehnungen, nicht die Zeit –, sondern wie sie sich ergibt, wenn die Worte beim Aussprechen vorübergehn und wir dann sagen: das Gedicht ist lang, denn es besteht aus soundso vielen Versen, die Verse sind lang, denn sie bestehen aus soundso viel Füßen; die Füße sind lang, denn sie zählen soundso viel Silben; die Silbe ist lang, denn sie hat das Doppelte einer kurzen. Aber auch so wird noch kein sicheres Zeitmaß erreicht, da ja erst auch ein kürzerer Vers, wenn er gedehnter ausgesprochen wird, einen geraumeren Zeitraum hindurch ertönt als ein längerer, wenn er rasch vorgetragen wird. Ebenso verhält es sich mit einem Gedichte, mit einem Fuße, einer Silbe, deshalb scheint es mir, daß die Zeit nichts anderes ist als eine Ausdehnung; aber von was, weiß ich selber nicht; und wunderbar, wenn nicht von dem Geiste selbst. Was messe ich, ich bitte dich, mein Gott, wenn ich unbestimmt sage: »Diese Zeit ist länger als jene«, Oder auch bestimmt-. »Diese ist doppelt so lang als jene?« Ich messe die Zeit, ich weiß es; aber ich messe nicht die zukünftige Zeit, weil sie im Raume keine Ausdehnung; ich messe nicht die vergangene, weil sie nicht mehr ist. Was messe ich also? Etwa die vorübergehende Zeit, aber noch nicht vergangene Zeit. So war es meine Meinung.

Siebenundzwanzigstes Kapitel

Fasse dich, meine Seele, und merke wacker auf; Gott ist unsere Hilfe; er hat uns gemacht, und nicht wir selbst. Merke auf, wo das Morgenrot der Wahrheit aufgeht. Denke dir, ein Körper beginnt mit seiner Stimme zu ertönen, läßt sich hören, sie ertönt und ertönt fort und verhallt; es ist Schweigen eingetreten und jene Stimme ist nicht mehr. Ehe sie ertönte, war sie zukünftig und konnte nicht gemessen werden, weil sie noch nicht war, und nun kann sie es nicht, weil sie nicht mehr ist. Als sie ertönte, war es möglich, denn da war sie in Wirklichkeit vorhanden und konnte gemessen werden. Aber auch damals war sie nicht bleibend; sie kam und ging vorüber. Oder war es deshalb um so eher möglich? Denn vorübergehend dehnte sie sich zu einer gewissen Dauer aus, durch die sie gemessen werden konnte, weil die Gegenwart keinen Raum hat. Wenn es also möglich war, so denke dir, eine andere Stimme ertönt, und sie ertönt noch fort und fort ohne Unterbrechung; laßt sie uns messen, solange sie noch ertönt, denn wem sie zu tönen aufgehört hat, wird sie bereits vorübergegangen sein, und dann ist's nicht mehr möglich, sie zu messen; laßt sie uns also wirklich messen und sagen, welche Dauer sie hat. Aber noch ertönt sie, und doch kann sie nur gemessen werden von ihrem Anfange, wo sie zu ertönen begann, bis zu dem Ende, wo sie aufhörte. Wir messen nämlich den Zwischenraum selbst von irgendeinem Anfange bis zu einem Ende. Daher kann die Stimme, die noch nicht ihr Ende erreicht hat, nicht gemessen werden, daß man sagen könne, wie lang oder wie kurz sie sei; auch läßt sich nicht sagen, sie sei irgendeiner gleich oder im Vergleich zu irgendeiner andern einfach oder doppelt oder etwas Derartiges. Ist sie aber zu Ende, so ist sie überhaupt nicht mehr. Wie wäre es also möglich, sie zu messen? Und doch messen wir die Zeiten; aber weder die, welche noch ist, noch die, welche nicht mehr ist, noch auch die, die sich auf keine Dauer erstreckt, noch auch die, die keine Grenze hat; also weder die zukünftige Zeit, noch die vergangene, noch die gegenwärtige, noch die vorübergehende Zeit messen wir, und dennoch messen wir die Zeit.

»O Gott, du Schöpfer aller Welt«; dieser Vers besteht aus acht abwechselnd kurzen und langen Silben. Vier sind also kurz: die erste, dritte, fünfte und siebente, sie sind einfach im Vergleich zu den vier langen, der zweiten, vierten, sechsten und achten. Diese erfordern im Vergleich zu jenen die doppelte Zeitdauer. Ich spreche sie aus, ich wiederhole sie, und es ist so, soweit wir unserm Sinne darüber Gewißheit verschaffen. Soweit nun die sinnliche Wahrnehmung zuverlässig ist, messe ich die lange Silbe mit der kurzen und mache die Wahrnehmung, daß sie doppelt so lang ist als jene. Aber wenn die eine nach der andern ertönt, wenn die erste kurz, die folgende lang ist, wie kann ich dann die kurze festhalten und sie beim Messen der langen anwenden, um zu finden, daß sie die zweifache Länge von jener hat, da die lange erst zu ertönen beginnt, wenn die kurze bereits aufgehört hat? Auch die lange Silbe selbst messe ich nicht, während sie gegenwärtig ist, sie ist ja erst zu messen, wenn sie beendet ist. Hat sie aufgehört, so ist sie bereits vorübergegangen. Was soll ich da messen? Wo ist denn die kurze Silbe, mit der ich messe, wo die lange, die ich messe? Beide sind erklungen, sind verklungen, vergangen, sind bereits nicht mehr. Und doch messe ich und gebe mit Zuversicht die Antwort, soweit man sich auf ein geübtes Gehör verlassen kann, jene sei das Einfache, diese das Zweifache, nämlich der Zeitdauer nach. Es wäre unmöglich, wenn diese beiden Silben nicht bereits vergangen und beendet wären. Ich messe also nicht sie selbst, die bereits nicht mehr sind, sondern etwas, was sich meinem Gedächtnisse eingeprägt hat.

In dir, mein Geist, messe ich die Zeiten; entgegne mir nicht: Wieso das? Laß dich nicht durch die Menge deiner Vorurteile verwirren. In dir, ich sage es nochmals, messe ich die Zeiten; der Eindruck, den die vorübergehenden Dinge auf dich machen, bleibt auch, wenn sie vorübergegangen sind, und ihn messe ich, wenn ich die Zeiten messe. Es ist also entweder er selbst die Zeit, oder es ist nicht die Zeit, die ich messe. Aber wie, wenn wir nun selbst das Stillschweigen messen und sagen, dieses Schweigen hat ebenso lange gedauert, als jene Stimme anhält? Dehnen wir da nicht unsere Gedanken nach der Dauer der Stimme, als wenn sie noch ertönte, um darnach etwas von der Dauer des Schweigens angeben zu können? Denn wenn auch Stimme und Mund schweigen, lassen wir doch in Gedanken Gedichte, Verse und jegliche Rede an unserem Geiste vorübergehen und geben dann die betreffende Ausdehnung ihres Vorübergangs und das Verhältnis der Zeitdauer des einen zum andern gerade so an, als wenn wir jene Gedichte usw. laut aussprächen. Wenn irgend jemand einen etwas längeren Laut von sich gäbe und im voraus dessen Länge bestimmte, so bestimmt er diesen Zeitraum in der Stille, übergibt ihn seinem Gedächtnisse und beginnt jenen Ton hervorzubringen, bis er die von ihm festgesetzte Dauer erreicht hat, oder vielmehr er ertönte und wird ertönen, denn soweit er vorüber ist, soweit erschallte er bereits; was aber noch übrig ist, das wird noch ertönen. Es wird also vollendet, während die gegenwärtige Aufmerksamkeit das Zukünftige in die Vergangenheit überträgt, so, daß durch die Abnahme der Zukunft die Vergangenheit wächst, bis sich nach gänzlichem Aufbruch der Zukunft alles in Vergangenheit umgesetzt hat.

Achtundzwanzigstes Kapitel

Aber wie kann sich die Zukunft, die noch gar nicht ist, verringern und erschöpfen? oder wie kann die Vergangenheit, die nicht mehr ist, zunehmen, wenn sich nicht im Geiste, in dem dieses vorgeht, ein dreifaches befindet? Er erwartet, er faßt auf und erinnert sich, so daß das, was er erwartet, durch seine Auffassung, was er auffaßt, in sein Gedächtnis übergeht. Wer also leugnet, daß die Zukunft noch nicht ist? Dessenungeachtet aber ist bereits in der Seele die Erwartung des Zukünftigen. Und wer leugnet, daß die Vergangenheit keine Existenz habe? Dennoch lebt in der Seele die Erinnerung an Vergangenes. Und wer leugnet, daß die gegenwärtige Zeit der Dauer entbehre, weil sie nur ein unteilbarer Punkt ist? Aber doch währt die Wahrnehmung, durch welche das, was vergangen ist, zu sein fortfährt. Es ist die zukünftige Zeit nicht lang, weil sie nicht ist, sondern eine lange Zukunft ist nichts anderes als die lange Erwartung der Zukunft; ebensowenig ist die Vergangenheit, die nicht mehr ist, lang, sondern lange vergangen, ist nichts anderes als die lange Erinnerung des Vergangenen.

Ich will ein Lied vortragen, das ich auswendig kann; bevor ich anfange, richtet sich meine Erwartung auf das Ganze; wenn ich aber begonnen habe, dann fällt das, was ich davon vortrage, als Vergangenes dem Gedächtnis anheim; und die Dauer dieser meiner Tätigkeit zerteilt sich in das Gedächtnis dessen, was ich gesagt habe und was ich noch sagen werde; gegenwärtig ist dagegen meine Aufmerksamkeit, durch die das, was zukünftig war, hindurchgeht, um Vergangenes zu werden. je mehr nun dieses geschieht, desto mehr verkürzt sich die Erwartung und verlängert sich die Erinnerung, bis die ganze Erwartung sich erschöpft, weil die ganze Handlung völlig beendet in das Gedächtnis übergegangen ist. Und was bei dem ganzen Gedichte geschieht, das geschieht auch bei jedem einzelnen Teile und den einzelnen Silben desselben; ebenso bei einer längeren Handlung, von der das Gedicht vielleicht ein Teil ist; ebenso bei dem ganzen menschlichen Leben, dessen einzelne Handlungen nur Teile sind; ebenso bei der ganzen Menschheit, von der das Leben der einzelnen Menschen nur Teile sind.

Neunundzwanzigstes Kapitel

Aber deine Güte ist besser denn Leben, siehe mein Leben ist Zerstreuung und deine Rechte hat mich aufgenommen in meinem Herrn, dem Menschensohn, dem Mittler zwischen dir, dem Einen und uns, den Vielen, in Vielem durch Vieles, damit ich durch ihn es ergreife, von dem auch ich ergriffen bin und mich von meiner Vergangenheit abwende, vergesse, was da hinten ist, und mich ausstreckend nicht nach dem, was künftig und vorübergehend, sondern zu dem, was da vorne ist, nicht zerstreut, sondern strebend, eile ich der Palme der ewigen Berufung zu; wo ich höre die Stimme deines Lobes und deine Wonne schaue, die weder kommt noch vorübergeht. jetzt aber sind meine Jahre Jahre des Seufzens. Du bist mein Trost, Herr, du bist mein ewiger Vater; ich aber bin dem Wechsel der Zeiten hingegeben, deren Ordnung mir unerforschlich ist; meine Gedanken, das innerste Leben meiner Seele, werden von dem stürmischen Wechsel zerrissen, bis ich, gereinigt und geläutert durch deiner Liebe Glut, ganz in dich mich ergieße und sammle.

Dreißigstes Kapitel

Stark und fest will ich stehen in dir, in meinem Urbild, in deiner Wahrheit, und ich werde nicht dulden die Fragen der Menschen, die in strafbarer Sucht nach mehrerem, als sie hoffen können, dürsten und sagen: »Was tat Gott, ehe er Himmel und Erde schuf? Und wie kam Ihm der Gedanke, etwas zu schaffen, da Er doch nie zuvor etwas machte? « Gib ihnen, Herr, daß sie recht bedenken, was sie sagen, und daß sie finden, daß man nicht reden kann von »niemals«, wo es keine Zeit gibt. Wenn man sagt, »er habe nie etwas geschaffen«, so heißt das nichts anderes, als »er habe zu keiner Zeit etwas geschaffen«. Mögen sie also erkennen, daß keine Zeit sein könne ohne Schöpfung und mögen sie abstehen, diese Verkehrtheit zu wiederholen. Mögen auch sie ihr Verlangen nach dem erstrecken, was da vorne ist, und dich erkennen vor aller Zeit als den ewigen Schöpfer aller Zeiten, also, daß keine Zeit mit dir gleich ewig sei noch irgendeine Kreatur, auch wenn sie selbst uns über die Zeit hinausreicht.

Einunddreißigstes Kapitel

Herr, mein Gott, wie groß sind die Tiefen deiner Geheimnisse, wie haben mich die Folgen meiner Vergehen davon entfernt? Heile meine Augen, auf daß zugleich ich mich freue über dein Licht. Freilich gäbe es einen Geist, begabt mit einer so großen Wissenschaft und Kenntnis der Zukunft, daß ihm alle Vergangenheit und Zukunft so bekannt wäre wie mir z. B. ein ganz bekanntes Lied, so wäre dieser Geist allerdings bewunderungswürdig und zum Erschrecken erstaunenswert, da alle Jahrhunderte der Vergangenheit und der Zukunft enthüllt vor ihm lägen wie mir, weint ich das Lied singe, was und wieviel ich vom Anfange bereits gesungen und was und wieviel noch übrig ist. Doch ferne sei es, zu denken, daß du, Schöpfer des Weltalls, Schöpfer der Seelen und Leiber; fern sei es, daß du alles Zukünftige und Vergangene in ähnlicher Weise wissen solltest. Du weißt es weit, weit wunderbarer, weit geheimnisvoller. Denn nicht wie bei der Stimme dessen, der ein bekanntes Lied singt oder ein bekanntes Lied hört, durch die Erwartung der noch kommenden Verse und durch die Erinnerung der bereits gesungenen verschiedenfach berührt und die Aufmerksamkeit gespannt wird, ist es bei dir der Fall, dem wunderbar Ewigen, d. h. dem wahrhaft ewigen Schöpfer aller Geister. Wie du also im Anfang Himmel und Erde ohne Wandel deiner Kenntnisse kanntest, so schufest du im Anfange Himmel und Erde ohne Änderung deiner Tätigkeit. Wer dies erkennt, möge es dir bekennen; und wer es nicht versteht, der preise dich ebenso. O wie erhaben bist du, und die demütigen Herzens sind, sind deine Wohnung! Denn du richtest auf, die zerschlagenen Herzens sind, und die werden nicht fallen, deren Höhe du bist.

Zwölftes Buch

Erstes Kapitel

Vieles bewegt mein Herz, Herr, in der Armseligkeit meines Lebens, wenn es von den Schlägen der Worte deiner Schrift getroffen wird; deshalb ist die Dürftigkeit der menschlichen Erkenntnis meistens wortreich; das Suchen der Wahrheit ist wortreicher als das Finden; das Bitten ist langweiliger als das Erlangen und geschäftiger ist die Hand, die anklopft, als die, welche nimmt wir haben die Verheißung, wer wird sie uns rauben? Ist Gott für uns, wer mag wider uns sein? Bittet, so wird euch gegeben; suchet, so werdet ihr finden; klopfet an, so wird euch aufgetan. Denn wer da bittet, der empfängt; und wer da suchet, der findet; und wer da anklopfet, dem wird aufgetan. Das sind deine Verheißungen; und wer fürchtet getäuscht zu werden, wenn die Wahrheit verheißt?

Zweites Kapitel

Deiner Hoheit bekennt meiner Zunge Niedrigkeit, daß du Himmel und Erde geschaffen hast; diesen Himmel, den ich sehe, und die Erde, die ich betrete; und auch die Erde, die ich an mir trage, hast du gemacht. Aber wo ist der Himmel des Himmels, Herr, von dem wir hören in dem Worte des Psalms: Der Himmel des Himmels ist des Herrn, aber die Erde hat er den Menschenkindern gegeben? Wo ist der Himmel, den wir nicht sehen, gegen den alles das, was wir sehen, Erde ist? Denn dieses ganz Körperliche, dessen Unterstes unsere Erde ist, erhielt nicht überall in den letzten Teilen eine schöne Gestalt, sondern gegen diesen Himmel des Himmels ist auch unserer Erde Himmel Erde. Und diese beiden großen Körper sind in Wahrheit Erde gegen jenen Himmel, der des Herrn ist, und nicht der Menschenkinder.

Drittes Kapitel

Freilich war diese Erde wüst und leer und ich weiß nicht welch eine Tiefe des Abgrundes, auf der es finster war, weil sie keine Gestalt hatte. Weshalb befahlst du, daß geschrieben würde, und es war finster auf der Tiefe, wenn dieses nicht die Abwesenheit des Lichtes wäre? Denn wo wäre Licht, wenn es wäre, wenn es sich nicht erhoben und die Dinge erleuchtet hätte? Wo also das Licht noch nicht war, was war da das Dasein der Finsternis anders als die Abwesenheit des Lichtes? Finsternis war daher auf der Tiefe, weil das Licht nicht da war, wie, wo kein Laut sich hören läßt, Schweigen herrscht. Und was ist, daß dort Schweigen herrscht, anders, als daß kein Laut hörbar ist? Hast du, Herr, nicht meine Seele gelehrt, was sie dir bekennt? Hast du, Herr, mich nicht gelehrt, daß, ehe du jene gestaltlose Masse bildetest und ordnetest, nichts da war, keine Farbe, keine Gestalt, kein Körper, kein Geist? Indes war nicht überhaupt nichts; es war eine gestaltlose Masse ohne Gestaltung.

Viertes Kapitel

Wie sollte man es also benennen, um es auch Einfältigeren irgendwie klarzumachen, als mit einem gebräuchlichen Worte? Was läßt sich aber in dem weiten Bereiche der Welt finden, das der gänzlichen Gestaltlosigkeit mehr entspräche als die Erde und der Abgrund? Denn auf ihrer untersten Stufe sind sie weniger gestaltet als alles Höhere, was lichtvoll und leuchtend ist. Warum sollen wir daher nicht die Gestaltlosigkeit des Stoffes annehmen, die du ohne Gestalt geschaffen hattest, um daraus die gestaltvolle Welt zu bilden, die du so passend den Menschen verständlich machtest, indem du die Erde wüst und leer nanntest.

Fünftes Kapitel

Wenn nun aber unser Gedanke fragt, was der Sinn erkenne, und sich selbst sagt: »Die Gestalt ist nicht erkennbar wie das Leben, die Gerechtigkeit, weil sie der Stoff der Körper ist; sie ist auch nicht empfindbar, weil es bei dem Wüsten und Leeren nichts gibt, was man sehen und empfinden könnte«, so versucht der menschliche Verstand, indem er dieses sagt, sie entweder durch Nichtwissen zu kennen oder durch Nichterkennen zu wissen.

Sechstes Kapitel

Wenn ich dir aber, Herr, alles mit Wort und Schrift bekenne, was du mich von diesem Urstoffe gelehrt hast, den ich schon früher nennen hörte, ihn aber nicht verstand, als jene Manichäer, die ihn nicht verstanden, davon sprachen, so dachte ich ihn mir in unzählig verschiedenen Gestalten und deshalb dachte ich ihn mir in Wirklichkeit nicht. Der Geist kehrte die Ordnung der Dinge um und wälzte in sich scheußliche und schreckliche Gestalten, aber doch immer Gestalten; und ich nannte ihn gestaltlos, nicht weil er der Gestalt entbehrte, sondern weil er eine solche besaß, daß, wenn er sichtbar hervorgetreten wäre, das Ungewöhnliche und Unpassende meine Sinne abgeschreckt und die Schwäche des Menschen mit Entsetzen erfüllt hätte. Aber was ich dachte, war nicht durch die Beraubung aller Gestalt, sondern durch die Vergleichung mit Wohlgestalterem gestaltlos; und die gesunde Vernunft riet, ich solle jeglichen Rest aller Gestalt überhaupt hinwegnehmen, wenn ich das schlechterdings Gestaltlose denken wollte; aber das vermochte ich nicht. Eher glaubte ich, das wäre gar nicht, was jeder Gestalt entbehrt, als daß ich dachte, es gäbe ein Etwas zwischen dem Gestalteten und dem Nichts, weder gestaltet noch gestaltlos, das beinahe nichts wäre. Mein Verstand stand davon ab, hierüber meinen Geist zu befragen, der angefüllt von Bildern von gestalteten Körpern war und sie nach Willkür ändern und umwandeln konnte; ich wandte meine Aufmerksamkeit auf die Körper selbst und drang tiefer in die Veränderlichkeit derselben, wodurch sie zu sein aufhören, was sie waren, und zu sein anfangen, was sie nicht waren; und vermutete, derselbe Übergang von einer Gestalt in die andere finde durch etwas Gestaltloses statt, nicht durch ein schlechterdings Nichts; aber ich wünschte dies zu erkennen, nicht nur zu vermuten. Und wem dir meine Stimme und meine Schrift dieses alles bekennen würde, was du mir über diese Frage geoffenbart hast, welcher Leser vermöchte dieses zu fassen? jedoch soll mein Herz nicht aufhören, dich zu preisen und zu loben um deswillen, was zu sagen ich nicht vermag. Denn die Veränderlichkeit der veränderlichen Dinge selbst ist aller Gestalten fähig, in die sich die veränderlichen verwandeln. Und was ist sie? Ist sie Geist? Ist sie Körper? Wenn man sagen könnte: »Das Nichts ist etwas«, und »was ist, ist nicht«, würde ich sie so nennen; und doch war es irgendein Etwas, wie es auch war, daß es jene sichtbare und geordnete Gestalt annahm.

Siebentes Kapitel

Und woher nur war dies, wenn nicht von dir, von dem alles ist, insoweit es ist? Aber je unähnlicher es dir ist, desto weiter ist es von dir entfernt, aber nicht räumlich. Du hast, O Herr, der du nicht bald auf diese, bald auf jene Weise bist, sondern immer und überall derselbe, heilig, heilig, heilig, Herr Zebaoth, im Anfange, der in dir ist, in deiner Weisheit, die aus deinem Wesen geboren ist, Etwas aus Nichts gemacht. Denn du machtest Himmel und Erde, nicht aus dir, aus deinem Wesen, dann wäre es deinem Eingeborenen gleich und dadurch auch dir, und in keiner Weise wäre es gerecht, daß das, was nicht aus dir ist, dir gleich sei. Außer dir aber war es nicht, woraus du es hättest machen können, Gott, Eins als Dreiheit und dreifach als Einheit; du machtest also aus nichts Himmel und Erde, etwas Großes und etwas Kleines, weil du allmächtig und gütig bist, um alles zu schaffen, einen großen Himmel und eine kleine Erde, ein Zwiefaches: Das Eine dir nahe, das Andere dem Nichts nahe; das Eine, über das du erhaben wärst, das Andere, das nur das Nichts unter sich hätte.

Achtes Kapitel

Aber jener Himmel des Himmels ist nur dein, Herr; die Erde aber, die du den Menschenkindern überließest zu schauen und zu berühren; Sie war wüst und leer und es war eine Tiefe, auf der es finster war, oder Finsternis war über der Tiefe, das heißt, mehr als in der Tiefe. Denn die Tiefe der jetzt sichtbaren Gewässer hat auch in ihren Abgründen ein Licht eigentümlicher Art, das nur den Fischen und den in seinem Abgrunde kriechenden Tieren empfindbar ist; dieses Ganze war aber nahe dem Nichts, weil es überhaupt noch ungestaltet war, jedoch war es gestaltsunfähig. Denn du, Herr, machtest die Welt aus gestaltlosem Stoff, den du aus Nichts zu einem kaum Etwas schufest, um aus ihm Großes zu machen, das wir Menschenkinder bewundern. Bewunderungswürdig ist dieser sinnliche Himmel, den du als eine Feste zwischen den Gewässern und Gewässern gründetest, als du am zweiten Tage nach der Erschaffung des Lichtes sagtest: Es werde; und es geschah also. Diese Feste nanntest du Himmel; aber den Himmel dieser Erde und des Meeres, die du am dritten Tages schufest, durch Verleihung einer sichtbaren Gestalt dem ungestalteten Stoffe, den du vor allen Tagen machtest. Denn auch den Himmel hattest du bereits vor allen Tagen geschaffen, aber den Himmel dieses Himmels, da du im Anfange Himmel und Erde geschaffen hattest. Die Erde selbst aber, die du geschaffen hattest, war gestaltlose Masse, weil sie wüst und leer und es finster auf der Tiefe war, und aus dieser wüsten und leeren Erde, aus dieser Gestaltlosigkeit, aus diesem dem Nichts so nahen Wesen wolltest du das alles bilden, woraus die veränderliche Welt besteht, an der die Veränderlichkeit sich zeigt, an der die Zeiten empfunden und gezählt werden können; denn durch die Veränderungen der Dinge entstehen die Zeiten, indem ihre Gestalten, deren Stoff vorhin die wüste Erde genannt wurde, sich verändern und verwandeln.

Neuntes Kapitel

Deshalb schweigt der Geist, der Lehrer deines Dieners, wenn er erwähnt, du habest im Anfange Himmel und Erde geschaffen, von Zeiten, er redet nicht von Tagen, denn der Himmel des Himmels, den du im Anfange schufest, ist eine geistige Schöpfung, und wenn auch in keiner Weise dir, der Dreieinigkeit, gleich ewig; doch beschränkt die Teilnahme an deiner Ewigkeit sehr seine Veränderlichkeit durch die Wonne deiner seligen Anschauung, und seit seiner Schöpfung ohne Störung mit dir verbunden, ist er über allen flüchtigen Wechsel erhaben. jene Gestaltlosigkeit aber, die wüste und leere Erde, wird selbst nicht nach Tagen gezählt.

Denn wo keine Gestalt, da ist keine Ordnung; nichts kommt, nichts vergeht, und wo dies nicht geschieht, da sind überhaupt keine Tage, kein Wechsel von Zeiträumen.

Zehntes Kapitel

O Wahrheit, Licht meines Herzens, laß meine eigene Finsternis nicht zu mir reden. Zu diesen Dingen, die vergehen, bin ich hinabgesunken und von ihnen verfinstert, aber auch von dort gewann ich dich lieb. Ich irrte, aber ich gedachte deiner. Ich vernahm deine Stimme von ferne, die mich zur Rückkehr trieb, und ich hörte sie kaum vor der Unruhe und dem Lärm. Und nun kehre ich erschöpft und atemlos zu deinem Lebensquell zurück. Niemand möge mich hindern; daraus will ich trinken, um dann zu leben. Ich bin nicht selbst mein Leben; habe ich böse gelebt aus mir, so war ich mir selbst der Tod; und in dir lebe ich wieder auf. Sprich du zu mir, rede du zu mir. Ich glaubte deinen Schriften, aber ihre Worte sind geheimnisvoll.

Elftes Kapitel

Schon hast du, o Herr, mir mit starker Stimme in mein inneres Ohr gesagt, daß du ewig bist, daß du allein Unsterblichkeit habest, da du dich durch keine Gestalt oder Bewegung verwandelst noch dein Wille sich in den Zeiten ändert, weil ein Wille, der bald so, bald anders ist, nicht unsterblich ist. Möchte mir dies in deinem Angesichte klarwerden und mir mehr und mehr einleuchten, ich bitte dich, und möchte ich bei dieser Offenbarung demütig unter deinen Flügeln verharren; ebenso hast du mir, Herr, mit starker Stimme in mein inneres Ohr gesagt, daß du alle Geschöpfe und Wesen, die nicht sind, was du bist, und doch sind, gemacht hast, und nur das ist nicht von dir, was nicht ist; und die Bewegung des Willens von dir, der du bist, zu dem, was weniger ist, weil eine solche Bewegung ein Vergehen und Sünde ist; und daß keines Menschen Sünde weder dir schadet noch die Ordnung deines Reiches stört, weder im höchsten noch im niedrigsten der Geschöpfe. Möchte mir dies in deinem Angesichte klarwerden und mir mehr und mehr zur Gewißheit werden, darum bitte ich dich, und möchte ich bei dieser Offenbarung demütig unter deinen Flügeln verharren.

Ferner hast du mir mit starker Stimme in mein inneres Ohr gesagt, daß jene Schöpfung auch nicht mit dir gleich ewig ist, deren Wille du allein bist, die mit ewiger Keuschheit dich in sich aufnimmt, die ihre Wandelbarkeit nie und nirgends offenbart und die, da du, an dem sie mit voller Inbrunst festhält, ihr stets gegenwärtig bist, nichts Zukünftiges zu erwarten und nichts der Vergangenheit zu übergeben hat, um dessen sich zu erinnern, die keiner Wandlung und keinem Wechsel der Zeiten unterworfen ist. O wie selig ist diese Schöpfung, wenn es eine gibt, durch die Teilnahme an deiner Seligkeit; selig durch deine beständige Gemeinschaft und Erleuchtung! Ich wüßte nichts, was ich eher glaubte, den Himmel des Himmels, der dein ist, Herr, nennen zu sollen, als deine Wohnung, die deine Wonne schaut ohne irgendeine Lust zur Abschweifung auf andere Dinge; einen reinen Geist, auf das engste vereinigt durch das Band des Friedens der heiligen Geister, der Bürger deiner Stadt im Himmel über dem Firmamente der Erde.

Hieraus möge die Seele, deren Pilgerfahrt lange währt, erkennen, wenn sie schon nach dir dürstet, wenn schon ihre Tränen sind ihre Speise Tag und Nacht, weil man täglich zu ihr sagt: Wo ist nun dein Gott?, wenn sie schon eins von dir bittet, das sie gerne hätte, daß sie im Hause des Herrn bleiben möge ihr Leben lang; und was ist ihr Leben, wenn nicht du? Und welches sind deine Tage, wenn nicht deine Ewigkeit, die wie deine Jahre kein Ende nehmen, weil du ewig unveränderlich bist? – Hieraus möge also die Seele, die es vermag, erkennen, wie weit die Ewigkeit über alle Zeiten erhaben ist, wenn deine Wohnung, die durch keine Zeit pilgert und gleichwohl nicht mit dir ewig ist, doch durch die unaufhörliche und unerschütterliche Gemeinschaft mit dir keinen Wechsel der Zeiten erleidet. Möchte mir dieses in deinem Angesicht klar und zur Gewißheit werden, ich bitte dich, und ich bei dieser Offenbarung demütig unter deinen Flügeln verharren.

Siehe, ich weiß nicht, was für ein Ungestaltetes es in den Veränderungen gibt, welche die äußersten und untersten Dinge erfahren. Wer kann mir sagen, als nur wer in der Lehre seines Herzens mit seinen eitlen Einbildungen umherirrt und sich verliert; wer, wenn nicht ein solcher, wird mir sagen können, wie, wenn nach Verminderung und Aufhören aller Gestalt nur die Ungestalt zurückbliebe, durch welche ein Ding von Gestalt zu Gestalt sich bewegt und übergeht, sie den Wechsel der Zeiten erzeugen könne? Das ist unmöglich, weil ohne Verschiedenheit der Bewegungen keine Zeiten sind, und wo keine Gestalt ist, da ist auch keine Mannigfaltigkeit der Bewegung.

Zwölftes Kapitel

Nach diesen Betrachtungen, mein Gott, soweit du es mir verleihest, mich zum Anklopfen aufforderst und dem Anklopfenden öffnest, finde ich ein zweifaches, das du der Zeit nicht unterworfen hast, obgleich keines von beiden mit dir gleich ewig ist: das eine, das so gestaltet, daß es ohne irgendeine Unterbrechung in der Anschauung, ohne irgendeinen Zwischenraum der Veränderung, obgleich veränderlich, doch nie verändert, deine Ewigkeit und Unveränderlichkeit genießt; das andere, was so ungestaltet ist, daß, aus welcher Gestalt und in welche Gestalt der Bewegung oder der Ruhe es auch überging, es doch keine Gestalt hatte, um der Zeit unterworfen zu sein. Aber du ließest dies nicht so ungestaltet, weil du vor allen Tagen, im Anfange Himmel und Erde, diese beiden Dinge, von denen ich eben sprach, geschaffen hast. Die Erde war aber wüst und leer und es war finster über der Tiefe. Mit diesen Worten wird die Gestaltlosigkeit bezeichnet, und es sollen dadurch auch diejenigen belehrt werden, die sich jedwede

Beraubung einer Gestalt, ohne daß sie deshalb ein reines Nichts wäre, nicht denken können, woraus ein anderer Himmel und eine sichtbare und wohlgestaltete Erde und klare Gewässer entstanden und was darnach bei der Bildung dieser Erde in Tagen, wie erzählt wird, gemacht wurde; weil diese Dinge der Art sind, daß sie dem Wechsel der Zeiten unterworfen sind, weil sie bestimmte Veränderungen in ihren Bewegungen und Gestalten erfuhren.

Dreizehntes Kapitel

Ich verstehe dies einstweilen so, mein Gott, wenn ich die Worte deiner heiligen Schrift höre: Im Anfange schuf Gott Himmel und Erde; die Erde aber war wüst und leer und es war finster über der Tiefe, wobei nicht erwähnt wird, an welchem Tage du dies tatest. Ich verstehe einstweilen so unter diesem Himmel des Himmels den geistigen Himmel, in welchem die Erkenntnis ein vollständiges Erkennen ist, nicht stückweise, nicht wie in einem Rätsel, nicht durch einen Spiegel, sondern völlig offenbar von Angesicht zu Angesicht; nicht bald dieses, bald jenes, sondern, wie gesagt, ein vollständiges Erkennen ohne irgendeinen Wechsel der Zeit; und unter der wüsten und leeren Erde, auf der bald dieses, bald jenes stattfindet, weil, wo keine Gestalt ist, auch wie dieses oder jenes ist; unter diesen beiden, dem gleich anfangs Gestalteten und dem gänzlich Ungestalteten, verstehe ich unter jenem den Himmel, jedoch den Himmel des Himmels; unter diesem aber die Erde, jedoch die wüste und leere Erde; in Beziehung auf dieses, beides glaube ich, daß deine heilige Schrift ohne Erwähnung von Tagen sagt: Im Anfang schuf Gott Himmel und Erde. Sie fügt sogleich hinzu, welche Erde gemeint sei. Da sie am zweiten Tage die Erschaffung der Himmels-festung erwähnt und sie den Himmel nennt, so wird dadurch angedeutet, von welchem Himmel früher ohne Erwähnung der Tage die Rede war.

Vierzehntes Kapitel

Wunderbar ist die Tiefe deiner Worte, deren Oberfläche uns anlächelt; aber ihre Tiefe, mein Gott, ist wunderbar! Mit erbebendem Schauer richte ich meine Blicke auf sie, mit einem Schrecken der Ehrfurcht und mit einem Zittern der Liebe. Ich verabscheue ihre Feinde in rechtem Ernst. O wenn du sie mit dem zweischneidigen Schwerte tötest, daß sie nicht mehr ihre Feinde wären! Denn ich wünsche, daß sie sich sterben, damit sie dir leben. Andere aber tadeln nicht das Buch der Schöpfung, sondern loben es und sagen: »Der Geist Gottes, der durch seinen Diener Moses dieses schreiben ließ, wollte nicht, daß diese Worte in dem Sinne verstanden würden; er wollte es nicht verstanden wissen, wie du es sagst, sondern anders, wie wir es sagen.« Diesen antworte ich vor dir, mein Gott, der du mein und ihr Schiedsrichter bist, in folgender Weise.

Fünfzehntes Kapitel

»Wollt ihr sagen, es sei falsch, was die Wahrheit mit starker Stimme in das innere Ohr von der wahrhaften Ewigkeit des Schöpfers sagt, daß sein Wesen dem Wechsel der Zeiten nicht unterworfen ist und daß sein Wille nicht von seinem Wesen getrennt werden könne? Daß er deshalb nicht bald dieses wolle, bald jenes, sondern daß er es auf einmal, zugleich und immer alles wolle, was er will, nicht wieder und wieder, nicht bald dieses, bald jenes, so daß er hernach das wolle, was er früher nicht wollte, oder nicht wolle, was er früher wollte; denn ein solcher Wille ist wandelbar, und alles Wandelbare ist nicht ewig; unser Gott aber ist ewig. Ferner, was sie mir ins innere Ohr sagt, daß die Erwartung der künftigen Dinge nicht zur Anschauung wird, wenn sie kommen; ferner, daß jede Richtung der Seele, die so dem Wechsel unterliegt, wandelbar und alles Wandelbare nicht ewig ist; unser Gott aber ist ewig.« Dies stelle ich zusammen, vergleiche es und finde, daß mein Gott, der ewige Gott, nicht durch irgendeinen neuen Willen die Schöpfung gebildet habe und daß sein Wissen nicht den Wechsel des Vorübergehens dulde.

»Was werdet ihr antworten, ihr Widersacher? Etwa daß es falsch sei?« »Nein«, sagen sie. »Was dann? Ist es falsch, daß jedes gestaltete Wesen oder jeder gestaltungsfähige Stoff nur von dein sei, der unendlich gütig ist, weil er unendlich ist? » »Auch dies leugnen wir nicht«, sagen sie. Was also? Oder leugnet ihr das, daß irgendein erhabenes geschaffenes Wesen mit so reiner Liebe mit dem wahrhaftigen und wahrhaft ewigen Gott so innig verbunden sei, daß es, obgleich mit ihm nicht gleich ewig, doch durch keinen Wechsel der Zeiten sich von ihm löse und vergehe, sondern in völliger Anschauung Seiner allein ruhe? Dem, mein Gott, der dich liebt, wie du es befiehlst, zeigst du dich und bist ihm volles Genüge; und darum wendet er sich von dir nicht noch hin zu sich. Dies ist das Haus Gottes, nicht irdisch, auch nicht durch irgendeinen himmlischen Stoff körperlich, sondern geistig, das auch an deiner Ewigkeit teilnimmt, weil auf ewig ohne Fehl. Er hält die Himmel immer und ewiglich; er ordnet sie, daß sie nicht anders gehen müssen. Aber doch ist es mit dir, Gott, nicht gleich ewig, weil es nicht ohne Anfang ist, weil es geschaffen ist.

Denn obgleich wir vor ihm keine Zeit finden, denn die Weisheit ist vor allen Dingen geschaffen, so ist doch diese Weisheit nicht mit dir, unser Gott, ihrem Vater gleich ewig und völlig gleich, durch die alles geschaffen ist und in welchem Anfang du Himmel und Erde schufest, sondern gewiß eine Weisheit, die geschaffen ist, freilich ein geistiges Wesen, das durch die Anschauung des Lichtes Licht ist; denn auch sie, obgleich geschaffen, wird Weisheit genannt. Aber wie groß der Unterschied ist zwischen dem Lichte, das erleuchtet, und dem Lichte, das erleuchtet wird, ebenso groß ist der Unterschied zwischen der Weisheit, die schafft, und der Weisheit, die geschaffen ist; wie zwischen der Gerechtigkeit, die gerecht macht, und der Gerechtigkeit, die durch Rechtfertigung geworden ist. Denn auch wir werden deine Gerechtigkeit genannt. Es sagt einer deiner Diener, auf daß wir würden in ihm die Gerechtigkeit, die vor Gott gilt. Es gibt also eine Weisheit, die erschaffen ist, die aber vor allen Dingen erschaffen ist als vernünftiges und geistiges Wesen deiner heiligen Stadt, die unser aller Mutter ist, die droben ist, frei und ewig in den Himmeln; welchen Himmeln als in den Himmeln der Himmel, die dich loben, weil dieser Himmel der Himmel des Herrn ist? – Obgleich wir von ihr keine Zeit finden, da sie der Schöpfung der Zeit voranging, da sie allen Dingen voran geschaffen wurde; vor ihr aber ist die Ewigkeit des Schöpfers selbst, von dem gemacht sie ihren Anfang nahm – wenn auch nicht in der Zeit, da es noch keine Zeit gab – doch aber ihres Daseins selbst.

Sie ist also von dir, unserem Gott, und zwar so, daß sie etwas ganz anderes ist als du und daß ihr Wesen von dir verschieden ist. Denn obgleich wir nicht bloß vor ihr, sondern auch in ihr keine Zeit finden, da sie das Vorrecht hat, stets dein Angesicht zu schauen, und niemals ihren Blick von demselben abwendet, wodurch es geschieht, daß sie keiner Veränderung unterworfen ist – so liegt doch in ihrer Natur selbst die Veränderlichkeit, wodurch sie verdunkeln und erkalten würde, wenn sie nicht mit inniger Liebe dir anhinge und dadurch gleich einer ewigen Mittagssonne von dir leuchtete und entbrennete. O Haus, strahlend von Licht und Glanz, wie habe ich deine Stätte so lieb und den Ort, wo die Ehre wohnt meines Herrn, der dich gegründet hat und in dir wohnt! Nach dir sehnt sich meine Pilgerfahrt; und ich sage zu dem, der dich gemacht hat, daß Er auch mich aufnehme, da Er auch mich gemacht hat. Ich bin wie ein verirrtes und verlorenes Schaf, aber auf den Schultern meines Hirten, meines Erbarmers, hoffe ich zu dir zurückgebracht zu werden.

Was sagt ihr mir nun, ihr Widersacher, zu denen ich redete, die ihr indes Moses für einen treuen Diener Gottes und seine Bücher für Aussprüche des heiligen Geistes haltet? Ist dies nicht das Haus Gottes, zwar nicht mit Gott gleich ewig, aber doch in seiner Weise ewig im Himmel, wo ihr den Wechsel der Zeiten vergeblich sucht, weil ihr dort ihn nicht findet? Denn es ist weit erhaben über jede Ausdehnung, über jeden dahinfliegenden Zeitraum, da es seine Seligkeit ist, stets mit Gott vereinigt zu sein. »ja«, sagen sie. Was ist nun nach eurer Behauptung von dem, was mein Herz zu meinem Gott rief, als es in seinem Innern die Stimme seines Lobes hörte, was ist denn nun falsch? Etwa, daß eine ungestaltete Materie war; wo aber keine Ordnung war, da konnte auch kein Wechsel der Zeiten sein, und doch war dies, das fast nichts war, insofern es überhaupt nichts war, auch von dem, von welchem alles ist, was irgendwie etwas ist, »Auch dieses«, sagen sie, »leugnen wir nicht.«

Sechzehntes Kapitel

Ich will etwa nur mit denen vor dir, mein Gott, reden, die alles das als wahr erkennen, was deine Wahrheit mir in meinem Herzen nicht verschweigt. Denn die, welche dies leugnen, mögen schreien, soviel sie wollen, und sich selbst betäuben; ich will nicht versuchen, sie zu bereden, daß sie ruhig sind und deinen Worten den Eingang zu ihrem Herzen gestatten; wollen sie dies nicht und weisen sie mich zurück, so bitte ich, mein Gott, so schweige du mir nicht. Rede du wahrhaftig in meinem Herzen, denn du allein redest so, und diese will ich hinausgehen lassen, daß sie in den Staub blasen und Staubwolken in ihre eigenen Augen blasen; ich will mich in stille Verborgenheit zurückziehen, dir ein Loblied deiner Liebe singen und unaussprechliche Seufzer auf meiner Pilgerfahrt seufzen, ich will Jerusalems gedenken mit einem zu ihm emporgehobenen Herzen, des Jerusalems, das meine Heimat und meine Mutter ist, und zu dir, der du sein König, sein Licht, sein Vater, sein Beschützer, sein Bräutigam, seine reine und ewige Wonne, seine wahrhaftige Freude, sein einziges und unaussprechliches Gut, alles zugleich und insgesamt bist; und ich mich nicht abwenden, bis du mich ganz, wie ich bin, in dem Frieden der geliebtesten

Mutter, wo schon die Erstlinge meines Geistes sind, woher mir diese Gewißheit kommt, sammelst aus dieser Zerstreuung und Ungestalt und bis du mich in deiner Ewigkeit, mein Gott und mein Erbarmer, gestaltest und befestigst. Mit denen aber, die alles, was wahr ist, nicht als falsch behaupten, indem sie deine heilige Schrift, durch Moses geschrieben, verehren und ihr mit uns das höchste Ansehen einräumen und doch uns in gewisser Hinsicht widersprechen, rede ich folgendermaßen: Sei du, unser Gott, Richter zwischen meinen Bekenntnissen und ihren Widersachern.

Siebzehntes Kapitel

Sie sagen nämlich: »Wenn dies auch wahr ist, so hat doch gewiß Moses, als er durch Eingebung des heiligen Geistes schrieb: Im Anfang schuf Gott Himmel und Erde, dieses beides nicht vor Augen gehabt. Er hat mit dem Worte Himmel nicht jene geistige oder übersinnliche Schöpfung gemeint, die stets das Angesicht Gottes schauet, noch auch mit dem Worte Erde jene ungestaltete Materie.« »Was denn also?« »Was wir sagen, das hat jener Ausdruck gemeint, und das hat er mit diesen Worten gesagt. » »Welches?« »Mit dem Namen des Himmels und der Erde«, sagen sie, »wollte er jene ganze sichtbare Welt überhaupt mit wenigen Worten bezeichnen, uni darnach durch die Aufzählung der Tage gleichsam im Einzelnen das Ganze, wie es dem heiligen Geist gefiel, es zu bezeichnen, zu ordnen. Denn das rohe und fleischliche Volk, zu dein er sprach, waren Menschen der Art, daß er glaubte, ihnen nur die sichtbaren Werke Gottes darstellen zu dürfen. Daß unter der wüsten und leeren Erde und der mit Finsternis bedeckten Tiefe, aus der, wie in der Folge gezeigt wird, in jenen Tagen alles Sichtbare, was bekannt ist, gemacht und geordnet ist, nicht unpassend jener ungestaltete Stoff zu verstehen sei, darin stimmen sie überein.« Wie wenn nun ein anderer sagte, eben diese Gestaltlosigkeit und Vermischung des Stoffs sei vorerst mit dem Namen des

Himmels und der Erde angedeutet, weil aus ihr diese sichtbare Welt mit allen Wesen, die jetzt auf ihr offenbar erscheinen, gebildet und vollendet worden ist, die gewöhnlich Himmel und Erde genannt wird? Wenn ein anderer sagte, nicht unpassend werde die unsichtbare und sichtbare Natur Himmel und Erde genannt und hierdurch sei die allgemeine Schöpfung, die Gott in der Weisheit, das heißt im Anfange schuf, in diesen beiden Worten begriffen; da jedoch alles nicht aus dem Wesen Gottes selbst, sondern aus Nichts gemacht ist, weil es nicht dasselbe ist, was Gott ist, und allem eine gewisse Veränderlichkeit innewohnt, so möge es bleiben wie das ewige Haus Gottes oder sich verändern wie des Menschen Seele und Leib; sei der jetzt noch ungestaltete und gewiß gestaltungsfähige gemeinsame Stoff aller unsichtbaren und sichtbaren Dinge, woraus Himmel und Erde werden sollte, das heißt beide bereits gebildeten Schöpfungen, die unsichtbare und sichtbare, hervorgehen sollten, mit diesen Worten bezeichnet, wüste und leere Erde und es war finster über der Tiefe, mit dem Unterschiede, daß unter der wüsten und leeren Erde die sinnliche Materie vor Annahme einer Gestalt; unter dem es war finster über der Tiefe der geistige Stoff vor Hemmung der gleichsam fließenden Maßlosigkeit und vor Erleuchtung der Weisheit verstanden wird.

Es ließe sich noch ein anderes sagen, wenn man wollte, »daß, wenn es heißt, im Anfang schuf Gott Himmel und Erde, unter Himmel und Erde nicht die vollendete und gestaltete unsichtbare und sichtbare Natur bezeichnet werden sollte, sondern der noch rohe Entwurf der Dinge, der bildungs- und schaffungsfähige Stoff; in ihm bereits vermischt nur noch nicht durch Eigenschaft und Gestalt geschieden war, was nun, in bestimmter Weise geordnet, Himmel und Erde genannt wird, jener die geistige, diese die sinnliche Schöpfung bezeichnend«.

Achtzehntes Kapitel

Wenn ich dieses alles höre und erwäge, will ich nicht mit Worten streiten; denn es ist zu nichts nütze, denn zu verkehren, die da zuhören. Ist dein Gesetz, Herr, nicht bestimmt, diejenigen zu erbauen, die einen rechten Gebrauch davon machen? Denn die Hauptsumme des Gebotes ist Liebe von reinem Herzen und von gutem Gewissen und von ungefärbtem Glauben. Und unser Meister wußte wohl, in welchen zwei Geboten das ganze Gesetz und die Propheten begriffen sind. Wenn ich dies inbrünstig bekenne, mein Gott, du Licht der inneren Augen meines Herzens, was schadet es mir, wenn diese Worte verschieden verstanden werden können, die dessenungeachtet wahr sind, was schadet es mir, sage ich, wenn ich eine andere Meinung als ein anderer darüber hege, was der Verfasser damit gemeint habe? Wir alle, die wir diese Worte lesen, suchen zwar den Sinn zu erforschen und zu erfassen, dessen Schrift wir lesen; und da wir Am für wahrheitsliebend halten, wagen wir nicht die Vermutung, er habe etwas gesagt, wovon wir wissen oder meinen, es sei falsch. Wenn also jeder sich bestrebt, das in der heiligen Schrift zu erkennen, was der Verfasser dachte, und was kann es denn Böses sein, wenn er das darin findet, was du, Licht aller derer, welche die Wahrheit aufrichtig suchen, ihm als wahr zeigst, wenn auch der, dessen Worte er liest, dies nicht dachte, so dachte er doch Wahres, wenn auch nicht gerade dieses.

Neunzehntes Kapitel

Denn wahr ist, Herr, daß du Himmel und Erde gemacht hast; wahr ist es, daß deine Weisheit der Anfang ist, in dem du alles gemacht hast. Ferner ist es wahr, daß diese sichtbare Welt ihre zwei großen Teile habe, wenn man die ganze Schöpfung der gemachten und gebildeten Wesen kurz in die zwei Worte Himmel und Erde zusammenfaßt. Wahr ist es, daß alles Wandelbare unserer Erkenntnis eine gewisse Gestaltlosigkeit mitteilt, worin es Gestalt gewinnt oder worin es sich verändert umwandelt. Wahr ist es (daß die Gestaltlosigkeit), daß das, was so mit der unveränderlichen Gestalt vereinigt ist, obwohl veränderlich, doch nicht verändert wird und der Herrschaft der Zeit nicht unterliegt. Wahr ist es, daß die Gestaltlosigkeit, die dem Nichts nahe ist, keinen Wechsel der Zeit erfahren kann. Wahrheit ist es, daß das, woraus etwas wird, nach einer gewissen Redeweise schon den Namen der Sache trägt, die daraus hervorgeht; daher konnte jene Gestaltlosigkeit Himmel und Erde genannt werden, woraus Himmel und Erde gebildet wurde. Wahr ist es, daß von allen Gestalten nichts dem Ungestalteten näher steht als Erde und Tiefe. Wahr ist es, daß du nicht bloß allem Geschaffenen und Gestalteten, sondern auch allem, was geschaffen und gebildet werden kann, das Dasein gegeben hast, du, von dem alles ist. Wahr ist es, daß alles, was aus dem Ungestalteten eine Gestalt gewann, zuerst ungestaltet war, bevor es Gestalt gewann.

Zwanzigstes Kapitel

Aus all diesem Wahren, an dem niemand zweifelt, dem es verliehen ist, solches mit dem inneren Auge zu schauen, und der unerschütterlich glaubt, daß dein treuer Diener Moses im Geiste der Wahrheit gesprochen habe; aus all diesem Wahren hebt der eine dies hervor, wem im Anfang schuf Gott Himmel und Erde; das heißt, »durch sein Wort, das mit ihm gleich ewig ist, schuf Gott die übersinnliche und sinnliche oder die geistige und körperliche Schöpfung«. Ein zweiter hebt ein anderes hervor, wenn er sagt: Im Anfang schuf Gott Himmel und Erde, das heißt, »in seinem Worte, das mit ihm gleich ewig ist, schuf Gott jene allgemeine Masse dieser körperlichen Welt mit allen sichtbaren und bekannten Wesen, die sie enthält«. Ein dritter entnimmt ein anderes, wenn er sagt: Im Anfang schuf Gott Himmel und Erde, das heißt, »in seinem Worte, das mit ihm gleich ewig ist, schuf Gott die ungestaltete Materie der leiblichen

Schöpfung, wo noch Himmel und Erde vermischt waren, die wir jetzt geschieden und gestaltet in dem Gebäude dieser Welt bemerken«. Ein vierter sagt: Im Anfang schuf Gott Himmel und Erde, das heißt, »beim Beginn des Schaffens und Wirkens schuf Gott die ungestaltete Materie, die Himmel und Erde noch ungeordnet in sich umfaßte, woher diese gebildet nun hervortreten und mit allem erscheinen, was in ihnen ist«.

Einundzwanzigstes Kapitel

Was nun ferner den Sinn der folgenden Worte betrifft, so hebt auch hier aus allem Wahren der eine etwas hervor, wenn er sagt: Die Erde war wüst und leer und es war finster auf der Tiefe, das heißt, »jenes Materielle, was Gott schuf, war der nur noch ungestaltete Stoff der körperlichen Dinge, ohne Ordnung, ohne Licht. Ein anderer sagt: Die Erde war wüst und leer und es war finster auf der Tiefe, das heißt, »das Ganze, was Himmel und Erde genannt wurde, war noch eine ungestaltete und finstere Masse, aus der der körperliche Himmel und die körperliche Erde gebildet werden sollte mit allem, was wir auf ihnen mit den Sinnen wahrnehmen«. Ein dritter sagt: Die Erde war wüst und leer und es war finster auf der Tiefe, das heißt, »das Ganze, was Himmel und Erde genannt wurde, war die noch ungestaltete und finstere Masse, woraus der übersinnliche Himmel hervorgehen sollte, der sonst der Himmel des Himmels genannt wird; und die Erde, die ganze körperliche Natur, mit welchen Worten auch der körperliche Himmel verstanden wird, das heißt, woraus alle unsichtbare und sichtbare Schöpfung hervorgehen sollte«. Ein vierter dagegen sagt: Die Erde war wüst und leer und es war finster auf der Tiefe; »nicht jene Gestaltlosigkeit bezeichnete die Schrift mit den Worten Himmel und Erde, sondern diese Gestaltlosigkeit selbst war es, die sie eine wüste und leere Erde und eine finstere Tiefe nennt und von der sie vorher gesagt hatte, daß aus ihr Gott Himmel und Erde gemacht habe, nämlich die geistige und sinnliche Schöpfung.«

Endlich sagt ein anderer: Die Erde war wüst und leer und es war finster auf der Tiefe, das heißt, »die Gestaltlosigkeit war gewissermaßen schon der Stoff, woraus, wie die Schrift schon vorher sagte, Gott Himmel und Erde schuf, nämlich das ganze sinnliche Gebäude der Welt in ihren zwei großen Teilen, dem oberen und dem unteren, mit allen gewöhnlichen sichtbaren Geschöpfen, die auf ihnen sind«.

Zweiundzwanzigstes Kapitel

Wenn jemand diesen beiden letzten Erklärungen also zu widersprechen versuchen wollte: »Wenn ihr nicht behaupten wollt, daß diese Gestaltlosigkeit des Stoffes mit den Worten Himmel und Erde bezeichnet werde, so war also bereits etwas vorhanden, was Gott nicht geschaffen hatte, um daraus Himmel und Erde zu schaffen; denn die Schrift erzählt nicht, daß Gott diesen Stoff geschaffen hat, es sei denn, daß wir zugeben, daß mit den Worten Himmel und Erde bloß die Erde bezeichnet werde, wenn gesagt wird, im Anfang schuf Gott Himmel und Erde, sowie das, was folgt, die Erde war wüst und leer, obgleich es gefallen hat, den ungestalteten Stoff so zu benennen, so verstehen wir darunter doch nur den Stoff, den Gott nach den vorhergehenden Worten, Gott schuf Himmel und Erde, geschaffen hat. Dann werden die, welche diese beiden Ansichten, diese oder jene, die wir zuletzt anführten, aufstellen, wenn sie dieses hören, erwidern und sagen: Wir leugnen zwar nicht, daß diese ungestaltete Materie von Gott geschaffen sei, von dem Gott, von dem alles Gute stammt; wie wir aber sagen, daß das weniger gut ist, –was mit der Fähigkeit geschaffen ist, daß es umgeschaffen und gestaltet werden kann, daß es aber doch gut ist; die Schrift aber hat nicht erwähnt, daß Gott die Gestaltlosigkeit geschaffen habe, ebenso, wie sie vieles andere nicht erwähnt, als: die Cherubim und Seraphim und was der Apostel ausdrücklich anführt, Thronen, Herrschaften, Fürsten-tümer, Gewalten, die doch Gott offenbar geschaffen hat. Wenn alles in den Worten, Er schuf Himmel und Erde, enthalten sei, was sagen wir dann von den Wassern, auf denen der Geist Gottes schwebte? Denn wenn sie unter der Benennung Erde zugleich mit begriffen sind, wie kann dann unter dem Namen Erde die ungestaltete Materie verstanden werden, wenn wir die schönen Wasser sehen? Oder wenn es so verstanden wird, warum steht dann geschrieben, daß aus ebendieser Gestaltlosigkeit das Firmament gemacht und Himmel genannt wurde, während nicht gesagt ist, es seien daraus die Wasser gebildet? Denn das ist nicht mehr gestaltlos und leer, das wir so herrlich dahinfließen sehen. Oder haben sie damals jene Gestalt erhalten, als Gott sprach, es sammele sich das Wasser unter dem Himmel an besondere Örter, so daß das Sammeln selbst das Gestalten ist; was sollen wir da in Beziehung der Wasser erwidern, die über dem Firmamente sind? Denn ungestaltet hätten sie einen so ehrenvollen Platz nicht verdient, auch steht nicht geschrieben, durch welche Stimme sie gestaltet sind. Wenn die Genesis verschweigt, daß Gott etwas geschaffen habe, was weder dem gesunden Glauben noch der gewissen Erkenntnis zweifelhaft ist, daß Gott es dennoch geschaffen habe, so wird doch deshalb der gesunde Verstand nie zu behaupten wagen, diese Wasser seien mit Gott gleich ewig, weil wir sie in dem Buche der Genesis zwar erwähnt finden, aber nicht lesen, wann sie geschaffen sind; warum sollen wir nicht, unter Belehrung der Wahrheit, erkennen, daß auch jener ungestaltete Stoff, welchen die Schrift wüst und leer und die finstere Tiefe nennt, aus Nichts erschaffen sei und deshalb mit ihm nicht gleich ewig, obgleich jene Erzählung zu sagen unterlassen hat, wann er geschaffen sei?«

Dreiundzwanzigstes Kapitel

Nachdem ich nun diese Ansichten nach der Schwachheit meiner Fähigkeit, die ich dir, meinem allwissenden Gott, bekenne, gehört und erwogen habe, erkenne ich, daß zwei Arten verschiedener Ansichten möglich sind, wenn von glaubhaftigen Zeugen irgend etwas in Bildern mitgeteilt wird: erstens, daß eine verschiedene Meinung über die Wahrheit der Dinge, zweitens über die Meinung dessen besteht, der berichtet. Denn etwas anderes ist es, zu fragen, was in Beziehung auf die Schöpfungsgeschichte wahr ist, etwas anderes aber ist es, zu fragen, was Moses, der ausgezeichnete Diener deines Glaubens, mit diesen Worten dem Leser und Hörer hat sagen wollen. Hinsichtlich der ersten Frage bin ich verschiedener Meinung von allen denen, die der Meinung sind, sie wüßten, was falsch sei. Hinsichtlich der zweiten Frage trenne ich mich ebenso von allen, welche meinen, Moses habe, was falsch ist, gesagt. Vielmehr werde ich mich denen anschließen und mich mit ihnen in dir erfreuen, die sich in deiner Wahrheit, in der Fülle der Liebe ihre Nahrung suchen; wir wollen vereint zu den Worten deines Buches treten und wollen in ihm deinen Willen suchen, nach dem Willen deines Dieners, durch dessen Feder du uns dies mitgeteilt hast.

Vierundzwanzigstes Kapitel

Indes, wer von uns wird bei so vielem Wahren, das sich, bei dem abweichenden Verständnis jener Worte, dem Forschenden darbietet, den völlig erschöpfenden Gedanken finden, so daß er mit ebenso vollständiger Zuversicht zu sagen vermöchte, dieses habe Moses gemeint und dieses habe er in jener Erzählung sagen wollen, als er mit Zuversicht sagen kann, dies sei wahr, sei es, daß er dies besonders gemeint habe, oder nicht? Siehe, mein Gott, ich, dein Diener, der ich dir das Opfer des Bekenntnisses in diesem Buche gelobt habe, ich bitte, daß ich durch deine Barmherzigkeit dir meine Gelübde erfülle; siehe, wie zuversichtlich ich sage, du hast durch dein unwandelbares Wort alles geschaffen, Unsichtbares und Sichtbares; kann ich mit derselben Zuversicht sagen, daß Moses nichts anderes als dieses gemeint habe, als er die Worte schrieb: Im Anfang schuf

Gott Himmel und Erde? Nicht so wie ich jenes in der Wahrheit als gewiß erkenne, erkenne ich in seinem Geiste, er habe jenes gedacht, als er dieses schrieb. Denn er konnte, als er sagte, im Anfang, an den Anfang des Schaffens selbst denken; er konnte hier auch unter Himmel und Erde eine noch ungebildete und unvollendete, aber bereits angefangene und noch unausgebildete geistige oder körperliche Schöpfung verstanden wissen wollen. Ich sehe, daß jede dieser Ansichten, die ausgesprochen wurden, wirklich aufgestellt werden konnte; welche von diesen Ansichten er aber bei diesen Worten gehabt habe, das erkenne ich nicht in dieser Weise, obgleich ich gewiß bin, daß jener große Mann, mag er nun etwas von dem gedacht haben, was ich anführte, oder etwas anderes, was ich nicht erwähnt habe, im Geiste gesehen haben, als er diese Worte schrieb, Wahres gesehen und auf angemessene Weise berichtet habe.

Fünfundzwanzigstes Kapitel

Niemand sei mir noch lästig dadurch, daß er zu mir sagt: Moses hat nicht gemeint, was du sagst, sondern er hat gemeint, was ich sage. Denn wenn er mir sagte: »Woher weißt du, daß Moses gemeint habe, was du in seinen Worten findest?«, so müßte ich es ruhig ertragen und ihm etwa erwidern, was ich bereits oben sagte, oder vielleicht noch ausführlicher, wenn er noch hartnäckiger darauf bestehen sollte. Wenn er aber sagte: *Das hat er nicht gesagt, was du sagst, sondern was ich sage«, und doch nicht bestreitet, daß beides, was jeder von uns sagt, wahr sei, dann, o mein Gott, du Leben der Armen, in dessen Innerem kein Widerspruch gegen die Wahrheit wohnt, gieße in mein Herz Ströme der Milde, auf daß ich die Menschen geduldig ertrage, was sie sagen, sondern weil sie voll Hochmut sind und nicht die Gedanken von Moses kennen, sondern nur die ihrigen heben, nicht weil sie wahr sind, sondern weil sie die ihrigen sind. Sonst würden sie ja die Ansicht anderer nicht ebensosehr lieben, wenn sie wahr ist, wie ich liebe, was sie sagen, wenn sie sagen, was wahr ist; nicht weil es ihre Meinung ist, sondern weil es wahr ist; und deswegen weil es wahr ist, ist es nicht mehr das ihrige. Wenn sie es aber deswegen lieben, weil es wahr ist, so ist es sowohl das Ihrige, wie das Meinige, das allen Freunden der Wahrheit gemeinschaftlich gehört. Aber gerade das, daß sie behaupten, Moses habe nicht gemeint, was ich sage, sondern was sie sagen, das will ich nicht, das liebe ich nicht; denn auch wenn es so wäre, gibt ihnen diese Vermessenheit nicht die Wissenschaft, sondern der Hochmut; nicht ein Schauen, sondern Stolz erzeugt sie. Deswegen sind deine Gerichte, Herr, schrecklich; weil deine Wahrheit nicht mir gehört nicht diesem oder jenem, sondern uns allen, die du öffentlich zu ihrer Teilnahme berufest mit der ernstesten Erinnerung, daß wir dieselbe nicht allein für uns besitzen sollen, um ihrer nicht gänzlich beraubt zu werden. Denn jeder, der für sich in Anspruch nimmt, was du für alle bestimmst, und der das als das Seinige ansieht, was das Gut aller ist, wird von dem Gemeinsamen auf das Seinige zurückgedrängt, das heißt, von der Wahrheit zur Lüge. Wenn er die Lüge redet, so redet er von seinem Eigenen.

Höre, du gerechtester Richter, Gott, der du die Wahrheit bist, höre, was ich diesen Widersachern erwidere, höre; denn ich spreche vor deinem Angesichte und vor meinen Brüdern, die das Gesetz, dessen letztes Ziel die Liebe ist, auf die rechte Weise gebrauchen; höre und siehe, was ich ihnen sage, wenn es dir gefällt. Ich erwidere ihnen diese brüderlichen und friedlichen Worte: Wenn wir beide erkennen, daß dies wahr ist, was du sagst, woher, ich bitte dich, können wir dies erkennen? Gewiß, weder ich in dir noch du in mir, sondern wir beide in der unwandelbaren Wahrheit, die weit über unseren Geist erhaben ist. Wenn wir also nicht über das Licht unseres Herrn und Gottes streiten, warum wollen wir über den Gedanken des Nächsten streiten, der unserem Geiste nicht zugänglich ist wie die unwandelbare Wahrheit; denn wenn selbst Moses uns sagte,

»dies habe ich gemeint«, wir würden auch dann den Gedanken nicht so erkennen, sondern müßten wir nicht wiederum glauben? Nicht soll jemand höher von sich halten, denn jetzt geschrieben ist, auf daß sich nicht einer wider den andern um jemandes willen aufblase. Wir sollen Gott unseren Herrn heben von ganzem Herzen, von ganzer Seele und von ganzem Gemüte und unseren Nächsten als uns selbst. Wenn wir nicht glaubten, daß in Beziehung auf diese beiden Gebote der Liebe Moses alles das gemeint habe, was er in seinen Büchern gemeint hat, so würden wir Gott zum Lügner machen, da wir von dem Geiste des Mitknechtes anders denken, als er gelehrt hat. Siehe endlich, wie töricht es ist, unter so vielen völlig aufrichtigen Ansichten, die man in jenen Worten finden kann, verwegen behaupten zu wollen, welche von ihnen Moses vorzugsweise gemeint habe, und in verderblichem Streite die Liebe selbst zu verletzen, um deretwillen er, dessen Worte wir zu erklären wagen, alles gesagt hat.

Sechsundzwanzigstes Kapitel

Und doch, mein Gott, du Ruhm meiner Niedrigkeit und Ruhe in meiner Mühsal, der du meine Bekenntnisse vernimmst und mir meine Sünden vergibst, weil du mir gebietest, meinen Nächsten zu lieben wie mich selbst, kann ich annehmen, daß dein treuer Diener Moses weniger Gaben empfangen habe, als ich von dir gewünscht und begehrt hätte, wenn ich in jener Zeit, worin er lebte, gelebt hätte und du mich an jene Stelle gesetzt hättest, also daß durch den Dienst meines Herzens und meiner Zunge jene Schriften hätten verfaßt werden sollen, die so lange nachher allen Völkern zum Heile dienen sollten und auf dem Erdkreise durch ihr unermeßliches Ansehen die Worte aller Lehren der Lüge und des Hochmutes niederwerfen sollten? Ich hätte gewünscht, wenn ich damals Moses gewesen wäre – wir gehen ja alle aus derselben Materie hervor; und was ist der Mensch, daß du seiner gedenkest? –ich hätte also gewünscht, wenn ich damals gewesen wäre, was er war, und wenn es meine Aufgabe von dir gewesen wäre, das Buch der Genesis zu schreiben, mir wäre eine solche Kraft der Rede verliehen worden und eine solche Art, meine Gedanken auszudrücken, daß die, welche noch nicht begreifen können, wie Gott schafft, meine Worte, die über die Kraft ihres Geistes hinausgingen, nicht hätten widerlegen können, und die, welche dieses zu begreifen bereits imstande sind, auf welchen wahren Sinn sie auch immer mit ihren Gedanken stießen, finden möchten, auch er sei in den wenigen Worten deines Dieners nicht übergangen; und wenn ein anderer wieder einen andern Sinn im Lichte der Wahrheit fände, daß auch dieser in denselben Worten enthalten wäre.

Siebenundzwanzigstes Kapitel

Wie eine Quelle in geringem Raume reicher ist und in mehreren Bächen größere Strecken bewässert als jeder einzelne Bach, der aus dieser Quelle hervorgeht und über große Strecken dahinfließt, so entquillt die Erzählung deines treuen Dieners, die so vielen anderen Verkündigern dienen sollte, in ihrer einfachen Art der Rede wie ein Strom lauterer Wahrheit, aus dem jeder das Wahre schöpft, der eine dies, der andere jenes, wie er es fassen kann, durch die Krümmungen langer Schlüsse. Denn wenn die einen diese Worte lesen oder hören, so denken sie sich Gott als einen Menschen oder als ein materielles Wesen mit einer unbegrenzten Macht, das durch einen neuen und plötzlichen Entschluß außer sich und in entfernten Räumen Himmel und Erde geschaffen habe, zwei große Körper, den einen oben, den andern unten, die alles umfaßten. Und wenn sie hören, Gott sprach, es werde und es ward, dann denken sie sich wirklich Worte, die anfingen und endeten, in der Zeit ertönten und vorübergingen, nach deren Verklingen sogleich der Gegenstand da wäre, der nach Seinem Befehle da sein sollte, und ähnliches, was sie sich alles in dieser Weise ihres fleischlichen

Geistes denken. In diesen noch unmündigen Wesen wird, während ihre Schwäche durch die große Einfalt der Sprache gleichsam wie im mütterlichen Schoße getragen wird, der Glaube heilsam erbauet, daß Gott alle diese Dinge geschaffen, die ihre Sinne in ihrer wunderbaren Mannigfaltigkeit um sich her erblicken. Wenn aber irgend jemand von ihnen diese niedrige Schreibart verachten und in vermessener Schwachheit seine tragende und nährende Wiege verlassen wollte, der Unglückliche würde elend dahinfallen. Herr mein Gott, erbarme dich, daß nicht die, welche des Weges vorübergehen, das zarte Junge zertreten, und sende deinen Engel, daß er es wieder in sein Nest trage, damit es nun leben bleibe, bis es fliegen kann.

Achtundzwanzigstes Kapitel

Andere dagegen, für welche diese Worte kein Nest mehr sind, sondern schattiges Gebüsch, erblicken die in ihnen verborgenen Früchte, fliegen fröhlich umher, suchen schwatzend und pflücken sie. Denn wenn sie diese Worte lesen oder hören, sehen sie, mein Gott, daß deine unwandelbare Ewigkeit über alle vergangenen und zukünftigen Zeiten erhaben ist und daß es doch nichts in der zeitlichen Schöpfung gibt, was du nicht geschaffen hast, der du selbst dein eigener Wille bist, in welchem sich nichts ändert oder Neues entsteht, was nicht schon vorher dagewesen wäre und kraft dessen du alles geschaffen hast; aber nicht dein Ebenbild aus deinem Wesen, das Urbild aller Dinge, sondern aus nichts das Gestaltlose, das dir unähnlich, aber durch dein Ebenbild gestaltet werden sollte, so daß jede Art von Geschöpfen sich dir, dem Allmächtigen, nach dem ihr verliehenen Vermögen anschlösse, und daß alles sehr gut würde, möge es mit dir vereint bleiben oder stufenweise der Zeit und dem Raume nach sich von dir entfernend die herrliche Mannigfaltigkeit des Alls bewirken oder erleiden. Dies sehen sie und freuen sich im Lichte deiner Wahrheit, soviel sie hier es vermögen.

Ein anderer von ihnen sieht auf das, daß gesagt ist, im Anfang schuf Gott, und versteht unter dem Anfange die Weisheit, weil auch sie selbst zu uns spricht. Ein anderer sieht ebenfalls auf diese Worte und versteht unter dem Anfang das Entstehen der geschaffenen Dinge, und so faßt er, im Anfang schuf Gott, auf, als wenn gesagt wäre, zuerst schuf er. Von denen, die unter im Anfang verstehen, in der Weisheit hast du Himmel und Erde gemacht, meint der eine, Himmel und Erde sei der noch zu erschaffende Stoff des Himmels und der Erde genannt; ein anderer sieht darin die bereits gebildeten verschiedenen Wesen; noch ein anderer ein gestaltetes, und zwar geistiges Wesen unter dem Worte Himmel und eine ungestaltete körperliche Materie unter dem Namen Erde. Die aber unter dem Namen Himmel und Erde eine noch ungestaltete Materie verstehen, aus der Himmel und Erde gebildet werden sollen, die fassen auch dies auf verschiedene Weise auf. der eine versteht darunter die geistige und leibliche Schöpfung, der andere erkennt darin nur das, woraus jene sichtbare körperliche Masse, die in ihrem großen Schoße sichtbare und erkennbare Wesen birgt, vollendet werden sollte. Auch die sind nicht eins, die der Ansicht sind, daß die bereits geordneten und ausgebildeten Geschöpfe an dieser Stelle Himmel und Erde genannt würden; sondern der eine versteht darunter die unsichtbare und sichtbare Schöpfung; der andere bloß die sichtbare, in der er den lichtvollen Himmel erblickt und die finstere Erde und was auf ihnen ist.

Neunundzwanzigstes Kapitel

Aber der, welcher das: Im Anfang schuf Gott in dem Sinne versteht, als wenn gesagt würde, zuerst schuf Gott, der kann sich in Wahrheit unter Himmel und Erde nichts anderes vorstellen als den Stoff des Himmels und der Erde, nämlich der ganzen, das heißt, der geistigen und leiblichen Schöpfung. Denn wenn er sie sich als bereits ganz gestaltet denken will, so könnte man ihn mit Recht fragen: »Wenn Gott dies zuerst schuf, was hat er denn noch nachher gemacht?« Nach dieser vollendeten Schöpfung wird er nichts mehr finden und wird wider seinen Willen hören müssen: »Wie hat er dieses zuerst geschaffen, wenn er nachher nichts mehr geschaffen hat?« Wenn er aber sagt, er hat zuerst das Gestaltlose, dann das Gestaltete gemacht, so ist das nicht ungereimt, wenn er nur fähig ist zu unterscheiden, was durch Ewigkeit, was durch Zeit, was durch Zweck, was durch Ursprung früher ist; durch Ewigkeit, wie Gott allem vorangeht; durch Zeit, wie die Blume der Frucht vorangeht; durch Zweck, wie die Frucht der Blume; durch Ursprung, wie der Ton dem Gesange. Von diesen erwähnten vier Arten ist die erste und die letzte am schwersten zu verstehen, die beiden mittleren am leichtesten. Denn es ist ein seltener und überaus erhabener Anblick, Herr, deine Ewigkeit zu schauen, die, selbst unwandelbar, das Wandelbare schafft und folglich allem vorangeht. Wer hat ferner einen so feinen Sinn, daß er ohne große Mühe zu unterscheiden vermag, wie der Ton früher ist als der Gesang, weil der Gesang ein gestalteter Ton ist und freilich schon etwas da sein kann, was noch nicht gestaltet ist, wie aber das nicht gestaltet werden kann, was überhaupt nicht ist? So ist die Materie früher als das, was daraus gemacht wird; aber nicht deswegen ist sie früher, weil sie die wirkende Ursache ist, da sie vielmehr selbst erst wird; auch ist sie nicht früher in der Ordnung der Zeit. Denn wir bringen nicht zuerst ohne Gesang ungestaltete Töne hervor und bilden dann später daraus die Gestalt des Gesanges, wie wir aus Brettern einen Kasten, aus Silber ein Gefäß machen. Stoffe dieser Art gehen, auch der Zeit nach, der Gestalt der Dinge voran, die daraus gemacht werden; aber bei dem Gesange verhält es sich nicht so, denn wenn gesungen wird, hört man den Ton des Gesanges, aber er ertönt nicht zuvor in ungestalteter Weise, um dann zum Gesange sich zu bilden. Was vorher irgendwie ertönte, das geht vorüber, und man wird an ihm nichts finden, was man zurücknehmen und mit Kunst ordnen könnte; deshalb beruht der Gesang in seinen Tönen, da seine Töne sein Stoff sind. Denn dieser wird nicht gestaltet, damit er zum Gesange werde, und deshalb, wie gesagt, ist der Stoff des Tones früher als die Gestalt des Gesanges, nicht aber früher durch die wirkende Ursache, denn nicht der Ton erzeugt den Gesang, sondern durch den Körper ist er der Seele untertan, damit sie daraus den Gesang bilde. Auch der Zeit nach nicht früher, da er zugleich mit dem Gesange zutage tritt; auch nicht dem Werte nach, denn der Ton hat keinen höheren Wert als der Gesang, weil der Gesang nicht bloß ein Ton ist, sondern ein melodischer Ton. Aber früher dem Ursprunge nach; denn der Gesang wird nicht gebildet, damit der Ton sei, sondern der Ton, damit der Gesang sei. Dieses Beispiel läßt uns erkennen, daß die Materie der Dinge zuerst geschaffen und Himmel und Erde genannt ist, weil daraus Himmel und Erde gemacht sind; aber der Zeit nach nicht zuerst geschaffen, weil die Gestalten der Dinge erst die Zeiten hervorgehen lassen, jene Materie aber war ungestaltet und wurde erst zugleich in der Zeit wahrgenommen, und doch läßt sich von ihr nichts anderes sagen, als daß sie gleichsam der Zeit nach früher ist, obgleich sie geringer zu achten, weil gewiß das Gebildete vollkommener ist als das Ungebildete, obwohl die Ewigkeit des Schöpfers diesem vorangeht, damit aus dem Nichts etwas entstände, um daraus etwas zu bilden.

Dreißigstes Kapitel

Bei dieser Mannigfaltigkeit von wahren Meinungen möge die Wahrheit selbst die Übereinstimmung erzeugen und möge unser Gott sich unser erbarmen, daß wir einen rechten Gebrauch machen und wir alle eins seien in der Liebe, die des Gesetzes Endzweck ist; wenn mich daher jemand fragt, was Moses von diesem allem gemeint habe, so sind dies nicht Reden, die zu meinen Bekenntnissen passen, wofern ich dir nicht bekenne, ich weiß es nicht, und doch weiß ich, daß diese

Meinungen wahr sind, mit Ausnahme der grob sinnlichen, über die ich auch soviel als nötig meine Ansicht geäußert habe. jene hoffnungsvollen Kleinen mögen die Worte deines Buches, in ihrer Einfalt so erhaben und in ihrer Kürze so reich, nicht abschrecken. Aber wir alle, die wir, wie ich bekenne, in diesen Worten Wahres erkennen, laßt uns gegenseitig lieben und uns ebenso dich lieben, unseren Gott, die Quelle der Wahrheit, wenn wir nicht nach Eitlem, sondern nach ihr dürsten, und laßt uns ebenso deinen Diener, den Spender dieser Schrift, voll deines Geistes, also ehren, daß wir glauben, daß er diese Worte durch deine Eingebung geschrieben habe, was durch das Licht der Wahrheit wie durch den heilsamen Erfolg aus ihnen hervorleuchtet.

Einunddreißigstes Kapitel

Wenn daher jemand sagte: »Moses hat gemeint, was ich meinte«, und ein anderer, »nein, das, was ich meine«, so glaube ich, würde ich der Furcht Gottes gemäßer sagen: »Warum nicht vielmehr beides, wenn beides wahr ist?« Und wenn noch ein dritter und noch ein vierter in diesen Worten überhaupt etwas anderes als alles dieses erkannt habe, durch den Gott die heiligen Schriften dem Fassungsvermögen so vieler anpaßte, die darin einen so verschiedenen und doch wahren Sinn finden sollten? Ich wenigstens erkläre unerschrocken aus der Tiefe meines Herzens, schriebe ich etwas von so großer Bedeutung, so wünschte ich lieber so zu schreiben, daß meine Worte nachklängen, was jeder Wahres aus diesen Worten zu nehmen imstande wäre, als daß ich die wahre Meinung so bestimmt beschränken sollte, daß ich alle anderen ausschlösse, wenn mich ihre Unrichtigkeit nicht verletzte. Ich will daher nicht vermessen sein, mein Gott, daß ich glauben könnte, jener große Mann habe dieses Vorrecht von dir nicht empfangen. Als er dieses schrieb, hat er gewiß bei jenen Worten empfunden und gedacht, was wir bis jetzt darin finden konnten, und selbst was wir darin nicht finden konnten, was aber in ihnen verborgen liegt.

Zweiunddreißigstes Kapitel

Endlich, Herr, der du Gott bist und nicht Fleisch und Blut, wenn auch ein Mensch dieses alles nicht gesehen hätte, konnte es deshalb deinem Geiste der Güte, der mich den ersten Weg leiten wollte, verborgen bleiben, was du selbst in späterer Zeit denen, die deine Worte lesen, offenbaren wolltest, obgleich jener, durch den sie gesprochen, vielleicht nur an eine der vielen Meinungen gedacht hat? Wenn es sich so verhält, dann wäre freilich diejenige, an die er dachte, vortrefflicher als alle. Uns aber lehre sie, Herr, oder wenigstens eine andere wahre, daß du uns entweder dasselbe offenbarst, was du auch jenem Manne offenbarst, oder uns vermittels dieser Worte beweisest, daß du uns doch weidest und uns kein Irrtum täusche. Siehe, Herr, mein Gott, wie vieles habe ich über so wenige Worte geschrieben, wie vieles, ich bitte dich! Würden alle unsere Kräfte, alle unsere Zeit in dieser Weise allen deinen Büchern genügen? Laß mich also kürzer in ihnen dir bekennen und irgend etwas wählen, was du als wahr, gewiß und gut eingabest, wenn auch vieles mir entgegentrat, wo so vieles mir entgegentreten kam; laß mein Bekenntnis so treu sein, daß, wenn ich sage, was dein Diener gemeint hat, ich es richtig und gut ausdrücke; denn darauf muß mein Streben gerichtet sein; wenn ich diesen Sinn nicht träfe, möchte ich wenigstens sagen, was deine Wahrheit mir durch seine Worte sagen wollen, die auch ihm gesagt hat, was sie wollte.

Dreizehntes Buch

Erstes Kapitel

Ich rufe dich an, mein Gott, mein Erbarmer, der du mich geschaffen hast und der du den, der dich vergaß, nicht vergessen hast. Ich rufe dich in meine Seele, die du bereitest, daß sie dich empfange, durch das Verlangen, das du ihr einflößest. Verlaß jetzt nicht den, der dich anruft, der du, ehe ich dich anrief, mir schon zuvorkamst und mich unaufhörlich in aller Weise drängtest, daß ich dich in der Ferne hören, zurückkehren und dich, der du mich riefst, anrufen möchte. Denn du, Herr, tilgest alle meine Schuld, damit du meinen Händen nicht vergeltest, durch deren Werke ich von dir abfiel; und du kamest allen meinen guten Werken zuvor, daß du mir mit deinen Händen, mit denen du mich gemacht hast, vergeltest; denn bevor ich war, watest du; und ich war nichts, dem du hättest das Dasein verleihen können, und doch bin ich durch deine Güte, die dem Ganzen, wozu du mich machtest und woraus du mich machtest, zuvorkam. Denn du bedurftest meiner nicht noch ist alles Gute in mir derart, daß es dir, mein Herr und Gott, Nutzen brächte noch daß ich dir also diente, damit du in deinem Wirken gleichsam nicht ermüdetest oder damit deine Macht meines Gehorsams entbehrend nicht geringer sei; noch daß ich dich also verehrte wie ein irdisches Gebilde, so daß du unverehrt wärest, wenn ich dich nicht ehre; sondern daß ich dir diene und dich ehre, damit es mir wohl werde durch dich, von dem ich gemacht bin als ein Wesen, dem wohl sein kann.

Zweites Kapitel

Aus der Fülle deiner Güte ist deine Schöpfung hervorgegangen, damit das Gute, obwohl es dir keinen Nutzen gewährt und obgleich es von dir ist, dir doch nicht gleich sein konnte, dennoch, da es nur aus dir werden konnte, nicht fehle. Denn welches Verdienst haben um dich Himmel und Erde, die du im Anfang geschaffen hast? Mögen die geistigen und körperlichen Geschöpfe, die du in deiner Weisheit schufest, sagen, wie sie verdient haben, daß das Angefangene und Ungestaltete, jedes in seiner Art, geistig oder körperlich, dennoch von ihr abhängt; welches zur Unordnung und zur höchsten Unähnlichkeit mit dir strebt, das geistige Ungestaltete vorzüglicher, als wenn es ein sinnlich Gestaltetes wäre; das sinnlich Ungestaltete vorzüglicher, als wenn es ganz und gar nichts wäre; und so wäre es, wie es zuerst in deinem Worte bezeichnet ist, ungestaltet geblieben, wenn es nicht durch dein Wort zu der Einheit mit dir berufen und gebildet wäre, auf daß alles durch dich, das einzige und höchste Gut, sehr gut würde. Wie aber hat es dies um dich verdient, auch nur gestaltlos. zu sein, da auch dies nicht wäre, wenn nicht durch dich?

Wie hat es eine körperliche Materie um dich verdient, daß sie wenigstens wüst und leer war? Sie wäre auch dieses nicht, wenn du sie nicht geschaffen; und deshalb konnte sie, weil sie nicht war, es auch nicht um dich verdienen, daß sie war. Oder, wie verdiente es um dich der Anfang der geistigen Schöpfung, daß sie auch nur als eine finstere, der Tiefe ähnliche, dir unähnliche, umhertrieb, wenn sie nicht durch dasselbe Wort zu dem gerichtet worden, von welchem sie geschaffen ist und, von ihm erleuchtet, ein Licht geworden, wenn auch nicht deinem Ebenbilde gleich, doch ihm ähnlich? Denn wie es für einen Körper nicht dasselbe ist, daß er ist und daß er schön ist, sonst könnte es ja keine Ungestalt geben, so ist es auch bei einem geschaffenen Geist nicht dasselbe, zu leben und weise zu leben, sonst würde er unveränderlich weise sein. Für ihn ist es gut, stets dir anzuhängen, damit er das, was er durch die Umkehr gewonnen, nicht wieder durch Abkehr verliere und nicht wieder in ein Leben des finsteren Abgrundes zurückfalle. Denn auch wir, die wir durch die Seele eine geistige Schöpfung sind, von dir, unserem Lichte abgewandt, waren wir weiland Finsternis in diesem Leben und wir leiden noch an den Überbleibseln unserer Finsternis, bis wir in deinem Eingeborenen deine Gerechtigkeit werden, wie Berge Gottes; denn wir waren der Gegenstand deines Gerichts, tief wie der Abgrund.

Drittes Kapitel

Was du aber beim Anfange der Schöpfung sagtest, es werde Licht und es ward Licht, verstehe ich wohl mit Recht von der geistigen Schöpfung, die bereits im Leben, wie es auch sein mochte, vorhanden war, so daß du erleuchten konntest, so hatte sie kein Verdienst, wenn sie auch das Dasein hatte, daß sie von dir erleuchtet würde. Dir hätte ihre Gestaltlosigkeit nicht gefallen, wenn sie nicht Licht wurde, nicht durch die Kraft ihres eigenen Daseins, sondern durch das Anschauen des erleuchtenden Lichtes und durch die Gemeinschaft mit Ihm, so daß sie ganz allein deiner Gnade verdankt, sowohl, daß sie lebt, als auch, daß sie glücklich lebt, weil sie sich durch eine Umwandelung zum Bessern zu dem hingewandt hat, der sich weder zum Bessern noch zum Schlechtern verändert, was du allein bist, daß du allein wahrhaft bist, für welchen leben und glückselig leben eins ist, da du deine Seligkeit selbst bist.

Viertes Kapitel

Was könnte dir also an der Seligkeit, die du dir selbst bist, mangeln, auch wenn jene Wesen nicht wären oder wenn sie auch in ihrer Unvollkommenheit geblieben wären, die du nicht, weil du ihrer bedurft hättest, gemacht hast, sondern aus der Fülle deiner Güte, die du ordnetest und gestaltetest, aber nicht damit durch sie gleichsam deine Freude vollkommen würde? Gewiß mißfällt dir ihre Unvollkommenheit. Denn dein guter Geist schwebte auf den Wassern; er wurde nicht etwa von denselben getragen, um auf ihnen gleichsam zu ruhen. Denn von welchen es heißt, ein guter Geist ruhe auf ihnen, die läßt er in sich ruhen. Aber dein unvergänglicher und unveränderlicher

Wille, der sich selbst in sich genügt, schwebte über dem Leben, das du erschaffen hattest, denn leben und selig leben nicht dasselbe ist, weil es auch in seiner Finsternis umhertreibend lebt; es muß zu dem zurückkehren, von dem es geschaffen ist und immer mehr aus der Quelle des Lebens leben und das Licht in Seinem Lichte schauen und darin seine Vollkommenheit, seine Herrlichkeit und Seligkeit finden.

Fünftes Kapitel

Siehe, wie in einem Rätsel erscheint mir die Dreieinigkeit, die du, mein Gott, bist; denn du, Vater, hast im Anfange unserer Weisheit, die deine von dir geborene Weisheit ist, dir gleich und mit dir gleich ewig, das heißt, in deinem Sohne hast du Himmel und Erde geschaffen. Wir haben vieles von dem Himmel des Himmels gesprochen, von der wüsten und leeren Erde und von der finstern Tiefe, das heißt, von den Irrsalen und Mängeln der Gestaltlosigkeit der geistigen Wesen, worin sie immer geblieben wären, wenn sie nicht zu dem zurückgeführt worden wären, der ihnen dies unvollkommene Leben gab, und wenn dies nicht kraft der Erleuchtung herrlich und ein Himmel des Himmels geworden wäre, der dann zwischen das Wasser und das Wasser gesetzt wurde; ich erkannte schon in dem Namen Gottes den Vater, der dies schuf; in dem Worte Anfang, in dem er es schuf, den Sohn; und da ich annahm, daß mein Gott dreieinig sei, wie ich ihn glaubte, forschte ich in seinen heiligen Aussprüchen und siehe, dein Geist schwebte über dem Wasser. Das ist die Dreieinigkeit, mein Gott! Der Vater, der Sohn und der heilige Geist, der Schöpfer der ganzen Schöpfung.

Sechstes Kapitel

Was aber war die Ursache, o Licht, du Quell der Wahrheit (laß mein Herz sich dir nahen, damit es mich nicht zum Irrtume verleite, zerstreue seine Finsternis und sage mir), ich bitte dich bei der Liebe, der Quelle alles Heiles, sage mir, welches war die Ursache, daß erst nach der Erwähnung des Himmels, nach Erwähnung der wüsten und leeren Erde und der Finsternis auf der Tiefe die Schrift deines Geistes erwähnt? Etwa darum, weil es nötig war, Ihn so zu bezeichnen, ihn über etwas schweben zu lassen, und konnte dieses nicht geschehen, wenn nicht zuvor erwähnt war, worüber der Geist schwebte. Nicht über dem Vater, nicht über dem Sohne schwebte Er; und es ließe sich nicht mit Recht sagen, Er schwebte über etwas, wenn Er nicht wirklich über etwas schwebte. Zuvor mußte also gesagt werden, worüber er schwebte, dann konnte dessen erwähnt werden, welcher nicht anders als schwebend bezeichnet werden sollte. Warum aber sollte von Ihm nicht anders als schwebend gesprochen werden?

Siebentes Kapitel

Von hier aus folge, wer es vermag, mit seinen Gedanken deinem Apostel, wenn er sagte: Denn die Liebe Gottes ist ausgegossen in unser Herz durch den heiligen Geist, welcher uns gegeben ist, wenn er sagt: Strebet nach den besten Gaben. Und ich will euch einen köstlicheren Weg zeigen; und weiter: Ich beuge meine Knie gegen den Vater unseres Herrn Jesu Christi, auf daß ihr erkennen möchtet, daß Christum heb haben viel besser ist denn alles Wissen, auf daß ihr erfüllet werdet mit allerlei Geistesfülle. Deshalb schwebte er im Anfange über dem Wasser. Zu wem soll ich sprechen? Wie soll ich reden von dem Hinabziehen der Leidenschaft in den tiefen Abgrund und von der Erhebung der Liebe durch den Geist, der über dem Wasser schwebte? Zu wem soll ich sprechen? Wie soll ich es aussprechen? Es ist kein Ort, wo wir sinken und emporsteigen. Was ist ähnlicher? Was ist unähnlicher? Es sind unsere Leidenschaften, es sind die Regungen unserer Liebe; die Unreinheit unseres Geistes zieht uns durch die Liebe zu irdischen Sorgen in diesen Abgrund hinab und die Heiligkeit hebt uns empor durch das Verlangen der Gewißheit, so daß sich unsere Herzen zu dir emporrichten, wo dein Geist über dem Wasser schwebt, und wir zu der Ruhe gelangen, die über alles hinaus wohnt, wenn unsere Seele durch die Wasser hindurchgegangen ist, die ohne Wesen sind.

Achtes Kapitel

Der Engel sank hinab, die Seele des Menschen sank hinab, und beide wiesen dadurch auf den Abgrund aller geistigen Geschöpfe in der Tiefe der Finsternis hin, wenn du nicht gleich im Anfange gesagt hättest: Es werde Licht, und wenn es nicht Licht geworden wäre und alle geistigen Wesen deiner himmlischen Stadt sich nicht durch den Gehorsam mit dir vereinigten, um Ruhe zu finden in deinem Geiste, der unveränderlich über allem Wandelbaren schwebt. Sonst würde selbst der Himmel des Himmels in sich nur ein finsterer Abgrund sein; nun aber seid ihr ein Licht in dem Herrn. Denn auch in der unseligen Unruhe der zurücksinkenden Geister, die nach der Entkleidung von deinem Lichtgewande nur den Anblick ihrer Finsternis darbieten, zeigst du uns = Genüge die Größe der vernunftbegabten Geschöpfe, denen nichts zu ihrer seligen Ruhe genügt, was geringer ist als du, und deswegen kann sie auch sich selbst nicht genügen. Denn du, unser Gott, erleuchtest unsere Finsternis –, aus dir kommt unsere Kleidung, und die Nacht leuchtet wie der Tag und die Finsternis wie das Licht. Gib mir dich, mein Gott, gib dich meinem Herzen zurück, denn ich liebe dich und ist es auch noch wenig, ich will dich immer lieben. Ich kann nicht ermessen, daß ich weiß, wieviel der Liebe mir noch fehle, bis es hinreicht, daß mein Leben sich zu deiner Anschauung erhebe und nichts es von dir entferne, bis es sich in dem Geheimnisse deines Angesichts verliert. Nur eins weiß ich, daß ich ohne dich elend bin, nicht bloß außer mir, sondern auch in mir selbst; daß jeder Reichtum, der nicht mein Gott ist, für mich nur Armut ist.

Neuntes Kapitel

Schwebte nicht auch der Vater oder der Sohn über den Wassern? Wenn dies wäre gleich wie ein Körper über dem Raume, dann schwebte auch nicht der heilige Geist darüber; wenn diese Worte aber die Erhabenheit der unwandelbaren Gottheit über allem Wandelbaren anzeigen, so schwebte der Vater und der Sohn und der heilige Geist über dem Wasser. Warum also ist dies nur von dem heiligen Geist gesagt? Gleichsam als wenn er dort räumlich wäre, der doch nicht räumlich ist, sondern von welchem gesagt ist, daß er deine Gabe sei. In deiner Gabe wollen wir ruhen, dort deiner genießen. Dort ist unsere Ruhe, unsere Stätte. Dorthin erhebt uns die Liebe und dein guter Geist erhöhet unsere Niedrigkeit über die Pforten des Todes. Im guten Willen ist Friede für uns. Ein Körper strebt durch eigenes Gewicht zu seinem Mittelpunkt. Dies Gewicht zieht ihn nicht nur nach unten, sondern zu seinem Orte. Das Feuer steigt aufwärts, der Stein fällt abwärts. Von ihrem Gewichte getrieben, streben beide ihrem Mittelpunkte zu. Das Öl, auf welches man Wasser schüttet, erhebt sich über das Wasser; Wasser aber über Öl gegossen, sinkt unter das Öl hinab; von ihrem Gewichte getrieben, streben beide ihrem Mittelpunkte zu. Weniger geordnet, sind sie unruhig; wenn sie geordnet sind, ruhen sie. Mein Gewicht ist meine Liebe; durch sie werde ich getrieben, wohin ich immer getrieben werde. Durch deine Gabe werden wir entzündet und emporgehoben. Wir entbrennen und wir gehen. Wir steigen auf durch das Entzücken unseres Herzens und singen das Lied der Stufen. Durch dein Feuer, durch dein heiliges Feuer erglühen wir und wandeln wir; wir gehen hinauf zum Frieden Jerusalems, wie freue ich mich des, das mir geredet ist, daß wir werden in das Haus des Herrn gehen. Dorthin versetzt uns der gute Wille, der in uns keinen andern Wunsch aufkommen läßt, als dort zu bleiben in Ewigkeit.

Zehntes Kapitel

Selig das Geschöpf, das nichts anderes kennte, obgleich es selbst ein anderes wäre, wenn es nicht durch deine Gabe, die über allem Wandelbaren schwebt, gleich nach seiner Schöpfung ohne irgendeinen Zeitraum durch jenes Wort, es werde Licht und es ward Licht, emporgehoben wäre. Denn bei uns unterscheidet man in der Zeit, daß wir Finsternis waren und wir Licht wurden; bei jenen Geschöpfen aber ist gesagt, was sie wären, wenn sie nicht erleuchtet worden wären, und demzufolge wurde gesagt, wie sie früher unstät und finster gewesen, um die Ursache zu offenbaren, die es bewirkte, daß es anders geworden sei, das heißt, daß sie hingewandt zum unversiegbaren Lichte Licht wurden. Verstehe dieses, wer kann, und er bitte dich um sein Verständnis! Wozu ist er auch mir lästig, wie wenn ich das Licht wäre, das jeden Menschen erleuchten solle, der in diese Welt kommt?

Elftes Kapitel

Wer begreift die allmächtige Dreieinigkeit? Und wer spricht nicht von ihr als etwas ganz Gewöhnlichem, wenn er anders von ihr spricht? Selten ist der Geist, der, wenn er von ihr spricht, weiß, was er sagt. Man streitet und kämpft und doch schaut niemand ohne den Frieden und die Ruhe der Seele dieses Geheimnis. Ich wünschte, die Menschen bedächten bei sich drei Dinge. Freilich sind diese drei Dinge etwas ganz anderes als jene Dreieinigkeit; doch gebe ich sie ihnen auf, damit sie sich üben und erfahren, wie weit sie davon entfernt sind. Diese drei Dinge sind: Sein, Wissen und Wollen. Ich bin, ich weiß, ich will, ich bin, der weiß und der will; und ich weiß, daß ich bin und daß ich will; ich will sein und will wissen. Wie sehr von diesen Dingen das Leben unzertrennlich ist, und zwar ein Leben, ein Geist, eine Wesenheit und welch ein unzertrennlicher Unterschied und doch Unterschied, das begreife, dem es möglich ist.

Dies liegt vor jedem; er betrachte sich, er sehe, und er antworte mir. Wenn er aber in diesem einen Aufschluß findet und es mir sagt, so glaube er nicht, daß er schon das Wesen erkannt habe, was über dieses Wandelbare erhaben ist, was unwandelbar ist, was unwandelbar weiß, was unwandelbar will; und ob dieser drei Dinge wegen auch dort die Dreieinigkeit ist oder ob alle drei in jedem einzelnen, so daß alle drei in jeder Person sind, oder ob beides auf wunderbare Weise einfach und dennoch auf vielfältige Weise in ihr stattfindet, die sich selbst ihr Ziel ist, sich kennt und unwandelbar in jener überaus großen Einheit sich selbst genügt; wer vermag dieses zu begreifen? Wer vermag es je zu sagen? Wer ist vermessen genug, es auf irgendeine Weise aussprechen zu wollen.

Zwölftes Kapitel

Fahre fort, mein Glaube, in deinem Bekenntnisse; sage dem Herrn deinem Gott: Heilig, heilig, heilig, mein Herr und Gott, auf deinen Namen sind wir getauft, Vater, Sohn und heiliger Geist; auf deinen Namen taufen wir, Vater, Sohn und heiliger Geist; denn auch bei uns schuf Gott in Christo, seinem Sohne, Himmel und Erde, die geistlichen und fleischlichen Menschen seiner Kirche; und bevor unsere Erde ihre Gestalt durch die Lehre des Wortes empfing, war sie wüst und leer und bedeckte uns die Finsternis der Unwissenheit, weil du den Menschen gezüchtigt hast um der Sünde willen und weil deine Gerichte wie die Tiefen des Abgrundes sind. Da aber dein Geist über dem Wasser schwebte, verließ deine Erbarmung unser Elend nicht und du sagtest: Es werde Licht. Tut Buße, das Himmelreich ist nahe herbeigekommen. Tut Buße, es werde Licht. Und weil meine Seele betrübt in mir ist, darum denke ich an dich, Herr, im Lande am Jordan und auf dem Berge, der gleich groß ist wie du, aber klein um unseretwillen, und es mißfiel uns unsere Finsternis, als wir zu dir zurückkehrten, und es wurde Licht.

Und siehe, die wir weiland Finsternis waren, nun sind wir ein Licht in dem Herrn.

Dreizehntes Kapitel

Doch sind wir dies nur erst im Glauben, nicht schon im Schauen. Die Hoffnung aber, die man sieht, ist nicht Hoffnung. Noch rauschen deine Fluten daher, daß hier eine Tiefe und da eine Tiefe brauset; und alle deine Wasserwogen und Wellen gehen über mich, aber die Tiefe ruft doch bereits mit der Stimme deiner Fluten. Auch jener, welcher spricht, ich konnte nicht mit euch reden als mit Geistlichen, sondern als mit Fleischlichen, schätzt sich selbst noch nicht, daß er es begriffen habe; ich vergesse, was dahinten ist, und strecke mich zu dem, was da vorne ist; er seufzet unter der Last, die ihn niederdrückt, er dürstet nach Gott, nach dem lebendigen Gott, wie der Hirsch schreiet nach frischem Wasser, und sagt, wann werde ich dahin kommen, daß ich Gottes Angesicht schaue? Wir sehnen uns nach unserer Behausung, die vom Himmel ist, und uns verlanget, daß wir damit überkleidet werden, und er ruft dem untern Abgrunde zu, da er spricht: Stellet euch nicht dieser Welt gleich, sondern verändert euch durch Erneuerung eures Sinnes; und, werdet nicht Kinder an dem Verständnis, sondern vor der Bosheit seid Kinder, an dem Verständnis aber seid vollkommen; und, o ihr unverständigen Galater, wer hat euch bezaubert? Aber schon läßt sich nicht mehr seine Stimme, sondern deine Stimme selbst vernehmen, der du vom Himmel herab deinen Geist gesandt hast durch den, welcher zum Himmel aufgefahren ist und die unerschöpfliche Quelle deiner Gnade öffnete, um Ströme von Freude über deine heilige Stadt auszugießen. Nach ihr sehnt sich der Freund des Bräutigams, der schon die Erstlinge des Geistes empfangen hat, seufzt aber auch bei sich selbst nach der Kindschaft und wartet auf des Leibes Erlösung; nach ihr seufzt er (aber auch bei sich selbst), denn er ist ein Glied der Kirche, der Braut; für sie eifert er, denn er ist ein Freund des Bräutigams;

für ihn eifert er, nicht für sich, weil er durch die Stimme deiner Wasserfluten, nicht mit seiner eigenen Stimme den andern Abgrund anruft; im Eifer für diesen befürchtet er, daß nicht, wie die Schlange Eva verführte mit ihrer Schalkheit, also auch eure Sinne verrückt werden von der Einfältigkeit in Christo, unserm Bräutigam, deinem Eingeborenen. Wie wird das Licht seines Angesichts leuchten, wenn wir ihn sehen werden, wie er ist, und wenn die Tränen vorüber sein werden, die Tag und Nacht meine Speise sind, weil man täglich zu mir sagt – Wo ist nun dein Gott?

Vierzehntes Kapitel

Auch ich spreche: Wo bist du, mein Gott? Ach, wo bist du? ich atme in dir etwas auf, wenn ich mein Herz herausschütte bei mir selbst mit Frohlocken und Danken, unter dem Haufen derer, die da eifern. Doch ist meine Seele noch traurig, weil sie bald wieder herabsinkt und ein Abgrund wird, oder vielmehr, weil sie fühlt, daß sie noch ein Abgrund ist. Da spricht zu ihr mein Glaube, den du in der Nacht angezündet hast: Was betrübst du dich, meine Seele, und bist so unruhig in mir? Harre auf Gott; dein Wort ist meines Fußes Leuchte und ein Licht auf meinem Wege. Hoffe und harre, bis die Nacht, die Mutter der Gottlosen, vorübergeht, bis der Zorn des Herrn vorübergehe, dessen Kinder auch wir einst waren, aber wir noch Finsternis waren, deren Überbleibsel noch dieser durch die Sünde sterbende Leib an sich trägt, bis der Tag kühl werde und die Schatten abnehmen. Harre auf den Herrn; frühe will ich mich zu dir schicken und darauf merken und will immerdar dein Lob verkündigen. Frühe will ich mich zu dir schicken und werde das Heil meines Angesichtes sehen, meinen Gott, der auch unsere sterblichen Leiber lebendig macht um deswillen, dessen Geist in uns wohnt, und der erbarmend über unserem finsteren und flutenden Innern schwebt. Durch ihn haben wir auf der Pilgerfahrt dieses Lebens das Unterpfand empfangen, daß wir bereits Licht sind, während wir schon in Hoffnung selig sind,

Kinder des Lichtes und Kinder des Tages, nicht Kinder der Nacht noch der Finsternis, die wir einst waren. Zwischen diesen und uns unterscheidest, bei der Ungewißheit menschlicher Erkenntnis, allein du, der du unsere Herzen prüfst und das Licht Tag und die Finsternis Nacht nennst, wer kann uns unterscheiden als du? Was haben wir aber, was wir nicht empfangen haben, sind wir nicht alle von derselben Erde genommen, um Gefäße der Ehre oder Gefäße der Unehre zu sein?

Fünfzehntes Kapitel

Oder wer, wenn nicht du, unser Gott, hat die Veste der Autorität über uns in deiner göttlichen Schrift geschaffen? Denn der Himmel wird wie ein Buch aufgerollt werden und ist jetzt wie ein Kleid über uns ausgespannt. Das Ansehen deiner heiligen Schrift ist um so erhabener, seitdem jene Sterblichen, die du zu ihren Werkzeugen erwählt hast, durch den Tod bereits von hier geschieden sind. Du weißt, Herr, du weißt, wie du die Menschen mit Fellen bekleidetest, als sie durch die Sünde sterblich wurden. Deshalb hast du die Veste deiner Schrift wie ein Kleid über uns ausgebreitet, die völlig übereinstimmenden Worte, die du durch Vermittlung sterblicher Menschen über uns erhoben hast. Denn durch ihren Tod wird die Befestigung des Ansehens deiner von ihnen mitgeteilten Worte hoch über alles, was darunter ist, ausgebreitet, die, solange sie noch herniederwallten, nicht so erhöhet und verbreitet war. Du hattest noch nicht den Himmel wie ein Kleid über uns ausgebreitet noch nicht ihres Todes Ruf überallhin getragen.

Laß uns, Herr, die Himmel, die Werke deiner Hände schauen; zerstreue die Wolken, die sie unseren Augen verhüllen! Dort ist dein Zeugnis, das den Kleinen Weisheit gewährt. Bereite dir, mein Gott, dein Lob aus dem Munde der jungen Kinder und Säuglinge. Wir kennen keine andern Bücher, die so sehr zunichte machen den Stolz, so sehr zunichte machen den Feind, der widerstrebend deiner Versöhnung seine Sünde verteidigt.

Ich kenne, Herr, o Herr, ich kenne keine keuscheren Worte, die mich so zum Bekenntnis bewegten und meinen Nacken unter dein Joch so beugten' dir aus Liebe zu dienen. Möchte ich sie, gütiger Vater, verstehen; verleihe dieses mir, der sich ihnen unterwirft, da du sie für die gegründet, die sich ihnen unterwerfen.

Andere Gewässer gibt es über dieser Veste, ich glaube, unsterbliche, bewahrt vor dem irdischen Verderben. Mögen deinen Namen loben, mögen dich loben die übersinnlichen Völker deiner Engel, die nicht nötig haben, zu dieser Veste aufzublicken und dein Wort durch Lesen zu erkennen. Denn sie sehen allezeit dein Angesicht und lesen dort ohne Silben der Zeit, was dein ewiger Wille will. Sie lesen, sie wählen, sie lieben sie; sie lesen immerdar und nie vergeht, was sie lesen. Sie lesen selbst die Unwandelbarkeit deines Ratschlusses, sie wählen und lieben sie. Für sie schließt sich dies Buch nicht; ihr Buch rollt sich auf, denn du selbst bist ihr Buch und bist es ewig; denn du hast sie über diese Veste gestellt, die du über der Schwachheit der niederen Völker begründet hast, daß sie hinaufblicken und deine Barmherzigkeit erkennen, die dich ihnen zeitlich verkünden soll, der du die Zeiten geschaffen hast. Denn im Himmel, Herr, wohnt deine Barmherzigkeit und deine Wahrheit, soweit die Wolken geben. Die Wolken vergehen, der Himmel aber bleibt. Die Verkündiger deines Wortes gehen vorüber, gehen aus diesem Leben in ein anderes; deine Schrift aber breitet sich über die Völker aus bis an das Ende der Tage. Aber auch Himmel und Erde werden vergehen, aber dein Wort wird nicht vergehen. Denn auch das Kleid des Himmels wird zusammengelegt werden, und das Gras, über welches er ausgespannt war, wird mit all seiner Herrlichkeit verschwinden; dein Wort aber bleibt in Ewigkeit; jetzt erscheint es uns nur wie ein Rätsel in eine Wolke gehüllt; und wie durch den Spiegel des Himmels, nicht aber wie es ist; denn obwohl wir die Geliebten deines Sohnes sind, ist doch noch nicht erschienen, was wir sein werden. Er blickt durch die Hülle des Fleisches, hat uns mit

Liebkosungen überhäuft und mit seiner Liebe entflammt, und wir laufen seinem Wohlgeruche nach. Wenn er aber erschienen sein wird, werden wir ihm gleich sein, denn wir werden ihn sehen, wie er ist; ihn zu sehen, wie er ist, Herr, das ist uns doch nicht vergönnt.

Sechzehntes Kapitel

Denn ganz, wie du bist, das weißt du allein, der du unwandelbar bist in deinem Sein; unwandelbar in dem, was du weißt; und unwandelbar in dem, was du willst. Dein Wesen weiß und will unwandelbar; dein Wissen ist und will unwandelbar, und dein Wille ist und weiß unwandelbar. Es scheint vor dir nicht gerecht zu sein, daß, wie das unwandelbare Licht sich selbst erkennt, daß es so auch von dem erleuchteten Wandelbaren erkannt werde. Deshalb dürstet meine Seele nach dir wie ein dürres Land, denn wie sie sich aus sich selbst nicht erleuchten kann, vermag sie auch nicht aus sich selbst ihr Verlangen zu stillen. So ist bei dir, bei dir die lebendige Quelle und in deinem Lichte sehen wir das Licht.

Siebzehntes Kapitel

Wer sammelte die bittern Wasser an einen einzigen Ort? Sie haben dasselbe Ziel zeitlichen und irdischen Glückes, dessentwegen sie alles tun, obwohl sie von unzähligen Sorgen hin- und herschwanken. Wer, Herr, als du, der du gesagt hast: Es sammele sich das Wasser an besondere Örter, damit man das Trockene sehe, das nach dir dürstet? Denn auch das Meer ist dein und du hast es gemacht und deine Hände haben das Trockene bereitet; denn nicht die Bitterkeit der Willen, sondern die Sammlung der Gewässer wird Meer genannt. Denn du hältst auch die unordentlichen Neigungen der Seele zusammen und steckst Grenzen, die sie nicht überschreiten dürfen und zwingst so die Wogen, sich an sich selbst zu brechen, und gestaltest dies Meer nach der Ordnung deiner Herrschaft über alles.

Doch die Seelen, die nach dir dürsten und stets vor deinem Angesichte sind, die du in anderer Absicht von der Gemeinschaft des Meeres getrennt hast, benetze du sie im verborgenen mit dem süßen Quell, damit auch die Erde ihre Frucht trage; es trägt unsere Seele Frucht und auf Geheiß unseres Herrn und Gottes läßt sie aufgehen Werke der Barmherzigkeit nach ihrer Art; sie liebt ihren Nächsten und hilft ihm in den Nöten des Lebens und trägt in sich den Samen zu Ähnlichem, denn, eingedenk unserer Schwachheit, fühlen wir Mitleid, dem Dürftigen beizustehen, wie auch wir wünschen würden, daß uns geholfen würde, wenn gleiche Not uns drängte; nicht nur in geringen Dingen, die dem Grase gleichen, das von selbst aus der Erde wächst, sondern auch in der kräftigen Gewährung von Schutz und Hilfe, gleich einem fruchtbaren Baume, das heißt, durch die Wohltat, den, der Unrecht leidet, aus der Hand der Gewalt zu reißen und ihm eine Zufluchtsstätte durch die Kraft eines gerechten Urteils zu gewähren.

Achtzehntes Kapitel

Ich bitte dich, Herr, laß also, wie du gewohnt bist, uns Freudigkeit und Kraft zu geben, Wahrheit aus der Erde sprossen, und deine Gerechtigkeit uns vom Himmel herabsehen und Lichter an der Veste des Himmels werden. Laßt uns dem Hungrigen unser Brot brechen und die, so im Elend irren, ins Haus führen; laßt uns, so wir einen nackend sehen, ihn kleiden und uns nicht unserem Fleische entziehen. Wenn die Erde unserer Herzen diese Früchte hervorbringt, dann siehe herab, daß es gut ist, und laß unser zeitliches Licht hervorbrechen und uns, von dieser niedrigen Frucht unseres Handelns zu der Wonne des Anschauens durch das Wort des höheren Lebens erhoben, scheinen wie die Lichter in der Welt und mit der Veste deiner

Schrift innig vereint sein. Denn dort wirst du uns lehren, daß wir das Geistige vom Sinnlichen unterscheiden wie den Tag von der Nacht, oder die geistigen Seelen von den sinnlichen, so daß du nicht mehr allein in der Verborgenheit deines Gerichtes, wie vor der Entstehung der Veste des Himmels, das Licht von der Finsternis scheidest, sondern auch, daß die von dem Geiste Erfüllten, die du an die Veste des Himmels gesetzt und geordnet hast, nach der Offenbarung deiner Gnade über den Erdkreis leuchten, den Tag von der Nacht scheiden und die Zeiten bezeichnen; denn das Alte ist vergangen, siehe, es ist alles neu geworden; unser Heil ist näher, als wir es glaubten, weil die Nacht vorausgegangen ist, und der Tag nahet; weil du krönst das Jahr mit deinem Gut und Arbeiter in deine Ernte sendest, die andere Arbeiter fruchtbar gemacht haben, und sie auf eine andere Aussaat sendest, deren Ernte erst am Ende der Welt ist. So erfüllest du unsere Wünsche und segnest die Jahre des Gerechten; du aber bist immer derselbe, und deine Jahre, die nicht vergehen, sind die Schatzkammer, wo du unsere Jahre, die vergehen, aufbewahrst. Denn nach ewigem Ratschluß spendest du der Erde die himmlischen Gaben zu ihrer Zeit.

Dem einen gibst du durch deinen Geist, zu reden von der Weisheit gleich einem größeren Lichte, um derer willen, die sich an dem reinen Lichte der Wahrheit wie an der Morgenröte erfreuen; dem anderen wird gegeben, zu reden von deiner Erkenntnis nach demselben Geiste gleich einem geringeren Lichte; einem anderen der Glaube; einem anderen die Gabel gesund zu machen, in demselben Geiste; einem anderen, wunder zu tun; einem anderen Weissagung; einem anderen, Geister zu unterscheiden; einem anderen, mancherlei Sprachen; und alle diese Gaben gleichen den Sternen. Dies alles aber wirket derselbe einige Geist und teilt einem jeglichen seines zu, nachdem er will, und läßt die Sterne zum Heile erscheinen und leuchten. Aber was ist die Gabe der Erkenntnis, die alle Geheimnisse in sich faßt, die je nach der Zeit ihr Licht wechseln wie der Mond, und was sind die übrigen Gaben des Geistes, die darnach gleich wie Sterne erwähnt wurden, neben jener Herrlichkeit der Weisheit, deren sich der verheißene Tag erfreuet, anders als die Dämmerung einer finsteren Nacht. Aber für solche sind sie notwendig, mit denen dein weiser Diener nicht reden konnte als mit Geistlichen, sondern als mit Fleischlichen, er, der mit den Vollkommenen Weisheit redet. Aber der natürliche Mensch, nur ein Kind in Christo, das sich mit Milch nährt, bis es für kräftige Speise erstarke und sein Auge für den Anblick der Sonne kräftige, soll die Nacht seiner Finsternis nicht für verlassen halten, sondern sich mit dem Lichte des Mondes und der Sterne begnügen. Dies lehrst du uns, mein Gott, du höchste Weisheit, in deinem Buche, deiner Veste, auf daß wir in wunderbarer Betrachtung alles unterscheiden, obwohl nur erst in Zeichen, in Zeiten, in Tagen, in Jahren.

Neunzehntes Kapitel

Aber zuvor waschet euch, reinigt euch; tut euer böses Wesen von meinen Augen und lasset ab von Übeltat, damit die trockene Erde erscheine. Lernet Gutes tun, schaffet den Waisen Recht und führt der Witwen Sache, damit die Erde nährendes Gras und fruchtbare Bäume hervorbringe; so kommt denn und laßt uns miteinander rechten, spricht der Herr, damit sie leuchtende Gestirne an der Veste des Himmels werden und ihr Licht über die Erde ergießen. jener Reiche fragte den guten Meister – was er tun solle, um das ewige Leben zu haben, und es spricht zu ihm der gute Meister – den er für einen Menschen hielt und für weiter nichts; gut ist er nur, weil er Gott ist – zu ihm spricht er, willst du zum Leben eingehen, so halte die Gebote; er solle von sich die Bitterkeit der Bosheit und der Ungerechtigkeit entfernen; er solle nicht töten, nicht ehebrechen, nicht stehlen, nicht falsches Zeugnis geben, damit die trockene Erde erscheine und Verehrung des Vaters und der Mutter und Liebe gegen den Nächsten hervorbringe. Da sprach er, das habe ich alles gehalten. Woher so viele Disteln und

Domen, wenn die Erde fruchtbar ist? Gehe und reiße das dichte Dorngebüsch des Geizes aus; verkaufe, was du hast, und gib es den Armen, so wirst du einen Schatz im Himmel haben; und komm und folge mir nach, wenn du vollkommen sein und dich zu denen gesellen willst, unter denen der Weisheit redet, der den Tag von der Nacht zu unterscheiden weiß, damit auch du es weißt, damit auch dir an der Veste des Himmels Sterne aufgehen, was nicht geschehen wird, wenn nicht dein Herz dort ist; und ebensowenig, wenn nicht dein Schatz dort ist: wie du es von dem guten Meister gehört hast. Aber die unfruchtbare Erde ward betrübt und die Domen erstickten das Wort.

Ihr aber seid das auserwählte Geschlecht, ihr, die Schwachen in der Welt, die ihr alles verlassen habt, um dem Herrn nachzufolgen; gehet ihm nach und beschämet die Mächtigen der Welt; folget ihm nach, ihr lieblichen Füße, und leuchtet an der Veste des Himmels, damit die Himmel Seine Ehre erzählen, und unterscheiden das Licht der Vollkommenen, die jedoch noch nicht den Engeln gleich sind, von der Finsternis der Kleinen, doch deshalb nicht Verachteten; leuchtet über die ganze Erde hin; und der Tag, leuchtend vom Glanze der Sonne, rufe dem Tage das Wort der Weisheit zu, und die Nacht, erhellt von dem Lichte des Mondes, verkündige der Nacht das Wort des Erkennens. Mond und Sterne leuchten der Nacht; aber die Nacht verdunkelt sie nicht; sie erhellen sie nicht; sie erhellen dieselbe nach ihrem Maße. Siehe, gleichsam als spräche Gott: Es werden Lichter an der Veste des Himmels, geschah schnell ein Brausen vom Himmel als eines gewaltigen Windes, und man sah an ihnen die Zungen zerteilet, als wären sie feurig; und er setzte sich auf einen jeglichen unter ihnen; und sie wurden Lichter an der Veste des Himmels, die das Wort des Lebens haben. Geht über die ganze Erde hin, heilige Flammen, herrliche Flammen! Denn ihr seid das Licht der Welt, bleibet nicht hinter dem Scheffel! Der ist erhöhet, dem ihr anhinget, und Er hat euch erhöhet. Gebet hin und werdet kund allen Völkern!

Zwanzigstes Kapitel

Auch das Meer empfange und gebäre eure Werke und es errege sich das Wasser mit webenden, lebendigen Tieren. Denn ihr unterscheidet Kostbares von Gemeinem und seid der Mund Gottes geworden, durch die er sprach. Es errege sich das Wasser nicht mit der lebendigen Seele, welche die Erde hervorbringt, sondern mit webenden, lebendigen Tieren und mit Gevögel, die auf Erden unter der Veste des Himmels fliegen. Denn deine Geheimnisse, mein Gott, gehen durch die Werke deiner Heiligen mitten unter den Fluten der Versuchungen der Welt hindurch, um die Völker in deinem Namen, in deiner Taufe zu weihen. Und es geschehen wunderbare Taten, wie große Ungeheuer, und die Stimme deiner Boten flog über die Erde unter der Veste deines Wortes, das ihnen zum höchsten Ansehen gesetzt war, unter dem sie hineilten, wohin sie immer gingen. Denn es ist keine Sprache noch Rede, da man nicht ihre Stimme höre, als ihr Ruf in alle Länder ausging und ihre Rede an der Welt Ende; denn du, Herr, hast dies segnend vermehrt.

Irre ich etwa und vermenge und unterscheide ich nicht die helle Erkenntnis dieser Dinge an der Veste des Himmels von den körperlichen Werken im flutenden Meere und unter dem Firmamente des Himmels? Die Erkenntnis der Dinge ist klar und gewiß und begrenzt ohne Zuwachs von Geschlecht zu Geschlecht, gleich den Lichtern der Weisheit und der Erkenntnis; die körperlichen Wirkungen derselben Dinge sind viel und mannigfaltig und werden unaufhörlich vermehrt, indem eins aus dem andern erwächst unter deinem Segen, mein Gott, der du den Überdruß der sterblichen Sinne dadurch tröstest, daß in der Erkenntnis des Geistes eine Sache sich in der körperlichen Bewegung auf vielfache Weise darstellt und offenbart. Die Wasser haben dies erzeugt, aber in deinem Worte. Die Bedürfnisse der der Ewigkeit deiner Wahrheit entfremdeten Völker haben dies hervorgebracht, aber in deinem Evangelium; denn die Wasser selbst werfen dasjenige aus, deren Bitterkeit und Erschlaffung die Ursache war, daß in deinem Worte solches hervorging. - Alles ist schön, wenn du es machst, du aber, der du alles gemacht hast, bist unaussprechlich schöner; wäre Adam nicht gefallen, so hätte sich nicht aus seinem Schoße das salzige Meer ergossen, das übermäßig vorwitzige, stürmisch schwülstige und unstät wogende Menschengeschlecht; und ebenso wäre es nicht nötig gewesen, daß mitten in diesen unermeßlichen Gewässern aller Völker die gläubigen Werkzeuge deines Willens so viele sinnliche und körperliche Zeichen anwendeten und zu so vielen geheimnisvollen Worten und Handlungen ihre Zuflucht nahmen. So traten mir nun die kriechenden Tiere und die Vögel entgegen, in deren vorbildliche Bedeutung eingeweiht, die Menschen, sinnlichen Symbolen unterworfen, nicht weiter gelangt sein würden, wenn nicht geistig die Seele auf einer anderen Stufe lebte und nach dem Worte des Anfanges auf die Vollendung blickte.

Einundzwanzigstes Kapitel

Deshalb bringt in deinem Worte nicht des Meeres Tiefe, sondern die von der Bitterkeit des Gewässers gesonderte Erde nicht belebte kriechende Tiere, sondern eine lebendige Seele hervor. Denn sie bedarf nicht mehr der Taufe, welche die Heiden nötig haben, so wie sie ihrer bedurfte, als sie noch von den Wassern bedeckt wurde. Denn man kann nicht anders in das Reich Gottes kommen, seitdem du angeordnet hast, daß man nur so hineinkomme. Sie verlangt auch nicht mehr wunderbare Taten, um Glauben zu erwecken; denn nicht mehr glaubt sie nicht, wenn sie nicht Zeichen und Wunder sieht, da die gläubige Erde schon von den durch ihren Unglauben bitteren Gewässern des Meeres geschieden ist; und die Zungen sind zum Zeichen nicht den Gläubigen, sondern den Ungläubigen. jener Art Gevögel, welche das Meer auf dein Wort hervorbrachte, bedarf die Erde, die du über den Wassern gründetest, nicht mehr. Sende auf sie durch deine Boten dein Wort herab. Denn wir erzählen ihre

Werke, aber du bist es, der in ihnen wirkt, daß sie eine lebendige Seele hervorbringen. Die Erde bringt sie hervor, weil die Erde die Ursache ist, daß sie dies auf ihr wirken; wie das Meer die Ursache war, daß sie belebte, kriechende Tiere und Gevögel unter dem Firmamente hervorbrächten, deren die Erde nicht mehr bedarf; obgleich sie sich mit dem aus der Tiefe emporgehobenen Fische nährt an dem Tische, den du im Angesicht der Gläubigen bereitet hast; denn deshalb wurde er aus der Tiefe emporgehoben, daß diese Speise die Erde nähre. Und die Vögel, obwohl aus dem Meere geboren, mehren sich auf der Erde. Denn die Ursache der ersten Verkündigung des Evangeliums war der Unglaube des Menschen: aber auch die Gläubigen empfangen von ihnen vielfältig Ermahnung und Segen immer wieder. Aber die lebendige Seele hat von der Erde ihren Ursprung, daß es jetzt nur den Gläubigen nützt, sich der Liebe dieser Welt zu enthalten, daß ihre Seele dir lebt, die tot war, als sie noch in Wollüsten, in todbringenden Wollüsten, Herr, lebte; denn du bist die Lebenswonne des reinen Herzens. Laß daher jetzt deine Diener auf Erden wirken, nicht wie in den Wassern des Unglaubens durch Verkündigung in Wundern, Geheimnissen und mystischen Worten, auf welche die Unwissenheit, die Mutter der Bewunderung, in der Furcht vor verborgenen Zeichen gerichtet ist. Denn das ist der Weg, der die Kinder Adams zum Glauben führt, die deiner vergessen haben, sich vor deinem Angesichte verbergen und ein Abgrund werden. Laß sie vielmehr wirken wie auf trockener Erde, die gesondert ist von den Fluten des Abgrundes, und laß deine Gläubigen in ihrem Wandel ihnen ein Vorbild zur Nachahmung sein. Denn so vernehmen sie nicht bloß zum Hören, sondern auch zum Befolgen: Suchet den Herrn und eure Seele wird das Leben haben, daß das Land eine lebendige Seele hervorbringe. Stellet euch nicht dieser Welt gleich; enthaltet euch derselben. Wenn die Seele sie fliehet, lebt sie; wenn sie dieselbe sucht, stirbt sie. Enthaltet euch der unmenschlichen Roheit des Stolzes, der Weichlichkeit der Wollust und des Truges der Erkenntnis, damit die wilden Tiere zahm, die Haustiere sanft und die Schlangen unschädlich sind. Denn das sind sinnbildlich die leidenschaftlichen Regungen der Seele; aber der Hochmut des Stolzes, der Genuß der Sinnenlust und das Gift des Vorwitzes sind Regungen einer toten Seele, die zwar tot ist, aber nicht so, daß sie aller Regung entbehre, indem sie insofern stirbt, daß sie sich von der Quelle des Lebens entfernt und so von der vorübergehenden Welt hingenommen und ihr gleich wird.

Dein Wort aber, mein Gott, ist die Quelle des ewigen Lebens und vergeht nicht; deshalb wird in deinem Worte diese Entfremdung untersagt, wenn zu uns gesprochen wird: Stellet euch nicht dieser Welt gleich; damit das Land des Herzens durch die Quelle des Lebens eine lebendige Seele in uns erzeuge, in deinem Worte durch dessen Verkündiger eine keusche Seele, durch die Nachahmung der Nachfolger deines Gesalbten. Dies ist ein jedes in seiner Art; weil der Mann gerne das Vorbild des Freundes nachahmt. Seid doch wie ich, sagt er; denn ich bin wie ihr. So werden in der lebendigen Seele durch die Sanftmut ihres Wandels gute Tiere wohnen. Das hast du befohlen, wenn du sprichst: Vollbringe deine Werke mit Sanftmut, so wirst du von allen gelebt werden; auch die Haustiere werden gut sein, und wenn sie essen, keinen Überfluß haben, noch Mangel, wenn sie nicht essen. Und die Schlangen werden gut sein, nicht mehr schädlich zum Verderben, sondern klug zur Vorsicht; und sie erforschen nur insoweit die zeitliche Schöpfung, als es genügt, daß an der Schöpfung der Welt die ewige Kraft erkannt und ersehen wird. Denn auch diese Tiere dienen der Vernunft, wenn sie von der todbringenden Entfremdung von Gott zurückgehalten leben und gut sind.

Zweiundzwanzigstes Kapitel

Siehe, unser Herr und Gott, unser Schöpfer, wenn unsere Neigungen von der Liebe zur Welt abgewandt sind, worin wir durch ein gutes Leben lebendig zu werden beginnen und dein

Wort erfüllt sein wird, stellet euch nicht dieser Welt gleich, dann wird auch erfüllt, was du durch deinen Apostel gesagt hast, sondern verwandelt euch durch die Verneuerung eures Sinnes, nicht mehr je nach seiner Art, indem wir dem Beispiele des Nächsten folgen und unser Leben nach dem Vorbilde eines besseren Menschen gestalten. Denn du hast nicht gesagt, »es werde der Mensch nach seiner Art«, sondern läßt uns Menschen machen, in unserem Bilde, nach unserem Gleichnis, auf daß wir prüfen mögen, was dein Wille sei. Deshalb spricht jeder Spender deines Wortes, damit die Kinder, die er durch das Evangelium zeugt, nicht immer Kinder bleiben, die er mit Milch nährt und wie eine Amme pflegen muß, verwandelt euch durch die Erneuerung eures Sinnes, auf daß ihr prüfen möget, welches da sei der gute, der wohlgefällige und der vollkommene Gotteswille. Daher sagst du auch nicht, es werde der Mensch, sondern, laßt uns Menschen machen. Du sagest nicht, nach seiner Art, sondern, in unserem Bilde nach unserem Gleichnis. Nämlich, der im Geiste erneuert, die Wahrheit weiß und keines Menschen mehr bedarf zur Unterweisung, um seiner Art nach-zuahmen; sondern durch deine Erleuchtung möge er selbst prüfen, welches da sei der gute, der wohlgefällige und der vollkommene Gotteswille; und du lehrst ihn, der dessen fähig ist, die Dreieinigkeit in der Einheit und die Einheit in der Dreieinigkeit erkennen. Deshalb fügst du deinen Worten in der Mehrzahl, laßt uns den Menschen machen, in der Einzahl hinzu, und Gott schuf den Menschen; und den Worten in der Mehrzahl, nach unserem Bilde, in der Einzahl hinzu, nach dem Bilde Gottes. So wird der Mensch erneuert zur Erkenntnis nach dem Eben-bilde dessen, der ihn geschaffen hat, und geistlich geworden richtet er alles, was überhaupt gerichtet werden kann; er selbst aber wird von niemand gerichtet.

Dreiundzwanzigstes Kapitel

Daß er aber alles richtet, das heißt, er hat macht über die Fische des Meeres und über die Vögel des Himmels und über alle zahmen und wilden Tiere und über die ganze Erde und über alle kriechenden Tiere, die sich auf der Erde bewegen. Dies lehrt ihn die Erkenntnis des Geistes, durch den er vernimmt, was des Geistes Gottes ist. Ohne diesen erkennt der Mensch, der sich in solcher Würde befindet, nicht; sondern ist gleich dem Vieh, das vertilget wird. Daher gibt es, unser Gott, in deiner Kirche kraft der Gnade, die du ihr verliehen hast und weil wir dein Werk sind, geschaffen zu guten Werken, nicht bloß als solche, die nach deinem Geiste vorstehen, sondern auch die nach deinem Geiste denen untergeordnet sind, die da vorstehen. Denn du schufest den Menschen als Mann und Weib in derselben Weise in deiner geistlichen Gnade, wo nach dem leiblichen Geschlechte kein Mann noch Weib, kein Jude noch Grieche, kein Knecht noch Freier ist. Geistlich gesinnt also, urteilen sie geistlich, seien sie übergeordnet oder untergeordnet; nicht aber über die geistigen Kenntnisse, die am Firmamente leuchten, – denn es ist nicht nötig, über so erhabene Dinge urteilen zu wollen; – ebenso auch nicht über deine Schrift selbst, wenn auch dort etwas dunkel wäre; denn wir unterwerfen ihr unsern Verstand und haben die Gewißheit, daß auch das, was unserem Auge darin verschlossen ist, recht und wahr gesagt ist. So muß der Mensch, obgleich geistlich und erneuert in der Erkenntnis Gottes, nach dem Bilde dessen, der ihn geschaffen hat, doch muß er ein Täter des Gesetzes sein, nicht ein Richter. Er urteilt auch nicht über jene Unterscheidung der geistlichen und fleischlichen Menschen, die deinem Auge, unser Gott, bekannt sind, uns aber noch durch keine Werke bekannt geworden sind, daß wir sie an ihren Früchten erkennen könnten, aber du, Herr, kennst sie bereits, hast sie abgesondert und im verborgenen berufen, noch ehe du das Firmament schufest. Ebensowenig urteilt er, obgleich geistlich, über die unruhigen Völker dieser Welt. Denn was gehen ihn die draußen an, sie zu richten, da er nicht weiß, wer von ihnen zur Süßigkeit der Gnade gelangen wird und wer dagegen in steter Bitterkeit der Gottlosen beharren wird?

Daher empfing der Mensch, den du nach deinem Bilde geschaffen hast, nicht die Macht über die Lichter des Himmels noch über den verborgenen Himmel selbst noch über Tag und Nacht, die du vor der Schöpfung des Himmels briefest noch über die Sammlung der Wasser, die das Meer sind; wohl aber wurde ihm die Macht gegeben über die Fische des Meeres, über die Vögel des Himmels, über alle Tiere, über die ganze Erde und über alle kriechenden Tiere, die auf Erden sind. Er urteilt und billigt; er mißbilligt und verwirft; sowohl in der Feier der Geheimnisse. worin diejenigen eingeweihet worden, die dein Erbarmen aus den vielen Wassern hervorzieht, als auch in der Feier, wo jener Fisch, der aus der Tiefe emporgehoben, der gläubigen Erde als Speise dargereicht wird, wie auch über die Worte und Reden, die dem Ansehen deiner Schrift unterworfen sind und die gleichsam unter dem Firmamente umherfliegen, durch Erklärung, Auslegung, Erörterung, Untersuchung, Segnung und Anrufung deiner aus dem Munde hervorbrechen und erschallen, daß das Volk antwortete: Amen. Die Ursache, daß alle diese Worte in solcher Weise gesprochen werden mußten, ist der Abgrund der Welt, die Blindheit des Fleisches, die unser Auge für die Erkenntnis des Gedachten verdunkelt, so daß es der Stimme für das Ohr bedarf; so sehr sich also das Gevögel auf der Erde vermehrt, so hat es doch seinen Ursprung in Wassern. Auch urteilt und billigt der geistliche Mensch, was er für recht hält, und mißbilligt, was er als unrecht erkennt an den Werken und Sitten der Gläubigen, an den Almosen, die gleichsam die Früchte der fruchtbaren Erde sind, und über die lebendige Seele, deren Regungen in Keuschheit, in Fasten und frommen Betrachtungen gezähmt sind, über alles das, was mit den leiblichen Sinnen wahrgenommen wird. Wir dürfen urteilen über das, worin wir die Macht haben, zu bessern.

Vierundzwanzigstes Kapitel

Aber was ist dies und welch ein Geheimnis ist es? Siehe, Herr, du segnest die Menschen, daß sie fruchtbar sind und sich mehren und die Erde füllen. Gibst du uns hier nicht eine Andeutung, um etwas anderes zu erkennen? Warum segnetest du nicht die Veste des Himmels noch die Lichter noch die Gestirne noch die Erde noch das Meer? Ich würde sagen, unser Herr und Gott, der du uns nach deinem Bilde geschaffen hast, ich würde sagen, du hättest diese Gaben des Segens dem Menschen eigentümlich schenken wollen, wenn du nicht in derselben Weise die Fische und Walfische gesegnet hättest, daß sie wüchsen und sich mehrten und die Wasser des Meeres füllten, und die Vögel, daß sie sich mehrten auf Erden. Ebenso würde ich sagen, diese Segnung erstrecke sich über alle Dinge, die sich durch Fortpflanzung aus sich selbst vermehren; wenn ich dieselbe auch bei den Bäumen, Pflanzen und Tieren der Erde fände. Nun ist aber weder zu Kräutern noch zu Bäumen noch zu den Tieren und Schlangen gesagt worden, wachset und mehret euch, obgleich auch alles dieses, wie die Fische, Vögel und Menschen, durch Fortpflanzung sich vermehrt und seine Art erhält.

Was soll ich also sagen, mein Licht und meine Wahrheit? »Etwa, es habe keinen Sinn, es sei ohne Absicht gesagt?« Gewiß nicht, Vater der Gottlosigkeit, fern sei es, daß dieses der Diener deines Wortes sage. Wenn ich auch nicht bekenne, was du mit diesem Worte bezeichnen willst, so werden es Bessere, das heißt Erleuchtetere, als ich bin, besser verstehen, je nach dem Maße der Weisheit, die du, mein Gott, jedem verliehen hast. Möge dir aber mein Bekenntnis vor deinem Angesichte gefallen, worin ich dir, Herr, bekenne, daß ich glaube, du hast nicht ohne Grund so gesprochen, und ich will dir nicht verschweigen, welcher Gedanke beim Lesen deines Wortes in mir aufstieg. Es ist wahr und ich sehe nicht ein, was mich abhalten sollte, die bildliche Sprache deiner Schrift so zu verstehen. ich weiß, daß auf vielfache Weise sinnlich ausgedrückt wird, was geistig einfach ist; und daß dagegen der Geist auf vielfache Weise erkennt, was sinnlich einfach ausgedrückt wird. Wie einfach ist die Liebe Gottes und des Nächsten, und durch wie viele Bilder und unzählige Sprachen und durch. wie unzählige Ausdrücke in jeder Sprache wird sie sinnlich dargestellt? Also wachsen und mehren sich die Geburten der Wasser. Beachte jeder, wer dies liest: siehe, was die Schrift nur auf eine Weise vorbringt und die Stimme zu uns spricht: Im Anfang schuf Gott Himmel und Erde, wird das nicht vielfach verstanden, nicht durch Täuschung des Irrtums, sondern durch die mögliche Mannigfaltigkeit mehrerer wahrer Ansichten? So wachsen und mehren sich die Geburten der Menschen.

Wenn wir uns die Natur der Dinge nicht bildlich, sondern eigentlich denken, so passen die Worte, wachset und mehret euch, auf alles, was aus Samen gezeugt wird. Nehmen wir sie dagegen bildlich, wie es mir die Schrift vielmehr zu wollen scheint, die gewiß nicht ohne Absicht jenen Segen auf die Wassertiere und Menschen beschränkt; so finden wir freilich mannigfaltige Verschiedenheiten bei den geistigen und sinnlichen Geschöpfen, wie im Himmel und auf Erden, bei den gerechten und ungerechten Seelen, wie bei dem Licht und der Finsternis; bei den heiligen Schriftstellern, durch die uns dein Gesetz gegeben ist, wie bei der Veste des Himmels, die zwischen den Wassern gegründet wurde; in der Gesellschaft der verbitterten Völker, wie im Meere, bei den Neigungen heiliger Seelen, wie bei dem Trockenen; und bei Werken der Barmherzigkeit im gegenwärtigen Leben, wie bei den sonnenreichen Pflanzen und fruchttragenden Bäumen; bei den zum Nutzen gespendeten Geistesgaben, wie bei den großen Lichtern des Himmels; bei den Regungen des Gemütes zur Mäßigkeit, wie bei der lebendigen Seele, bei allem diesem finden wir Vielheiten, Fruchtbarkeit und Wachstum; aber daß dieses Wachsen und Sich-Vermehren von der Art ist, daß ein und dieselbe Sache sich auf verschiedene Weise ausdrücken lasse und daß ein einziger

Ausdruck in verschiedener Weise verstanden werden kann, das finden wir nur bei den sinnlich ausgedrückten Bildern und bei den mit dem Verstande ausgelegten Dingen. Unter sinnlichen Bildern verstehen wir die Erzeugungen, die aus den Gewässern hervorgingen, da die Tiefe des fleischlichen Abgrundes sie notwendig machte; unter den mit dem Verstande ausgedachten Dingen die menschlichen Erzeugungen, weil sie die Früchte der Fruchtbarkeit der Vernunft sind. Deshalb ist nach unserer Meinung zu jeder dieser beiden Arten von dir, Herr, gesagt worden, wachset und mehret euch. Durch diesen Segensspruch nehme ich an, daß du uns die Macht und die Kraft verliehen hast, sowohl auf verschiedene Weise auszudrücken, was wir auf eine Weise verständen, als auch auf verschiedene Weise zu verstehen, was wir dunkel finden, obgleich es nur auf eine Weise ausgedrückt ist. So füllen sich die Wasser des Meeres unserer Gedanken, die nur durch die verschiedenen Bedeutungen bewegt werden; und so füllt sich auch die Erde mit menschlichen Geburten, deren Trockene im Forschen nach Wahrheit zutage tritt und welche die Vernunft beherrscht.

Fünfundzwanzigstes Kapitel

Ich will auch aussprechen, Herr mein Gott, woran mich die folgenden Worte deiner Schrift mahnen; ich will es ohne Furcht sagen. Denn ich werde nur Wahres sagen, wenn du mir eingibst, was ich nach deinem Willen über diese Worte sagen sollte. Denn ich glaube, daß ich nur Wahres reden kann, wenn du es mir eingibst, da du die Wahrheit bist und alle Menschen falsch sind. Wer daher die Lügen redet, der redet von seinem Eigenen. Damit ich also Wahrheit rede, will ich von dem Deinen reden. Siehe, du gabest uns allerlei Kraut, das sich besamet, auf der ganzen Erde, und allerlei Bäume, daran Baumfrüchte sind, die sich besamen zur Speise. Und nicht bloß uns hast du sie gegeben, sondern auch allen Vögeln des Himmels und allem Tier der Erde und allem, was auf der Erde kreucht; den Fischen aber und den großen Ungeheuern hast du es nicht gegeben. Wir sagten bereits, daß durch die Früchte der Erde bildlich die Werke der Barmherzigkeit bezeichnet werden, die in den Nöten des Lebens von der fruchtbaren Erde dargeboten werden. Ein solches Land war der fromme Onesiphorus, dessen Hause du Barmherzigkeit gabest; denn er hat deinen Apostel oft erquickt und er hat sich seiner Ketten nicht geschämt. Dies taten auch die Brüder und brachten solche Früchte hervor, die aus Macedonien kamen und seinen Mangel erstatteten. Wie schmerzlich beklagt er aber Bäume, die ihm die schuldige Frucht verweigerten, wenn er sagt. In meiner ersten Verantwortung stand niemand bei mir, sondern sie verließen mich alle. Es sei ihnen nicht zugerechnet. Sind wir dies nicht denjenigen schuldig, die uns die vernünftige Lehre durch das Verständnis der göttlichen Geheimnisse verkündigen? Wir sind es ihnen schuldig, weil sie Menschen sind. Wir sind es ihnen aber auch schuldig, weil sie lebendige Seelen sind, die uns als Vorbilder in der Enthaltsamkeit vorangehen. Ebenso sind wir es ihnen als Vögel des Himmels schuldig, wegen der Segnungen, die sich über die Erde verbreiten, weil ihre Stimme ausgehet in alle Lande.

Sechsundzwanzigstes Kapitel

Genährt werden aber nur diejenigen von diesen Früchten, die Freude daran haben; aber es freuen sich ihrer nicht die, deren Gott der Bauch ist. Denn auch bei denen, die solches geben, ist das, was sie geben, nicht die Frucht, sondern der Geist ist es, mit dem sie geben. Daher erkenne ich ganz klar, weshalb sich jener, der Gott diente und nicht seinem Bauche, freuet; ich erkenne es und wünsche ihm Glück. Er hatte empfangen, was ihm die Philipper durch Epaphroditus geschickt hatten; aber ich erkenne den Grund, weshalb er sich freuet. Aber worüber er sich freuet, daran nährt er sich, indem er Wahrheit spricht, ich bin höchlich erfreut in dem Herrn, daß ihr wieder wacker geworden seid für mich und sorget; wiewohl ihr allewege gesorgt habt, aber die Zeit hat es nicht wollen leiden. jene waren also durch langwierige Bedrängnis kraftlos geworden und gleichsam dürre Zweige geworden, die nicht mehr die Früchte der guten Werke tragen; er freuet sich aber über sie, weil sie wieder wacker geworden sind, nicht weil sie seinem Mangel abgeholfen haben. Deshalb fügt er hinzu: Nicht sage ich das des Mangels halber; denn ich habe gelernt, bei welchen ich bin, mir genügen zu lassen. Ich kann niedrig sein und kann hoch sein; ich bin in allen Dingen und bei allen geschickt, beides, satt sein und hungern, beides, übrig haben und Mangel leiden. Ich vermag alles durch den, der mich mächtig macht, Christus.

Worüber freust du dich, großer Mann? Worüber freust du dich, wovon nährst du dich, du Mann, der erneuert ist zu der Erkenntnis nach dem Ebenbilde dessen, der dich geschaffen hat, und eine lebendige Seele von so großer Enthaltsamkeit, und eine geflügelte Zunge, welche die Geheimnisse verkündigt? Solchen Wesen gebührt diese Speise. Was ist es, was dich nährt? Die Freude. Hören wir, was folgt: Doch ihr habt wohlgetan, daß ihr euch meiner Trübsal angenommen habt. Darüber freut er sich, damit nährt er sich, daß sie wohlgetan haben, nicht, daß dessen Trübsal erleichtert wird, der zu dir spricht, in meiner Angst hast du mich getröstet. Den Mangel weiß er ebensogut zu ertragen wie den Überfluß. Ihr aber von Philippi wisset, daß von Anfang das Evangelium, da ich auszog aus Macedonien, keine Gemeinde mit mir geteilet hat nach der Rechnung der Ausgabe und Einnahme, denn ihr allein. Denn gen Thessalonich sandtet ihr zu meiner Notdurft einmal und darnach aber einmal. Er freut sich nun, daß sie zu diesen guten Werken zurückgekehrt sind, und ist erfreut, daß sie wieder wacker geworden sind wie ein Land, dessen Fruchtbarkeit immer wieder aufgrünt.

Ist es etwa wegen seiner Notdurft, weil er einmal sagte, ihr sandtet einmal zu meiner Notdurft? Freut er sich etwa darüber? Gewiß nicht. Und woher wissen wir dies? Weil er also fortfährt, nicht daß ich das Geschenk suche, sondern ich suche die Frucht. Von dir, mein Gott, hat er gelernt, das Geschenk von der Frucht zu unterscheiden. Das Geschenk ist die Sache selbst, dir gibt, welcher die Bedürfnisse darreicht, wie Geld, Speise, Trank, Kleidung, Obdach oder irgendeine Hilfe. Die Frucht aber ist der gute und rechte Wille des Gebers. Denn nicht sagt bloß der gute Meister, wer einen Propheten aufnimmt, sondern er fügt hinzu, in eines Propheten Namen; nicht sagt er nur, wer einen Gerechten aufnimmt, sondern fügt hinzu, in eines Gerechten Namen. Der wird nämlich eines Propheten Lohn empfangen, der wird eines Gerechten Lohn empfangen. Nicht bloß sagt er, wer dieser Geringsten einen nur mit einem Becher kalten Wassers tränket, sondern er fügt hinzu, in eines Jüngers Namen, wahrlich, ich sage euch, es wird ihm nicht unbelohnt bleiben. Das Geschenk ist, einen Propheten aufnehmen, einen Gerechten aufnehmen, mit einem Becher kalten Wassers einen Jünger; die Frucht aber, in eines Propheten Namen, in eines Gerechten Namen, in eines Jüngers Namen dieses tun. Mit solcher Frucht nährte die Witwe den Elias, die ihn als einen Mann Gottes kannte und ihn deshalb nährte. Von dem Raben wurde er durch das Geschenk ernährt. Elias wurde nicht dem innern Menschen nach, sondern dem äußeren nach genährt, wie denn auch bloß dieser äußere Mensch hätte aus Mangel an Speise verderben können.

Siebenundzwanzigstes Kapitel

Ich will also, was vor dir wahr ist, Herr, aussprechen: Wenn unwissende und ungläubige Menschen, die nur durch die ersten Geheimnisse und große Wundertaten, die wir unter dem Namen der Fische und Walfische bezeichnet glauben, gewonnen und eingeführt werden können, deine Diener aufnehmen, um sie leiblich zu erquicken, oder um deine Kinder in irgendeinem Bedürfnisse des gegenwärtigen Lebens zu unterstützen, ohne zu wissen, weshalb sie dies tun sollen: so nähren sie dieselben nicht noch empfangen jene von ihnen Nahrung, weil weder jene dieses mit einem rechten und heiligen

Willen verrichten noch auch erfreuen sie sich über die Gaben derselben, weil sie noch keine Frucht sahen. Denn die Seele nährt sich mit dem, worüber sie sich freut. Deshalb nähren sich die Fische und Walfische nicht von den Speisen, die nur auf der bereits von den Meeresfluten befreiten und gereinigten Erde gedeihen.

Achtundzwanzigstes Kapitel

Und du, mein Gott, sahest alles, was du schufest, und siehe da, es war sehr gut. Auch wir sehen es, und siehe, alles ist sehr gut. Nachdem du die einzelnen Arten der Dinge hattest entstehen lassen und ins Leben gerufen, sahest du dieses und jenes, daß es gut ist. Siebenmal lese ich in deiner Schrift, daß du sagst, daß es gut ist, was du gemacht hast; und das erstemal sahest du alles, was du gemacht hast, und siehe, es war nicht bloß gut, sondern sehr gut war alles zugleich. Das einzelne war nur gut; zusammen aber war alles gut, und zwar sehr gut. Dies zeigt auch jeder schöne Körper; denn der Körper ist weit schöner, der aus lauter schönen Gliedern besteht, als die einzelnen Glieder insbesondere, durch deren vollkommenes Ebenmaß das Ganze in sich übereinstimmt, obgleich auch die Glieder einzeln schön sind.

Neunundzwanzigstes Kapitel

und ich forschte, daß ich fände, ob du sieben- oder achtmal gefunden hast, daß deine Werke gut sind, da sie dir wohl gefielen; und ich fand in deinem Sehen keine Zeitabschnitte, worin ich hätte erkennen können, daß du so oft gesehen, als du schufest, und ich sprach: »O Herr, ist nicht diese deine Schrift wahr, da du sie eingegeben hast, du der Wahrhaftige und die Wahrheit selber? Warum also sagst du mir, in deinem Sehen seien keine Zeitabschnitte; und diese deine Schrift sagt mir doch, bei allem, was du schufest, habest du Tag für Tag gesehen, daß es gut sei? Und wenn ich es zählte fand ich, wie oft.« Hierauf antwortetest du mir, mein Gott, und sagtest mit mächtiger Stimme deinem Knechte in das innere Ohr meiner Seele, zerreißest die Taubheit meines Ohres und rufst: »O Mensch, was meine Schrift dir sagt, das sage ich dir. » Sie sagt es dir freilich in der Zeit, bei meinem Worte aber gibt es keine Zeit, da es mit mir in gleicher Ewigkeit besteht. So sehe ich auch die Dinge, die ihr durch meinen Geist sehet. Und wenn er sie in der Zeit sicher, sehe ich sie nicht in der Zeit, wie auch ich nicht das in der Zeit rede, was ihr in der Zeit redet.

Dreißigstes Kapitel

Ich hörte, mein Gott und Herr, und genoß aus deiner Wahrheit den Tau der Wonne, der sich über meine Seele ergoß, und erkannte, daß es Menschen gibt, denen deine Werke mißfallen und die da sagen, vieles hättest du gezwungen geschaffen, wie den Bau des Himmels und die Ordnung der Gestirne; du hättest sie nicht aus einer von dir geschaffenen Materie gebildet, sondern sie seien bereits anderswo und anderswoher geschaffen, die du nur sammeltest, ordnetest und verbandest, als du nach Besiegung der Feinde das Gebäude der Welt erbauetest, damit sie, durch diesen Bau gezwungen, sich nicht wieder gegen dich empören könnten. Andere Dinge hättest du gar nicht gemacht und sogar nicht einmal zusammengefügt wie alles Fleisch und die Tiere der niedrigsten Art und alles, was mit Wurzeln im Boden haftet; sondern ein feindlicher Geist und ein anderes Wesen, das nicht von dir geschaffen und mit dir im Kampfe sei, erzeuge und bilde dieses in den unteren Teilen der Welt. Unsinnige sprechen dieses, weil sie deine Werke nicht durch deinen Geist sehen und dich in ihnen nicht erkennen.

Einunddreißigstes Kapitel

Was aber die betrifft, die durch deinen Geist erkennen, so erkennst du in ihnen. Wenn sie also sehen, daß sie gut sind, so siehst du, daß sie gut sind; und was immer ihnen um deinetwillen gefällt: du gefällst in demselben; und was durch deinen heiligen Geist uns gefällt: dir gefällt es in uns. Denn welcher Mensch weiß, was im Menschen ist, ohne den Geist des Menschen, der in ihm ist? Also auch weiß niemand, was in Gott ist, ohne den Geist Gottes. Wir aber, sagt er, haben nicht empfangen den Geist der Welt, sondern den Geist aus Gott, daß wir wissen können, was uns von Gott gegeben ist. Ich fühle mich gedrungen, zu sagen: »Gewiß, niemand weiß, was in Gott ist, ohne den Geist Gottes. Wie wissen wir also selbst, was uns von Gott verliehen worden ist?« Man antwortet mir, was wir durch seinen Geist wissen, weiß so niemand ohne den Geist Gottes. Denn wie mit Recht denen, die im Geiste Gottes reden, gesagt werden kann, ihr seid es nicht, die da reden, so wird mit Recht zu denen, die im Geiste Gottes wissen, gesagt: »Ihr seid nicht, die da wissen.« Dessenungeachtet wird mit Recht zu denen gesagt, die in Gottes Geist sehen: »Ihr seid es nicht, die da sehen.« Was immer sie also im Geiste Gottes sehen, daß es gut ist, das sehen sie nicht selbst, sondern Gott sieht, daß alles gut ist. Etwas anderes ist es, wenn irgend jemand meint, etwas sei böse, was gut ist, wie die oben Gemeinten; anders ist es, wenn ein Mensch das, was gut ist, als gut erkennt; – wie vielen deine Schöpfung wohlgefällt, weil sie gut ist, denen du aber in ihr nicht gefällst, weshalb sie auch mehr diese als dich genießen wollen; – anders ist es aber, wenn der Mensch etwas sieht, daß es gut ist, und Gott in ihm sieht, daß es gut ist, auf daß er selbst nämlich in dem, was er gemacht hat, geliebt wird, der nur durch den heiligen Geist, den er verlieh, geliebt werden kann, denn die Liebe Gottes ist ausgegossen –in unser Herz durch den heiligen Geist, der uns gegeben ist, durch den wir sehen, daß gut ist, was irgendwie ist; denn von ihm ist alles, der nicht auf irgendeine Weise ist, sondern der das Wesen selbst ist.

Zweiunddreißigstes Kapitel

Dank sei dir, Herr. Wir sehen den Himmel und die Erde, entweder den sinnlichen oberen oder unteren Teil oder die geistige sinnliche Schöpfung; und in der wunderbaren Ordnung dieser Teile, aus denen das ganze Weltgebäude oder überhaupt das Ganze der Schöpfung besteht, sehen wir das Licht, das du geschaffen, von der Finsternis geschieden. Wir sehen die Veste des Himmels, jenen ersten Körper des Weltgebäudes, die zwischen den geistig höheren und den sinnlich niederen Gewässern begründet ist, oder auch jenen Luftraum, da auch er Himmel genannt wird, durch den die Vögel fliegen, zwischen den Wassern, die als Dünste über jenen schweben und die bei heiteren Nächten tauen, und den Wassern, die schwerer auf der Erde dahinfließen. Wir sehen die Schönheit der in den weiten Räumen des Meeres versammelten Wasser und die trockne Erde, nackt oder gebildet, damit sie sichtbar und geordnet wäre, auch den Stoff der Kräuter und Bäume. Wir sehen die Lichter darüber glänzen, die Sonne dem Tage genügen, den Mond und die Sterne die Nacht trösten und durch dieses alles die Zeiten bezeichnet und ausgedrückt. Wir sehen eine überall befruchtete Natur, fruchtbar an Fischen, Tieren und Vögeln, weil die dichte Luft, die den Flug der Vögel trägt, durch die Ausdünstung der Gewässer sich verdichtet. Wir sehen, wie die Oberfläche der Erde mit Tieren geschmückt ist und wie der Mensch, nach deinem Bilde und Gleichnisse geschaffen, allen vernunftlosen Tieren durch dein Ebenbild und Gleichnis, d. h. kraft der Vernunft und des Verstandes, vorgesetzt ist. Und wie in seiner Seele etwas ist, das durch Urteil und Überlegung herrscht, ein anderes, das sich unterwirft, um zu gehorchen, so sehen wir auch in der sinnlichen Welt das Weib dem Manne unterworfen, das zwar geistlich dieselbe Beschaffenheit der vernünftigen

Erkenntnis besäße, aber durch das leibliche Geschlecht dem männlichen Geschlechte in derselben Weise unterworfen sein sollte, wie der Trieb zum Handeln sich unterwirft, um von der Vernunft des Geistes die Erkenntnis des richtigen Handelns zu empfangen. Wir sehen dieses und sehen, daß jedes Einzelne gut ist und daß das Ganze sehr gut ist.

Dreiunddreißigstes Kapitel

Deine Werke mögen dich preisen, damit wir dich heben; und wir wollen dich lieben, auf daß deine Werke dich preisen, ihren Anfang und ihr Ende, ihren Aufgang und ihren Untergang, ihre Zunahme und Abnahme ihre Schönheit und ihren Mangel in der Zeit haben. Denn aus Nichts sind sie von dir, aber nicht aus dir gemacht, nicht aus irgendeiner Materie, die nicht dein war oder die schon vorher war, sondern aus einer mitgeschaffenen, d. h. von dir zugleich geschaffenen Materie, da du ihre Gestaltlosigkeit ohne irgendeinen Zwischenraum der Zeit gestaltetest. Denn wenn ein Unterschied ist zwischen der Materie des Himmels und der Erde, zwischen der Schönheit dieser und der Schönheit jenes, so hast du zwar den Stoff aus nichts, die Gestalt der Erde aber aus einer gestaltlosen Materie, beides jedoch zugleich gemacht, so daß mit der Schönheit des Stoffs auch ohne allen Zwischenraum die Schöpfung der Gestalt zugleich stattfand.

Vierunddreißigstes Kapitel

Wir haben auch untersucht, was du uns vorbilden wolltest, als du dies in solcher Ordnung werden und in solcher Ordnung aufzeichnen ließest, und wir sahen, daß jedes einzelne gut war und alles zusammen sehr gut war, und alles zusammen sehr gut in deine. Worte, in deinem Eingeborenen; Himmel und Erde, das Haupt und der Leib der Kirche, in der Vorherbestimmung vor allen Zeiten, ohne Morgen und Abend. Als du aber begannest, in der Zeit zu erfüllen, was du vor aller Zeit verordnet hattest, daß du das Verborgene offenbartest und unser Untergeordnetes ordnetest; weil unsere Sünde auf uns lag und wir fern von dir in den finsteren Abgrund geraten waren; da schwebte dein Geist über uns, um uns zur gelegenen Zeit zu helfen; da rechtfertigtest du die Gottlosen und schiedest sie von den Ungerechten; da gründetest du das Ansehen deines Wortes bei den Leitern, die von dir belehrt werden, und den Untergebenen, die ihnen folgen sollten; da versammeltest du die Menge der Ungläubigen zu einer Verschwörung, damit der Eifer der Gläubigen an den Tag trete und Werke der Barmherzigkeit hervorbrächte, indem sie auch den Dürftigen ihr irdisches Vermögen darreichten, um einen Schatz im Himmel zu erwerben. Und dann zündetest du gewisse Lichter an der Veste des Himmels an, deine Heiligen, die das Wort des Lebens haben und mit geistlichen Gaben begnadigt in erhabenem Ansehen glänzen; und um die ungläubigen Völker zu dir zu führen, hast du dann Sakramente und sichtbare Wunder und verkündigende Stimmen des Wortes nach dem Firmamente des Wortes, durch die auch über die Gläubigen deine Segnungen ausgegossen wurden, aus einer körperlichen Materie gebildet; und endlich hast du der Gläubigen lebendige Seele durch die von der Kraft der Enthaltsamkeit geheiligten Regungen des Herzens gebildet; und dann erneuertest du nach deinem Bilde und Gleichnisse den Geist, der, nur dir allein ergeben, keines menschlichen Ansehens zur Nachahmung bedürfte, der du der bewährten Erkenntnis die Handlungen der Vernunft unterwarfest, wie das Weib dem Manne; und du wolltest, daß allen deinen Dienern, die du zur Förderung der Gläubigen in diesem Leben bestellt hast, von allen diesen deinen Kindern zu ihrem zeitlichen Bedürfnisse Werke dargereicht werden, die Früchte für die Ewigkeit.

Dieses alles sehen wir, und es ist sehr gut, weil du es in uns siehst, der du uns den Geist verliehen hast, um es durch ihn zu sehen, und in ihnen dich zu lieben.

Fünfunddreißigstes Kapitel

Mein Herr und Gott, verleihe uns den Frieden – du gabest uns ja alles –; den Frieden der Ruhe, den Frieden des Sabbats, der keinen Abend hat. Alle diese wunderbare Ordnung der Dinge, die du sehr gut fandest, wird, wenn sie ihre Zeit gedauert, vergehen; sie werden einen Abend haben, wie sie einen Morgen hatten.

Sechsunddreißigstes Kapitel

Der siebente Tag aber hat keinen Abend und kein Ende, weil du ihn geheiligt hast, damit er immerdar bleibe; wenn du nach der Erschaffung deiner Werke, die du sehr gut fandest, am siebenten Tage, obgleich du, ohne aus der Ruhe zu kommen, schufest, ruhtest, so verkündet uns die Stimme deines Wortes, daß auch wir, wenn unsere Werke vollendet sind, die nur gut sind, weil du sie uns verliehest, am Sabbat des ewigen Lebens ruhen sollen in dir.

Siebenunddreißigstes Kapitel

Dann wirst auch du in uns ruhen, wie du jetzt in uns wirkest; und so wird jene deine Ruhe in uns sein, wie unsere Werke hienieden deine Werke in uns sind. Du, Herr, wirkst immerdar, du ruhest immerdar. Du siehst nicht in der Zeit, du bewegst dich nicht in der Zeit und du ruhest nicht in der Zeit; und doch schaffst du das Sehen in der Zeit, ja die Zeit selbst und die Ruhe von der Zeit.

Achtunddreißigstes Kapitel

Wir sehen daher alle Dinge, die du gemacht hast, weil sie sind; aber weil du sie siehest, sind sie. Und weil sie sind, sehen wir sie äußerlich, und weil sie gut sind, innerlich; du aber sahest sie dort als bereits gemacht, als sie noch nicht waren und gemacht werden sollten. Zu anderer Zeit waren wir geneigt, das Gute zu tun, nachdem es dein Geist in unsern Herzen erzeugt hatte; aber es war eine Zeit, wo wir dich flohen und nur zum Bösen geneigt waren. Du aber, einziger und gütiger Gott, hörtest nie auf, Gutes zu tun. Und wenn einige unserer Werke durch die Gabe deiner Gnade gut sind, sie sind doch nicht ewig; sie lassen uns hoffen, einst in deiner unaussprechlichen Heiligung zu ruhen. Du aber, du Gut, das keines Gutes bedarf, ruhest immer, weil deine Ruhe du selbst bist. Welcher Mensch aber wird dem Geiste des Menschen das Verständnis dieser Wahrheit geben, welcher Engel sie dem Engel offenbaren, welcher Engel dem Menschen? Von dir muß sie erbeten sein, bei dir will gesucht sein, bei dir muß man anklopfen – so, so werden wir empfangen, so werden wir finden, so wird uns aufgetan. Amen.

Bd. 90 *Gefährliche Liebschaften*, Pierre-Ambroise-François Choderlos de Laclos, Bd. 91 *Gegen den Strich*, Joris-Karl Huysmany, Bd. 92 *Geschichte des Fräuleins von Sternheim*, Sophie v. La Roche, Bd. 93 *Geschichte vom braven Kasperl und dem Annerl*, Clemens Brentano, Bd. 94 *Geschichten aus dem Wienerwald*, Ödön v. Horváth, Bd. 95 *Glanz und Elend der Kurtisanen*, Honore de Balzac, Bd. 96 *Glück und Unglück der berühmten Moll Flanders*, Daniel Defoe, Bd. 97 *Götz von Berlichingen*, Johann Wolfgang v. Goethe, Bd. 98 *Gullivers Reisen*, Jonathan Swift, Bd. 99 *Heidis Lehr und Wanderjahre*, Johann Spyri, Bd. 100 *Heinrich von Ofterdingen*, Novalis, Bd. 101 *Hiob Roman eines einfachen Mannes*, Joseph Roth, Bd. 102 *Immensee*, Theodor Storm, Bd. 103 *Iphigenie auf Tauris*, Johann Wolfgang v. Goethe, Bd. 104 *Italienische Märchen*, Clemens Brentano, Bd. 105 *Ivannhoe*, Walter Scott, Bd. 106 Jahrmarkt der Eitelkeiten, William Makepaece Thackeray, Bd. 107 *Jane Eyre*, Charlotte Brontë, Bd. 108 *Jugend ohne Gott*, Ödön v. Horvath, Bd. 109 *Jürg Jenatsch*, Conrad Ferdinand Meyer, Bd. 110 *Kabale und Liebe*, Friedrich v. Schiller, Bd. 111 *Kasimir und Karoline*, Ödön v. Horvath, Bd. 112 *Kinder- und Hausmärchen*, Gebrüder Grimm, Bd. 113 *Kleiner Mann, was nun*, Hans Fallada, Bd. 114 *König Alkohol*, Jack London, Bd. 115 *Krambambuli*, Marie Ebner-Eschenbach, Bd. 116 *Lausbubengeschichten*, Ludwig Thoma, Bd. 117 *Lavinia - Pauline - Kora*, George Sand, Bd. 118 *Leben und Lüge*, Detlev von Liliencron, Bd. 119 *Lebensansichten des Katers Murr*, ETA Hoffmann, Bd. 120 *Lenz. Der hessische Landbote*, Georg Büchner, Bd. 121 *Lieutenant Gustl*, Arthur Schnitzler, Bd. 122 *Lord Jim*, Joseph Conrad, Bd. 123 *Luise*, Johann Heinrich Voß, Bd. 124 *Madame Bovary*, Gustave Flaubert, Bd. 125 *Märchen*, Wilhelm Hauff, Bd. 126 *Maria Stuart*, Friedrich v. Schiller, Bd. 127 *Max Havelaar*, Multatuli, Bd. 128 *Meister Floh*, ETA Hoffmann, Bd. 129 *Michael Kohlhaas*, Heinrich v. Kleist, Bd. 130 *Minna von Barnhelm*, Gotthold Ephraim Lessing, Bd. 131 *Moby Dick*, Hermann Melville, Bd. 132 *Nathan, der Weise*, Gotthold Ephraim Lessing, Bd. 133-1 und 133-2 *Nils Holgersson wunderbare Reise*, Selma Lagerlöf, Bd. 134 *Niels Lyne*, Jens Peter Jacobsen, Bd. 135 *Nußknacker und Mausekönig*, ETA Hoffmann, Bd. 136 *Oliver Twist*, Charles Dickens, Bd. 137 *Onkel Toms Hütte*, Herriett Beecher Stowe, Bd. 138 *Peter Schlemihls wundersame Geschichte*, Adalbert v. Chamisso, Bd. 139 *Peterchens Mondfahrt*, Gerdt v. Bassewitz, Bd. 140 *Pinocchio*, Carlo Collodi, Bd. 141 *Reinecke Fuchs*, Johann Wolfgang v. Goethe, Bd. 142 *Rheinmärchen*, Clemens Brentano, Bd. 143 *Rinaldo Rinaldini*, Christian August Vulpius, Bd. 144 *Robinson Crusoe*; Daniel Defoe, Bd. 145 *Romeo und Julia*, William Shakespeare Bd. 146 *Schach von Wuthenow*, Theodor Fontane, Bd. 147 *Schachnovelle*, Stefan Zweig, Bd. 148 *Schatzkästlein des rheinischen Hausfreundes*, Johann Peter Hebel, Bd. 149 *Schelmuffskys Reisebeschreibung*, Christian Reuter, Bd. 150 *Schloss Gripsholm*, Kurt Tucholsky, Bd. 151 *Siebenkäs*, Jean Paul, Bd. 152 *Sternstunden der Menschheit*, Stefan Zweig, Bd. 153 Tao te king, Laotse, Bd. 154 *Till Eulenspiegel*, Hermann Bote, Bd. 155 *Tolldreiste Geschichten*, Honorè de Balzac, Bd. 156 *Tom Jones, Geschichte eines Findelkindes*, Henry Fielding, Bd. 157 *Tom Sawyers Abenteuer und Streiche*, Mark Twain, Bd. 158 *Troquato Tasso*, Johann Wolfgang v. Goethe, Bd. 159 *Traumnovelle*, Arthur Schnitzler, Bd. 160 *Trost der Philosophie*, Boethius, Bd. 161 *Über den Umgang mit Menschen*, Adolph Freiherr v. Knigge, Bd. 162 *Uli der Knecht*, Jeremias Gotthelf, Bd. 163 *Uli der Pächter*, Jeremias Gotthelf, Bd. 164 *Ungeduld des Herzens*, Stefan Zweig, Bd. 165 *Ut oler Welt*, Wilhelm Busch, Bd. 166 *Vater Goriot*, Honorè de Balzac, Bd. 167 *Väter und Söhne*, Ivan Sergejeviç Turgenev, Bd. 168 *Verlorene Illusionen*, Honorè de Balzac, Bd. 169 *Von der Freiheit eines Christenmenschen*, Martin Luther – Bd. 170 *Von der Ursache, dem Prinzip und dem Einen*, Bruno Giordano, Bd. 171 *Vor Sonnenuntergang*, Gerhard Hauptmann, Bd. 172 *Walden oder Leben in den Wäldern*, Henry D. Thoreau, Bd. 173 *Wilhelm Meisters Lehrjahre*, Johann Wolfgang v. Goethe, Bd. 174 *Wilhelm Meisters Wanderjahre*, Johann Wolfgang v. Goethe, Bd. 175 *Wilhelm Tell*, Friedrich v. Schiller